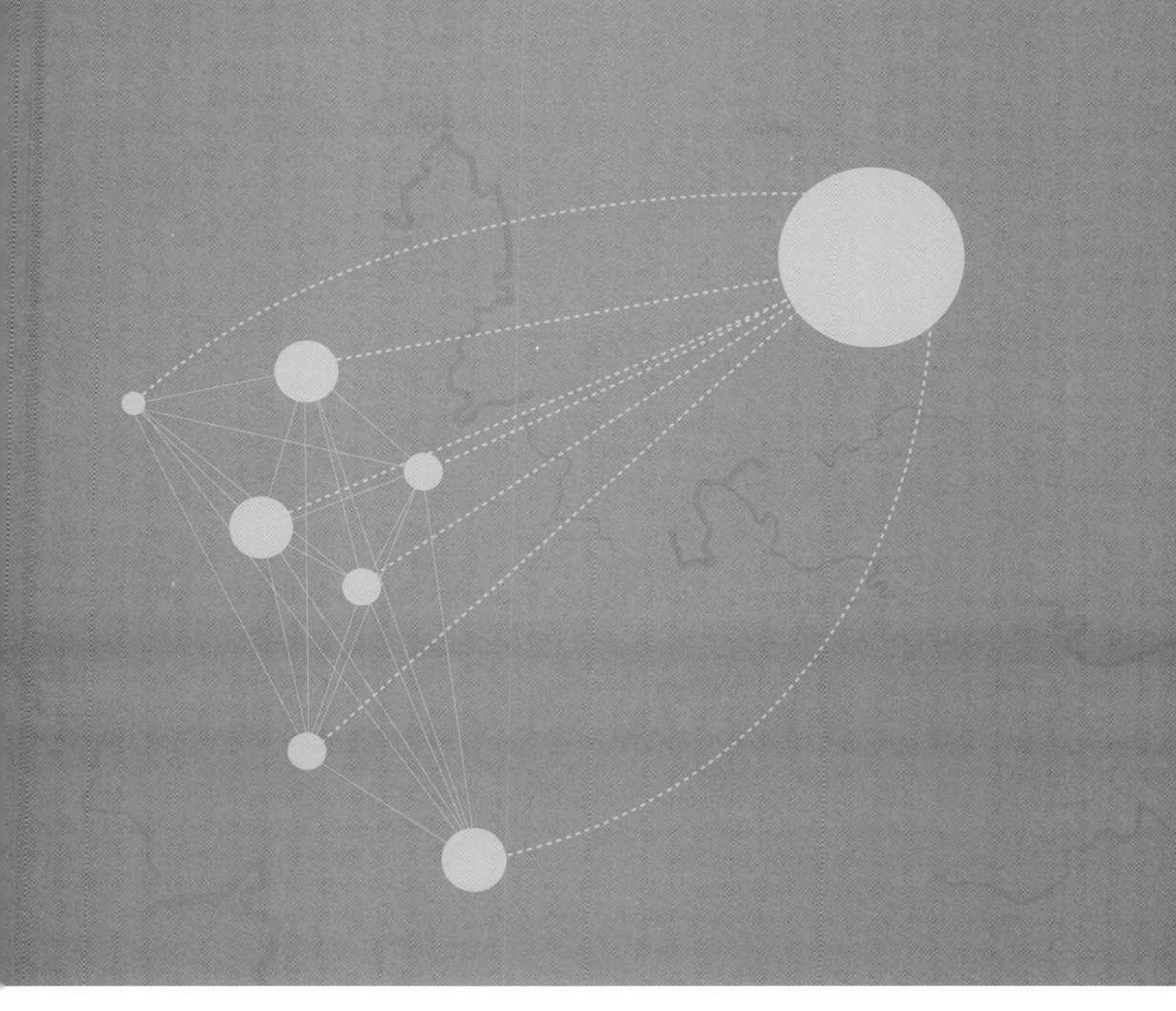

中国—中南半岛双向直接投资与产业新旧动能转换研究

庞磊 著

中国社会科学出版社

图书在版编目（CIP）数据

中国-中南半岛双向直接投资与产业新旧动能转换研究 / 庞磊著. -- 北京：中国社会科学出版社，2024.10. -- ISBN 978-7-5227-4012-6

Ⅰ．F832.6；F833.306；F269.2

中国国家版本馆 CIP 数据核字第 2024PL7703 号

出 版 人	赵剑英	
责任编辑	谢欣露	
责任校对	周晓东	
责任印制	郝美娜	
出　　版	中国社会科学出版社	
社　　址	北京鼓楼西大街甲 158 号	
邮　　编	100720	
网　　址	http://www.csspw.cn	
发 行 部	010-84083685	
门 市 部	010-84029450	
经　　销	新华书店及其他书店	
印　　刷	北京明恒达印务有限公司	
装　　订	廊坊市广阳区广增装订厂	
版　　次	2024 年 10 月第 1 版	
印　　次	2024 年 10 月第 1 次印刷	
开　　本	710×1000　1/16	
印　　张	23.25	
字　　数	381 千字	
定　　价	119.00 元	

凡购买中国社会科学出版社图书，如有质量问题请与本社营销中心联系调换
电话：010-84083683
版权所有　侵权必究

前　言

党的二十大报告指出，我国双向直接投资取得了长足的发展，吸引外资和对外投资均处于世界前列，我国还需加强"引进来"与"走出去"互动推进更高水平对外开放。自改革开放以来，我国双向直接投资取得了飞速发展，随着"一带一路"倡议的不断深入落实，我国双向直接投资增长质量不断提升，既有现有技术的输出，也有高端技术的流入，使我国制造业企业价值链不断攀升。然而，中国产业链仍处于"两头在外，中间在内"的中低端格局。中国能否通过中国—中南半岛双向直接投资联动机制设计，同频驱动我国产业新旧动能发生实质转变，实现技术推动型"新"动能替代要素投入型"旧"动能，逐步走出中低端"锁定陷阱"，进一步推动我国经济绿色高质量增长？对这个问题的研究，有利于推进我国经济发展质量持续改善，从而促进我国产业新旧动能转换。

本书包括十章。第一章指出本书的选题背景、研究意义、研究思路、研究方法、重点难点以及创新之处。第二章简要梳理双向直接投资、产业结构优化与产业新旧动能转换的相关文献。第三章分析中国—中南半岛双向直接投资总体情况、双向直接投资具体情况以及双向直接投资比例问题，进一步测度中南半岛双向直接投资占中国双向直接投资的比例。第四章构建双向直接投资指标体系，测算双向直接投资指数以及动态演变趋势。同时，参照国家统计局标准，建立产业新旧动能转换指数，对我国省际层面产业新旧动能转换总体指数以及五个维度产业新旧动能转换分类指数进行测算。第五章阐述双向直接投资（包括外商直接投资和对外直接投资）联动驱动我国产业新旧动能转换的机理，详细说明双向直接投资对我国产业新旧动能转换的影响机理与实现机制。第六章基于Dunning扩展的IDP模型对中国—中南半岛双向直接投资增长质量进行分解与指数测度，进一步说明双向直接投资增长质量的影响因素。同时，利用UNCTAD和中经网统计数据库，聚焦研究中国—中南半岛双向直接投资质量增长效应分解问题。第七章测度中国—中南半岛外商直接投资（FDI）与对外直接投资（OFDI）的个体效应以及联动效应对我国产业新旧动能转换的影响程度。第八章聚焦越南、老挝、泰国、缅甸、柬埔寨、马来西亚和新加坡七国，对比研究中国与中南半岛各国双向直接投资对我国产业新旧动能转换的影响差异，并测度中南半岛各国双向直接投资对我国产业新旧动能转换的影响程度。第九章聚焦产业新旧动能转换的微观视角，将产业链"核链"地位从理论层面定性分析转变为实践层面定量测度，深入研究双向直接投资提升"卡脖子"产业链"核链"地位问题。第十章提出双向直接投资联动驱动产业新旧动能转换的实践路径，分别从新型举国体制的实践路径、人才集聚效应的实践路径、科技进步的实践路径、扩大产业规模驱动的路径、传统产业外移的实践路径、战略性新兴产业重塑的实践路径、现代化产业体系构建的实践路径以及绿色产业发展的实践路径角度对我国产业新旧动能转换问题进行阐述，并从不同层面提出针对性的对策建议，进一步指出本书的研究不足与未来研究展望。

在此基础上，本书结合党的二十大报告以及"十四五"规划和2035年远景目标分别从企业层面、行业层面和政府层面提出产业新旧动能转换的政策启示。

第一，从企业层面来看，我国企业是推动产业新旧动能转换的主体对象，企业应通过双向直接投资补齐短板，扩大规模，提升企业技术创新和品牌影响力，增强抗风险能力，实现产业新旧动能转换。我国政府应通过提质增效、协同并进手段加强高新技术企业和战略性新兴企业的支持力度，推动企业双向直接投资互动，进一步推动我国产业新旧动能接续转换。同时，政府应给予优质企业更好的生存空间，增强企业经营效能，注重国有企业和民营企业协作共生，推动"引进来"和"走出去"联动发展，进一步实现产业新旧动能实质转换。此外，政府应通过国际直接投资方式对企业进行分类治理，进一步实现落后产能淘汰、新兴产业构建的产业新格局，进一步推动我国产业新旧动能实质转换。

第二，从行业层面来看，我国产业新旧动能转换的核心在于关键核心行业的发展，应加大对新兴技术的支持力度，降低新兴行业对外直接投资和吸引外商直接投资准入门槛，给予相关的优惠政策，提升技术革新和培育力度。在产业新旧动能转换过程中，我国应改善重化工行业转型升级，加强重化工行业内迁、重组与外移效率，借力双向直接投资推动我国产业新格局重塑，实现产业新旧动能转换。此外，我国应注重国家重点发展行业之间的联动，加强关键行业核心龙头企业的引领作用，通过多行业之间的联动发展，突破关键行业核心技术的瓶颈，实现产业新旧动能转换，进一步提升产业链的安全稳定与自主可控能力。

第三，从政府层面来看，政府是产业新旧动能转换的"助推器"和"催化剂"，能够有效地加速产业新旧动能转换进程。因此，我国政府应对现有制度进行深化改革，为产业新旧动能转换创造更好的制度环境。随着产业格局的不断优化，产业新旧动能的转换同样离不开系统的、完整的产业政策，国家应通过宏观调控与政策引导双向直接投资走进关键产业核心领域，制定完整详细的规划方案以及高效的统筹管理模式，使产业新旧动能转换之路行稳致远。此外，我国政府应为产业新旧动能转换提供良好的资源保障、税收优惠以及产业政策支撑，推动我国产业新旧动能实质转换。

在国内国际双循环新发展格局的背景下，双向直接投资为我国产业新旧动能转换带来了新的发展和机遇。本书聚焦研究中国—中南半岛双向直接投资联动驱动产业新旧动能转换问题，旨在为我国经济高质量发展提供有力的支撑。

目　录

第一章　导论 ……………………………………………………………… 1

　　第一节　选题背景和研究意义 ……………………………………… 1
　　第二节　研究思路、方法与研究框架 ……………………………… 5
　　第三节　研究重点、难点和创新点 ………………………………… 8
　　第四节　结构和主要内容 …………………………………………… 9

第二章　文献综述 ………………………………………………………… 14

　　第一节　双向直接投资动因与经典理论 …………………………… 14
　　第二节　产业新旧动能转换相关研究 ……………………………… 26
　　第三节　双向直接投资、产业结构优化升级与新旧动能转换 …… 31
　　第四节　中国—中南半岛双向直接投资、产业结构优化升级与
　　　　　　新旧动能转换 …………………………………………… 34
　　第五节　文献述评 …………………………………………………… 35

第三章　中国—中南半岛双向直接投资发展现状与动态演变 ………… 37

　　第一节　中国双向直接投资总体情况 ……………………………… 37
　　第二节　中国—中南半岛双向直接投资具体情况 ………………… 64
　　第三节　中国—中南半岛双向直接投资比例分析 ………………… 75
　　第四节　本章小结 …………………………………………………… 81

第四章　双向直接投资指数与产业新旧动能转换指数构建、
　　　　测度与动态演变 …………………………………………… 85

　　第一节　双向直接投资指数构建、测度与动态演变 ……………… 85
　　第二节　产业新旧动能转换指数构建、测度与动态演变 ………… 95

第三节　本章小结 …………………………………………… 117

第五章　双向直接投资联动驱动产业新旧动能转换理论机制分析 …… 118
　　第一节　双向直接投资与产业新旧动能转换的效应分析 …… 118
　　第二节　双向直接投资驱动企业技术创新决策理论机制 …… 121
　　第三节　双向直接投资、技术创新与产业新旧动能转换
　　　　　　理论机制 …………………………………………… 124
　　第四节　双向直接投资联动驱动产业新旧动能转换动态
　　　　　　均衡推演 …………………………………………… 126
　　第五节　进一步研究：中国经济增长动力分解与转换问题 … 131

第六章　双向直接投资增长质量分解与指数测度 ………………… 134
　　第一节　问题的提出 ………………………………………… 134
　　第二节　IDP 扩展理论分析和待检假设 …………………… 135
　　第三节　指标构建、模型设定与变量选取 ………………… 137
　　第四节　中国—中南半岛双向直接投资增长效应分解与
　　　　　　测度实证检验 ……………………………………… 138
　　第五节　本章小结 …………………………………………… 144

第七章　双向直接投资驱动产业新旧动能转换
　　　　——以中国—中南半岛为例 ………………………… 146
　　第一节　问题的提出 ………………………………………… 146
　　第二节　理论回顾 …………………………………………… 147
　　第三节　双向直接投资联动驱动产业新旧动能转换
　　　　　　传导机制 …………………………………………… 149
　　第四节　双向直接投资联动驱动产业新旧动能转换
　　　　　　实证检验 …………………………………………… 152
　　第五节　结论与政策建议 …………………………………… 165

第八章　双向直接投资联动驱动产业新旧动能转换国别异质性
　　　　研究 …………………………………………………… 167
　　第一节　中国—越南双向直接投资联动驱动产业新旧动能
　　　　　　转换研究 …………………………………………… 167

第二节　中国—老挝双向直接投资联动驱动产业新旧动能
　　　　　转换研究 …………………………………………… 185
　　第三节　中国—泰国双向直接投资联动驱动产业新旧动能
　　　　　转换研究 …………………………………………… 203
　　第四节　中国—缅甸双向直接投资联动驱动产业新旧动能
　　　　　转换研究 …………………………………………… 221
　　第五节　中国—柬埔寨双向直接投资联动驱动产业新旧
　　　　　动能转换研究 ……………………………………… 239
　　第六节　中国—马来西亚双向直接投资联动驱动产业新旧
　　　　　动能转换研究 ……………………………………… 257
　　第七节　中国—新加坡双向直接投资联动驱动产业新旧动能
　　　　　转换研究 …………………………………………… 274
　　第八节　本章小结 …………………………………………… 290

第九章　双向直接投资提升"卡脖子"产业链"核链"地位的机制 …… 292
　　第一节　问题提出 …………………………………………… 292
　　第二节　理论回顾 …………………………………………… 293
　　第三节　理论机制与研究假说 ……………………………… 294
　　第四节　研究设计 …………………………………………… 296
　　第五节　实证分析 …………………………………………… 300
　　第六节　结论与政策启示 …………………………………… 310

第十章　实践路径与政策启示 …………………………………… 312
　　第一节　双向直接投资联动驱动产业新旧动能转换的
　　　　　实践路径 …………………………………………… 312
　　第二节　双向直接投资联动驱动产业新旧动能转换的
　　　　　政策启示 …………………………………………… 318
　　第三节　研究不足与未来研究展望 ………………………… 322

附录一　发达经济体和发展中经济体双向直接投资指数
　　　　测度结果 ………………………………………………… 323

附录二　世界各洲国家层面双向直接投资指数测度结果 …………… 324

主要参考文献 …………………………………………………… 337

后　记 …………………………………………………………… 361

第一章 导论

第一节 选题背景和研究意义

党的二十大报告指出，我国双向直接投资取得了长足的发展，吸引外资和外商投资水平均处于世界前列，我国需要加强"引进来"与"走出去"互动推进更高水平对外开放。我国双向直接投资经历了空白期、探索期、成长期和重塑期四个重要阶段。第一阶段：双向直接投资空白期（1949—1978年）。自1949年以来，我国实行长期自给自足的"计划经济"，经济发展缓慢，处于滞后状态，直至1978年实施改革开放政策，开放程度才逐步提高。1949—1978年，我国开放程度较低，并没有吸引到多少外商直接投资，也没有对外直接投资，因此，在该段时间为双向直接投资的"空白期"。第二阶段：双向直接投资探索期（1979—1991年）。1978年改革开放，我国制定外商直接投资优惠政策，设定了一定数量的经济特区，国外的跨国公司尝试性地对中国进行跨国投资。因此，我国吸引了一定数量的外商直接投资，同时，我国对周边国家存在少量的对外直接投资。然而，该阶段思想观念守旧，营商环境较差，导致该时期的外商直接投资额较少，为30亿—40亿美元，对外直接投资额几乎可以忽略不计。本书将该段时期定义为我国双向直接投资"探索期"。第三阶段：双向直接投资成长期（1992—2012年）。自1992年邓小平南方谈话后，实施中国特色社会主义市场经济，大量设立经济特区，从而吸引了大量的外商直接投资，外商直接投资无论从数量还是金额上均有大幅度的提高。该段时期，外商直接投资主要集中于我国制造业。我国成为世界制造业大国，同时，也变成了"世界加工厂"。该段时期，吸引的外商直接投资处于价值链低端环节，我国制造业也处于价值链低端锁定的状态。虽然有外商直接投资，但外商直接投资质量不高。2001年我国加入世界贸易组织（WTO）后，开放程度进一步提高，同时，世界各国对我国开放程度也达到了历史性的新高度。因此，我国企业"走出去"的步伐进一步加大，该段时期我国对外直接投资规模逐步扩大。外商直接投资急剧上升，投资领域主要集中于低端制造业，对外直接投资实现从无到有，逐步形成一定的规模。因此，本书将该段时期定义为双向直接投资的"成长期"。第四阶段：双向直接投资重塑期（2013年至今）。自2013年以来，我国提出"一带一路"倡议，对外直接投资（含企业海外并购与绿地投资）呈现迅速增长态势。2016年，对外直接投资总额超越了外商直接投资总额，外商直接投资与对外直接投资均呈现增长态势。然而，对外直接投资的增长率远高于外商直接投资的增长率，其原因为：该段时期，我国对外商直接投资更注重其"质量"而并非"数量"。我国对外商直接投资的政策在缩紧，审核更加严格，旨在引导外商直接投资进入我国绿色产业，包括绿色农业、绿色工业和绿色服务业。此外，西方发达国家亦存在"产业空心化"的担忧，兴起了重塑制造业产业的浪潮。因此，我国外商直接投资增长放缓，质量逐步提高。同时，随着"一带一路"倡议的不断深入落实，我国对外直接投资增长迅速，企业海外并购与绿地投资从数量与金额上均有大幅提高，企业海外并购倾向于发达国家，而绿地投资倾向于"一带一路"沿线国家。我国既有现有技术的输出，也有高端技术的流入，我国制造业企业价值链逐步提升，逐步走出价值链低端锁定的陷阱，形成了现有"两端在外，中间在内"的制造业格局。因此，本书将该段时期定义为双向直接投资的"重塑期"。新时代，双向直接投资与产业结构问题紧密联系在一起，引导外商直接投资、鼓励对外直接投资走向高质量领域具有重要的战略意义。

2022年12月，中央经济工作会议将创新驱动的高质量发展确定为经济发展重点工作，提出稳定和扩大外商投资与对外投资、扎实推进"一带一路"共建、构建高质量发展新动力源的目标。中国—中南半岛作为"一带一路"六大经济走廊之一，承担国际直接投资的重要职能。在国际经济低迷态势下，中国—中南半岛双向直接投资（外商直接投资与对外直接投资）仍呈现快速增长态势，双向直接投资的发展，逐步推动中国经济转向高质量发展（冼国明等，2018）。然而，中国产业价值链与产业新旧动能却处于"两头在外，中间在内"的中低端锁定状态（盛斌等，

2019)。同时，产业新旧动能转换亟待实现，即技术创新投入型产业"质量"逐步替代要素禀赋投入型产业"数量"，使"引进来"与"走出去"内外联动的双向直接投资逐步推进产业格局重塑，实现技术推动型产业"新"动能替代要素投入型产业"旧"动能，双向直接投资联动是推动我国产业新旧动能实质转换的最优路径。此外，本书依据国家统计局分类标准，聚焦研究双向直接投资联动对我国产业新旧动能转换五个维度的推进程度，进一步阐释双向直接投资联动驱动技术推动型产业"新"动能替代要素投入型产业"旧"动能问题。

中国能否通过中国—中南半岛双向直接投资联动机制设计，同频驱动我国产业新旧动能发生实质转变，即实现技术推动型"新"动能替代要素投入型"旧"动能，推动我国经济绿色高质量增长？对这个问题的研究，有利于推进我国经济发展质量持续改善，实现经济高质量发展的目标。

一 理论意义

本书认为，双向直接投资属于国际直接投资范畴，是从"引进来"与"走出去"两个角度考虑国际直接投资问题，包括外商直接投资（FDI）与对外直接投资（OFDI）。其中，对外直接投资又包括企业海外并购与绿地投资。近年来，学者对直接投资方面的研究主要关注外商直接投资或对外直接投资单方面的研究，较少文献考虑到双向直接投资对经济增长、产业结构调整、产业新旧动能转换等方面的影响。本书基于以上研究，将外商直接投资与对外直接投资放于同一框架内，即对双向直接投资展开研究。首先，研究中国—中南半岛双向直接投资的质量问题；其次，研究中国—中南半岛双向直接投资驱动产业新旧动能转换实现机制问题；最后，研究双向直接投资质量驱动中国新旧动能转换问题。

相比于已有传统研究，本书关于中国—中南半岛双向直接投资联动驱动产业新旧动能转换实现机制研究，具有以下三个方面的理论意义。

第一，相比于国内双向直接投资地域研究，本书的独特性在于中国—中南半岛地域意识。本书从中国—中南半岛区域的角度，构建数理模型分析、推演，并进行实证检验，致力于研究双向直接投资驱动产业新旧动能转换实现的机制与理论。

第二，相比于国内产业结构优化升级研究，本书的独特性在于中国—中南半岛双向直接投资联动同频驱动产业新旧动能转换实现机制研究，利于我国利用双向直接投资手段突破价值链中低端锁定状态，重构我国生产网络,最终实现产业新旧动能转换及产业链安全稳定。

第三,相比于国外发达经济体研究,本书的独特性在于研究"后发经济体"。随着"一带一路"倡议的推进,研究内容由量到质、区域由发达国家逐步转变为发展中国家,本研究学习、吸收发达国家产业新旧动能转换经验,实现我国产业新旧动能实质转变。

二　实践意义

随着改革开放不断深入,我国逐渐由吸引外商直接投资推动经济增长,转变为鼓励对外直接投资拉动经济增长。通常,发达国家对中国外商直接投资集中于价值链低端的制造业。低端制造业的发展虽然推动了我国经济高速增长,但是,该类外商直接投资对中国的环境造成了一定程度的破坏。因此,吸引外商直接投资应注重"质量"而非"数量"。经过改革开放四十余年的发展,我国自主创新能力得到改善,产业升级得到不断完善。自 2003 年以来,我国对外直接投资额急剧增长,呈现"走出去"与"引进来"规模逐步扩张的趋势,对外直接投资相比于外商直接投资具有较大的优势:一是对外直接投资能够将我国过剩产能转移,实现资源优化配置;二是对外直接投资对我国产业结构调整具有一定的改善作用,将传统产业技术溢出至"一带一路"沿线国家,既带动了周边国家的经济增长,又实现我国"新动能"替代"旧产能"的局面;三是对外直接投资相比于外商直接投资,能够带动经济增长,同时,在一定程度上促进了环境的改善。进入新时代,我国外商直接投资与对外直接投资应由"粗放型"转化为"精细型",实现"大规模"和"高质量"的"引进来"和"走出去",我国应有选择、有目标、有政策地吸引外商直接投资与开展对外直接投资。本书关于中国—中南半岛双向直接投资联动驱动产业新旧动能转换实现机制研究,具有以下两个方面的意义。

第一,基于中国—中南半岛经济走廊建设,通过双向直接投资联动机制设计重塑我国产业新动能。我国有选择、有目的地吸收和利用外商直接投资,引导和提高对外直接投资质量,"引进来"与"走出去"相互促进,通过双向直接投资联动机制设计能够为我国产业新旧动能转换指明方向。因此,本书成果可以为政府吸引外资与开展对外投资提供参考建议。

第二,为政府、行业和企业层面提出具体有力的对策建议。本书运用数理模型构建与实证分析研究宏观产业新旧动能转换,提出实现产业

"新"动能替代"旧"动能的对策。

此外，技术积累与技术创新是实现产业新旧动能转换的动力，双向直接投资质量在一定程度上决定了发展中国家技术创新。技术创新主要来源于国内研发资金投入、国内人力资本存量，此外，技术创新主要来源于外商直接投资技术溢出效应，以及对外直接投资逆向技术溢出效应，即通过政策制定、引导，推动吸引高质量外商直接投资，通过本土企业学习、吸收与模仿获得先进技术。另外，对外直接投资逆向技术溢出（含逆向研发资金溢出与逆向人力资本溢出）可促使母国企业学习、吸收与模仿，进而促进技术创新与技术进步。因此，研究如何有效利用双向直接投资促使我国产业新旧动能实质转变，具有重要的理论意义与现实意义。双向直接投资质量与经济增长、新旧动能转换与制造业企业价值链重塑问题，犹如一个"黑箱"，相互之间影响机理与机制并不明确。本书研究其影响机制，探寻机理，并实证研究双向直接投资质量与新旧动能转换的实现机制与实践路径。

第二节　研究思路、方法与研究框架

本书分析中国—中南半岛地区（中国、泰国、老挝、越南、缅甸、柬埔寨与马来西亚七个国家）多边双向直接投资，研究技术创新型外商直接投资（FDI）与对外直接投资（OFDI）联动驱动产业新旧动能转换实现机制，以及如何推动企业价值链重塑、生产网络重构，实现由"要素投入型增长"转变为"技术推动型增长"，推动我国产业新旧动能实质转换。此外，本书依据产业新旧动能转换实现机制，测算不同类别双向直接投资产业新旧动能转换程度，研究我国产业新旧动能转换的具体路径。

一　研究思路

本书以现有国际直接投资和产业集聚理论为基础，试图完善与构建双向直接投资联动机制同频驱动产业新旧动能转换理论，分析技术推动型产业"新"动能替代要素投入型产业"旧"动能，寻求中国经济"绿色高质量与高效率"发展的具体机制。在理论方面，本书构建双向直接投资联动机制驱动产业新旧动能转换模型，为提升双向直接投资质量，促进产业新旧动能实质转换提供理论分析框架；同时，通过双向直接投资联动机制设计，促进我国新型产业体系创建、新型发展模式形成，推进我国产业新旧动能发生实质转变。在实践方面，利用中国—中南半岛双向直接投资联动机制，同频驱动我国产业新旧动能短期实现高阶转换，测算双向直接投资联动指数、产业新旧动能转换指数，推动产业新旧动能实质转换；设计双向直接投资联动驱动产业新旧动能转换的实现机制，为我国产业政策实施提供理论指导与参考，建立中国—中南半岛双向直接投资联动驱动产业新旧动能转换长期可共生系统。

二 研究方法

（1）文献研究：对中国—中南半岛双向直接投资联动机制驱动产业新旧动能转换的相关文献进行综述研究，为本书提供了理论支撑。

（2）统计分析：将中国—中南半岛双向直接投资企业按不同所有制、行业、地理区域分类，同时采用参数估计和非参数估计各产业新旧动能转换系数，聚焦中国与越南、老挝、缅甸横向三国，以及泰国、柬埔寨、马来西亚、新加坡纵向四国层面研究双向直接投资联动问题。

（3）数理模型构建方法：建立中国—中南半岛双向直接投资联动产业新旧动能转换理论模型，为分析双向直接投资联动驱动产业新旧动能转换提供理论分析的逻辑框架。

（4）计量模型构建与实证分析：提出中国—中南半岛双向直接投资驱动产业新旧动能转换理论假说，采用双向直接投资指数和产业新旧动能转换指数刻画双向直接投资联动机制与产业新旧动能转换联动实现机制。

（5）实地调研：对老挝、缅甸、泰国、越南、柬埔寨、马来西亚西部等国家实地调研，对回收数据进行聚类分析，提取双向直接投资联动与产业新旧动能转换综合性指标，对实地调研获得的数据指标进行系统性的分析与解构。

三 研究框架

基于已有文献与理论基础以及我国产业空间分布提出问题，构建双向直接投资联动驱动产业新旧动能转换理论模型分析问题，同时，结合双向直接投资联动驱动产业新旧动能转换实现机制，实证研究中国—中南半岛双向直接投资联动发展机制驱动产业新旧动能转换的效应，最终设计中国—中南半岛双向直接投资联动同频驱动产业新旧动能转换实践路径解决问题。本书采用上述思路，逐步细化研究产业新旧动能转换问题，推进产业由要素投入"旧动能"向技术推动"新动能"转变，揭示中国—中南半岛双向直接投资联动驱动产业新旧动能转换实现的机理，深入研究双向直接投资联动演化机制，促进"引进来"与"走出去"同频联动、双轮驱动产业新旧动能实质转换。具体研究思路如图1-1所示。

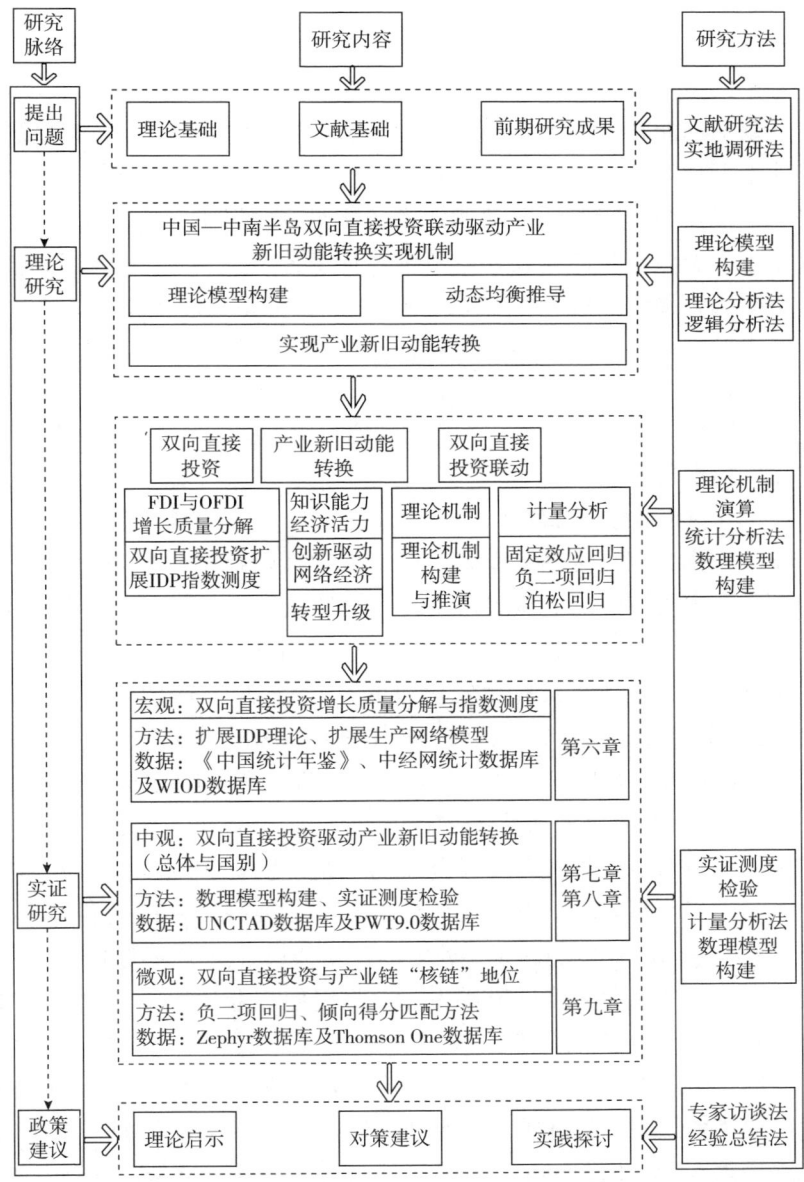

图1-1 中国—中南半岛双向直接投资联动驱动产业新旧动能转换研究思路

第三节　研究重点、难点和创新点

一　重点和难点

本书的重点具有三个方面：一是建立一个包含双向直接投资联动驱动产业新旧动能转换的数理模型，为分析中国—中南半岛双向直接投资与产业新旧动能转换实现机制提供一个理论框架；二是剖析中国—中南半岛双向投资驱动产业新旧动能转换演化机制，寻求技术推动型增长替代要素投入型增长具体路径；三是构建计量分析模型，实证研究双向直接投资联动驱动产业新旧动能转换的效果，并提出有力的对策建议。

本书的难点具有以下两个方面：一是构建"中国—中南半岛双向直接投资联动驱动产业新旧动能转换"动态最优模型；二是建立不同指标度量双向直接投资联动驱动产业新旧动能转换力度，并进行实证检验。

二　主要创新点

（一）学术思想方面的特色和创新

将"双向直接投资联动驱动产业新旧动能转换实现机制"贯穿于研究中。设计中国—中南半岛双向直接投资联动机制同频驱动我国产业新旧动能转换，突破中低端锁定状态，促进产业新旧动能发生实质性转换。

中国—中南半岛为具有后发优势的"经济体"、吸收和利用 FDI 和 OFDI 规模庞大的特征，本书从中国—中南半岛双向直接投资联动角度分析产业新旧动能转换问题，弥合已有文献对传统产业升级研究的不足。

（二）学术观点方面的特色和创新

中国—中南半岛双向直接投资联动机制是促进我国产业新旧动能转换的关键。产业新旧动能发生实质性的转变需要外力和内力相结合，中国作为具有完善产业链的国家，外力的冲击能够促进产业新旧动能转换，中国—中南半岛双向直接投资作为外力是促使产业新旧动能发生实质转变的"加速度"和"催化剂"。

中国—中南半岛双向直接投资联动促进价值链重塑、生产网络重构、新型产业体系创建。新时代，产业结构需要实现技术推动型"新"动能替代要素投入型"旧"动能，而生产网络处于国际生产分割状态，因此，中国—中南半岛双向直接投资联动机制是重塑产业链与生产网络的最佳手段。

（三）研究方法方面的特色和创新

本书研究中国—中南半岛双向直接投资联动驱动产业新旧动能转换动态演化规律，使用双重差分、离散选择模型以及中介效应模型，并引入最新研究方法，弥补现有研究方法单一与缺乏多学科交叉研究的不足。

第四节 结构和主要内容

本书对中国—中南半岛双向直接投资联动驱动产业新旧动能转换实现机制与实践路径进行研究，具体包括越南、老挝、泰国、缅甸、柬埔寨、马来西亚和新加坡七个国家，本书的篇章结构以及主要内容如下：

第一章：导论。该部分对中国—中南半岛双向直接投资联动驱动我国产业新旧动能转换的选题背景、研究意义、研究思路、研究方法、研究框架、重点难点以及创新之处进行说明，分析中国—中南半岛经济走廊承担的国际直接投资重要职能，指出中国—中南半岛双向直接投资处于中国双向直接投资流量与存量的双重重要位置，并提出高质量的"引进来"和"走出去"联动能够有效推动我国产业新旧动能转换的具体思路。

第二章：文献综述。该部分对双向直接投资联动驱动产业新旧动能转换相关文献进行梳理。具体包括五个部分：一是双向直接投资的动因以及双向直接投资经典的 IDP 五阶段理论；二是产业新旧动能转换的影响因素、测度方法、机制诠释与路径实现；三是双向直接投资推动产业结构优化升级宏观层面以及双向直接投资推动产业新旧动能转换中观层面研究，包括外商直接投资、对外直接投资以及双向直接投资联动驱动产业结构优化升级和产业新旧动能转换；四是中国—中南半岛双向直接投资联动驱动产业结构优化升级和产业新旧动能转换初步研究的阐述；五是基于现有研究现状，提出聚焦研究中国—中南半岛双向直接投资联动驱动产业新旧动能转换的必要性。

第三章：中国—中南半岛双向直接投资发展现状与动态演变。该部分对中国双向直接投资的总体情况进行细致分析，具体包括投资规模、行业分布、地区分布情况。同时，本书对中国—中南半岛双向直接投资的规模以及国家分布进行详细介绍，具体包括中国对越南、老挝、泰国、缅甸、柬埔寨、马来西亚和新加坡七个国家层面的双向直接投资情况，包括现状以及演变过程。此外，本书对中国—中南半岛双向直接投资的发展情况、动态演变与未来发展趋势进行详细的分析。

第四章：双向直接投资与产业新旧动能转换指标构建、测度与动态演变。该部分构建了双向直接投资指标体系与产业新旧动能转换的指标体系。其中，双向直接投资指标体系构建借鉴已有双向贸易指数，采用双向直接投资差与和的绝对值之比与1的距离来衡量，而产业新旧动能转换指标体系借鉴国家统计局的研究成果，具体包括知识能力、经济活力、创新驱动、网络经济和转型升级五个维度，同时，采用线性加权方式对我国产业新旧动能转换指数进行构建与测度。在建立双向直接投资指数的基础上，该部分对我国省际层面、中国—中南半岛总体层面、中国—中南半岛横向三国与纵向四国层面进行测算与汇报，同时对双向直接投资指数的发展趋势进行阐述，旨在对中国—中南半岛双向直接投资的具体情况进行说明。此外，该部分对我国省际层面产业新旧动能转换指数总体层面以及五个维度的产业新旧动能转换分类指数进行测算与汇报，对产业新旧动能转换指数的发展趋势进行阐述，旨在对中国产业新旧动能转换的具体情况进行说明。

第五章：双向直接投资联动驱动产业新旧动能转换理论机制分析。该部分对双向直接投资（包括外商直接投资和对外直接投资）联动驱动我国产业新旧动能转换的机理进行详细的阐述，旨在详细说明双向直接投资对我国产业新旧动能转换的影响机理与实现机制。具体包括五个部分：一是双向直接投资联动驱动产业新旧动能转换的直接效应与间接效应机理分析；二是双向直接投资企业之间存在竞争与合作关系，通过对双向直接投资企业竞争的推演，使双向直接投资的集聚效应推进双向直接投资企业创新决策，实现外商直接投资技术溢出与对外直接投资逆向技术溢出联动推动技术创新，实现我国产业新旧动能实质转换；三是双向直接投资通过上述技术创新的中介效应，进一步推动我国产业新旧动能进行转换，并对双向直接投资推动我国产业新旧动能转换的直接效应和双向直接投资通过技术创新推动我国产业新旧动能转换的中介效应进行详细阐释；四是双向直接投资联动驱动产业新旧动能转换的动态均衡条件推演，具体包括外商直接投资、对外直接投资以及双向直接投资联动推动产业新旧动能转换的动态最优均衡解以及均衡条件；五是对中国经济增长动力的进一步分解与动力切换问题推演，具体分析低技能劳动、高技能劳动、常规资本和研发资本的不同组合作为经济增长动力，是如何推动我国产业新旧动能实质转换的。

第六章：双向直接投资增长质量分解与指数测度。该部分基于扩展的 IDP 模型对中国—中南半岛双向直接投资增长质量进行分解与指数测度，进一步说明中国—中南半岛双向直接投资的影响因素。同时，该部分利用 UNCTAD 和中南半岛数据，研究中国—中南半岛双向直接投资质量增长效应分解与指数测度问题，得出了三个方面的结论：一是中国—中南半岛双向直接投资受到贸易开放度、经济结构、经济发展水平、技术水平、毗邻中国的正向推动和环境规制的抑制作用；二是双向直接投资增长效应存在门槛，由"低门槛"向"高门槛"迈进，增长方式呈现由"高速度"向"高质量"转变的态势，双向直接投资增长效应存在国别间差异；三是"一带一路"倡议有效地推动了中国—中南半岛国家双向直接投资的发展进程。

第七章：双向直接投资驱动产业新旧动能转换——以中国—中南半岛为例。利用中国—中南半岛层面数据，研究外商直接投资和对外直接投资联动效应，得出以下四个方面的结论：一是中国—中南半岛外商直接投资、对外直接投资以及双向直接投资联动对产业新旧动能转换具有显著的促进作用。从三者驱动强度来看，中国—中南半岛双向直接投资联动效应显著大于外商直接投资效应，外商直接投资效应又显著大于对外直接投资效应。二是中国—中南半岛双向直接投资联动驱动产业新旧动能转换存在"鞍点"状态。外商直接投资规模约为对外直接投资规模的 1.2716 倍时，中国—中南半岛双向直接投资联动驱动我国产业新旧动能转换效果最优。三是技术创新是中国—中南半岛双向直接投资与产业新旧动能转换的中介变量。模型存在多解释变量的单一中介效应，具体包括外商直接投资—技术创新—产业新旧动能转换、对外直接投资—技术创新—产业新旧动能转换以及双向直接投资—技术创新—产业新旧动能转换三种路径。四是中国—中南半岛双向直接投资联动驱动产业新旧动能转换效应在政府"产业新旧动能转换"政策实施后较为显著，说明政府"产业新旧动能转换"政策增强了我国产业新旧动能转换的效度。同时，该部分通过改变统计口径、剔除异常值、分国别回归以及倾向得分匹配（PSM）方法对实证结果进行稳健性检验，发现回归结果稳健。

第八章：双向直接投资联动驱动产业新旧动能转换国别异质性研究。该部分通过对中国与越南、老挝、泰国、缅甸、柬埔寨、马来西亚和新加坡七个国家双向直接投资联动驱动产业新旧动能转换的基准回归、五个维度指数回归、时段异质性、行业异质性、区域异质性以及"门槛效应"进行回归，得出以下结论：一是基准回归研究发现，双向直接投资联动效应、外商直接投资效应与对外直接投资效应有效地推动了我国产业新旧动能转换。二是从分类指数角度，双向直接投资联动驱动产业新旧动能转换程度由强到弱依次为经济活力、知识能力、创新驱动、网络经济和转型升级，且中南半岛国家之间存在一定的差异。三是从时段异质性、行业异质性、区域异质性角度，中国—中南半岛双向直接投资联动推动我国产业新旧动能转换存在时段差异、行业差异与区域差异。四是从双向直接投资联动效应、外商直接投资与对外直接投资个体效应自身设置的门槛以及人力资本水平设置的"吸收门槛"角度分析认为，双向直接投资联动效应、外商直接投资效应与对外直接投资效应自身设置的门槛为"高门槛"，而人力资本水平设置的"吸收门槛"为"低门槛"，采用固定效应模型回归和 Heckman 两步法回归得到了相似的门槛值。

第九章：双向直接投资提升"卡脖子"产业链"核链"地位的机制。该部分基于"靶向"投资的视角，进一步细化研究产业链微观层面，对双向直接投资联动驱动产业新旧动能转换开展深入研究，旨在为我国产业链"核链"地位构建提供一定的参考。中国—中南半岛双向直接投资内外联动与技术溢出效应显著地提升了我国"卡脖子"产业链的"核链"地位，作用强度依次减弱。一是行业异质性层面，中国—中南半岛双向直接投资提升专用设备（交通运输设备）"卡脖子"产业链的"核链"地位作用最强（弱），其余行业介于之间；二是区域异质性层面，中国—中南半岛双向直接投资提升东部沿海（西北地区）"卡脖子"产业链的"核链"地位作用最强（弱），其余地区介于之间；三是时段异质性层面，中国—中南半岛双向直接投资内外联动、外商直接投资技术溢出与对外直接投资逆向技术溢出提升"卡脖子"产业链"核链"地位的效果在不同时段存在显著的差异。

第十章：实践路径与政策启示。该部分围绕推进我国产业新旧动能转换的不同维度和不同方式，对中国—中南半岛双向直接投资（包括外商直接投资与对外直接投资）推动我国产业新旧动能转换的方式进行系统性阐释，分别从新型举国体制、人才集聚效应、科技进步、扩大产业规模驱动、传统产业外移、战略性新兴产业重塑、现代产业体系构建以及绿色产业发展角度对我国产业新旧动能转换问题进行阐述。此外，该部分对企业层面、行业层面和政府层面推进我国产业新旧动能转换的政策建议进行详细说明，旨在不同层面提出针对性的对策建议，进一步推动我国产业新旧动能实质转换。

本书对中国—中南半岛双向直接投资联动驱动我国产业新旧动能的理论意义、实践意义、研究现状、发展现状、动态演变、指数测度、理论机制、实证检验以及实践路径进行阐述，旨在为我国产业新旧动能转换建言献策。

第二章　文献综述

第一节　双向直接投资动因与经典理论

一　双向直接投资动因

学者围绕双向直接投资影响动因（Buckley et al., 2007）、战略资源、先进技术、企业全要素生产率及出口质量（崔昊、龙立军，2011；田巍、余淼杰，2012；王碧珺等，2015）等方面展开了多维度的研究。丁志帆、孙根紧（2016）从我国双向直接投资空间重塑角度，认为对外直接投资应依据整体均衡与局部差异的原则，我国应在全球范围内重塑对外直接投资空间分布。王永中、赵奇锋（2016）利用面板数据对中国双向直接投资风险偏好与投资动机进行了细致研究，发现中国双向直接投资者为风险偏好者，对政治与经济风险较高的国家更偏好，同时，双向直接投资具有资源寻求和获取的动机。李磊等（2018）利用2004—2013年企业层面数据研究我国双向直接投资（外商直接投资与对外直接投资）的关系，发现外商直接投资有效地促进了我国企业对外直接投资，并以资源寻求、垂直生产、水平生产、商贸服务以及研究开发等因素作为企业对外直接投资的动机，实证研究了它们对对外直接投资次数的影响。此外，学者从全球价值链的角度研究了我国双向直接投资的驱动因素，提出要素、市场、资源及战略为改变价值链"低端锁定陷阱"的重要因素。因此，我国应从上述方面引导双向直接投资联动发展（孙黎、李俊江，2015；李磊等，2018；于津平，2020；赵文涛、盛斌，2022）。[①]

[①] 为了方便读者理解相关理论发展，本书对相关文献进行梳理和分类阐释，但限于篇幅，书后仅列出部分主要参考文献。

为了具体分析中国—中南半岛双向直接投资动因，本节比较研究中国对发达国家、发达国家对中国、中国对中南半岛国家以及中南半岛国家对中国的投资动因。同时，分析双向直接投资的影响因素，以促使我国产业新旧动能实质转变，为中国"走出去"和"引进来"提供有效的建议与对策。

（一）中国对发达国家直接投资动因

1. 宏观层面

对外直接投资的宏观动因包括以下四个方面：①"一带一路"倡议实施促进企业"走出去"。自 2013 年我国提出"一带一路"倡议后，企业"走出去"速度逐步加快，对外直接投资数量急剧上升（Grubaugh，1987；汪炜等，2022；戴翔、王如雪，2022；王碧珺、宋子威，2023）。②进入东道国市场。国内产品供给大于需求，促使企业"走出去"，寻求海外市场，在全球范围内分布生产与销售环节，扩大产品在各东道国的市场占有率（Hayakawa et al.，2013；杨亚平、吴祝红，2016；谢众、卢文玲，2022；戴姣等，2022）。③东道国优越的投资环境与营商环境。对于"走出去"的企业来说，良好的投资环境与营商环境是企业较为关注的，发达国家的投资环境成熟，政策稳定，营商环境良好，这些是影响我国企业投资于发达国家的主要因素（Buckley，2007；张岳然、费瑾，2020；齐俊妍、任奕达，2020；张海伟等，2022）。④突破贸易壁垒。近年来，贸易保护、贸易摩擦等导致世界各国贸易壁垒增强，新型贸易壁垒促进企业以对外直接投资的方式"走出去"在一定程度上替代了企业以国际贸易方式"走出去"（Gammeltoft，2010；吴先明、黄春桃，2016；赵宸宇、李雪松，2017；安孟等，2021）。

2. 微观层面

对外直接投资的微观动因包括以下四个方面：①获得企业高效的人力资本。通常意义上，发达国家具有高效的人力资本、先进的管理经验、完善的企业组织，企业对外直接投资以企业海外并购的方式"走出去"时，可获得发达国家人力资本与管理经验，这是企业对外直接投资的动因之一（Deng，2004；盛朝迅，2021；韦东明等，2021；王馗等，2022）。②获得企业的高新技术。企业"走出去"旨在获取先进技术，如吉利并购沃尔沃、联想并购 IBM 等案例，通过对外直接投资获得目标企业逆向技术溢出，通过母国企业学习、吸收与模仿，从而达到自主创新与技术进步（Hamida，2017；余海燕、沈桂龙，2020；陈保林、齐亚伟，2021；中国社会科学院工业经济研究所课题组，2021）。③突破价值链低端锁定。企业通过对外直接投资，使企业本身的生产网络延伸，突破已有价值链低端锁定状态，使企业价值链得到升级与完善（Jude，2016；钟祖昌等，2021；丁秀飞等，2021；王珏等，2023）。④树立品牌优势。企业对外直接投资到发达国家，有助于树立企业良好的品牌形象，提高品牌在世界范围内的认知度，拓宽企业在全球范围内的生产与销售市场，这是企业"走出去"到发达国家投资的目的之一（Kolstad and Wiig，2012；庞德良、刘刚，2018；胡晓燕、蒋冠，2019；赵立斌等，2022）。

（二）发达国家对中国直接投资动因

1. 宏观层面

发达国家对中国直接投资的宏观动因包括以下四个方面：①发达国家产业转移。发达国家对中国直接投资的主要原因为产业转移（Walter and Ugelow，1979；杜传忠、管海锋，2021；李繁荣等，2022；黄纪强、祁毓，2022）。自改革开放以来，我国接受了大量制造业外商直接投资，据UNCTAD数据库统计，其中来自发达国家的制造业外商直接投资占比约为76%。②占有中国市场。中国产业链完备，营商环境良好，政治环境稳定，同时，具有较大潜力的消费市场与资源市场。发达国家对中国直接投资考虑到中国是具有潜力的投资市场与消费市场（Manova et al.，2015；邹磊，2021；曹俊文、申婧怡，2022；毛其淋、王澍，2022）。③发达国家部分产业享有中国"超国民待遇"政策。自2013年我国提出"一带一路"倡议以来，为促进外商直接投资与对外直接投资协同发展，对引进外商直接投资质量提出了新的要求，对部分产业的外商直接投资实施"超国民待遇"政策。发达国家对中国直接投资考虑了优惠的政策（Cheng and Kwan，2000；罗玉辉，2021；冯伟，2021）。④政策与社会环境稳定。中国为政策稳定、政治稳定、社会环境稳定的国家，发达国家对中国直接投资不会受政策变动、政治不稳定、社会环境不稳定等因素的影响。稳定良好的环境降低了发达国家对中国直接投资的风险，这是发达国家对外直接投资考虑的因素之一（Méon and Weill，2010；席小瑾等，2017；何国华、童晶，2018；邓荣荣、张翱祥，2023）。

2. 微观层面

发达国家对中国直接投资的微观动因包括以下两个方面：①中国具

有廉价的劳动力。相比于发达国家，中国具有较高的人口红利，劳动力廉价，用工成本低廉，使发达国家降低了产品的成本，这有利于发达国家加大了对中国的直接投资（Mody and Srinivasan，1998；袁辰等，2021；白雪洁、孙献贞，2021；苟利民，2022）。②中国具有丰富的自然资源。中国地大物博，具有丰富的自然资源，与发达国家在资源上形成了一定的互补，发达国家为获得生产产品的要素禀赋，即我国丰富的自然资源，加大了对中国的直接投资，进一步推进发达国家自身产业布局完善（Kolstad and Wiig，2012；孟望生、张扬，2020；郭卫军、黄繁华，2020；郝晓等，2021）。

（三）中国对中南半岛国家直接投资动因

1. 宏观层面

中国对中南半岛国家直接投资的宏观动因包括以下三个方面：①"一带一路"倡议推动中国对中南半岛国家直接投资。随着我国"一带一路"倡议的提出，一系列鼓励我国企业"走出去"的政策，大力推动我国企业投资"一带一路"沿线国家（Gnangno，2018；何俊勇等，2021；曾倩、刘津汝，2021；丁杰，2022）。②加强经济合作。我国对中南半岛国家直接投资，加强了经济合作，共同建设、互联互通，完善双向直接投资环境，实现合作共赢（Markusen and Venables，1998；李晓静、蒋灵多，2023；吴育辉等，2023；程晨等，2023）。③中国—中南半岛国家在能源与生产资源等方面互惠互利合作，形成合作共赢、和合共生的局面。我国对中南半岛国家直接投资，有利于在生产资源与能源方面加强合作，开拓更广阔的市场，同时实现互惠互利，因此，发展中国家丰富的要素禀赋是我国"走出去"的重要影响因素（Akbar and McBride，2004；高鹏飞等，2022；娄峰、段梦，2022；王珏等，2023）。

2. 微观层面

中国对中南半岛国家投资的微观动因包括以下四个方面：①企业"走出去"至中南半岛国家，获得当地廉价的劳动力。近年来，由于我国人口红利逐步消失，用工成本不断攀升，制造业向发展中国家转移，我国企业"走出去"至中南半岛国家，可以获得当地廉价的劳动力，降低生产成本（Brady and Denniston，2006；郑明贵等，2022；薛军、郑毓铭，2023；金靖宸，2023）。②企业组织全球范围内生产，实现国际生产转移，提高产品附加值，重塑企业生产链条。我国企业对中南半岛国家直接投资，可实现国际生产转移，获得当地市场资源、廉价劳动力与能源，实现生产国际分割，提高生产产品附加值，促使企业价值链升级，在全球范围内重塑生产网络（Kojima and Ozawa，1984；韦纪安等，2022；蒋宏飞等，2022；孙安琪，2023）。③获得中南半岛国家税收优惠政策。随着发展中国家对外开放程度的提高，发展中国家为吸引外商直接投资，给予投资国税收上的优惠。我国向中南半岛国家直接投资考虑到了东道国税收的优惠政策，选择以绿地投资与企业海外并购的方式"走出去"（孟醒，2021；王晶晶等，2022；余官胜等，2023）。④获得发展中国家生产要素资源。由于资源存在错配，我国与中南半岛国家生产资源在一定程度上存在着互补效应，为弥合生产要素不均衡状态，我国企业增加了对中南半岛国家的直接投资（冯德连、沈石哲，2023；王碧珺、宋子威，2023；宋瑛等，2023）。

（四）中南半岛国家对中国直接投资动因

中南半岛国家对中国直接投资的微观动因包括以下四个方面：①寻求市场。当中南半岛国家出口发展至一定程度后，需要通过跨国公司方式扩大原有市场、拓展新市场、克服贸易壁垒进行国际直接投资，中国作为毗邻国家成为中南半岛国家的重要选择（戚聿东、朱正浩，2020；王雨飞等，2020；李樱灿，2022）。②寻求资源。中南半岛国家为了获取中国的自然资源、人力资本、技术与品牌资源等生产要素，降低生产成本，进而增强产品竞争力，提高经济效益而对中国进行直接投资（Kolstad and Wiig，2012；杨世迪、韩先锋，2016；张先锋等，2017；史恩义、张瀚文，2018）。③寻求效率。中南半岛国家利用中国与中南半岛国家在生产要素、经济体制、文化传统和政府政策方面的差异，在中国—中南半岛国家多边范围内配置资源，降低生产成本，追求经济效益而对中国直接投资（Dunning et al.，2008；周芮帆、洪祥骏，2021）。④寻求优惠政策。中南半岛国家为了享有优惠政策而对中国直接投资，包括中国对中南半岛国家的税收优惠、融资优惠、土地使用优惠等政策，降低了中南半岛国家企业的生产经营成本，强化了企业竞争能力（Mundell，1957；刘元春、陈金至，2020；桑百川，2021；陈永胜等，2023）。

二 双向直接投资发展路径理论

外商直接投资理论包括区位优势理论、双缺口理论（Chenery and Strauss，1966）、外部效应理论（MacDougall，1960）等。对外直接投资的研究理论包括垄断优势理论（Stephen Hymer，1960）、比较优势理论（Kojima，1978）、内部化理论（Peter J. Buckley and Maik C. Casson，1976）、国际产品生命周期理论（Raymond Vernon，1966）、对外直接投资技术溢出理论（Kokko，1994）等。关于双向直接投资理论，邓宁（Dunning，1979）将区位优势、厂商优势与内部化优势整合在一个框架内，提出国际生产折中理论。在此基础上，邓宁在1981年发表 Explaining the International Direct Investment Position of Countries，开创性地提出了投资发展路径理论（Investment Development Path Theory，IDP），首次从外商直接投资与对外直接投资整体的角度研究双向直接投资问题。为更清晰地说明双向直接投资问题，本节对投资发展路径理论予以阐释。

（一）投资发展路径五阶段理论

Dunning（1981）提出的投资发展路径理论，将一国或地区对外直接投资与吸收外商直接投资之间的差额定义为一国或地区的净投资，根据净投资数量又将直接投资分为五个发展阶段。

第一阶段：外商直接投资较少，对外直接投资额几乎为零。因此，该阶段净投资额接近于零，数值为负。该阶段国家发展落后，经济发展水平滞后，缺乏经济、制度、环境等因素吸引外商直接投资，同时，也没有能力对外直接投资。

第二阶段：外商直接投资与对外直接投资均处于上升状态，外商直接投资增速快于对外直接投资增速，一国或地区有一定能力吸引外商直接投资，同时进行少量的对外直接投资。该阶段净投资差额仍旧为负。该阶段国家或地区处于初级产业发展阶段，主要依靠国家开放政策、资源与廉价劳动力等因素吸引外商直接投资，并尝试少量的对外直接投资。

第三阶段：外商直接投资增长速度放缓，而对外直接投资增长速度加快，从规模上看，外商直接投资规模仍旧大于对外直接投资规模，净投资额为负。该阶段国家或地区处于经济发展高速阶段，既有能力吸引外商直接投资，也有能力对外直接投资，在产业分布中有部分创新，能够自主"走出去"。此时，也因为国家或地区资源及劳动力成本均有一定幅度的上升，所以，外商直接投资增速放缓。

第四阶段：对外直接投资与外商直接投资均处于增长状态，从增速角度看，对外直接投资增速高于外商直接投资增速，从规模角度看，对外直接投资规模也超过了外商直接投资规模，净投资为正。该阶段国家或地区收入较高。中国目前处于第三阶段向第四阶段转变阶段。

第五阶段：国家或地区拥有大量高质量的外商直接投资与对外直接投资，两者增速与规模不相上下，增长率处于稳定状态，净投资额围绕零值上下波动。该阶段国家或地区大多为发达国家或地区。

（二）投资发展路径理论检验

投资发展路径理论检验主要包括两类：一类是检验双向直接投资是否存在投资发展路径，以 Dunning 和 Narula（1996）为代表的学者对世界多国开展研究，发现双向直接投资存在投资发展路径关系。大量学者得出了与此一致的结论，如 Buckley 和 Castro（1998）、Twomey（2000）、Boudier-Bensebaa（2004）。另一类是不同国家投资发展路径阶段性检验，如 Reddaway（英国，1968）、Lipse 和 Weiss（美国，1984、1994）、Ozawa（日本，1996）、Peter 和 Fransisco（葡萄牙，1998）、高敏雪和李颖俊（中国，2004）、杨先明和赵果庆（中国，2007）。

（三）双向直接投资影响因素

双向直接投资影响因素研究主要包括以下五个方面：一是政策因素对双向直接投资的影响。Dunning（2001）研究得出，母国政策对双向直接投资具有较大的影响。Ozawa（1996）、Luo 等（2010）、Han 等（2018）研究发现，政府政策对双向直接投资具有显著的影响。二是贸易开放度对双向直接投资的影响。Krishnankutty（2010）对印度 1980—2009 年双向直接投资数据实证分析，发现贸易开放度对印度对外直接投资具有显著促进关系。尹音频和高瑜（2009）、毛其淋（2012）研究均发现，贸易开放对投资具有促进作用。三是研究发现资源需求以及国内生产总值等因素都会影响对外直接投资（于超等，2011；庞明川、郭长林，2015）。四是经济发展制度对双向直接投资的影响。闫大颖、洪俊杰和任兵（2009）对中国制度进行研究，发现中国制度性优势对双向直接投资具有显著促进作用。五是营商环境等对双向直接投资的影响。有学者通过研究发现，良好的制度环境、良好的金融发展环境、汇率稳定程度等均对外商直接投资具有显著的正向促进作用（傅元海、史言信，2011；孙立行，2012；随洪光等，2018）。

（四）双向直接投资的互动关系

双向直接投资之间互动关系研究，即研究"引进来"与"走出去"之间关系，主要包括以下三个方面：一是"引进来"与"走出去"并无直接影响关系。Reddaway（1968）通过对英国外商直接投资与对外直接投资研究，发现二者并不存在显著的相关关系。二是"引进来"促进更好地"走出去"。Sanjay Lall 等（2002）通过对发展中国家双向直接投资研究，发现发展中国家通过学习、吸收并模仿先进技术，以及技术创新作用使发展中国家对外直接投资显著提高。李磊等（2018）通过对外商直接投资与对外直接投资研究，发现外商直接投资更好地促进了中国对外直接投资。与此类似的研究有 Duran（2001）、江小涓（2007）、张西林（2009）。三是"引进来"与"走出去"相互促进，互为因果（朱华，2010；肖光恩，2010）。

我国双向直接投资经过了"量"的飞速增长，而缺乏"质"的飞跃，因此提升双向直接投资质量，为高质量发展注入产业新动能成为"十四五"规划和 2035 年远景目标中的关键一环。学者围绕双向直接投资互动（李磊等，2018）、对产业新旧动能转换的发展逻辑（王家庭等，2019）、基础条件（安礼伟、张二震，2021）与实践路径（任志成，2020）等方面展开了研究。余泳泽等（2018）从理论层面对双向直接投资与产业新旧动能转换进行了定性阐述，Aiqing Ruan（2016）、郑江淮等（2018）从实证层面对产业新旧动能转换进行了定量测度。学者认为，高质量的双向直接投资联动能够有效地促进产业新旧动能转换。在此基础上，学者围绕双向直接投资微观层面、中观层面和宏观层面对产业新旧动能转换进行了系统研究。具体包括双向直接投资对企业价值链与生产网络的影响研究（微观层面），双向直接投资对产业技术创新的作用机制与实证研究（中观层面）以及双向直接投资对产业新旧动能转换的影响研究（宏观层面）。

现有研究聚焦于双向直接投资联动对企业价值链广度和深度影响（黄远浙，2021），价值链横向、纵向内延外拓（Chor，Manova and Yu，2014；吕越等，2020），生产网络模块化与国际外包、垂直专业化等新型生产体系（郑丹青、于津平，2019）问题研究。通过研究，多数学者认为，双向直接投资联动提升了企业价值链嵌入程度，重塑了生产网络结构，推进了产业新旧动能转换。

双向直接投资研究主要关注对国家或地区经济的影响，具体包括以下几个方面：一是双向直接投资对产业调整与产业转移的影响；二是双向直接投资对技术创新的影响；三是双向直接投资对进出口贸易的影响；

四是双向直接投资对价值链的影响；五是双向直接投资对经济增长质量的影响。

双向直接投资动因、双向直接投资发展路径理论与双向直接投资影响因素归纳总结如表 2-1 所示。

表 2-1　　　　　　　　双向直接投资动因与经典理论文献梳理

领域	细分领域	主要观点	文献
双向直接投资动因	中国对发达国家投资动因	母国政策激励，获取好的投资与营商环境	Grubaugh（1987）；Hayakawa et al.（2013）；Buckley（2007）；丁志帆、孙根紧（2016）；王碧珺、宋子威（2023）；汪炜等（2022）；戴翔、王如雪（2022）；张岳然、费瑾（2020）；张海伟等（2022）；齐俊妍、任奕达（2020）
		开拓海外市场，树立品牌优势	Kolstad and Wiig（2012）；李磊等（2018）；杨亚平、吴祝红（2016）；谢众、卢文玲（2022）；戴姣等（2022）；庞德良、刘刚（2018）；胡晓燕、蒋冠德良（2019）；赵立斌等（2022）
		突破贸易壁垒及低端价值链锁定	Gammeltoft（2010）；Jude（2016）；于津平（2020）；盛斌（2022）；吴先明、黄春桃（2016）；赵宸宇、李雪松（2017）；安孟等（2021）；丁秀飞等（2021）；王珏等（2023）；钟祖昌等（2021）
		获取高效人力资本及先进技术	Deng（2004）；Hamida（2017）；王永中、赵奇锋（2016）；李磊等（2018）；孙黎、李俊江（2015）；王馗等（2022）；盛朝迅（2021）；韦东明等（2021）；中国社会科学院工业经济研究所课题组（2021）；余海燕、沈桂龙（2020）；陈保林、齐亚伟（2021）
	发达国家对中国投资动因	低端产业转移，占有中国市场	Walter and Ugelow（1979）；Manova et al.（2015）；杜传忠、管海锋（2021）；李繁荣等（2022）；黄纪强、祁毓（2022）；邹磊（2021）；曹俊文、申婧怡（2022）；毛其淋、王澍（2022）
		稳定的政策环境及"超国民待遇"	Cheng and Kwan（2000）；Méon and Weill（2010）；罗玉辉（2021）；冯伟（2021）；席小瑾等（2017）；何国华、童晶（2018）；邓荣荣、张翱祥（2023）
		获取廉价劳动力及丰富的自然资源	Mody and Srinivasan（1998）；Kolstad and Wiig（2012）；袁辰等（2021）；白雪洁、孙献贞（2021）；苟利民（2022）；孟望生、张扬（2020）；郭卫军、黄繁华（2020）；郝晓等（2021）

续表

领域	细分领域	主要观点	文献
双向直接投资动因	中国对中南半岛国家投资动因	国内政策激励及国外税收优惠政策	Gnangno（2018）；何俊勇等（2021）；曾倩、刘津汝（2021）；丁杰（2022）；孟醒（2021）；王晶晶等（2022）；余官胜等（2023）
		转移国内过剩产能，占有国外市场	Melitz（2003）；Markusen and Venables（1998）；白俊红、刘宇英（2018）；杨栋旭、周菲（2020）；吴金龙等（2021）；李晓静、蒋灵多（2023）；吴育辉等（2023）；程晨等（2023）
		获取中南半岛国家廉价劳动力、能源等生产要素资源	Akbar and McBride（2004）；Brady and Denniston（2006）；高鹏飞等（2022）；娄峰、段梦（2022）；王珏等（2023）；郑明贵等（2022）；薛军、郑毓铭（2023）；金靖宸（2023）；冯德连、沈石哲（2023）；王碧珺、宋子威（2023）；宋瑛等（2023）
	中南半岛国家对中国投资动因	寻求中国市场与优惠政策	Mundell（1957）；李樱灿（2022）；戚聿东、朱正浩（2020）；王雨飞等（2020）；刘元春、陈金至（2020）；桑百川（2021）；陈永胜等（2023）
		获取中国先进生产要素，取得经济效益	Kolstad and Wiig（2012）；Dunning et al.（2008）；杨世迪、韩先锋（2016）；张先锋等（2017）；史恩义、张瀚文（2018）；周芮帆、洪祥骏（2021）
双向直接投资发展路径理论（IDP）	发展路径检验	是否存在投资发展路径	Dunning（2001）；Buckley and Castro（1998）；Twomey（2000）；Boudier-Bensebaa（2004）；Fonseca（2008）
		发展路径阶段性检验	Reddaway（1968）；Lipse and Weiss（1984，1994）；Ozawa（1996）；Peter and Fransisco（1998）；高敏雪等（2004）；杨先明等（2007）
双向直接投资影响因素	政策因素		Dunning（2001）；Ozawa（1996）；Luo et al.（2010）；Han et al.（2018）
	贸易开放度		尹音频、高瑜（2009）；毛其淋（2012）；Krishnankutty（2010）；彭芳梅（2019）；肖祖沔等（2020）；金泽虎、石乐（2020）；白洁等（2022）
	资源需求		于超等（2011）；田宇、庞明川（2015）；王子睿、李凯杰（2018）；马霞、李荣林（2016）；赵蓓文、李丹（2019）
	经济发展制度		闫大颖、洪俊杰、任兵（2009）；傅元海、史言信（2011）；徐清、冼国明（2013）；张宗斌、朱燕（2020）；肖前（2015）
	金融和营商环境及汇率稳定		孙立行（2012）；余李、随洪光（2018）；韩亚峰（2018）；张宗斌、朱燕（2020）；周鸿等（2021）；张人中（2022）；Jeremy Clegg and Hinrich Voss（2016）；Hou Jingyuan et al.（2022）

续表

领域	细分领域	主要观点	文献
双向直接投资的互动关系研究	二者无显著相关关系	Reddaway（1968）	
	外商直接投资更好地促进了我国对外直接投资	Bransteter（2001）；Duran（2001）；Markeusan et al.（1999）；John canlwel（1990）；江小涓（2007）；张西林（2009）；李磊（2018）；李敏、陈兆伟（2020）；冯严超等（2021）；Gao et al.（2021）；Han-Sol Lee et al.（2021）；Song Changyao et al.（2022）；Zhang Huiying and Liu Yikang（2022）；Imbruno Michele et al.（2022）	

本节对双向直接投资的相关研究进行了归纳总结，主要包含以下四个部分：一是双向直接投资的动因，包括中国对发达国家直接投资、发达国家对中国直接投资、中国对中南半岛国家直接投资、中南半岛国家对中国直接投资四个方面的动因；二是双向直接投资发展路径理论，包括五阶段理论和发展路径检验两个方面；三是双向直接投资的影响因素，包括政策因素、贸易开放度、资源需求、经济发展制度、金融和营商环境及汇率稳定五个方面；四是双向直接投资的互动关系研究，包括二者无显著相关关系和外商直接投资更好地促进了我国对外直接投资两方面。各个部分的详细文献如表 2-1 所示。

为了方便理解，以及进一步分析双向直接投资对产业结构优化、技术进步与创新的影响，将外商直接投资理论和对外直接投资理论进行了归纳总结，如表 2-2 所示。

表 2-2　　　　双向直接投资基础理论与技术溢出理论

领域	细分领域	主要理论或观点	文献
外商直接投资理论	外商直接投资基础理论	区位优势理论	Dunning（1979）；Paul Romer（1990）；Wang（2001）
		双缺口理论	Chenery and Strauss（1966）；Chenery（1968，1975）；Syrquin（1989）
		外部效应理论	MacDougall（1960）；Meier（1976）；Magnus Blomstrom（1996）
		外商直接投资区位选择研究	Krugman（1979）；Dunning（1979）；Buckley（1985）；Kopecky and Koizumi（1987）；Markusen（2001）；Saggi（1996）；Lee and Shy（1992）

续表

领域	细分领域	主要理论或观点	文献
外商直接投资技术溢出理论	FDI溢出效应存在性、吸收能力以及传导机制研究	FDI溢出效应存在性研究	研究结论为存在FDI溢出效应：Cave（1974）；Globerman（1979）；Blomstrom（1983）；Kokko（1996）；Sjoholm（1999）；Liu（2000）；Kugler（2001）；Dimels（2002）
			研究结论为不存在FDI溢出效应：Cantwell（1989）；Haddad and Harison（1993）；Aitkan and Harison（1999）
		FDI技术溢出吸收能力	Keller（2001）；Nigel and James（2002）；Kokko（1994）；Blomstrom（1994）；Kokko（1996）；Balasubramanyam（1998）；Sjoholm（1999）；沈坤荣（2001）；包群（2002）；蒋殿春（2005）；严兵（2005）；赖明勇、包群（2003）；袁诚（2005）
		FDI溢出效应影响因素及其度量以及传导机制研究	Lapen（1973）；Findlay（1978）；Cohen and Levinthal（1989）；Findlay（1988）；Wang（1992）；Kinoshta（2000）；Griffith et al.（2000）
对外直接投资理论	对外直接投资基础理论	垄断优势理论	Stephen Hymer（1960）；P. Kindle Berger（1962）；Caves（1966）
		比较优势理论	David Ricardo（1817）；Kojima（1978）；Edison（1993）；黄河（2002）；邹德玲等（2004）；杨桂英（2007）；丁艳（2011）；陈韩涛（2014）；蔡冬青、刘厚俊（2017）；黄玖立（2017）；崔新健（2018）
		内部化理论	Dunning（1979）；Peter J. Buckley and Maik C. Casson（1976）；Toshihiko Hayamizu（1997）；Anne Marie Doherty（1999）；Sharma Manan et al.（2009）；Alain Verbeke（2012）；Tailan Chi（2015）；Jeremy E. Sawyer（2018）；Pandey Abhijeet（2019）
		国际产品生命周期理论	Raymond Vernon（1966）；Harry Johnson（1970）；Cheney（1994）；Bartlett and Ghoshal（1998）；Kang and Johansson（2000）
对外直接投资逆向技术溢出理论	对外直接投资促进东道国与母国技术进步	对外直接投资促进东道国技术进步	Cohen and Levinthal（1990）；Belderbos（2001）；Harzing（2002）；Stennek（2003）
		对外直接投资抑制东道国技术进步	Ravenscraft（1987）；Hall（1990，1999）；Hittetal（1991，1996）；Blonigen（2000）；Garner（2005）
		对外直接投资抑制母国技术进步	Philip H. Mirvis（1992）；Paul F. Borghese（2001）；Hernando（2004）；Correa（2009）；于英川（2006）；李杰（2010）
		对外直接投资促进母国技术进步	Schwert（1996）；Parrino（1999）；刘文纲（1999）；朱彤、崔昊（2009，2012）；张威（2013）；林泽峰（2013）；庞磊（2017）

本部分对外商直接投资和对外直接投资理论进行了归纳总结，主要包含以下四个部分：一是外商直接投资理论，包括区位优势理论、双缺口理论、外部效应理论、外商直接投资区位选择研究四个方面；二是外商直接投资技术溢出理论，包括 FDI 溢出效应存在性研究、FDI 技术溢出吸收能力、FDI 溢出效应影响因素及其度量以及传导机制研究三个方面；三是对外直接投资理论，包括垄断优势理论、比较优势理论、内部化理论、国际产品生命周期理论四个方面；四是对外直接投资逆向技术溢出理论，包括对外直接投资促进东道国技术进步、对外直接投资抑制东道国技术进步、对外直接投资抑制母国技术进步、对外直接投资促进母国技术进步四个方面。各个部分的详细文献如表 2-2 所示。

第二节　产业新旧动能转换相关研究

产业新旧动能转换的相关研究主要包含以下四个部分：一是产业新旧动能转换的影响因素；二是产业新旧动能转换的测度方法；三是产业新旧动能转换的机制诠释；四是产业新旧动能转换的路径实现。

一　产业新旧动能转换的影响因素

根据国家统计局构建的经济发展新动能指数，将产业新旧动能转换的影响因素划分为知识能力、经济活力、创新驱动、网络经济和转型升级五个方面。

一是知识能力方面。人力资本、知识溢出对经济高质量增长与新旧动能转换具有重要驱动作用（Romer，1986；Lucas，1988），人才资源是新旧动能转换的智慧核心与关键要素（林攀等，2021；唐宇等，2023），劳动力结构的优化对产业结构升级具有重要意义（安礼伟、张二震，2021）。

二是经济活力方面。以社会消费品零售额、实际使用外资金额、高新技术企业数量等为表征的经济活力能够反映产业新旧动能转换的潜力以及转换后的经济韧劲（方大春、裴梦迪，2021；蒋莉莉，2022）。

三是创新驱动方面。制度、组织、技术等方面的创新变革能够推动我国产业结构优化与重塑（张文、张念明，2017；杨蕙馨等，2019），促使我国价值链摆脱"低端锁定"状态，促进产业动能持续转换（肖德、侯佳宁，2019）。

四是网络经济方面。互联网技术在经济领域的发展与应用改变了经济增长动能结构，为产业新旧动能转换提供了巨大动力（李晓华，2019；李凤亮、古珍晶，2021），传统产业的数字化、网络化以及网络基础设施的建设对于提升产业竞争力、促进新旧动能转换具有重要作用（Chou and Yi，2009；黄汉权，2018）。

五是转型升级方面。产业的转型升级是经济实现转型升级的关键环节，也是新旧动能有序转换的强大支撑（McMillan and Rodrik，2011；赵丽娜，2017），传统产业的升级改造能够培育新的经济增长点，形成新的发展动能（盛朝迅，2020；金芳等，2020）。

二 产业新旧动能转换的测度方法

现有研究对产业新旧动能转换的测度方法主要包括线性加权法、增长动力分解法、熵权 TOPSIS 法以及案例研究法。

（一）线性加权法

首先构建新旧动能转换水平测度的综合指标体系，再赋予每个指标相应的权重，通过将各指标加权求和计算出总的新旧动能转换水平。学者使用的赋权方法主要包括以下四种：一是熵权法。该方法属于客观赋权法，基本原理是根据各指标数据的离散程度，利用信息熵计算出各自的权重（方大春、裴梦迪，2021；王晓天，2021；朱美峰等，2022；王铭槿、李永友，2022）。二是层次分析法。该方法属于主观赋权法，基本原理是将所有指标分解为递进的层次结构，邀请专家对各层之间指标的重要程度进行比较与打分，根据评分结果计算出各指标的权重（吴净，2019；刘姝雯等，2021；张红凤、李晓婷，2022）。三是根据回归系数赋权。首先将人均 GDP 环比增长率对各项动能指标的环比值进行回归，再以回归系数大小为依据确定各指标的权重（郑江淮等，2018；刘宏笪等，2020）。四是组合赋权法。将客观赋权与主观赋权相结合，兼顾指标的量和质两方面以实现优势互补，具体而言可以将均方差赋权法与专家咨询法相结合进行组合赋权（朱子云，2019）。

（二）增长动力分解法

刘凤良、章潇萌（2016）使用增长动力分解法测度新旧动能转换水平，将增长动力分解为经济效率提升和经济结构转型两个方面，从结构角度解释经济增长过程中的动能转换，McMillan 等（2014）、封永刚等（2017）、王军等（2017）也使用了与之类似的方法。

（三）熵权 TOPSIS 法

张志元等（2020）、李长英等（2021）、唐宇等（2023）使用熵权 TOPSIS 法测度新旧动能转换水平。首先利用各指标的熵值计算权重并加权得到新的数据，再通过逼近理想解法对评价对象进行排序，该方法结合了熵权法与 TOPSIS 法的特点，具有结果客观合理、计算简单等优势。

（四）案例研究法

赵丽娜（2017），丁文珺、伍玥（2018），吴德进、张旭华（2018）等则是采用案例研究法，从理论分析角度对产业新旧动能转换水平进行评价。

三　产业新旧动能转换的机制诠释

学者对产业新旧动能转换的机制诠释主要围绕以下几个方面：

一是供需关系。新动能的实质是新需求与新供给的结合，激发新需求、创造新供给以及两者之间的高水平有机结合是新旧动能转换的经济内涵（裴长洪、倪江飞，2020；肖卫东、杜志雄，2021）。供给侧层面的物质资本积累、技术进步融合以及需求侧层面的消费升级、投资优化和贸易转型共同促成了产业新旧动能转换（张红凤、李晓婷，2022）。

二是创新驱动。科技、制度、体制、模式等方面的创新能够推动新动能的产生与产业的转型升级（Cavusgil and Knight, 2015；任志成，2020），将经济发展的动力从要素驱动转为创新驱动，以创新手段培育壮大新动能、改造提升传统动能，从而促进产业新旧动能接续转换（盛朝迅，2020）。

三是产业融合。数字信息产业等高技术服务业与传统制造业的交叉融合促进了传统产业生产绩效与创新效率的提升，对产业结构升级与新旧动能转换起到了重要推动作用（张杰、宋志刚，2017；焦勇、公雪梅，2019；李蕾、刘荣增，2022）。

四是共享经济。以数字技术为依托的共享经济能够通过促进创新主体间的技术扩散、重塑传统经济发展方式与路径、破解资源配置失衡问题、实现财富的再分配等方面加快新旧动能转换（Schor and Fitzmaurice, 2014；李晓磊，2019；孙楚、曾剑秋，2019；郭吉涛、梁爽，2020）。

五是企业家精神。企业家精神对机会的警觉与响应能力可以帮助企业或政府形成对新旧动能的判断，包括落后动能的淘汰、旧动能的升级以及新动能的培育，新旧动能转换在一定程度上就是企业家精神在经济发展方面的体现（Urbano，2019；武献华、胡志文，2021；陈欢等，2022）。

四 产业新旧动能转换的路径实现

产业新旧动能转换的路径实现，主要包括以下几个方面的研究：

一是金融扶持。金融供给侧结构性改革与新旧动能转换之间存在相辅相成的关系，金融机构扶持对产业结构升级具有显著促进作用，优化金融发展路径、提高金融服务质量、推动绿色金融改革等措施能够有效推动产业新旧动能转换（Darin and Hellmann，2002；张志元、李维邦，2018）。

二是政府引导。政府的政策导向对新旧动能转换具有重要影响，应当充分发挥政府引导作用，提高政府之间的联动效率，根据区域要素禀赋结构因地制宜发展优势产业，缓解资源扭曲错配问题（Gordan and Wilson，2001；姜长云等，2017；唐雪梅、黎德福，2018；刘涛、周白雨，2020；白柠瑞等，2021）。

三是产业协调。应当加强产业内与产业间发展的协调性，建立与完善区域产业联动机制，减少区域产业新旧动能转换的不平衡性，同时协调好新兴产业与传统产业之间的关系，实现新旧动能互促共进、有序转换的良好局面（隆国强，2017；赵丽娜，2017；黄汉权，2018；边伟军等，2021；马海良、张格琳，2023）。

四是人才培育。应当加快培育多层次人才体系，强化高等院校的人才培养规模，提高政府对教育的财政支持力度，构建有效的人才激励机制，将培育与引进人才有机结合，提升对高水平创新人才的吸引力度，以优质人才资源推动我国新旧动能转换能力提升（Giuliani，2005；张杰，2019；孙文浩，2021；傅春、赵晓霞，2021；姚毓春、李冰，2022）。

五是技术创新。应当聚焦提升基础性、原创性研究能力，加快实现高水平科技自立自强，提高政府对企业创新主体的支持力度，完善创新环境建设，以技术创新驱动经济高质量发展与产业新旧动能有效转换（Humphrey and Hubert，2002；姜江，2018；徐建伟，2018；马兴瑞，2018；吴迪、徐政，2021）。

产业新旧动能转换的影响因素、测度方法、机制诠释以及路径实现的相关文献归纳总结如表2-3所示。

表 2-3　　　　　　　　　　产业新旧动能转换文献梳理

领域	分类	文献
产业新旧动能转换的影响因素	知识能力	Romer（1986）；Lucas（1988）；曲顺兰（2020）；林攀等（2021）；安礼伟、张二震（2021）；唐宇等（2023）
	经济活力	黄少安（2017）；方大春、裴梦迪（2021）；蒋莉莉（2022）；马海良、张格琳（2022）；程开明等（2023）
	创新驱动	Kleynhans（2016）；张文、张念明（2017）；Han（2018）；吴德进、张旭华（2018）；肖德、侯佳宁（2019）；杨蕙馨等（2019）
	网络经济	Choi and Yi（2009）；黄汉权（2018）；李晓华（2019）；Asongu et al.（2020）；李凤亮、古珍晶（2021）；林峰等（2022）；汪洋、吴顺利（2022）
	转型升级	McMillan and Rodrik（2011）；赵丽娜（2017）；徐建伟（2018）；盛朝迅（2020）；金芳等（2020）；柴士改、李金昌（2020）
产业新旧动能转换的测度方法	线性加权法 熵权法	方大春、裴梦迪（2021）；王晓天（2021）；朱美峰等（2022）；王铭槿、李永友（2022）
	线性加权法 层次分析法	吴净（2019）；刘姝雯等（2021）；张红凤、李晓婷（2022）
	线性加权法 根据回归系数赋权	郑江淮等（2018）；刘宏笪等（2020）
	线性加权法 组合赋权法	朱子云（2019）
	熵权TOPSIS法	张志元等（2020）；李长英等（2021）；盖美等（2021）；唐宇等（2023）
	增长动力分解法	McMillan et al.（2014）；刘凤良、章潇萌（2016）；封永刚等（2017）；王军、李萍等（2017）
	案例研究法	赵丽娜（2017）；丁文珺、伍玥（2019）；吴德进、张旭华（2018）
产业新旧动能转换的机制诠释	供需关系	裴长洪、倪江飞（2020）；肖卫东、杜志雄（2021）；张红凤、李晓婷（2022）
	创新驱动	Cavusgil and Knight（2015）；余东华（2018）；杨蕙馨、焦勇（2018）；任志成（2020）；盛朝迅（2020）
	产业融合	张杰、宋志刚（2017）；焦勇、公雪梅（2019）；李蕾、刘荣增（2022）
	共享经济	Schor and Fitzmaurice（2014）；孙楚、曾剑秋（2019）；李晓磊（2019）；郭吉涛、梁爽（2020）
	企业家精神	Urbano et al.（2019）；武献华、胡志文（2021）；陈欢等（2022）

续表

领域	分类	文献
产业新旧动能转换的路径实现	金融扶持	Darin and Hellmann（2002）；Hall and Lerner（2010）；吴德进、张旭华（2018）；张志元、李维邦（2018）
	政府引导	Gordon and Wilson（2001）；Kyriacou et al.（2017）；姜长云等（2017）；唐雪梅、黎德福（2018）；刘涛、周白雨（2020）；白柠瑞等（2021）
	产业协调	隆国强（2017）；赵丽娜（2017）；黄汉权（2018）；边伟军等（2021）；马海良、张格琳（2022）
	人才培育	Giuliani（2005）；Bosetti et al.（2015）；张杰（2019）；孙文浩（2021）；傅春、赵晓霞（2021）；姚毓春、李冰（2022）
	技术创新	Humphrey and Hubert（2002）；姜江（2018）；徐建伟（2018）；马兴瑞（2018）；吴迪、徐政（2021）

第三节　双向直接投资、产业结构优化升级与新旧动能转换

双向直接投资与产业结构的相关研究主要包含以下四个部分：一是外商直接投资与产业结构优化升级；二是对外直接投资与产业结构优化升级；三是双向直接投资与产业结构优化升级；四是双向直接投资与产业新旧动能转换。

一　外商直接投资与产业结构优化升级

学者围绕外商直接投资与我国产业结构优化升级进行了多角度的研究。大部分学者认为，外商直接投资显著促进了我国产业结构升级（陈飞翔，1999；郭克莎，2000；余菊，2013；夏杰长、姚战琪，2013；桑百川、张彩云，2018）。也有学者研究表明，外商直接投资与我国产业结构优化升级之间不存在长期稳定的关系（李雪，2005；赵红、张茜，2006）。另有学者认为，外商直接投资对产业结构优化升级存在负面影响，表现为抑制本土企业自主创新（周兵，2010），加剧我国产业结构的不平衡问题（徐晓虹，2007；方燕、高静，2010）。有学者则认为，外商直接投资对我国产业结构的影响应当从正反两个方面考虑（郑澎，2009）。

二 对外直接投资与产业结构优化升级

已有研究普遍认为，对外直接投资存在逆向技术溢出效应（房裕，2015；霍忻、刘宏，2016），提升了产业研发效率（陈晔婷、邢文祥、朱锐，2016），促进了我国的产业升级（崔日明、俞佳根，2015），进而推动我国价值链的升级（常玉春，2011；张宏、王建，2013；毛其淋、许家云，2014；蒋冠宏、蒋殿春，2014；刘斌等，2015）。也有少部分学者持相反观点，认为对外直接投资不存在逆向技术溢出效应（范欢欢、王相宁，2006；李梅，2010），且对我国产业结构优化和价值链升级具有中性或抑制作用（Kokko，1994；Konings，2001；Girma，2002；蒋殿春、张宇，2006）。此外，对外直接投资的逆向技术溢出效应存在异质性，在不同的国家逆向技术溢出效应的表现形式及程度等都各有不同（陆长平、周云峰，2016）。

三 双向直接投资与产业结构优化升级

学者利用实证方法对双向直接投资与产业结构的关系进行了多维度的研究，结果均表明双向直接投资促进了产业结构升级。一是双向直接投资通过技术进步效应促进产业结构优化（魏兰叶、陈晓，2017；赵云鹏、叶娇，2018；马海良、张格琳，2023；朴英爱、于鸿，2023），表现为对外直接投资的逆向技术溢出效应以及外商直接投资的技术引入作用；二是双向直接投资通过价值链升级效应与产业关联效应促进产业结构优化（蓝庆新等，2022）；三是双向直接投资对产业结构升级的促进作用基于经济规模等因素存在门限效应（许立伟、王跃生，2019；张人中等，2022）。

四 双向直接投资与产业新旧动能转换

关于双向直接投资与产业新旧动能转换研究尚属起步阶段，黄少安（2017）以及刘凤良、章潇萌（2016）均从理论角度对双向直接投资与产业动能转换进行定性阐述，庞磊（2022、2023）从实证角度对双向直接投资驱动产业动能转换的机制进行了研究。学者普遍认为，高质量双向直接投资能够有效地促进产业新旧动能实现转换。

现有研究聚焦于双向直接投资驱动产业新旧动能转换的实证检验（庞磊，2022、2023），抑或单方面测度新旧动能转换程度（郑江淮，2018）、探索新旧动能源泉（王家庭等，2019）、解释新旧动能转换内涵（裴长洪、倪江飞，2020）、论证新旧动能转换路径（任志成，2020）等问题。我国产业新旧动能正值接续转换关键阶段（朱益超，2016；张红凤、李晓婷，2022）。

Cohen 和 Levinthal 于 1990 年最早提出双向直接投资"吸收效应"促进技术创新问题，随之产生了一系列双向直接投资与产业技术创新理论，包括技术转移理论（Sjoholm and Frederic，1996）、技术溢出理论（Kokko and Zejan，1996；Dimelis，2002）、企业技术差距理论（Harrzing，2002）等。在此基础上，学者研究了双向直接投资技术转移、技术溢出与逆向技术溢出促进技术创新的作用机制（Acemoglu and Azar，2020）与实证度量（朴英爱、于鸿，2022）。现有研究认为外商直接投资技术溢出（王佳等，2021）与对外直接投资逆向技术溢出（方叶祥、卢一斌，2022）有效地推动了技术创新。

为了阅读方便，本节将外商直接投资与产业结构优化升级、对外直接投资与产业结构优化升级、双向直接投资与产业结构优化升级以及双向直接投资与产业新旧动能转换的相关文献进行归纳总结，如表 2-4 所示。

表 2-4　双向直接投资、产业结构优化升级与产业新旧动能转换文献梳理

领域	分类	文献
外商直接投资与产业结构优化升级	正面影响	陈飞翔（1999）；郭克莎（2000）；余菊（2013）；夏杰长、姚战琪（2013）；桑百川、张彩云（2018）
	负面影响	徐晓虹（2007）；周兵（2010）；方燕、高静（2010）
	无长期稳定关系	李雪（2005）；赵红、张茜（2006）
对外直接投资与产业结构优化升级	正面影响	常玉春（2011）；毛其淋、许家云（2014）；蒋冠宏、蒋殿春（2014）；刘斌等（2015）；房裕（2015）；霍忻（2016）；崔日明、俞佳根（2015）
	中性或负面影响	Kokko（1994）；Konings（2001）；Girma and Wakelin（2002）；范欢欢、王相宁（2006）；蒋殿春、张宇（2006）；李梅（2010）
	影响具有异质性	陆长平、周云峰（2016）
双向直接投资与产业结构优化升级	正面影响	魏兰叶、陈晓（2017）；赵云鹏、叶娇（2018）；许立伟、王跃生（2019）；马海良、张格琳（2023）；蓝庆新等（2022）；张人中等（2022）；朴英爱、于鸿（2023）

续表

领域	分类	文献
双向直接投资与产业新旧动能转换	正面影响	黄少安（2017）；刘凤良、章潇萌（2016、2017）；庞磊（2022、2023）

第四节　中国—中南半岛双向直接投资、产业结构优化升级与新旧动能转换

学者围绕中国—中南半岛双向直接投资、产业结构优化升级与新旧动能转换主要进行了以下三个方面的研究。

一是中国—中南半岛经济走廊建设现状、问题与对策。卢光盛、段涛（2017）从战略对接理论视角出发，提出应当推动"一带一路"倡议同中国—中南半岛经济走廊对接并率先取得实质性突破。梁颖、卢潇潇（2017）认为，应当以中国—东盟自由贸易区升级版为抓手，强化重点领域合作与优势结合，加快中国—中南半岛经济走廊建设。盛玉雪、王玉主（2018）认为，中国—中南半岛经济走廊存在合作机制供给过度与不足并存的问题，亟须建立务实高效的推进机制，促进中国与中南半岛各国之间的合作取得突破。方志斌（2019）从基础设施、能源项目等方面分析中国—中南半岛经济走廊所取得的成就与面临的挑战，并从顶层设计、政治互信等角度提出促进中国—中南半岛经济走廊建设的发展路径。

二是中国—中南半岛直接投资的投资效率与区位选择问题。梁双陆、申涛（2019）通过实证研究得出，政治稳定性、政府运行效率、法律环境与腐败控制状况会显著影响中国对中南半岛国家的直接投资效率。文淑惠、胡琼（2019）实证检验了制度距离、相邻效应以及两者的交互项对中国对中南半岛国家直接投资的影响，结果表明制度距离对直接投资主要起到阻碍作用，且会削弱相邻效应表现出的"互利共赢"。黎鹏、李英华（2021）测算了中国对中南半岛国家的投资潜力系数，结果表明未来可以重点加大对越南、老挝和马来西亚等国家的直接投资。

三是中国—中南半岛双向直接投资与产业结构优化升级。王世豪、袁潇杰（2011）分析提出，广东省高新技术产业和边际产业对中南半岛

国家的对外直接投资有利于省内产业结构升级。曹冬英（2015）研究认为，广西应当以"一带一路"倡议提出为契机，通过双向直接投资带来的技术创新效应促进产业结构调整升级。汤永川等（2019）研究认为，中国与中南半岛国家之间的双向直接投资应当充分发挥各国产业优势，加大对劳动密集型和农业优势型国家初级产品相关产业的投资，促进相关产业优化升级。郑丽楠等（2020）研究发现，中国对中南半岛国家的直接投资能够推动国内具有比较优势的产业上下游环节的专业化生产，并通过专业分工效应提升价值链地位，促进制造业结构升级。

在中国—中南半岛双向直接投资与产业新旧动能转换关系的问题上，目前依然存在较大的研究空白。

第五节　文献述评

本章对双向直接投资的动因与经典理论，产业新旧动能转换理论，双向直接投资与产业结构优化升级和产业新旧动能转换之间的关系的研究，以及对中国—中南半岛范围内的研究情况进行了系统性的归纳总结。

学者对双向直接投资、产业结构优化升级和产业新旧动能转换的研究呈现递进式的变化。初期研究主要集中于双向直接投资的影响因素、不同国家双向直接投资的动因以及双向直接投资的发展路径及其检验，比较研究了外商直接投资与对外直接投资在不同国家和时期的共性与差异。中期研究中，学者不仅关注于双向直接投资动因及影响因素等方面，更多地关注双向直接投资通过技术转移、技术溢出与逆向技术溢出机制促进东道国和母国产业技术创新，并利用理论模型与实证分析等方式对创新程度进行指标设计与计量检验。后期研究主要关注双向直接投资通过产业技术创新促进产业结构优化，多数学者从技术进步效应、价值链升级效应等角度研究产业结构优化升级以及产业新旧动能转换，详细阐述了产业新旧动能转换的影响因素、测度方法、机制诠释及其路径实现。我国经济经过了"量"的飞速增长，而"质"的飞跃仍显不足，而双向直接投资联动机制设计可以促进产业新旧动能实质性转变，推动我国经济高质量增长。

基于对已有研究的归纳总结，本书认为，吸收和利用中国—中南半岛双向直接投资驱动我国产业新旧动能转换研究尚处于起步阶段。因此，本书拟从中国—中南半岛地区双向直接投资联动机制设计的角度，系统研究其动态联动与演化驱动演变过程，旨在找出我国产业新旧动能转换的内在实现机制，并从政府政策、行业规划与企业指导三个层面提出切实有效的措施，促进实现我国产业新旧动能转换。

第三章　中国—中南半岛双向直接投资发展现状与动态演变

第一节　中国双向直接投资总体情况

本节对中国双向直接投资（包括外商直接投资与对外直接投资）的总体情况，包括外商直接投资流量和存量、对外直接投资流量和存量，以及双向直接投资的现状和动态演变情况进行分析。

一　中国双向直接投资规模

（一）外商直接投资（流量）

1970—2022年中国外商直接投资（流量）动态演变情况如表3-1所示。

表3-1　中国外商直接投资（流量）　　　单位：百万美元

年份	1970	1971	1972	1973	1974	1975	1976
内地	—	—	—	—	—	—	—
香港	49.82	59.48	110.44	271.27	153.44	377.36	255.36
澳门	—	0.02	0.32	0.12	—	—	1.22
台湾	62.00	53.00	2.70	62.00	83.00	34.00	71.00
年份	1977	1978	1979	1980	1981	1982	1983
内地	—	—	0.08	57.00	265.00	430.00	916.00
香港	273.74	477.38	648.07	710.20	2062.79	1236.86	1144.13
澳门	—	—	0.32	—	—	0.26	8.15
台湾	51.00	114.00	126.00	166.00	151.00	104.00	149.00

续表

年份	1984	1985	1986	1987	1988	1989	1990
内地	1419.00	1956.00	2243.73	2313.53	3193.68	3392.57	3487.11
香港	1287.74	-267.22	1888.31	6249.83	4978.95	2041.09	3275.07
澳门	—	-0.38	0.05	-0.09	0.35	-0.60	0.48
台湾	199.00	342.00	326.00	715.00	961.00	1604.00	1330.00
年份	1991	1992	1993	1994	1995	1996	1997
内地	4366.34	11007.51	27514.95	33766.50	37520.53	41725.52	45257.04
香港	1020.86	3887.47	6929.63	7827.94	6213.36	10460.17	11368.15
澳门	10.72	-19.50	-3.60	3.48	2.19	5.94	2.31
台湾	1271.00	879.00	917.00	1375.00	1559.00	1864.00	2248.00
年份	1998	1999	2000	2001	2002	2003	2004
内地	45462.75	40318.71	40714.81	46877.59	52742.86	53504.70	60630.00
香港	13939.37	25355.33	54581.92	29060.68	3662.17	17830.80	29153.83
澳门	-17.89	9.42	-0.79	160.00	377.67	412.28	484.66
台湾	222.00	2926.00	4928.00	4109.00	1445.00	453.00	1898.00
年份	2005	2006	2007	2008	2009	2010	2011
内地	72406.00	72715.00	83521.00	108312.00	94065.00	114734.00	123985.00
香港	34057.83	41810.65	58403.47	58315.39	55535.20	70540.74	96580.81
澳门	1243.28	1735.69	2304.55	2590.86	852.05	2831.34	725.60
台湾	1625.00	7424.00	7769.00	5432.00	2805.00	2492.00	-1957.00
年份	2012	2013	2014	2015	2016	2017	2018
内地	121073.00	123911.00	128502.00	135577.00	133711.00	136315.00	138305.00
香港	70179.80	74294.22	113037.80	174352.89	117387	110684.50	104245.70
澳门	3893.81	4586.28	3456.14	1010.49	1942.03	1509.29	2493.69
台湾	3207.00	3598.00	2828.00	2391.00	9692.00	3401.00	7114.00
年份	2019	2020	2021	2022	—	—	—
内地	141225.00	149342.00	180957.00	212572.00	—	—	—
香港	73714.03	134709.90	140696.00	146682.10	—	—	—
澳门	6686.85	-7103.97	-297.75	6508.47	—	—	—
台湾	8240.00	6053.00	5405.00	4757.00	—	—	—

注：2022 年为缺失值，采用线性插值法补全。下同。

资料来源：UNCTAD 数据库。

第三章　中国—中南半岛双向直接投资发展现状与动态演变 / 39

由表3-1可知，内地外商直接投资额①在2022年达到最大值，为212572百万美元，在1979年为其最小值，为0.08百万美元。香港外商直接投资额在2015年达到最大值，为174352.89百万美元，在1985年为其最小值，为-267.22百万美元。

观察图3-1可知，1970—2022年，从总体上看，内地和香港的外商直接投资额处于增长趋势，而澳门和台湾的外商直接投资额处于小幅波动状态。其中，内地吸引的外商直接投资额基本大于香港吸引的外商直接投资额，而澳门、台湾的外商直接投资额相对较低。从个体来看，内地外商直接投资额在1970—1991年处于缓慢增长状态，1991—2022年增长速度快，稳定性强，尤其在2020—2022年增长率创下历史新高。香港外商直接投资额在1970—1991年也处于缓慢增长状态，1992—2022年呈现震荡式增长的情况，其在2015年达到最大值174352.89百万美元后有所回落，回落至2019年的73714.03百万美元后企稳回升并持续增长。澳门外商直接投资额在1970—2022年处于缓慢增长状态，在2020年为其最

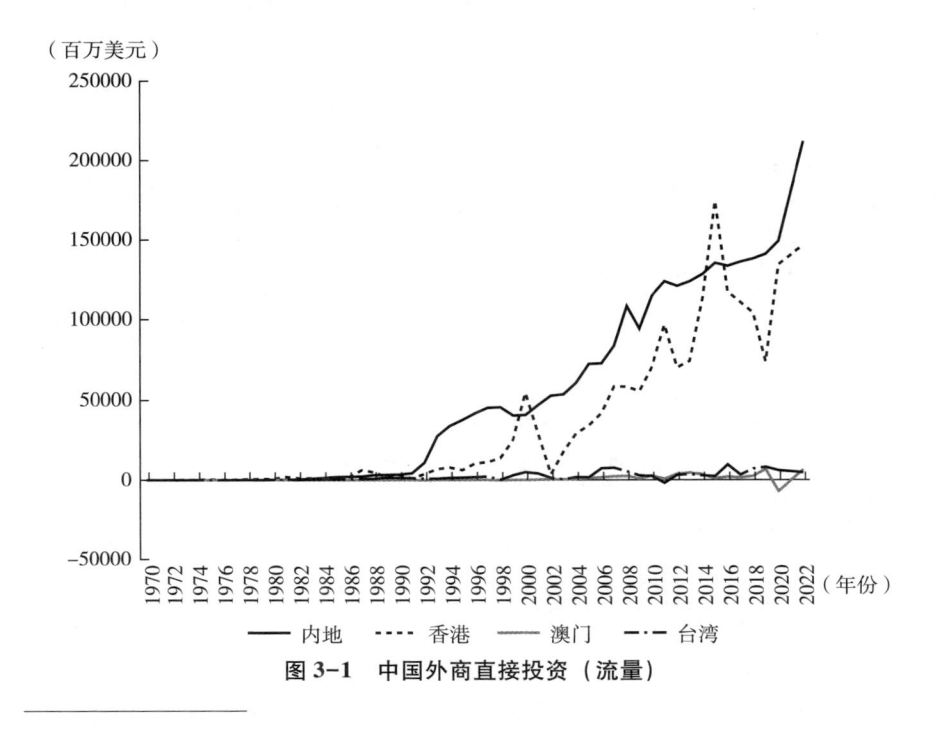

图3-1　中国外商直接投资（流量）

---

① 该部分数据为流量值，为方便表述，不再具体标注。

小值-7103.97 百万美元,之后两年持续增长,外商直接投资额由负转正并有继续增长的趋势。台湾外商直接投资额在 1970—2022 年波动幅度相比内地、香港、澳门最为平缓。

(二)外商直接投资(存量)

1980—2022 年中国外商直接投资(存量)动态演变情况见表 3-2。

表 3-2　　　　　中国外商直接投资(存量)　　　单位:百万美元

年份	1980	1981	1982	1983	1984	1985
内地	1074.00	1339.00	1769.00	2685.00	4104.00	6060.00
香港	177755.32	179818.11	181054.96	182199.09	183486.83	183219.61
澳门	2800.50	2800.50	2800.76	2808.91	2808.91	2808.53
台湾	2405.00	2537.04	2574.29	2261.18	3047.91	2930.00
年份	1986	1987	1988	1989	1990	1991
内地	8303.73	10617.26	13810.94	17203.51	20690.62	25056.96
香港	185107.92	191357.75	196336.70	198377.80	201652.87	202673.73
澳门	2808.58	2808.49	2808.84	2808.24	2808.72	2819.44
台湾	3973.69	5738.50	6801.00	8405.00	9735.00	11006.00
年份	1992	1993	1994	1995	1996	1997
内地	36064.47	63579.42	74151.00	101098.00	128069.00	153995.00
香港	206561.20	213490.82	221318.76	227532.12	237992.30	249360.44
澳门	2799.94	2796.34	2799.82	2802.01	2807.95	2810.26
台湾	11885.00	12802.00	14177.00	15736.00	17600.00	19848.00
年份	1998	1999	2000	2001	2002	2003
内地	175156.00	186189.00	193348.00	203142.00	216503.00	228371.00
香港	225078.23	405265.99	435417.14	401186.74	315063.35	363680.41
澳门	2792.37	2801.79	2801.00	2960.84	3221.29	3561.51
台湾	20070.00	22996.00	18875.00	34149.00	29514.00	36692.00
年份	2004	2005	2006	2007	2008	2009
内地	245467.00	272094.00	292559.00	327087.00	378083.00	472148.00
香港	427052.42	493894.74	703563.19	1147889.25	783257.34	904300.05
澳门	3891.50	5041.75	6636.86	9126.85	10532.80	10522.55
台湾	37678.00	42631.00	49291.00	47666.00	44151.00	54435.00

第三章 中国—中南半岛双向直接投资发展现状与动态演变 / 41

续表

年份	2010	2011	2012	2013	2014	2015
内地	586882.00	710867.00	831940.00	955851.00	1084353.00	1219930.00
香港	1067519.97	1078748.82	1244646.28	1352021.67	1496082.65	1591627.38
澳门	13602.63	14899.12	19203.41	24511.69	28296.85	29302.14
台湾	61508.00	53493.00	58363.00	64233.00	67905.00	65334.00
年份	2016	2017	2018	2019	2020	2021
内地	1353641.00	1489956.00	1628261.00	1769486.00	1918828.00	2064018.00
香港	1626013.41	1943917.07	1963319.63	1867697.32	1851463.69	2022194.92
澳门	30981.31	33830.67	35793.42	43748.14	37594.45	46523.62
台湾	73948.00	82389.00	84766.00	98552.00	110506.00	115911.00
年份	2022	—	—	—	—	—
内地	2209208.00	—	—	—	—	—
香港	2192926.15	—	—	—	—	—
澳门	55452.80	—	—	—	—	—
台湾	121316.00	—	—	—	—	—

资料来源：UNCTAD 数据库。

由表 3-2 可知，内地外商直接投资额[①]在 2022 年达到最大值，为 2209208.00 百万美元，在 1980 年为其最小值，为 1074.00 百万美元。香港外商直接投资额在 2022 年达到最大值，为 2192926.15 百万美元，在 1980 年其值最小，为 177755.32 百万美元。澳门外商直接投资额在 2022 年达到最大值，为 55452.80 百万美元，在 1998 年为其最小值，为 2792.37 百万美元。台湾外商直接投资额在 2022 年达到最大值，为 121316.00 百万美元，在 1983 年为其最小值，为 2261.18 百万美元。

观察图 3-2 可知，1980—2022 年，从总体上看，内地和香港的外商直接投资额处于增长趋势，而澳门和台湾的外商直接投资额处于小幅波动状态。其中，内地的增长相比于香港更为平稳，且两者均有继续增长的趋势。香港吸引的外商直接投资额基本大于内地吸引的外商直接投资额，而澳门、台湾的外商直接投资额相对较低。从个体来看，内地外商

---

① 该部分数据为存量值，为方便表述，不再具体标注。

直接投资额在 1980—1991 年处于缓慢增长状态，1991—2022 年增长速度快，稳定性强。香港外商直接投资额在 1980—1998 年也处于缓慢增长状态，1998—2022 年呈现稳定增长的情况，其在 2018 创下历史新高达到 1963319.63 百万美元后有所回落，回落至 2020 年 1851463.69 百万美元后企稳回升并持续增长，在 2022 年香港外商直接投资额与内地外商直接投资额基本持平。澳门、台湾外商直接投资额在 1980—2022 年均处于缓慢增长状态，均在 2022 年创下历史新高，分别为 55452.8 百万美元和 121316 百万美元。

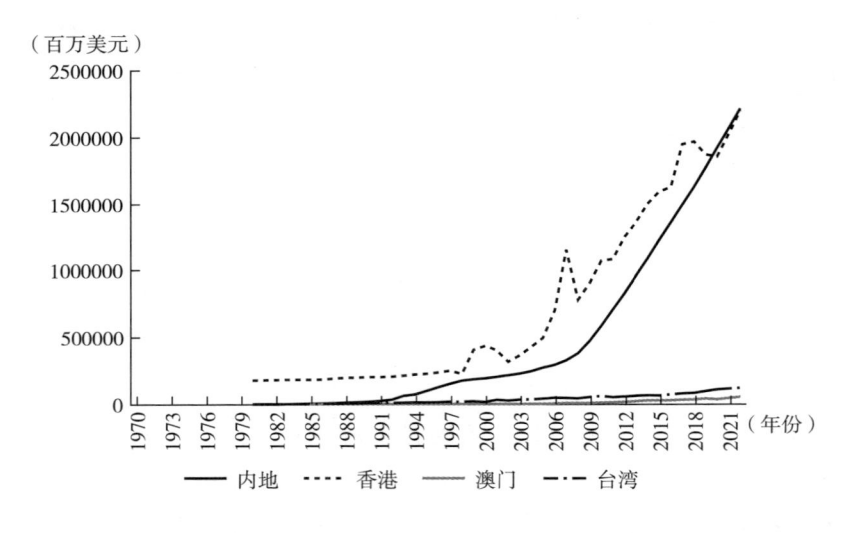

图 3-2 中国外商直接投资（存量）

（三）中国对外直接投资（流量）

1970—2022 年中国对外直接投资（流量）动态演变情况见表 3-3。

表 3-3　　　　　　　　中国对外直接投资（流量）　　　　单位：百万美元

年份	1970	1971	1972	1973	1974	1975
内地	—	—	—	—	—	—
香港	—	—	—	—	—	—
澳门	—	—	—	—	—	—
台湾	1.00	1.00	3.00	1.00	1.00	0.10

续表

年份	1976	1977	1978	1979	1980	1981
内地	—	—	—	—	—	—
香港	—	—	—	—	82.00	31.00
澳门	—	—	—	—	—	—
台湾	3.00	7.00	4.00	4.00	42.00	60.00
年份	1982	1983	1984	1985	1986	1987
内地	44.00	93.00	134.00	629.00	450.00	645.00
香港	52.00	566.00	1076.00	961.00	1372.00	2318.00
澳门	—	—	—	—	—	—
台湾	32.00	19.00	72.00	79.00	65.00	705.00
年份	1988	1989	1990	1991	1992	1993
内地	850.00	780.00	830.00	913.00	4000.00	4400.00
香港	2533.00	2740.00	2448.00	2825.00	8254.00	17713.00
澳门	—	—	—	—	—	—
台湾	4121.00	6951.00	5243.00	2055.00	1967.00	2611.00
年份	1994	1995	1996	1997	1998	1999
内地	2000.00	2000.00	2114.00	2562.49	2633.81	1774.31
香港	21437.00	25000.00	26530.88	24406.80	16625.63	22191.17
澳门	—	—	—	—	—	—
台湾	2640.00	2983.00	3843.00	5243.00	3836.00	4420.00
年份	2000	2001	2002	2003	2004	2005
内地	915.78	6885.40	2518.41	2854.65	5497.99	12261.17
香港	54078.78	18055.33	13162.98	12057.15	43636.88	27003.10
澳门	—	10.59	71.13	-4.95	-91.87	60.14
台湾	6701.00	5480.00	4886.00	5682.00	7145.00	6028.00
年份	2006	2007	2008	2009	2010	2011
内地	17633.97	26506.09	55907.17	56528.99	68811.31	74654.04
香港	44475.23	64165.75	48379.25	59201.60	86247.18	96340.83
澳门	635.89	22.62	-83.45	-10.52	-441.38	120.35
台湾	7399.00	11107.00	10287.00	5877.00	11574.00	12766.00

续表

年份	2012	2013	2014	2015	2016	2017
内地	87803.53	107843.71	123119.86	145667.15	196149.43	158288.30
香港	83410.52	80773.08	124092.48	71821.20	59702.79	86703.88
澳门	469.22	1674.25	681.06	-870.44	-1002.28	863.95
台湾	13137.00	14285.00	12711.00	14709.00	17946.00	11537.00

年份	2018	2019	2020	2021	2022	—
内地	143037.31	136905.23	153710.26	145190.00	136669.74	—
香港	82201.31	53201.94	100715.46	87450.29	74185.13	—
澳门	140.78	868.77	1728.44	1527.62	1326.79	—
台湾	18058.00	11783.00	11500.00	10108.00	8716.00	—

资料来源：UNCTAD 数据库。

由表 3-3 可知，内地从 1982 年开始产生对外直接投资，投资额[①]为 44.00 百万美元，香港从 1980 年开始产生对外直接投资，投资额为 82.00 百万美元，澳门从 2001 年开始产生对外直接投资，投资额为 10.59 百万美元，台湾从 1970 年开始就已经具有对外直接投资，投资额为 1.00 百万美元。内地对外直接投资额在 2016 年达到最大值，为 196149.43 百万美元，1982 年为其最小值，为 44.00 百万美元。香港对外直接投资额在 2014 年达到最大值，为 124092.48 百万美元，1981 年为其最小值，为 31.00 百万美元。澳门对外直接投资额在 2020 年达到最大值，为 1728.44 百万美元，在 2016 年为其最小值，为-1002.28 百万美元。台湾对外直接投资额在 2018 年达到最大值，为 18058.00 百万美元，在 1975 年为其最小值，为 0.10 百万美元。2020—2022 年，可能受新冠疫情影响，内地、香港、澳门、台湾的对外直接投资额呈递减趋势，且均在 2022 年达到这三年内的最小值，且仍有继续下降的趋势。

观察图 3-3 可知，1970—2022 年，从总体上看，内地和香港的对外直接投资额处于增长趋势，而澳门和台湾的对外直接投资额处于小幅度波动状态。对外直接投资增长率由高到低依次为内地、香港、台湾与澳门。其中，内地的对外直接投资额基本大于香港的对外直接投资额，而澳门、台湾的对外直接投资额相对较低。从个体来看，内地对外直接投

---

① 该部分数据为流量值，为方便表述，不再具体标注。

资额在 1970—2003 年处于缓慢增长状态，2003—2016 年增长速度快，稳定性强，这期间增长率创下历史新高，2016—2022 年总体处于回落调整状态。香港对外直接投资额在 1970—1989 年处于缓慢增长状态，1992—2022 年呈现震荡式增长的情况，其在 2014 年达到最大值 124092.48 百万美元后有所回落，2014—2022 年对外直接投资额一直围绕 74185.13 百万美元上下波动。澳门对外直接投资额在 1970—2022 年处于缓慢增长状态，在 2016 年为其最小值-1002.28 百万美元，之后几年对外直接投资额由负转正并缓慢增长。台湾对外直接投资额在 1970—2022 年趋势表现为先小幅增长至 2018 年的 18058.00 百万美元，再缓慢回落至 2022 年的 8716.00 百万美元，总体趋势较为平缓。

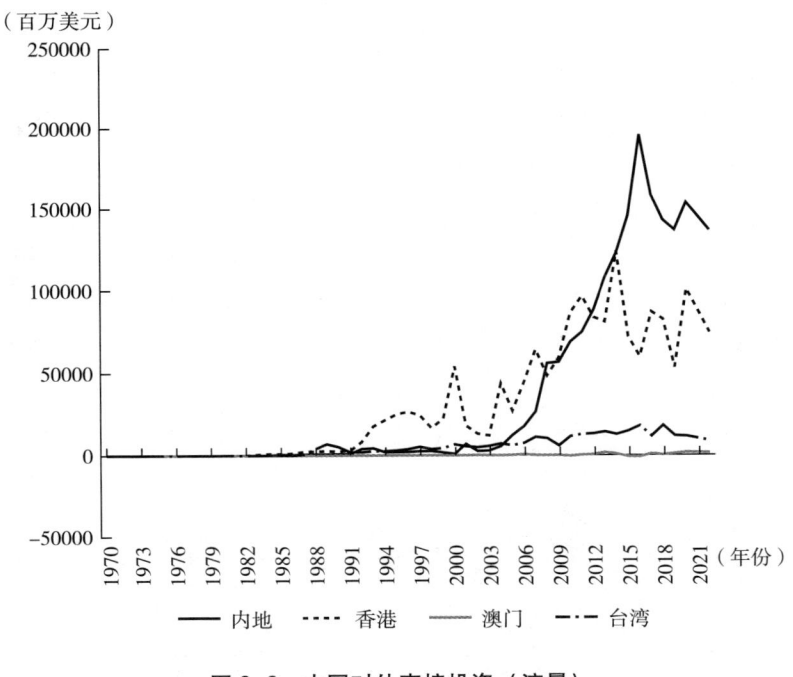

图 3-3　中国对外直接投资（流量）

（四）中国对外直接投资（存量）

1980—2022 年中国对外直接投资（存量）动态演变情况见表 3-4。

表 3-4　　　　　　　中国对外直接投资（存量）　　　单位：百万美元

年份	1980	1981	1982	1983	1984	1985
内地	—	39.36	44.00	137.00	271.00	900.00
香港	148.00	169.00	229.00	324.00	1407.00	2344.00
澳门	—	—	—	—	—	—
台湾	13009.00	13069.00	13101.00	13120.00	13192.00	13271.00
年份	1986	1987	1988	1989	1990	1991
内地	1350.00	1995.00	2845.00	3625.00	4455.00	5368.00
香港	3441.36	5365.57	7387.76	9653.35	11920.35	13976.60
澳门	—	—	—	—	—	—
台湾	13336.00	14041.00	18162.00	25113.00	30356.00	32411.00
年份	1992	1993	1994	1995	1996	1997
内地	9368.00	13768.00	15768.00	17768.00	19882.00	22444.49
香港	21698.67	39114.42	58766.86	78833.23	99710.23	235762.94
澳门	—	—	—	—	—	—
台湾	34378.00	36989.00	39629.00	42612.00	46455.00	51698.00
年份	1998	1999	2000	2001	2002	2003
内地	25078.30	26852.61	27768.39	34653.79	29900.00	33222.22
香港	223811.00	321635.57	379284.76	347770.68	306631.70	346676.28
澳门	—	—	—	419.81	474.80	520.08
台湾	55534.00	59954.00	66655.00	70758.00	76850.00	84096.00
年份	2004	2005	2006	2007	2008	2009
内地	44777.26	57205.62	90630.00	117910.50	183970.71	245755.38
香港	408203.77	476192.84	680300.73	1029047.62	768397.01	839225.58
澳门	467.69	486.53	1065.46	1084.25	1004.59	975.99
台湾	91265.00	103332.00	122727.00	151157.00	163530.00	170021.00
年份	2010	2011	2012	2013	2014	2015
内地	317210.59	424780.67	531940.58	660478.40	882642.42	1097864.59
香港	943937.75	1023296.37	1162529.90	1240692.59	1450178.84	1531435.65
澳门	549.54	667.36	1181.49	3115.39	3836.57	2953.10
台湾	190803.00	213062.00	229846.00	267658.00	296527.00	302582.00

续表

年份	2016	2017	2018	2019	2020	2021
内地	1357390.45	1809036.52	1982265.85	2198880.69	2580658.44	2581800.00
香港	1546661.21	1813296.65	1829363.67	1804451.39	1920701.79	2082322.52
澳门	1933.94	3702.37	6346.22	7167.11	8751.76	13670.50
台湾	308831.00	321840.00	350531.00	368095.00	400540.00	410648.00

年份	2022	—	—	—	—	—
内地	2582941.56	—	—	—	—	—
香港	2243943.24	—	—	—	—	—
澳门	18589.24	—	—	—	—	—
台湾	420756.00	—	—	—	—	—

资料来源：UNCTAD 数据库。

由表 3-4 可知，内地对外直接投资额[①]在 2022 年达到最大值，为 2582941.56 百万美元，1981 年为其最小值，为 39.36 百万美元。香港对外直接投资额在 2022 年达到最大值，为 2243943.24 百万美元，1980 年为最小值，为 148.00 百万美元。澳门对外直接投资额在 2022 年达到最大值，为 18589.24 百万美元，在 2001 年为其最小值，为 419.81 百万美元。台湾对外直接投资在 2022 年达到最大值，为 420756.00 百万美元，在 1980 年为其最小值，为 13009.00 百万美元。

观察图 3-4 可知，1980—2022 年，从总体上看，内地、香港和台湾的对外直接投资额处于增长趋势，而澳门的对外直接投资额总体处于小幅波动状态。对外直接投资增长率由高到低依次为内地、香港、台湾与澳门。其中，内地的对外直接投资额在 2018 年反超香港的对外直接投资额，而澳门、台湾的对外直接投资额相对较低。从个体来看，内地对外直接投资额在 1980—2003 年处于缓慢增长状态，2003—2020 年增长速度快，稳定性强，2020—2022 年总体处于平稳状态。香港对外直接投资额在 1980—1996 年处于缓慢增长状态，1996—2022 年增长速度快，稳定性强，且有持续增长的趋势。澳门对外直接投资额在 1980—2022 年始终处

---

① 该部分数据为存量值，为方便表述，不再具体标注。

于缓慢增长状态，在 2022 年对外直接投资额创下历史新高。台湾对外直接投资额在 1980—2000 年处于缓慢增长状态，2000—2022 年增长速度提升并稳定增长，在 2022 年对外直接投资额创下历史新高并有持续增长的趋势。

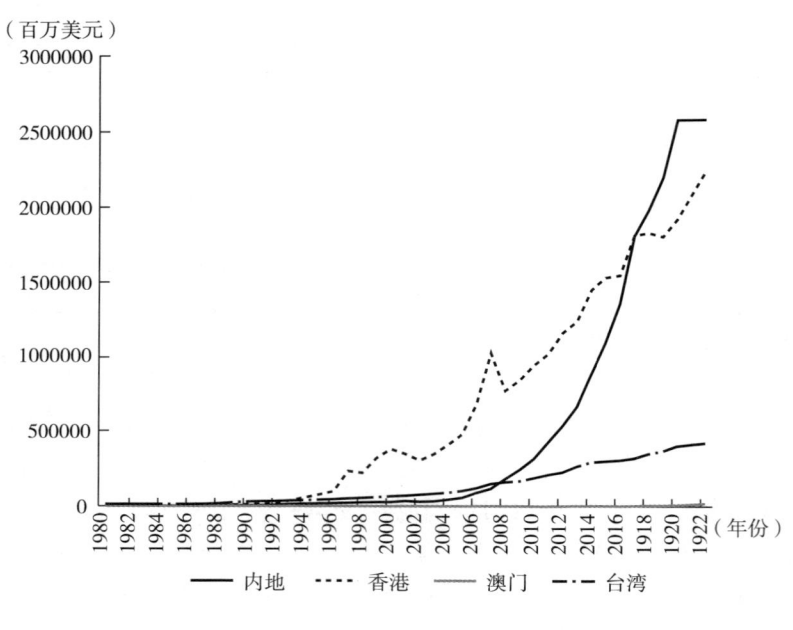

图 3-4　中国对外直接投资（存量）

（五）双向直接投资（流量）

1979—2022 年中国双向直接投资额（流量）动态演变情况见表 3-5。

表 3-5　　　　　　　中国双向直接投资（流量）　　　　单位：百万美元

年份	1979	1980	1981	1982	1983	1984
FDI	0.08	57.00	265.00	430.00	916.00	1419.00
OFDI	—	—	—	44.00	93.00	134.00
年份	1985	1986	1987	1988	1989	1990
FDI	1956.00	2243.73	2313.53	3193.68	3392.57	3487.11
OFDI	629.00	450.00	645.00	850.00	780.00	830.00

续表

年份	1991	1992	1993	1994	1995	1996
FDI	4366.34	11007.51	27514.95	33766.50	37520.53	41725.52
OFDI	913.00	4000.00	4400.00	2000.00	2000.00	2114.00
年份	1997	1998	1999	2000	2001	2002
FDI	45257.04	45462.75	40318.71	40714.81	46877.59	52742.86
OFDI	2562.49	2633.81	1774.31	915.78	6885.40	2518.41
年份	2003	2004	2005	2006	2007	2008
FDI	53504.70	60630.00	72406.00	72715.00	83521.00	108312.00
OFDI	2854.65	5497.99	12261.17	17633.97	26506.09	55907.17
年份	2009	2010	2011	2012	2013	2014
FDI	94065.00	114734.00	123985.00	121073.00	123911.00	128502.00
OFDI	56528.99	68811.31	74654.04	87803.53	107843.71	123119.86
年份	2015	2016	2017	2018	2019	2020
FDI	135577.00	133711.00	136315.00	138305.00	141225.00	149342.00
OFDI	145667.15	196149.43	158288.30	143037.31	136905.23	153710.26
年份	2021	2022	—	—	—	—
FDI	180957.00	212572.00	—	—	—	—
OFDI	145190.00	136669.74	—	—	—	—

资料来源：UNCTAD 数据库。

由表 3-5 可知，中国外商直接投资额①在 2022 年达到最大值，为 212572.00 百万美元，在 1979 年为其最小值，为 0.08 百万美元。中国对外直接投资额在 2016 年达到最大值，为 196149.43 百万美元，在 1982 年为其最小值，为 44.00 百万美元。

观察图 3-5 可知我国双向直接投资具体增长状态，其中，外商直接投资与对外直接投资均呈现上升趋势，长期以来外商直接投资总额均大于对外直接投资总额，尤其是 1990 年后，我国外商直接投资经历了飞速的发展，这与我国经济特区设立紧密相连，国家政策对我国吸引外商直接投资具有决定性的作用，而对外直接投资则是在 2003 年后逐步增加，且增幅逐步变大，主要来源于我国对"走出去"对外直接投资鼓励政策

---

① 该部分数据为流量值，为方便表述，不再具体标注。

的出台，使国有企业、民营企业等加快了"走出去"的步伐，2013年后，我国对外直接投资经历了跳跃式的增长，这与我国提出"一带一路"倡议相关，亦说明了"一带一路"倡议在稳步推行，自2015年对外直接投资首次超越外商直接投资，我国成为净对外直接投资国家。究其原因，本书认为一方面是我国"一带一路"倡议的推动，使得企业"走出去"对外直接投资更加便利化，尤其对"一带一路"沿线国家给予了大量的政策鼓励与资金支持；另一方面是我国企业资源获取、市场获取、技术获取以及劳动力成本上升等因素，促使我国企业选择以对外直接投资的方式组织生产，即通过企业海外并购或绿地投资的方式选择国外生产，以实现企业"走出去"的目标。

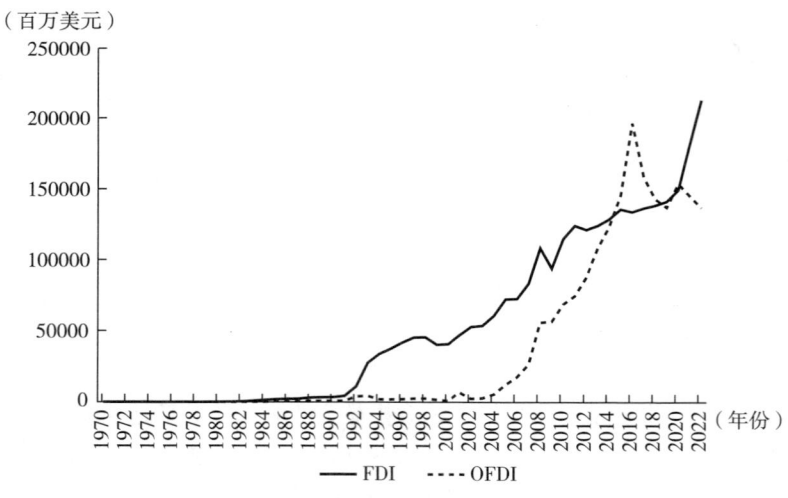

图 3-5 中国双向直接投资（流量）

注：中国对外直接投资不包括香港、澳门和台湾的数据。

（六）双向直接投资（存量）

1980—2022年中国双向直接投资（存量）动态演变情况见表3-6。

表 3-6　　　　　　　中国双向直接投资（存量）　　　　单位：百万美元

年份	1980	1981	1982	1983	1984	1985
FDI	1074.00	1339.00	1769.00	2685.00	4104.00	6060.00
OFDI	—	39.36	44.00	137.00	271.00	900.00

第三章 中国—中南半岛双向直接投资发展现状与动态演变 / 51

续表

年份	1986	1987	1988	1989	1990	1991
FDI	8303.73	10617.26	13810.94	17203.51	20690.62	25056.96
OFDI	1350.00	1995.00	2845.00	3625.00	4455.00	5368.00
年份	1992	1993	1994	1995	1996	1997
FDI	36064.47	63579.42	74151.00	101098.00	128069.00	153995.00
OFDI	9368.00	13768.00	15768.00	17768.00	19882.00	22444.49
年份	1998	1999	2000	2001	2002	2003
FDI	175156.00	186189.00	193348.00	203142.00	216503.00	228371.00
OFDI	25078.30	26852.61	27768.39	34653.79	29900.00	33222.22
年份	2004	2005	2006	2007	2008	2009
FDI	245467.00	272094.00	292559.00	327087.00	378083.00	472148.00
OFDI	44777.26	57205.62	90630.00	117910.50	183970.71	245755.38
年份	2010	2011	2012	2013	2014	2015
FDI	586882.00	710867.00	831940.00	955851.00	1084353.00	1219930.00
OFDI	317210.59	424780.67	531940.58	660478.40	882642.42	1097864.59
年份	2016	2017	2018	2019	2020	2021
FDI	1353641.00	1489956.00	1628261.00	1769486.00	1918828.00	2064018.00
OFDI	1357390.45	1809036.52	1982265.85	2198880.69	2580658.44	2581800.00
年份	2022	—	—	—	—	—
FDI	2209208.00	—	—	—	—	—
OFDI	2582941.56	—	—	—	—	—

注：其中第一栏为中国外商直接投资额，第二栏为中国对外直接投资额。
资料来源：UNCTAD 数据库。

由表3-6可知，中国外商直接投资额[①]在2022年达到最大值，为2209208.00百万美元，在1980年为其最小值，为1074.00百万美元。中国对外直接投资额在2022年达到最大值，为2582941.56百万美元，在1981年为其最小值，为39.36百万美元。

---

① 该部分数据为存量值，为方便表述，不再具体标注。

观察图 3-6 可知，1980—2022 年，中国外商直接投资额、中国对外直接投资额处于增长趋势，在 2016 年前中国外商直接投资额基本大于中国对外直接投资额，2016 年后中国对外直接投资额反超中国外商直接投资额，且中国对外直接投资的增长率总体高于中国外商直接投资。如今，中国对外直接投资额已较大程度领先中国外商直接投资额，体现我国"走出去"战略的显著成效。从个体来看，中国对外直接投资额在 1980—2003 年处于缓慢增长状态，2004—2020 年增长速度快，稳定性强，2021—2022 年总体处于平稳状态，且有小幅波动。中国外商直接投资额在 1980—1992 年处于缓慢增长状态，1993—2022 年增长速度快，稳定性强，其增长率在 2009—2022 年创下历史新高，在 2022 年外商直接投资额创下历史新高并有持续增长的趋势。

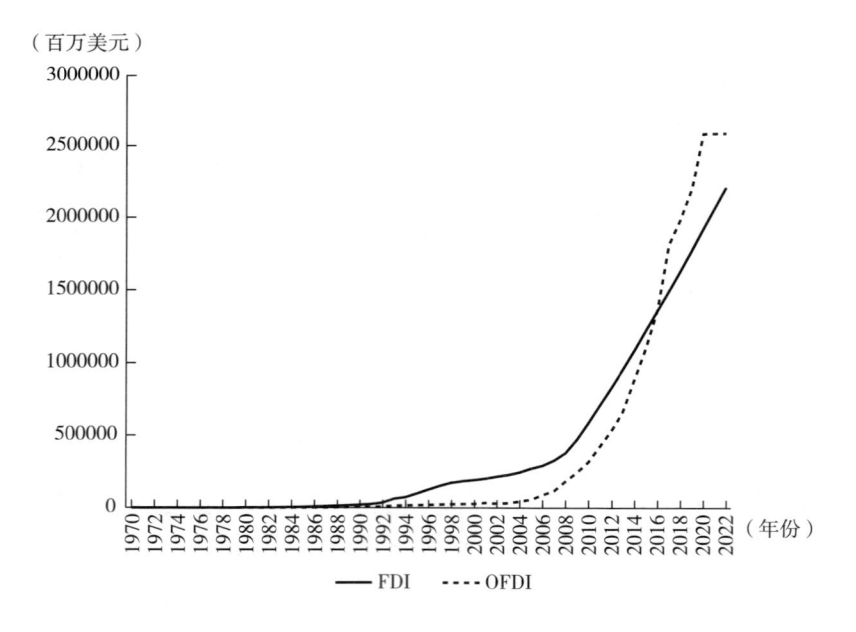

图 3-6 中国双向直接投资（存量）

二 中国双向直接投资行业分布

2005—2022 年中国按行业分实际利用外商直接投资额（流量）动态演变情况如表 3-7 所示。对于 2022 年缺失值及其他年份部分行业缺失值采用线性插值法补齐。

第三章 中国—中南半岛双向直接投资发展现状与动态演变 / 53

表 3-7　按行业分实际利用外商直接投资（流量）

单位：万美元

	行业分类	2005年	2006年	2007年	2008年	2009年	2010年	2011年	2012年	2013年	2014年	2015年	2016年	2017年	2018年	2019年	2020年	2021年	2022年
A	农、林、牧、渔业	71826	59945	92407	119102	142873	191195	200888	206220	180003	152227	153386	189770	107492	80131	56183	57567	82626	107685
B	采矿业	35495	46052	48944	57283	50059	68440	61279	77046	36495	56222	24292	9634	130198	122841	219044	66394	258055	449716
C	制造业	4245291	4007671	4086482	4989483	4677146	4959058	5210054	4886649	4555498	3993872	3954290	3549230	3350619	4117421	3537022	3099695	3373061	3646427
D	电力、煤气及水的生产和供应业	139437	128136	107255	169602	211206	212477	211843	163897	242910	220290	225022	214677	352132	442390	352398	311375	379993	448611
E	建筑业	49020	68801	43424	109256	69171	146062	91694	118176	121983	123949	155876	247744	261940	148809	121551	181887	227356	272825
F	交通运输、仓储和邮政业	181230	198485	200676	285131	252728	224373	319079	347376	421738	445559	418607	508944	558803	472737	453316	499859	532511	565163
G	信息传输、计算机服务和软件业	101454	107049	148524	277479	224694	248667	269918	335809	288056	275511	383556	844249	2091861	1166127	1468232	1643102	2010004	2376906
H	批发和零售业	103854	178941	267652	443297	538980	659566	842455	946187	1151099	946340	1202313	1587016	1147808	976689	904982	1184445	1671581	2158717
I	住宿和餐饮业	56017	82764	104165	93851	84412	93494	84289	70157	77181	65021	43398	36512	41914	90107	97180	82415	125560	168705
J	金融业	21969	29369	25729	57255	45617	112347	190970	211945	233046	418216	1496889	1028901	792119	870366	713206	648240	454230	260220
K	房地产业	541807	822950	1708873	1858995	1679619	2398556	2688152	2412487	2879807	3462611	2899484	1965528	1685559	2246740	2347188	2033057	2360811	2688565

续表

行业分类		2005年	2006年	2007年	2008年	2009年	2010年	2011年	2012年	2013年	2014年	2015年	2016年	2017年	2018年	2019年	2020年	2021年	2022年
L	租赁和商务服务业	374507	422266	401881	505884	607806	713023	838247	821105	1036158	1248588	1004973	1613171	1673855	1887459	2207283	2656159	3308620	3961081
M	科学研究、技术服务和地质勘查业	34041	50413	91668	150555	167363	196692	245781	309554	275026	325466	452936	651989	684373	681298	1116831	1793997	2275455	2756913
N	水利、环境和公共设施管理业	13906	19517	27283	34027	55613	90859	86427	85028	103586	57349	43334	42159	56951	47408	52242	56758	132379	208000
O	居民服务和其他服务业	26001	50402	72270	56992	158596	205268	188357	116451	65693	71813	72131	49038	56723	56166	54218	30766	47110	63454
P	教育	1775	2940	3246	3641	1349	818	395	3437	1822	2097	2894	9437	7747	7420	22248	28061	1328	25405
Q	卫生、社会保障和社会福利业	3926	1517	1157	1887	4283	9017	7751	6430	6435	7757	14338	25411	30516	30178	27186	23547	36526	49505
R	文化、体育和娱乐业	30543	24136	45109	25818	31756	43612	63455	53655	82079	82338	78941	26732	69846	52290	62986	39602	39711	39820
S	公共管理和社会组织	—	—	—	—	—	—	66	5	5	930	—	—	3057	12	166	—	31414	—

资料来源：国家统计局。

第三章 中国—中南半岛双向直接投资发展现状与动态演变 / 55

由表3-7可知，按行业分布实际利用外商直接投资额①在2022年达到最大值的有采矿业，电力、燃气及水的生产和供应业，建筑业，交通运输、仓储和邮政业，信息传输、计算机服务和软件业，批发和零售业，住宿和餐饮业，租赁和商务服务业，科学研究、技术服务和地质勘查业，水利、环境和公共设施管理业，卫生、社会保障和社会福利业，分别为449716万美元、448611万美元、272825万美元、565163万美元、2376906万美元、2158717万美元、168705万美元、3961081万美元、2756913万美元、208000万美元、49505万美元；实际利用外商直接投资额在2005年为其最小值的有交通运输、仓储和邮政业，信息传输、计算机服务和软件业，批发和零售业，金融业，房地产业，租赁和商务服务业，科学研究、技术服务和地质勘查业，水利、环境和公共设施管理业，居民服务和其他服务业，分别为181230万美元、101454万美元、103854万美元、21969万美元、541807万美元、374507万美元、34041万美元、13906万美元、26001万美元。

观察图3-7可知，2005—2022年，从总体上看，租赁和商务服务业，房地产业，科学研究、技术服务和地质勘查业，信息传输、计算机服务和软件业，批发和零售业实际利用外商直接投资额处于增长趋势，制造业实际利用外商直接投资额处于下降趋势，其他行业实际利用外商直接投资额处于平缓波动状态。2005—2022年，制造业以及房地产业实际利用外商直接投资额基本大于其他行业且均呈现震荡波动状态。从个体来看，制造业实际利用外商直接投资额增长至2011年的5210054万美元后总体呈下降趋势。房地产业实际利用外商直接投资额增长至2014年的3462611万美元后总体呈先下降后上升的趋势。租赁和商务服务业是所有行业中实际利用外商直接投资额增长最稳定的行业，其在2022年实际利用外商直接投资额高达3961081万美元，领先于所有行业且有继续增长的趋势。

由表3-8可知，按行业分布对外直接投资额在2022年达到最大值的有交通运输、仓储和邮政业，批发和零售业，金融业，科学研究、技术服务和地质勘查业，分别为1821922万美元、3330638万美元、3393440万美元、640961万美元；实际利用外商直接投资额在2005年为其最小值的有农、林、牧、渔业，电力、煤气及水的生产和供应业，交通运输、仓储和邮政业，信息传输、计算机服务和软件业，房地产业，科学研究、

---

① 该部分数据为流量值，为方便表述，不再具体标注。

(万美元)

图例：
— A农、林、牧、渔业
---- B采矿业
—·— C制造业
--·-- D电力、燃气及水的生产和供应业
—— E建筑业
---- F交通运输、仓储和邮政业
—·— G信息传输、计算机服务和软件业
--·-- H批发和零售业
—— I住宿和餐饮业
---- J金融业
—·— K房地产
--·-- L租赁和商务服务业
—— M科学研究、技术服务和地质勘查业
---- N水利、环境和公共设施管理业
—— O居民服务和其他服务业
—— P教育
——— Q卫生、社会保障和社会福利业
——— R文化、体育和娱乐业

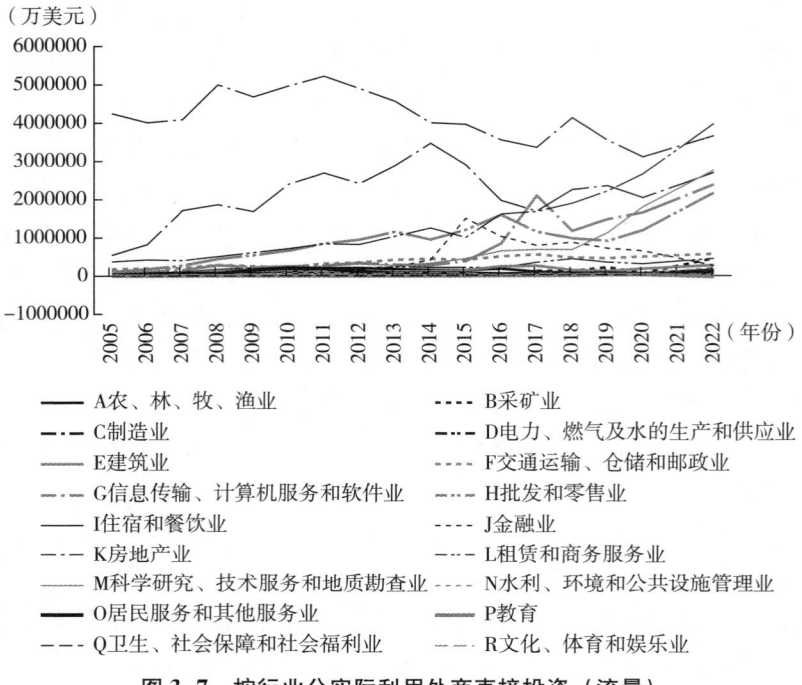

图 3-7　按行业分实际利用外商直接投资（流量）

注：数据由商务部提供，从 2001 年起，外商投资合同金额和实际使用外资额均不包括对外借款，2007 年起商务部不再对外公布外资合同金额数据。

技术服务和地质勘查业，水利、环境和公共设施管理业，居民服务和其他服务业，卫生、社会保障和社会福利业，分别为 10536 万美元、766 万美元、57679 万美元、1479 万美元、11563 万美元、12942 万美元、13 万美元、6279 万美元、-39 万美元。

表 3-8　　　　中国对外直接投资（流量）行业分布　　　单位：万美元

序号	行业分类	2005 年	2006 年	2007 年	2008 年	2009 年
A	农、林、牧、渔业	10536	18504	27171	17183	34279
B	采矿业	167522	853951	406277	582351	1334309
C	制造业	228040	90661	212650	176603	224097
D	电力、煤气及水的生产和供应业	766	11874	15138	131349	46807
E	建筑业	8186	3323	32943	73299	36022
F	交通运输、仓储和邮政业	57679	137639	406548	265574	206752
G	信息传输、计算机服务和软件业	1479	4802	30384	29875	27813

续表

序号	行业分类	2005年	2006年	2007年	2008年	2009年
H	批发和零售业	226012	111391	660418	651413	613575
I	住宿和餐饮业	758	251	955	2950	7487
J	金融业	539218	352999	166780	1404800	873374
K	房地产业	11563	38376	90852	33901	93814
L	租赁和商务服务业	494159	452166	560734	2171723	2047378
M	科学研究、技术服务和地质勘查业	12942	28161	30390	16681	77573
N	水利、环境和公共设施管理业	13	825	271	14145	434
O	居民服务和其他服务业	6279	11151	7621	16536	26773
P	教育	-436	228	892	154	245
Q	卫生、社会保障和社会福利业	-39	18	75	133	191
R	文化、体育和娱乐业	12	76	510	2180	1976
S	公共管理和社会组织	171	—	—	—	—
序号	行业分类	2010年	2011年	2012年	2013年	2014年
A	农、林、牧、渔业	53398	79775	146138	181313	203543
B	采矿业	571486	1444595	1354380	2480779	1654939
C	制造业	466417	704118	866741	719715	958360
D	电力、煤气及水的生产和供应业	100643	187543	193534	68043	176463
E	建筑业	162826	164817	324536	436430	339600
F	交通运输、仓储和邮政业	565545	256392	298814	330723	417472
G	信息传输、计算机服务和软件业	50612	77646	124014	140088	316965
H	批发和零售业	672878	1032412	1304854	1464682	1829071
I	住宿和餐饮业	21820	11693	13663	8216	24474
J	金融业	862739	607050	1007084	1510532	1591782
K	房地产业	161308	197442	201813	395251	660457
L	租赁和商务服务业	3028070	2559726	2674080	2705617	3683060
M	科学研究、技术服务和地质勘查业	101886	70658	147850	179221	166879
N	水利、环境和公共设施管理业	7198	25529	3357	14489	55139
O	居民服务和其他服务业	32105	32863	89040	112918	165175
P	教育	200	2008	10283	3566	1355
Q	卫生、社会保障和社会福利业	3352	639	538	1703	15338
R	文化、体育和娱乐业	18648	10498	19634	31085	51915
S	公共管理和社会组织	—	—	—	—	—

续表

序号	行业分类	2015 年	2016 年	2017 年	2018 年	2019 年
A	农、林、牧、渔业	257208	328715	250769	256258	243920
B	采矿业	1125261	193020	−370152	462794	512823
C	制造业	1998629	2904872	2950737	1910768	2024181
D	电力、煤气及水的生产和供应业	213507	353599	234401	470246	386872
E	建筑业	373501	439248	652772	361848	377984
F	交通运输、仓储和邮政业	272682	167881	546792	516057	387962
G	信息传输、计算机服务和软件业	682037	1866022	443024	563187	547794
H	批发和零售业	1921785	2089417	2631102	1223791	1947108
I	住宿和餐饮业	72319	162549	−18509	135396	60398
J	金融业	2424553	1491809	1878544	2171720	1994929
K	房地产业	778656	1524674	679506	306600	341839
L	租赁和商务服务业	3625788	6578157	5427321	5077813	4187508
M	科学研究、技术服务和地质勘查业	334540	423806	239065	380199	343163
N	水利、环境和公共设施管理业	136773	84705	21892	17863	26988
O	居民服务和其他服务业	159948	542429	186526	222822	167338
P	教育	6229	28452	13372	57302	64880
Q	卫生、社会保障和社会福利业	8387	48719	35267	52480	22717
R	文化、体育和娱乐业	174751	386869	26401	116586	52352
S	公共管理和社会组织	160	—	—	—	—
序号	行业分类	2020 年	2021 年	2022 年	—	—
A	农、林、牧、渔业	107864	93075	78286	—	—
B	采矿业	613126	841498	1069870	—	—
C	制造业	2583821	2686673	2789525	—	—
D	电力、煤气及水的生产和供应业	577031	438908	300785	—	—
E	建筑业	809455	461908	114361	—	—
F	交通运输、仓储和邮政业	623320	1222621	1821922	—	—
G	信息传输、计算机服务和软件业	918718	513591	108464	—	—
H	批发和零售业	2299764	2815201	3330638	—	—
I	住宿和餐饮业	11841	26933	42025	—	—
J	金融业	1966318	2679879	3393440	—	—
K	房地产业	518603	409785	300967	—	—

续表

序号	行业分类	2020年	2021年	2022年	—
L	租赁和商务服务业	3872562	4935732	5998902	—
M	科学研究、技术服务和地质勘查业	373465	507213	640961	—
N	水利、环境和公共设施管理业	15671	22494	29317	—
O	居民服务和其他服务业	216078	180948	145818	—
P	教育	13004	2825	-7354	—
Q	卫生、社会保障和社会福利业	63767	33877	3987	—
R	文化、体育和娱乐业	-213383	8773	230929	—
S	公共管理和社会组织	—	—	—	—

资料来源：对外直接投资统计公报。

观察图3-8可知，2005—2022年，从总体上看，租赁和商务服务业，金融业，批发和零售业，制造业，交通运输、仓储和邮政业，采矿业，科学研究、技术服务和地质勘查业对外直接投资额总体处于增长趋势，其他行业对外直接投资额处于平缓波动状态。2005—2022年，租赁和商务服务业，金融业，批发和零售业，制造业对外直接投资额基本大于其他行业且均呈现震荡式增长的状态。从个体来看，租赁和商务服务业对外直接投资额增长至2016年的6578157万美元后总体呈先下降后上升的趋势，其在2022年对外直接投资额高达5998902万美元，领先于所有行业且有继续增长的趋势。批发和零售业对外直接投资额增长至2017年的2631102万美元后大幅回落，从2018年之后又继续增长，并在2022年对外直接投资额创下历史新高3330638万美元。采矿业对外直接投资额震荡式增长至2013年的2480779万美元后有所回落，回落至2017年的-370152万美元后企稳回升并持续增长。制造业对外直接投资额在2017年达到最大值2950737万美元后有所回落，2017—2022年对外直接投资额一直小幅波动波动。农、林、牧、渔业，电力、煤气及水的生产和供应业，建筑业，信息传输、计算机服务和软件业，住宿和餐饮业，房地产业，水利、环境和公共设施管理业，居民服务和其他服务业，卫生、社会保障和社会福利业，文化、体育和娱乐业在2005—2014年一直处于平稳状态，2014—2022年增长率有所提高但总体增长幅度不大。

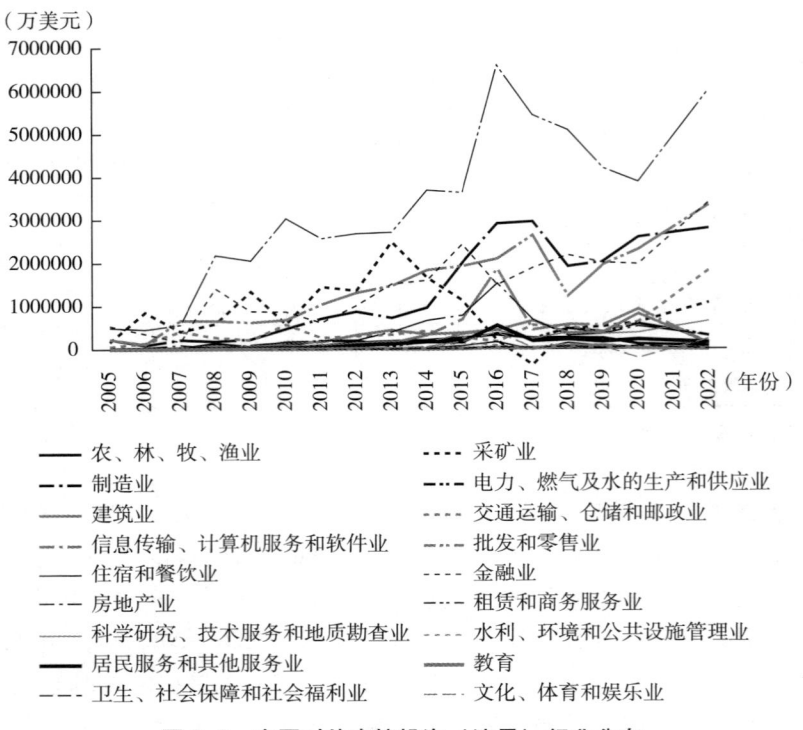

图 3-8　中国对外直接投资（流量）行业分布

三　中国双向直接投资地区分布

（一）中国利用外商直接投资情况

2007—2022 年中国实际利用各洲外商直接投资额（流量）的动态演变情况如表 3-9 所示。

表 3-9　　　　中国实际利用各洲外商直接投资（流量）　　　单位：万美元

年份	亚洲	非洲	欧洲	拉丁美洲	北美洲	大洋洲及太平洋岛屿
2007	4211735	148683	436511	2011799	339027	274290
2008	5634512	166788	545937	2090344	395780	316987
2009	6064531	130969	549529	1468433	367672	252877
2010	7759215	127992	592183	1352563	401372	232777
2011	8951427	164091	587654	1250460	358156	261998
2012	8669559	138787	629050	1018357	382585	226589
2013	9467234	137901	689319	820687	408372	232652

第三章　中国—中南半岛双向直接投资发展现状与动态演变 / 61

续表

年份	亚洲	非洲	欧洲	拉丁美洲	北美洲	大洋洲及太平洋岛屿
2014	9864918	101826	669165	771545	325619	189251
2015	10415946	58507	689705	913768	304272	244357
2016	9883103	112720	943439	1221618	310421	126794
2017	10919387	65746	883619	636273	428552	160950
2018	10701310	61042	1119350	902646	514789	190904
2019	11688841	47207	807360	756690	340785	172579
2020	12402540	70474	747027	805257	267838	124903
2021	15364464	108884	711570	783725	279199	98004
2022	18326388	147294	676113	762193	290560	71105

资料来源：国家统计局。

由表3-9可知，中国实际利用亚洲外商直接投资额[①]在2022年达到最大值，为18326388万美元，2007年为其最小值，为4211735万美元。中国实际利用非洲外商直接投资额在2008年达到最大值，为166788万美元，在2019年为其最小值，为47207万美元。中国实际利用欧洲外商直接投资额在2018年达到最大值，为1119350万美元，在2007年为其最小值，为436511万美元。中国实际利用拉丁美洲外商直接投资额在2008年达到最大值，为2090344万美元，在2017年为其最小值，为636273万美元。中国实际利用北美洲外商直接投资额在2018年达到最大值，为514789万美元，在2020年为其最小值，为267838万美元。中国实际利用大洋洲及太平洋岛屿外商直接投资额在2008年达到最大值，为316987万美元，在2022年为其最小值，为71105万美元。

观察图3-9可知，2007—2022年，从总体上看，中国实际利用亚洲外商直接投资额处于增长趋势，中国实际利用拉丁美洲外商直接投资额处于下降趋势，中国实际利用非洲、欧洲、北美洲、大洋洲及太平洋岛屿外商直接投资额总体处于小幅波动状态。其中，中国实际利用亚洲外商直接投资额远大于利用其他洲外商直接投资额。从个体来看，中国实际利用亚洲外商直接投资额在2007—2022年增长速度快，稳定性强，尤其在2020—2022年增长率创下历史新高，在2022年实际利用外商直接投资达18326388万美元并有继续增长的趋势。中国实际利用拉丁美洲外商

---

① 该部分数据为流量值，为方便表述，不再具体标注。

直接投资额先增后减,而后小幅波动,在 2008 年达到最大值,2008—2022 年缓慢下降,从 2008 年的 2090344 万美元跌落至 2022 年的 762193 万美元。中国实际利用非洲、欧洲、北美洲、大洋洲及太平洋岛屿外商直接投资额在 2007—2022 年波动幅度相比中国实际利用亚洲、拉丁美洲外商直接投资额较为平缓,其中中国实际利用欧洲外商直接投资额有小幅增长,中国实际利用非洲、北美洲、大洋洲及太平洋岛屿外商直接投资额有小幅下降。

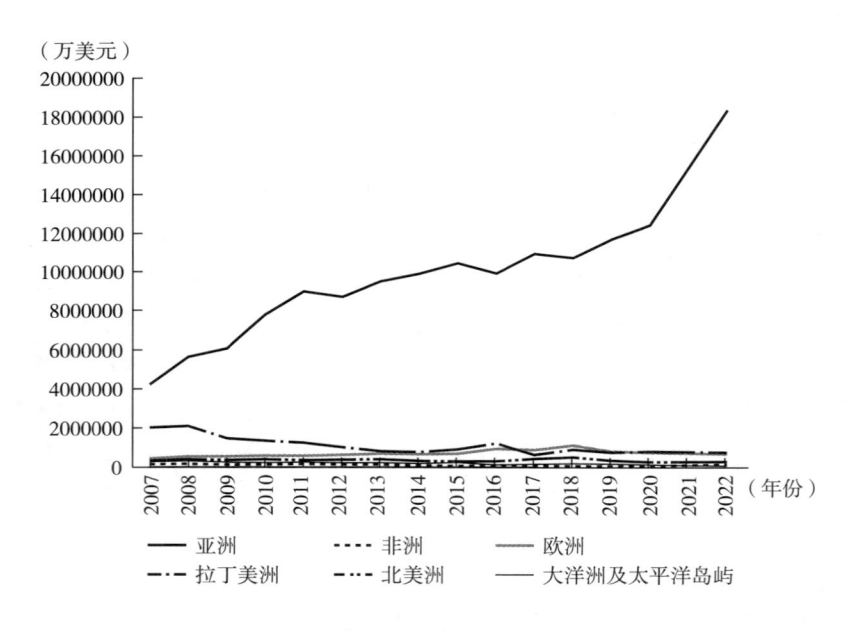

图 3-9　中国实际利用各洲外商直接投资

(二) 中国对外直接投资情况

2007—2022 年中国对各洲直接投资(流量)的动态演变情况见表 3-10。

表 3-10　　　　　中国对各洲直接投资(流量)　　　　单位:万美元

年份	亚洲	非洲	欧洲	拉丁美洲	北美洲	大洋洲及太平洋岛屿
2007	1659315	157431	154043	490241	112571	77008
2008	4354750	549055	87579	367725	36421	195187
2009	4040759	143887	335272	732790	152193	247998

续表

年份	亚洲	非洲	欧洲	拉丁美洲	北美洲	大洋洲及太平洋岛屿
2010	4489046	211199	676019	1053827	262144	188896
2011	4549445	317314	825108	1193582	248132	331823
2012	6478494	251666	703509	616974	488200	241510
2013	7560426	337064	594853	1435895	490101	366032
2014	8498803	320192	1083791	1054739	920766	433695
2015	10837087	297792	711843	1261036	1071848	387109
2016	13026769	239873	1069323	2722705	2035096	521177
2017	11003986	410500	1846319	1407659	649827	510539
2018	10550488	538911	658839	1460847	872383	222263
2019	11084094	270442	1051992	639407	436713	208108
2020	11234365	422560	1269565	1665651	634312	144573
2021	12810205	498664	1087480	2615851	658090	211642
2022	14386045	574768	905395	3566051	681868	278711

注：从2018年起由"对外直接投资净额"修改为"对外直接投资流量"。

资料来源：国家统计局。

由表3-10可知，中国对亚洲直接投资额[①]在2022年达到最大值，为14386045万美元，2007年为其最小值，为1659315万美元。中国对非洲直接投资额在2022年达到最大值，为574768万美元，2009年为其最小值，为143887万美元。中国对欧洲直接投资额在2017年达到最大值，为1846319万美元，2008年为其最小值，为87579万美元。中国对拉丁美洲直接投资额在2022年达到最大值，为3566051万美元，在2008年为其最小值，为367725万美元。中国对北美洲直接投资额在2016年达到最大值，为2035096万美元，2008年为其最小值，为36421万美元。中国对大洋洲及太平洋岛屿直接投资额在2016年达到最大值，为521177万美元，2007年为其最小值，为77008万美元。

观察图3-10可知，2007—2022年，从总体上看，中国对亚洲直接投资额处于增长趋势，中国对拉丁美洲直接投资额也处于增长趋势，但增长幅度远小于对亚洲的直接投资额。中国对非洲、欧洲、北美洲、大洋

---

① 该部分数据均为流量值，为表述方便，不再具体标注。

洲及太平洋岛屿直接投资额处于小幅波动状态。其中，中国对亚洲直接投资额远大于对其他洲直接投资额。从个体来看，中国对亚洲直接投资额在2007—2016年增长速度快，稳定性强，其在2016年达到13026769万美元后有所回落，回落至2018年的10550488万美元后企稳回升并持续增长，在2022年达到14386045万美元并有持续增长的趋势。中国对拉丁美洲直接投资额在2007—2016年稳定增长，其在2016年达到2722705万美元后有所回落，回落至2019年的639407万美元后企稳回升并持续增长，在2022年达到3566051万美元并有持续增长的趋势。中国对非洲、欧洲、北美洲、大洋洲及太平洋岛屿直接投资额在2007—2022年波动幅度相比中国对亚洲、拉丁美洲直接投资额较为平缓，但均有小幅度增长。

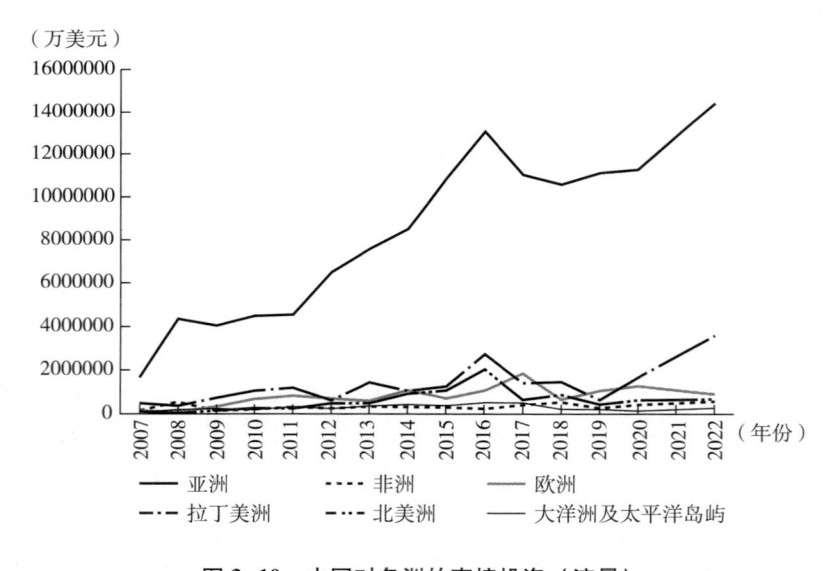

图 3-10 中国对各洲的直接投资（流量）

第二节 中国—中南半岛双向直接投资具体情况

一 中国—中南半岛双向直接投资规模

2003—2022年中国—中南半岛双向直接投资的动态演变情况见表3-11。

第三章　中国—中南半岛双向直接投资发展现状与动态演变 / 65

对于2022年缺失值采用线性插值法补齐。

表3-11　　中国—中南半岛双向直接投资（流量）动态情况　单位：万美元

年份	2003	2004	2005	2006	2007
FDI	250269.00	260672.00	267321.33	282531.67	368463.00
OFDI	9157.00	13355.00	13986.00	26951.00	86331.00
年份	2008	2009	2010	2011	2012
FDI	482645.00	410735.00	579922.00	659104.00	672591.00
OFDI	227486.00	242596.00	394271.00	502575.00	466326.00
年份	2013	2014	2015	2016	2017
FDI	802603.90	605925.80	745038.03	634793.77	501287.00
OFDI	564088.00	631562.00	1317741.00	864349.00	1225640.00
年份	2018	2019	2020	2021	2022
FDI	561712.00	783367.00	788928.50	1050659.00	1312389.50
OFDI	1178497.00	1080903.00	1371791.00	1520245.00	1668699.00

注：其中FDI为中国吸引的中南半岛外商直接投资额，OFDI为中国对中南半岛对外直接投资额。

资料来源：国家统计局。

由表3-11可知2003—2022年中国—中南半岛双向直接投资[①]动态演变情况。2003—2022年，中国吸引中南半岛外商直接投资额和中国对中南半岛对外直接投资额均在2022年最大，分别为1312389.50万美元、1668699.00万美元；中国吸引中南半岛外商直接投资额和中国对中南半岛对外直接投资额均在2003年最小，分别为250269.00万美元、9157.00万美元。另外，2003—2021年，中国对中南半岛对外直接投资累计达13406549万美元，中国吸引中南半岛外商直接投资累计达12020959万美元。

观察图3-11可知2003—2022年中国—中南半岛双向直接投资动态演变情况。从总体上看，中国—中南半岛外商直接投资额与对外直接投资额均呈现增长趋势，部分年份存在较大幅度波动。其中，2003—2013年，中国—中南半岛外商直接投资额相较对外直接投资额更大，二者差

---

① 该部分数据均为流量值，为表述方便，不再具体标注。

距较为稳定，在200000万美元的水平上下波动；2014—2022年，中国—中南半岛对外直接投资额超过外商直接投资额，并处于更高水平，二者差距处于较大波动水平，尤其在2017年，外商直接投资额与对外直接投资额出现最大差额，为-724353万美元。从个体上看，中国—中南半岛对外直接投资额比外商直接投资额增长幅度大，其中，外商直接投资额2022年相较2003年增长4.24倍，对外直接投资额2022年相较2003年增长181.23倍。外商直接投资额和对外直接投资额2003—2022年增长率大体呈现正向增长，外商直接投资额在2009年、2014年、2016年和2017年为负增长率，对外直接投资额在2012年、2016年、2018年和2019年为负增长率。外商直接投资额和对外直接投资额的最大值均出现在2022年，最小值均出现在2003年。

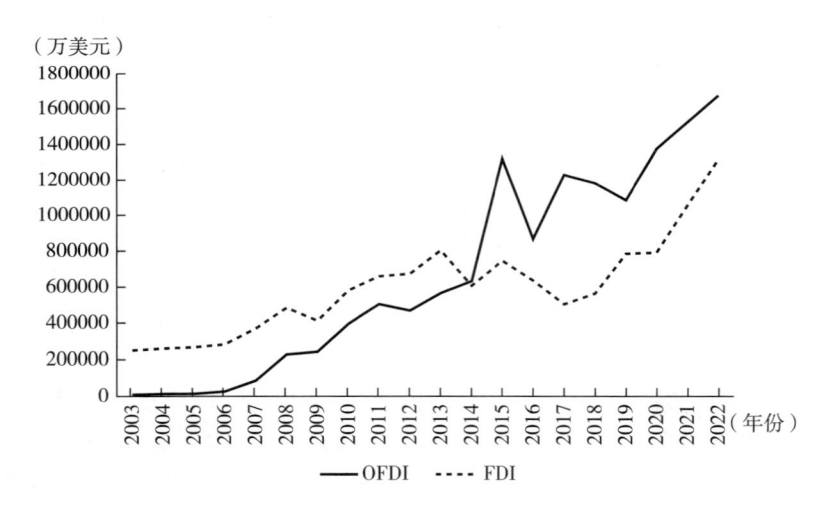

图3-11　中国—中南半岛双向直接投资（流量）动态演变

二　中国—中南半岛双向直接投资国家分布

本节对中国—中南半岛双向直接投资的国家分布进行对比分析，其中包括外商直接投资流量、外商直接投资存量、对外直接投资流量和对外直接投资存量。据此，可以分析中国与中南半岛国家之间的双向直接投资情况。

（一）中国—中南半岛外商直接投资（流量）

由表3-12可知2003—2022年中国对中南半岛各国实际利用外商直

接投资①情况。中国实际利用中南半岛各国外商直接投资数额在不同年份达到最大值与最小值,中国实际利用越南外商直接投资数额在2018年达到最大值,为13883.00万美元,在2014年达到最小值,为7.00万美元。中国实际利用老挝外商直接投资数额在2014年达到最大值,为1082.00万美元,在2022年达到最小值,为-4073.00万美元。中国实际利用泰国外商直接投资数额在2010年达到最大值,为48305.00万美元,在2012年达到最小值,为4438.00万美元。中国实际利用缅甸外商直接投资数额在2008年达到最大值,为1021.00万美元,在2019年和2022年达到最小值,均为-26.50万美元。中国实际利用柬埔寨外商直接投资数额在2016年达到最大值,为5755.00万美元,在2015年达到最小值,为199.00万美元。中国实际利用马来西亚外商直接投资数额在2012年达到最大值,为48048.00万美元,在2022年达到最小值,为3730.00万美元。中国实际利用新加坡外商直接投资数额在2022年达到最大值,为1298230.00万美元,在2004年达到最小值,为200814.00万美元。

表3-12　　中国—中南半岛实际利用外商直接投资(流量)　单位:万美元

年份	越南	老挝	泰国	缅甸	柬埔寨	马来西亚	新加坡
2003	331.00	40.00	17352.00	351.00	1252.00	25103.00	205840.00
2004	114.00	425.00	17868.00	878.00	2069.00	38504.00	200814.00
2005	127.00	383.33	9590.00	374.00	276.00	36139.00	220432.00
2006	1366.00	341.67	14482.00	736.00	212.00	39348.00	226046.00
2007	73.00	300.00	8948.00	326.00	634.00	39725.00	318457.00
2008	207.00	670.00	12921.00	330.00	292.00	24696.00	443529.00
2009	592.00	243.00	4866.00	339.00	1337.00	42874.00	360484.00
2010	203.00	945.00	5134.00	352.00	1035.00	29433.00	542820.00
2011	129.00	588.00	10120.00	1021.00	1737.00	35828.00	609681.00
2012	316.00	200.00	7772.00	384.00	1660.00	31751.00	630508.00
2013	161.50	376.40	48305.00	585.00	2251.00	28053.00	722872.00
2014	7.00	552.80	6052.00	585.00	312.00	15749.00	582668.00
2015	122.33	729.20	4438.00	293.50	1000.00	48048.00	690407.00

① 该部分数据均为流量值,为表述方便,不再具体标注。

续表

年份	越南	老挝	泰国	缅甸	柬埔寨	马来西亚	新加坡
2016	237.67	905.60	5615.00	2.00	1252.50	22113.00	604668.00
2017	353.00	1082.00	11023.00	170.00	1505.00	10836.00	476318.00
2018	13883.00	51.00	4574.00	822.00	199.00	21162.00	521021.00
2019	1720.00	-980.00	10580.00	215.00	5755.00	7013.00	759064.00
2020	275.00	-2011.00	10861.00	134.50	3761.00	7810.00	768098.00
2021	603.00	-3042.00	10741.00	54.00	3369.00	5770.00	1033164.00
2022	931.00	-4073.00	10621.00	-26.50	2977.00	3730.00	1298230.00

资料来源：国家统计局。

观察图3-12可知中国对中南半岛各国实际利用外商直接投资[①]情况。从总体上看，中国实际利用中南半岛外商直接投资国家分布呈现两极分化，中国实际利用新加坡外商直接投资呈现波动式增长趋势，中国实际利用越南、老挝、泰国、缅甸、柬埔寨和马来西亚外商直接投资则在总体上呈现较为平稳下降的趋势，个别年份存在小幅度的波动。同时，中国实际利用新加坡外商直接投资远高于其他六国，且差距整体上处于增大趋势。2003—2022年，中国对新加坡的实际利用外商直接投资最大，累计为11215121万美元；而中国对老挝实际利用外商直接投资最小，自2019年起实际利用外商直接投资额为负值。从个体上看，2003—2022年每年中国对新加坡实际利用外商直接投资最多；中国在2003年、2009年、2012年及2018—2021年对老挝实际利用外商直接投资最少，在2004—2015年（除2006年、2009年及2012年外）对越南实际利用外商直接投资最少，在2006年对柬埔寨实际利用外商投资最少，在2016年与2017年对缅甸实际利用外商直接投资最少。中国实际利用新加坡外商直接投资数额在2013年和2015年是极大值点，在2016年与2017年短暂下降后，实际利用外商直接投资数额呈现逐年上升趋势。中国实际利用其他六国外商直接投资数额均呈现平稳下降的趋势。由此可见，中国吸引中南半岛国家外商直接投资呈现差异性的特征。

---

① 该部分数据均为流量值，为表述方便，不再具体标注。

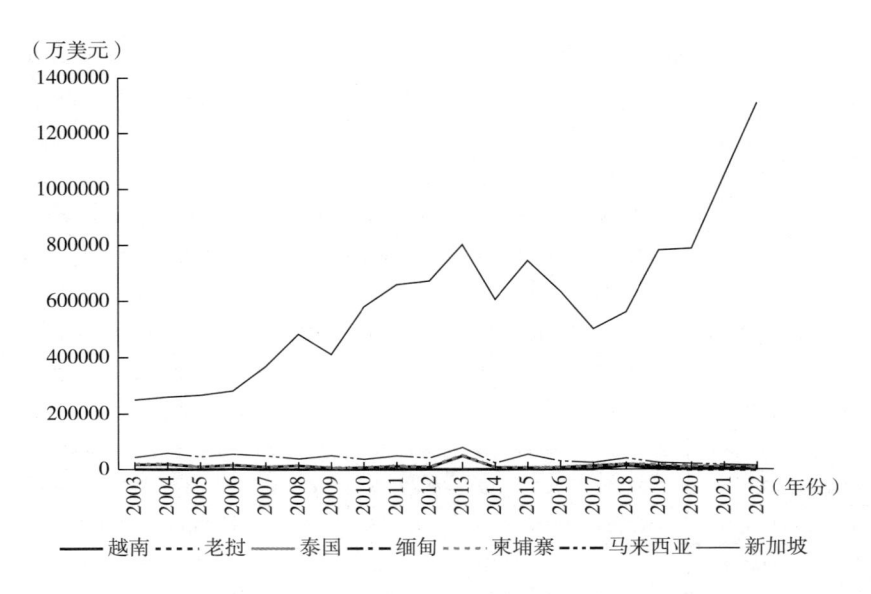

图 3-12　中国—中南半岛外商直接投资（流量）

（二）中国—中南半岛外商直接投资（存量）

由表 3-13 可知 2003—2022 年中国对中南半岛各国实际利用外商直接投资（存量）情况。中国实际利用越南外商直接投资[①]在 2019 年达到最大值，为 17562.47 万美元，在 2003 年为最小值，为 331.00 万美元。中国实际利用老挝外商直接投资在 2017 年达到最大值，为 6030.13 万美元，在 2022 年达到最小值，为 -4910.51 万美元。中国实际利用泰国外商直接投资在 2022 年达到最大值，为 143796.45 万美元，在 2003 年达到最小值，为 17352 万美元。中国实际利用缅甸外商直接投资在 2018 年达到最大值，为 5172.05 万美元，在 2003 年达到最小值，为 351.00 万美元。中国实际利用柬埔寨外商直接投资在 2022 年达到最大值，为 24244.03 万美元，在 2003 年达到最小值，为 1252.00 万美元。中国实际利用马来西亚外商直接投资在 2016 年达到最大值，为 330412.81 万美元，在 2003 年达到最小值，为 25103.00 万美元。中国实际利用新加坡外商直接投资在 2022 年达到最大值，为 8101052.28 万美元，在 2003 年达到最小值，为 205840.00 万美元。

---

① 该部分数据均为存量值，为表述方便，不再具体标注。

表 3-13　　　　中国—中南半岛实际利用外商直接投资（存量）　　单位：万美元

年份	越南	老挝	泰国	缅甸	柬埔寨	马来西亚	新加坡
2003	331.00	40.00	17352.00	351.00	1252.00	25103.00	205840.00
2004	428.45	463.00	34352.40	1211.45	3258.40	62351.85	396362.00
2005	534.03	823.18	42224.78	1524.88	3371.48	95373.26	596975.90
2006	1873.33	1123.69	54595.54	2184.63	3414.91	129952.59	793173.11
2007	1852.66	1367.50	60813.76	2401.40	3878.16	163179.96	1071971.45
2008	1967.03	1969.13	70694.08	2611.33	3976.25	179716.97	1461901.88
2009	2460.68	2113.67	72025.37	2819.77	5114.44	213605.12	1749290.78
2010	2540.64	2952.99	73558.10	3030.78	5893.72	232357.86	2204646.24
2011	2542.61	3393.34	80000.20	3900.24	7336.03	256567.97	2704094.93
2012	2731.48	3423.67	83772.19	4089.23	8629.23	275490.57	3199398.19
2013	2756.41	3628.89	127888.58	4469.76	10448.77	289769.04	3762300.28
2014	2625.58	4000.24	127546.15	4831.28	10238.33	291029.59	4156853.26
2015	2616.64	4529.43	125606.84	4883.21	10726.41	324526.11	4639417.60
2016	2723.47	5208.56	124941.50	4641.05	11442.59	330412.81	5012114.72
2017	2940.30	6030.13	129717.43	4579.00	12375.46	324728.16	5237826.98
2018	16676.28	5779.63	127805.55	5172.05	11955.69	329653.76	5496956.63
2019	17562.47	4510.64	131995.28	5128.45	17112.91	320184.07	5981172.80
2020	16959.34	2274.11	136256.51	5006.52	20018.26	311984.87	6450212.16
2021	16714.38	-881.59	140184.69	4810.20	22386.35	302155.62	7160865.55
2022	16809.66	-4910.51	143796.45	4543.19	24244.03	290777.84	8101052.28

注：存量数据以 2003 年为基期，参考李平、史亚茹（2019）折旧率取值 5%，根据公式：当年外商直接投资（存量）= 上年外商直接投资额×95% + 当年外商直接投资（流量），计算得到。

资料来源：国家统计局。

观察图 3-13 可知中国对中南半岛各国实际利用外商直接投资情况。从总体上看，中国实际利用中南半岛外商直接投资国家分布呈现两极分化，中国实际利用新加坡外商直接投资呈现线性增长趋势，中国实际利用越南、老挝、泰国、缅甸、柬埔寨和马来西亚外商直接投资则在总体上呈现较为平稳趋势，个别年份存在小幅度的波动。同时，中国实际利用新加坡外商直接投资远高于其他六国，且差距整体上处于增大趋势。2003—2022 年，中国对新加坡的实际利用外商直接投资最大；而中国对老挝实际利用外商直接投资最小。从个体上看，2003—2022年每年中国对新加坡实际利用外商直接投资最多；中国在2004年、2005年、2008年及2010—2017年中国对越南实际利用外商直接投资最少，2018年对缅甸实际利用外商直接投资最少，其余年份对老挝实际利用外商直接投资最少。

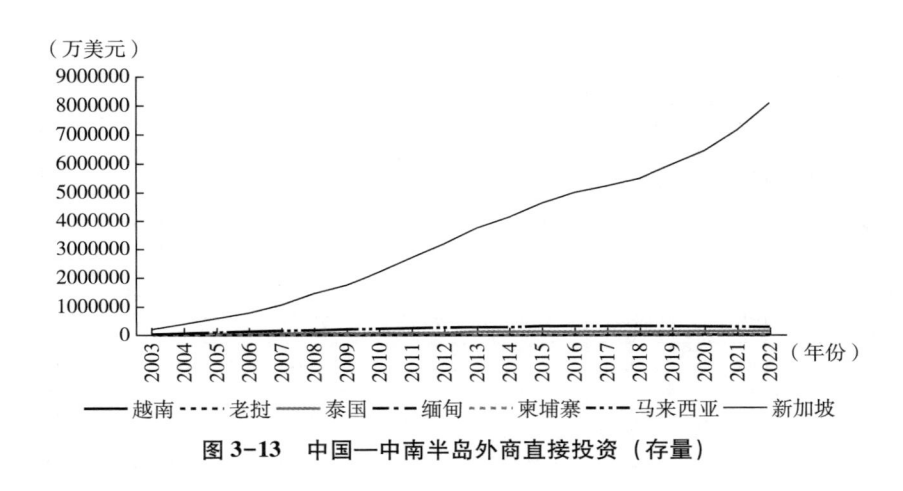

图3-13 中国—中南半岛外商直接投资（存量）

（三）中国—中南半岛对外直接投资（流量）

由表3-14可知2003—2022年中国对中南半岛各国对外直接投资情况。中国对越南对外直接投资[①]在2022年达到最大值，为253949万美元，在2003年达到最小值，为1275万美元。中国对老挝对外直接投资在2020年达到最大值，为145430万美元，在2003年达到最小值，为80万美元。中国对泰国对外直接投资在2020年达到最大值，为188288万美元，在2005年达到最小值，为477万美元。中国对缅甸对外直接投资在2010年达到最大值，为87561万美元，在2022年达到最小值，为-21388万美元。中国对柬埔寨对外直接投资在2020年达到最大值，为95642万美元，在2022年达到最小值，为-2292万美元。中国对马来西亚对外直接投资在2016年达到最大值，为182996万美元，在2007年达到最小值，为-3282万美元。中国对新加坡对外直接投资在2022年达到最大值，为1088673万美元，在2003年达到最小值，为-321万美元。

---

① 该部分数据均为流量值，为表述方便，不再具体标注。

表 3-14　　中国—中南半岛各国对外直接投资（流量）　　单位：万美元

年份	越南	老挝	泰国	缅甸	柬埔寨	马来西亚	新加坡
2003	1275	80	5731	—	2195	197	-321
2004	1685	356	2343	409	2952	812	4798
2005	2077	2058	477	1154	515	5672	2033
2006	4352	4804	1584	1264	981	751	13215
2007	11088	15435	7641	9231	6445	-3282	39773
2008	11984	8700	4547	23253	20464	3443	155095
2009	11239	20324	4977	37670	21583	5378	141425
2010	30513	31355	69987	87561	46651	16354	111850
2011	18919	45852	23011	21782	56602	9513	326896
2012	34943	80882	47860	74896	55966	19904	151875
2013	48050	78148	75519	47533	49933	61638	203267
2014	33289	102690	83946	34313	43827	52134	281363
2015	56017	51721	40724	33172	41968	48891	1045248
2016	127904	32758	112169	28769	62567	182996	317186
2017	76440	121995	105759	42818	74424	172214	631990
2018	115083	124179	73729	-19724	77834	166270	641126
2019	164852	114908	137191	-4194	74625	110954	482567
2020	187575	145430	188288	25080	95642	137441	592335
2021	220762	128232	148601	1846	46675	133625	840504
2022	253949	111034	108914	-21388	-2292	129809	1088673

资料来源：中国对外直接投资统计公报。

观察图 3-14 可知 2003—2022 年中国对中南半岛各国对外直接投资情况。从总体上看，中国对中南半岛各国的对外直接投资均呈现波动式增长趋势。在此期间，中国对新加坡的对外直接投资最大；中国对缅甸的对外直接投资最小。其中，中国对中南半岛各国的对外直接投资增幅均在一定年份出现负增长，且与正增长大致处于交替出现的规律，表现为较为明显的波动式增长。从个体上看，2004 年以及 2006—2022 年中国

第三章　中国—中南半岛双向直接投资发展现状与动态演变 / 73

对新加坡的对外直接投资最多，2003年中国对泰国的对外直接投资最多，为5731万美元，2005年中国对马来西亚的对外直接投资最多，为5672万美元；中国在2003年、2004年、2005年和2009年、2014年分别对新加坡、老挝、泰国、越南的对外直接投资最少，2006—2012年（除2009年外）中国对马来西亚的对外直接投资最少，2013年以及2015—2022年每年中国对缅甸的对外直接投资最少。此外，中国对新加坡对外直接投资呈波动型上升趋势，于2015年达到新高，为1045248万美元，且中国对新加坡的对外直接投资远高于对其他六个国家的对外直接投资。中国对其他六国的对外直接投资在图像上则表现为多处交点，变动幅度较缓。

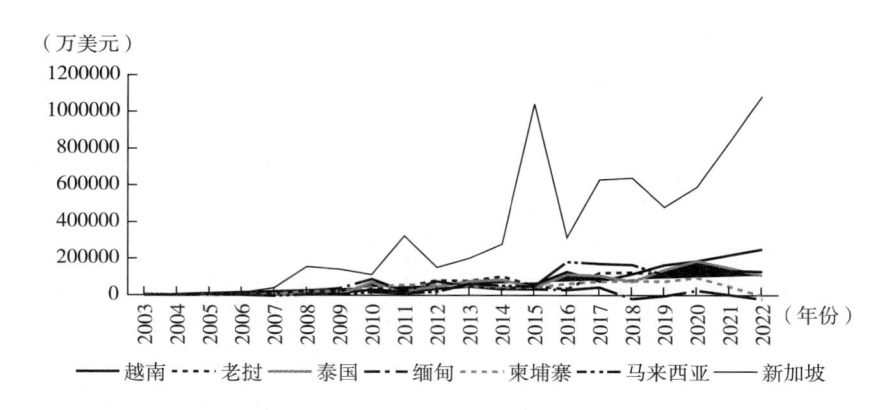

图3-14　中国—中南半岛对外直接投资（流量）

（四）中国—中南半岛对外直接投资（存量）

由表3-15可知2003—2022年中国对中南半岛各国对外直接投资[①]情况。中国对越南、泰国、马来西亚和新加坡四个国家的对外直接投资最大值出现在2022年，分别为1312965.53万美元、1100887.45万美元、1049846.00万美元、7454671.32万美元，中国对老挝和柬埔寨的对外直接投资最大值出现在2020年，分别为1020142.00万美元、703852.00万美元，中国对缅甸的对外直接投资最大值出现在2017年，为552453.00万美元；中国对中南半岛各国的对外直接投资最小值均出现在2003年，分别为越南2873.00万美元、老挝911.00万美元、泰国15077.00万美

---

① 该部分数据均为存量值，为表述方便，不再具体标注。

元、缅甸 1022.00 万美元、柬埔寨 5949.00 万美元、马来西亚 10066.00 万美元、新加坡 16483.00 万美元（见表 3-15）。

表 3-15　　　　中国—中南半岛对外直接投资（存量）

单位：万美元

年份	越南	老挝	泰国	缅甸	柬埔寨	马来西亚	新加坡
2003	2873.00	911.00	15077.00	1022.00	5949.00	10066.00	16483.00
2004	16032.00	1542.00	18188.00	2018.00	8989.00	12324.00	23309.00
2005	22918.00	3287.00	21918.00	2359.00	7684.00	18683.00	32548.00
2006	25363.00	9607.00	23267.00	16312.00	10366.00	19696.00	46801.00
2007	39699.00	30222.00	37862.00	26177.00	16811.00	27463.00	144393.00
2008	52173.00	30519.00	43716.00	49971.00	39066.00	36120.00	333477.00
2009	72850.00	53567.00	44788.00	92988.00	63326.00	47989.00	485732.00
2010	98660.00	84575.00	108000.00	194675.00	112977.00	70880.00	606910.00
2011	129066.00	127620.00	130726.00	218152.00	175744.00	79762.00	1060269.00
2012	160438.00	192784.00	212693.00	309372.00	231768.00	102613.00	1238333.00
2013	216672.00	277092.00	247243.00	356968.00	284857.00	166818.00	1475070.00
2014	286565.00	449099.00	307947.00	392557.00	322228.00	178563.00	2063995.00
2015	337355.58	484171.00	344012.39	425873.00	367586.00	223137.00	3198491.04
2016	498363.00	550014.00	453348.00	462042.00	436858.00	363396.00	3344564.00
2017	496535.73	665495.00	535846.74	552453.00	544873.00	491470.00	4456809.16
2018	560543.28	830976.00	594669.53	468006.00	597368.00	838724.00	5009382.96
2019	707371.03	824959.00	718584.78	413445.00	646370.00	792369.00	5263655.72
2020	857456.47	1020142.00	882554.55	380904.00	703852.00	1021184.00	5985784.68
2021	1085211.00	993974.00	991721.00	398821.00	696559.00	1035515.00	6720228.00
2022	1312965.53	967806.00	1100887.45	416738.00	689266.00	1049846.00	7454671.32

资料来源：中经网数据库。

观察图 3-15 可知 2003—2022 年中国对中南半岛各国对外直接投资情况。从总体上看，中国对中南半岛各国的对外直接投资总体上均呈现增长趋势。其中，中国对泰国和新加坡的对外直接投资在逐年增长，增幅均为正值，且中国对新加坡的对外直接投资增长幅度较陡，远高于中国对另外六国的对外直接投资。中国对越南、老挝、缅甸、柬埔寨以及

第三章　中国—中南半岛双向直接投资发展现状与动态演变 / 75

马来西亚的对外直接投资在个别年份的增长幅度是负值，具有一定的波动性，但整体仍呈现明显的增长趋势。从个体层面来看，2003—2022 年，中国对新加坡的对外直接投资最大；中国对缅甸的对外直接投资最小。2003—2022 年每年中国对新加坡的对外直接投资最多。2003 年、2004 年、2006 年、2008 年中国对老挝的对外直接投资最少，2007 年中国对柬埔寨的对外直接投资最少，为 16811 万美元，2009 年对泰国的对外直接投资最少，为 44788 万美元，2010—2017 年每年中国对马来西亚的对外直接投资最少，2005 年、2018—2022 年每年中国对缅甸的对外直接投资最少。

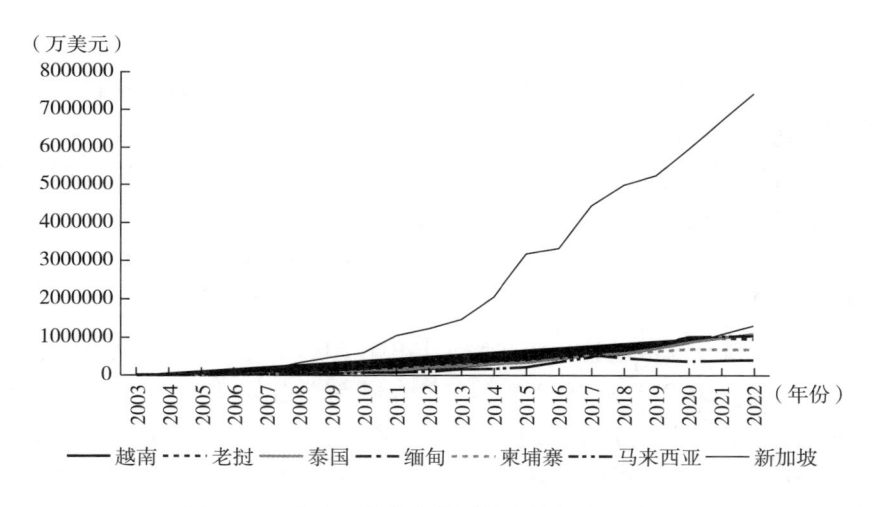

图 3-15　中国—中南半岛对外直接投资（存量）

第三节　中国—中南半岛双向直接投资比例分析

一　中国—中南半岛双向直接投资比例动态演变历程

由表 3-16 可知 2003—2022 年中国—中南半岛双向直接投资占比中国双向直接投资的比例情况。中国—中南半岛外商直接投资占中国外商直接投资比例在 2022 年达到最大值，为 7.85%，在 2017 年达到最小值，为 3.68%。中国—中南半岛对外直接投资占中国对外直接投资比例在 2021 年达到最大值，为 10.47%，在 2005 年达到最小值，为 1.14%。

表3-16　中国—中南半岛双向直接投资占中国双向直接投资总体比例

单位:%

年份	2003年	2004年	2005年	2006年	2007年	2008年	2009年	2010年	2011年	2012年
FDI	4.68	4.30	3.69	3.89	4.41	4.46	4.37	5.05	5.32	5.56
OFDI	3.21	2.43	1.14	1.53	3.26	4.07	4.29	5.73	6.73	5.31
年份	2013	2014	2015	2016	2017	2018	2019	2020	2021	2022
FDI	6.48	4.72	5.50	4.75	3.68	4.06	5.55	5.28	5.81	7.85
OFDI	5.23	5.13	9.05	4.41	7.74	8.24	7.90	8.92	10.47	9.60

注：其中FD栏为中国—中南半岛外商直接投资额占中国外商直接投资额的比例，OFDI栏为中国—中南半岛对外直接投资额占中国对外直接投资额的比例。

资料来源：国家统计局和UNCTAD数据库。

观察图3-16可知2003—2022年中国—中南半岛双向直接投资占中国双向直接投资的比例情况。从总体层面看，中国—中南半岛外商直接投资（对外直接投资）占中国外商直接投资（对外直接投资）比例均呈现波动增长的趋势状态，其中，对外直接投资占比增长幅度高于外商直接投资。2009年前外商直接投资占比高于对外直接投资占比，2017年后出现相反情况，对外直接投资占比高于外商直接投资占比。2009—2017年，两者出现交叉波动，分为四段，其中，2010年和2011年对外直接投资占比更高，2012年和2013年外商直接投资占比更高，2014年和2015年对外直接投资占比更高，2016年外商直接投资占比更高。从个体层面看，中国—中南半岛外商直接投资占中国外商直接投资比例2022年相较2003年增长3.17个百分点，最大值与最小值相差4.17%，中国—中南半岛对外直接投资占中国对外直接投资比例2022年相较2003年增长6.39个百分点，最大值与最小值相差9.33%，2015年出现新高，前后变动幅度较大。

二　中国—中南半岛各国双向直接投资比例的对比分析

本节对中国—中南半岛各国双向直接投资占总体双向直接投资比例进行测算。

（一）中国—中南半岛各国外商直接投资比例

由表3-17可知2003—2022年中国对中南半岛各国外商直接投资占中国—中南半岛总体外商直接投资的比例情况。2003—2022年，中国实际利用新加坡外商直接投资额占比每年都是最大。每年占比最小的国家集中在越南和老挝两国，大体呈现交叉出现的规律。

第三章 中国—中南半岛双向直接投资发展现状与动态演变 / 77

图 3-16 中国—中南半岛双向直接投资占中国双向直接投资比例

表 3-17　　　中国—中南半岛各国外商直接投资比例　　　单位：%

年份	越南	老挝	泰国	缅甸	柬埔寨	马来西亚	新加坡
2003	0.13	0.02	6.93	0.14	0.50	10.03	82.25
2004	0.04	0.16	6.85	0.34	0.79	14.77	77.05
2005	0.05	0.14	3.59	0.14	0.10	13.52	82.46
2006	0.48	0.12	5.13	0.26	0.08	13.93	80.00
2007	0.02	0.08	2.43	0.09	0.17	10.78	86.43
2008	0.04	0.14	2.68	0.07	0.06	5.12	91.89
2009	0.14	0.06	1.18	0.08	0.33	10.44	87.77
2010	0.04	0.16	0.89	0.06	0.18	5.08	93.59
2011	0.02	0.09	1.54	0.15	0.26	5.44	92.50
2012	0.05	0.03	1.16	0.06	0.25	4.72	93.73
2013	0.02	0.05	6.02	0.07	0.28	3.50	90.06
2014	0.00	0.09	1.00	0.10	0.05	2.60	96.16
2015	0.02	0.10	0.60	0.04	0.13	6.45	92.66
2016	0.04	0.14	0.88	0.00	0.20	3.48	95.26
2017	0.07	0.22	2.20	0.03	0.30	2.16	95.02
2018	2.47	0.01	0.81	0.15	0.04	3.77	92.75
2019	0.22	-0.13	1.35	0.03	0.73	0.90	96.90

续表

年份	越南	老挝	泰国	缅甸	柬埔寨	马来西亚	新加坡
2020	0.03	-0.25	1.38	0.02	0.48	0.99	97.35
2021	0.06	-0.29	1.02	0.01	0.32	0.55	98.33
2022	0.07	-0.31	0.81	0.01	0.23	0.28	98.91

注：①因四舍五入导致的误差本书不做调整。下同。②由于公报数据为净流量，可正可负，导致比例为负。

资料来源：国家统计局。

观察图3-17可知2003—2022年中国对中南半岛各国外商直接投资占中国—中南半岛总体外商直接投资的比例变动趋势情况。从总体上看，中国对中南半岛各国外商直接投资占中国—中南半岛总体外商直接投资的比例大体上呈现平稳趋势，存在小幅波动。从个体上看，中国实际利用越南外商直接投资额占中国—中南半岛外商直接投资的比例在2018年达到最大值，为2.47%，在2014年达到最小值，接近0。中国实际利用老挝外商直接投资额占中国—中南半岛外商直接投资的比例在2017年达到最大值，为0.22%，在2022年达到最小值，为-0.31%。中国实际利用泰国外商直接投资额占中国—中南半岛外商直接投资的比例在2003年达到最大值，为6.93%，在2015年达到最小值，为0.60%。中国实际利用缅甸外商直接投资额占中国—中南半岛外商直接投资的比例在2004年达到最大值，为0.34%，在2016年达到最小值，接近0。中国实际利用柬埔寨外商直接投资额占中国—中南半岛外商直接投资的比例在2004年达到最大值，为0.79%，在2018年达到最小值，为0.04%。中国实际利用马来西亚外商直接投资额占中国—中南半岛外商直接投资的比例在2004年达到最大值，为14.77%，在2022年达到最小值，为0.28%。中国实际利用新加坡外商直接投资额占中国—中南半岛外商直接投资的比例在2022年达到最大值，为98.91%，在2004年达到最小值，为77.05%。容易发现，中国实际利用新加坡外商直接投资的比例远高于其他几个国家的比例，每年均占75%以上的比重，且呈波动式上升趋势。而中国对其他几个国家实际利用外商直接投资的总和占不到25%的比重，且呈波动式下降趋势。

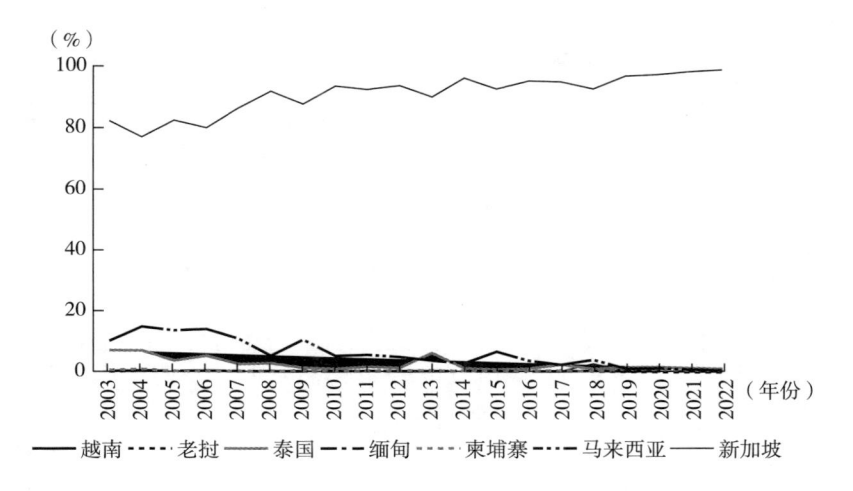

图 3-17 中国—中南半岛各国外商直接投资比例

(二) 中国—中南半岛各国对外直接投资比例

由表 3-18 可知 2003—2022 年中国对中南半岛各国对外直接投资占中国—中南半岛总体对外直接投资的比例情况。2003 年中国对泰国对外直接投资额占比最大，为 62.59%。2005 年中国对马来西亚对外直接投资额占比最大，为 40.55%。中国在其余年份对新加坡对外直接投资额占比最大，每年占比最小的国家集中在缅甸、柬埔寨和马来西亚。

表 3-18 中国—中南半岛各国对外直接投资比例 单位:%

年份	越南	老挝	泰国	缅甸	柬埔寨	马来西亚	新加坡
2003	13.92	0.87	62.59	—	23.97	2.15	-3.51
2004	12.62	2.67	17.54	3.06	22.10	6.08	35.93
2005	14.85	14.71	3.41	8.25	3.68	40.55	14.55
2006	16.15	17.82	5.88	4.69	3.64	2.79	49.03
2007	12.84	17.88	8.85	10.69	7.47	-3.80	46.07
2008	5.27	3.82	2.00	10.22	9.00	1.51	68.18
2009	4.63	8.38	2.05	15.53	8.90	2.22	58.30
2010	7.74	7.95	17.75	22.21	11.83	4.15	28.37
2011	3.76	9.12	4.58	4.33	11.26	1.89	65.06
2012	7.49	17.34	10.26	16.06	12.00	4.27	32.58

续表

年份	越南	老挝	泰国	缅甸	柬埔寨	马来西亚	新加坡
2013	8.52	13.85	13.39	8.43	8.85	10.93	36.03
2014	5.27	16.26	13.29	5.43	6.94	8.25	44.56
2015	4.25	3.92	3.09	2.52	3.18	3.71	79.33
2016	14.80	3.79	12.98	3.33	7.24	21.17	36.69
2017	6.24	9.95	8.63	3.49	6.07	14.05	51.57
2018	9.77	10.54	6.26	-1.67	6.60	14.11	54.39
2019	15.25	10.63	12.69	-0.39	6.90	10.26	44.66
2020	13.67	10.60	13.73	1.83	6.97	10.02	43.18
2021	14.52	8.43	9.77	0.12	3.07	8.79	55.30
2022	15.22	6.65	6.53	-1.28	-0.14	7.78	65.24

注：由于公报数据为净流量，可正可负，导致比例为负。
资料来源：中国对外直接投资统计公报。

观察图 3-18 可知 2003—2022 年中国对中南半岛各国对外直接投资占中国—中南半岛总体对外直接投资的比例变动趋势情况。从总体上看，中国对中南半岛各国的对外直接投资比例变动呈较大幅度波动增长。从个体上看，中国对越南对外直接投资额占中国—中南半岛对外直接投资额的比例在 2006 年达到最大值，为 16.15%，在 2011 年达到最小值，为 3.76%。中国对老挝对外直接投资额占中国—中南半岛对外直接投资额的比例在 2007 年达到最大值，为 17.88%，在 2003 达到最小值，为 0.87%。中国对泰国对外直接投资额占中国—中南半岛对外直接投资额的比例在 2003 年达到最大值，为 62.59%，在 2008 年达到最小值，为 2.00%。中国对缅甸对外直接投资额占中国—中南半岛对外直接投资额的比例在 2010 年达到最大值，为 22.21%，在 2018 年达到最小值，为 -1.67%。中国对柬埔寨对外直接投资额占中国—中南半岛对外直接投资额的比例在 2003 年达到最大值，为 23.97%，在 2022 年达到最小值，为 -0.14%。中国对马来西亚对外直接投资额占中国—中南半岛对外直接投资额的比例在 2005 年达到最大值，为 40.55%，在 2007 年达到最小值，为 -3.80%。中国对新加坡对外直接投资额占中国—中南半岛对外直接投资额的比例在 2015 年达到最大值，为 79.33%，在 2003 年达到最小值，为 -3.51%。观察图 3-18 可知，中国对新加坡对外直接投资占比远高于其余六国，且波动幅度较大。其余六国的对外直接投资占比较小，且变动幅度相对较缓。

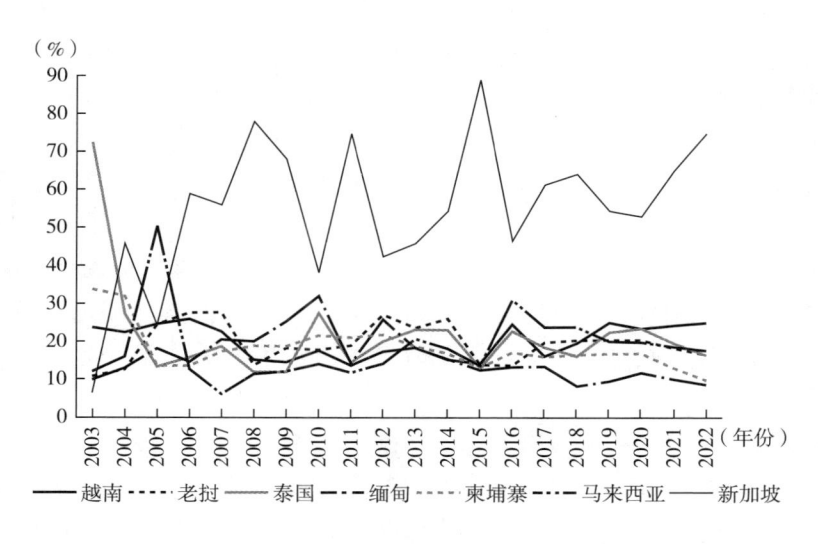

图 3-18　中国—中南半岛各国对外直接投资比例

第四节　本章小结

为了探究中国—中南半岛双向直接投资现状、动态演变与发展趋势，本章分别对中国双向直接投资总体情况、中国—中南半岛双向直接投资具体情况、中国—中南半岛双向直接投资比例逐步深入进行分析。在分析过程中以对六大洲和中南半岛双向直接投资额为角度进行纵向展开，以对各行业和中南半岛各国双向直接投资额为角度进行横向展开，并在最后计算出中南半岛双向直接投资占中国双向直接投资的比例，旨在从双向直接投资角度挖掘我国经济增长新动能，为我国经济增长带来新活力。

本章对中国双向直接投资总体情况进行了统计，包括中国双向直接投资规模、中国双向直接投资行业分布、中国双向直接投资地区分布。并根据中国外商直接投资额（流量）、中国外商直接投资额（存量）、中国对外直接投资额（流量）、中国对外直接投资额（存量）汇总成了中国双向直接投资额（流量）、中国双向直接投资（存量）以方便进一步分析。此外，统计了按行业分布的实际利用外商直接投资额、中国对外直接投资额（流量）、中国实际利用各洲外商直接投资额（流量）、中国对各洲直接投资额（流量），以便从行业角度以及各大洲的层次分析中国双向直接投资情况。分析得出，从总体情况看，外商直接投资与对外直接投资均呈现上升趋势，长期以来外商直接投资总额均大于对外直接投资总额，尤其是1990年后，我国外商直接投资经历了飞速的发展，这与我国经济特区设立紧密相连，国家政策对我国吸引外商直接投资具有决定性的作用，而对外直接投资则是在2003年后逐步增加，且增幅逐步变大，主要来源于我国对"走出去"鼓励政策的出台，使得国有企业、民营企业等加快了"走出去"的步伐，2013年后，我国对外直接投资经历了跳跃式的增长，这与我国提出"一带一路"倡议相关，亦说明了"一带一路"倡议在稳步推行；从行业分布看，一方面，租赁和商务服务业，房地产业，科学研究、技术服务和地质勘查业，信息传输、计算机服务和软件业，批发和零售业实际利用外商直接投资额处于增长趋势，制造业实际利用外商直接投资额处于下降趋势，其他行业实际利用外商直接投资额处于平缓波动状态。2005—2022年，制造业以及房地产业实际利用外商直接投资额基本大于其他行业且均呈现震荡波动状态。另一方面，租赁和商务服务业，金融业，批发和零售业，制造业，交通运输、仓储和邮政业，采矿业，科学研究、技术服务和地质勘查业对外直接投资额总体处于增长趋势，其他行业对外直接投资额处于平缓波动状态。2005—2022年，租赁和商务服务业，金融业，批发和零售业，制造业对外直接投资额基本大于其他行业且均呈现震荡式增长的状态。从地区分布看，一方面，中国实际利用亚洲外商直接投资额总体处于增长趋势，中国实际利用拉丁美洲外商直接投资额总体处于下降趋势，中国实际利用非洲、欧洲、北美洲、大洋洲及太平洋岛屿外商直接投资额总体处于小幅波动状态。其中，中国实际利用亚洲外商直接投资额远大于利用其他洲外商直接投资额。另一方面，中国对亚洲直接投资额总体处于增长趋势，中国对拉丁美洲直接投资额总体也处于增长趋势，但增长幅度远小于对亚洲的直接投资额。中国对非洲、欧洲、北美洲、大洋洲及太平洋岛屿直接投资额总体处于小幅波动状态。其中，中国对亚洲直接投资额远大于对其他洲直接投资额。

此外，为了深入探索中南半岛与中国双向直接投资的关系，本章对中国—中南半岛双向直接投资具体情况进行了统计，并对中国—中南半岛双向直接投资比例进行了计算。统计了中国—中南半岛外商直接投资（流量）、中国—中南半岛外商直接投资（存量）、中国—中南半岛对外直接投资（流量）和中国—中南半岛对外直接投资（存量），并根据以上图表汇总成了中国—中南半岛双向直接投资（流量），同时根据之前图表计算出中国—中南半岛双向直接投资占中国双向直接投资总体比例、中国—中南半岛各国外商直接投资比例和中国—中南半岛各国对外直接投资比例，以方便进一步分析。从总体情况看，中国—中南半岛外商直接投资额与对外直接投资额总体均呈现增长趋势，部分年份存在较大幅度波动。其中，2003—2013年中国—中南半岛外商直接投资额相较对外直接投资额更大，二者差距较为稳定，在200000万美元的水平上下波动，2014—2022年中国—中南半岛对外直接投资额超过外商直接投资额，并处于更高水平，二者差距处于较大波动水平，尤其在2017年，外商直接投资额与对外直接投资额出现最大差额，为-724353万美元。从国家分布来看，一方面，中国实际利用中南半岛外商直接投资（流量）国家分布呈现两极分化，中国实际利用新加坡外商直接投资（流量）呈现波动式增长趋势，中国实际利用越南、老挝、泰国、缅甸、柬埔寨和马来西亚外商直接投资（流量）则在总体上呈现较为平稳下降的趋势，个别年份存在小幅度的波动。同时，中国实际利用新加坡外商直接投资（流量）远高于其他六国，且差距整体上处于增大趋势。2003—2022年，中国对新加坡的实际利用外商直接投资（流量）最大，累计为11215121万美元。而中国对老挝实际利用外商直接投资（流量）最小，自2019年起实际利用外商直接投资（流量）额为负值。另一方面，中国对中南半岛各国的对外直接投资（流量）均呈现波动式增长趋势。在此期间，中国对新加坡的对外直接投资（流量）最大，累计为7070898万美元。中国对缅甸的对外直接投资（流量）最小，累计为425445万美元。其中，中国对中南半岛各国的对外直接投资增幅均在一定年份出现负增长，且与正增长大致处于交替出现的规律，表现为较为明显的波动式增长。从投资比例来看，中国—中南半岛外商直接投资（对外直接投资）占比中国外商直接投资（对外直接投资）比例均呈现波动增长的趋势状态，其中，对外直接投资占比增长幅度高于外商直接投资。2009年前外商直接投资占比高于对外直接投资占比，2017年后出现相反情况，对外直接投资占比高于外商直接投资占比。2009—2017年，两者出现交叉波动，分为四段，其中，2010年和2011年对外直接投资占比更高，2012年和2013年外商直接投资占比更高，2014年和2015年对外直接投资占比更高，2016年外商直接投资占比更高。

第四章 双向直接投资指数与产业新旧动能转换指数构建、测度与动态演变

为了理解双向直接投资、产业新旧动能转换发展现状与动态演变情况，本章构建并测度中国省际层面、中国—中南半岛层面双向直接投资指数，以及中国省际层面产业新旧动能转换指数，具体分析双向直接投资和产业新旧动能转换的动态演变情况。

第一节 双向直接投资指数构建、测度与动态演变

一 双向直接投资指数构建与测度

（一）双向直接投资指标

吴刚和黄节裕（1995）研究中国吸引外商直接投资已超出适度范围，张棣（2007）通过对 Chenery 和 Strauss 双缺口模型拓展对中国双向投资进行研究，发现中国吸引外商直接投资已偏离了适度规模。然而，Dunning 于 1981 年开创性地提出了投资发展路径理论，即 IDP 理论，并分别于 1986 年和 1988 年利用投资发展路径理论将外商直接投资与对外直接投资联合起来开展研究，以对外直接投资与外商直接投资差额作为直接投资净额测度双向直接投资水平，即 OFDI-FDI，随后大量学者利用该指标及其变化指标研究双向直接投资问题。如我国学者张洛林（2008）、曹知修（2012）利用 OFDI/FDI 指标反映对外直接投资与外商直接投资相对变动情况，同时，曹知修（2012）仍使用了 OFDI+FDI 指标研究双向直接投资规模问题。上述三个指标均在一定程度上存在缺陷，两者之差，只反映了双向直接投资差额，研究较为片面，不能够真实反映双向直接投资水平，如一个发达国家或地区外商直接投资与对外直接投资均具有

较大规模,且两者规模相似,则两者差额接近于 0,并未有效地反映双向直接投资水平。两者相比反映了一国或地区双向直接投资流动状态,却不能反映该国家或地区双向直接投资重叠部分。而两者之和,仅反映了一国或地区双向直接投资规模,是一个静态的指标,并不能反映双向直接投资的流动程度。

(二)双向直接投资指数

本书借鉴双向贸易指数,构建双向直接投资指数(Two-way Direct Investment,TDI)。

$$TDI = 1 - \left| \frac{OFDI - FDI}{OFDI + FDI} \right|$$

二 双向直接投资指数测度结果与动态演变

(一)中国各省份 TDI

中国各省份双向直接投资指数(TDI)如表 4-1 所示。

表 4-1　　　　中国各省份双向直接投资指数(TDI)

中国	2003 年	2004 年	2005 年	2006 年	2007 年	2008 年	2009 年	2010 年	2011 年	2012 年
	0.25	0.10	0.06	0.02	0.06	0.14	0.14	0.21	0.29	0.35
	2013 年	2014 年	2015 年	2016 年	2017 年	2018 年	2019 年	2020 年	2021 年	2022 年
	0.65	0.89	0.97	0.91	0.43	0.54	0.74	0.60	0.62	0.65
北京	2003 年	2004 年	2005 年	2006 年	2007 年	2008 年	2009 年	2010 年	2011 年	2012 年
	0.01	0.01	0.01	0.01	0.03	0.02	0.05	0.06	0.06	0.09
	2013 年	2014 年	2015 年	2016 年	2017 年	2018 年	2019 年	2020 年	2021 年	2022 年
	0.12	0.36	0.21	0.72	0.36	0.90	0.99	0.86	0.95	0.96
天津	2003 年	2004 年	2005 年	2006 年	2007 年	2008 年	2009 年	2010 年	2011 年	2012 年
	0.00	0.02	0.09	0.05	0.04	0.03	0.12	0.24	0.33	0.31
	2013 年	2014 年	2015 年	2016 年	2017 年	2018 年	2019 年	2020 年	2021 年	2022 年
	0.31	0.39	0.55	0.63	0.62	0.65	0.66	0.62	0.39	0.11
河北	2003 年	2004 年	2005 年	2006 年	2007 年	2008 年	2009 年	2010 年	2011 年	2012 年
	0.34	0.09	0.04	0.08	0.12	0.05	0.81	0.20	0.16	0.22
	2013 年	2014 年	2015 年	2016 年	2017 年	2018 年	2019 年	2020 年	2021 年	2022 年
	0.34	0.19	0.12	0.39	0.36	0.36	0.09	0.08	0.09	0.09

续表

	2003年	2004年	2005年	2006年	2007年	2008年	2009年	2010年	2011年	2012年
山西	0.01	0.02	0.04	0.03	0.04	0.05	0.10	0.05	0.06	0.23
	2013年	2014年	2015年	2016年	2017年	2018年	2019年	2020年	2021年	2022年
	0.16	0.44	0.21	0.61	0.30	0.44	0.37	0.23	0.08	0.31
内蒙古	2003年	2004年	2005年	2006年	2007年	2008年	2009年	2010年	2011年	2012年
	0.00	0.02	0.02	0.03	0.03	0.02	0.09	0.17	0.09	0.19
	2013年	2014年	2015年	2016年	2017年	2018年	2019年	2020年	2021年	2022年
	0.09	0.10	0.58	0.77	0.36	0.52	0.31	0.31	0.19	0.09
辽宁	2003年	2004年	2005年	2006年	2007年	2008年	2009年	2010年	2011年	2012年
	0.01	0.12	0.03	0.07	0.17	0.19	0.41	0.29	0.24	0.30
	2013年	2014年	2015年	2016年	2017年	2018年	2019年	2020年	2021年	2022年
	0.59	0.29	0.47	0.17	0.17	0.03	0.06	0.06	0.06	0.07
吉林	2003年	2004年	2005年	2006年	2007年	2008年	2009年	2010年	2011年	2012年
	0.01	0.09	0.21	0.23	0.16	0.16	0.10	0.16	0.14	0.31
	2013年	2014年	2015年	2016年	2017年	2018年	2019年	2020年	2021年	2022年
	0.29	0.23	0.14	0.34	0.16	0.15	0.97	0.20	0.87	0.80
黑龙江	2003年	2004年	2005年	2006年	2007年	2008年	2009年	2010年	2011年	2012年
	0.17	0.47	0.78	0.45	0.40	0.21	0.52	0.61	0.57	0.82
	2013年	2014年	2015年	2016年	2017年	2018年	2019年	2020年	2021年	2022年
	0.65	0.93	0.37	0.37	0.62	0.48	0.47	0.38	0.40	0.41
上海	2003年	2004年	2005年	2006年	2007年	2008年	2009年	2010年	2011年	2012年
	0.08	0.16	0.19	0.15	0.39	0.29	0.39	0.55	0.65	0.79
	2013年	2014年	2015年	2016年	2017年	2018年	2019年	2020年	2021年	2022年
	0.71	0.83	0.85	0.61	0.85	0.89	0.73	0.65	0.53	0.46
江苏	2003年	2004年	2005年	2006年	2007年	2008年	2009年	2010年	2011年	2012年
	0.01	0.02	0.04	0.05	0.07	0.07	0.13	0.39	0.27	0.31
	2013年	2014年	2015年	2016年	2017年	2018年	2019年	2020年	2021年	2022年
	0.31	0.39	0.59	0.82	0.75	0.79	0.80	0.81	0.84	0.86
浙江	2003年	2004年	2005年	2006年	2007年	2008年	2009年	2010年	2011年	2012年
	0.01	0.02	0.05	0.05	0.03	0.03	0.03	0.28	0.15	0.15
	2013年	2014年	2015年	2016年	2017年	2018年	2019年	2020年	2021年	2022年
	0.16	0.06	0.26	0.13	0.21	0.24	0.12	0.15	0.26	0.34

续表

	2003年	2004年	2005年	2006年	2007年	2008年	2009年	2010年	2011年	2012年
安徽	0.05	0.01	0.03	0.06	0.17	0.06	0.12	0.17	0.16	0.24
	2013年	2014年	2015年	2016年	2017年	2018年	2019年	2020年	2021年	2022年
	0.25	0.26	0.53	0.67	0.50	0.99	0.77	0.80	0.86	0.91
福建	2003年	2004年	2005年	2006年	2007年	2008年	2009年	2010年	2011年	2012年
	0.00	0.00	0.01	0.00	0.01	0.01	0.01	0.04	0.06	0.10
	2013年	2014年	2015年	2016年	2017年	2018年	2019年	2020年	2021年	2022年
	0.10	0.16	0.19	0.17	0.10	0.12	0.26	0.18	0.10	0.02
江西	2003年	2004年	2005年	2006年	2007年	2008年	2009年	2010年	2011年	2012年
	0.02	0.02	0.03	0.03	0.03	0.11	0.16	0.34	0.36	0.44
	2013年	2014年	2015年	2016年	2017年	2018年	2019年	2020年	2021年	2022年
	0.47	0.41	0.61	0.87	0.61	0.49	0.82	0.51	0.38	0.27
山东	2003年	2004年	2005年	2006年	2007年	2008年	2009年	2010年	2011年	2012年
	0.02	0.01	0.13	0.01	0.04	0.06	0.05	0.04	0.05	0.05
	2013年	2014年	2015年	2016年	2017年	2018年	2019年	2020年	2021年	2022年
	0.08	0.07	0.15	0.39	0.19	0.35	0.26	0.11	0.04	0.17
河南	2003年	2004年	2005年	2006年	2007年	2008年	2009年	2010年	2011年	2012年
	0.00	0.00	0.00	0.00	0.01	0.00	0.02	0.04	0.26	0.16
	2013年	2014年	2015年	2016年	2017年	2018年	2019年	2020年	2021年	2022年
	0.14	0.16	0.13	0.23	0.21	0.17	0.21	0.11	0.08	0.40
湖北	2003年	2004年	2005年	2006年	2007年	2008年	2009年	2010年	2011年	2012年
	0.00	0.00	0.03	0.04	0.08	0.12	0.36	0.10	0.32	0.24
	2013年	2014年	2015年	2016年	2017年	2018年	2019年	2020年	2021年	2022年
	0.12	0.14	0.18	0.28	0.17	0.17	0.16	0.19	0.22	0.82
湖南	2003年	2004年	2005年	2006年	2007年	2008年	2009年	2010年	2011年	2012年
	0.01	0.03	0.03	0.08	0.12	0.12	0.09	0.15	0.29	0.37
	2013年	2014年	2015年	2016年	2017年	2018年	2019年	2020年	2021年	2022年
	0.38	0.58	0.63	0.99	0.68	0.84	0.87	0.96	0.80	0.37
广东	2003年	2004年	2005年	2006年	2007年	2008年	2009年	2010年	2011年	2012年
	0.01	0.03	0.02	0.02	0.07	0.08	0.15	0.34	0.28	0.53
	2013年	2014年	2015年	2016年	2017年	2018年	2019年	2020年	2021年	2022年
	0.21	0.37	0.42	0.77	0.87	0.57	0.40	0.40	0.47	0.53

续表

	2003年	2004年	2005年	2006年	2007年	2008年	2009年	2010年	2011年	2012年
广西	-0.02	-0.01	0.00	0.01	0.00	0.00	0.12	0.26	0.89	0.33
	2013年	2014年	2015年	2016年	2017年	2018年	2019年	2020年	2021年	2022年
	0.62	0.64	0.75	0.37	0.85	0.36	0.80	0.12	0.86	0.65
海南	2003年	2004年	2005年	2006年	2007年	2008年	2009年	2010年	2011年	2012年
	0.08	0.05	0.02	0.05	0.16	0.08	0.03	0.21	0.13	0.26
	2013年	2014年	2015年	2016年	2017年	2018年	2019年	2020年	2021年	2022年
	0.15	0.31	0.57	0.79	0.62	0.58	0.78	0.75	0.61	0.47
重庆	2003年	2004年	2005年	2006年	2007年	2008年	2009年	2010年	2011年	2012年
	0.01	0.01	0.06	0.05	0.33	0.05	0.06	0.21	0.11	0.11
	2013年	2014年	2015年	2016年	2017年	2018年	2019年	2020年	2021年	2022年
	0.11	0.24	0.21	0.30	0.36	0.39	0.68	0.87	0.79	0.74
四川	2003年	2004年	2005年	2006年	2007年	2008年	2009年	2010年	2011年	2012年
	0.05	0.04	0.02	0.02	0.01	0.00	0.08	0.02	0.08	0.08
	2013年	2014年	2015年	2016年	2017年	2018年	2019年	2020年	2021年	2022年
	0.53	0.32	0.27	0.16	0.15	0.24	0.04	0.07	0.07	0.08
贵州	2003年	2004年	2005年	2006年	2007年	2008年	2009年	2010年	2011年	2012年
	0.01	0.01	0.04	0.04	0.12	0.18	0.14	0.25	0.10	0.36
	2013年	2014年	2015年	2016年	2017年	2018年	2019年	2020年	2021年	2022年
	0.26	0.36	0.30	0.45	0.40	0.40	0.44	0.40	0.29	0.20
云南	2003年	2004年	2005年	2006年	2007年	2008年	2009年	2010年	2011年	2012年
	-1.15	-1.36	-7.40	-1.79	-0.56	-0.35	-0.29	0.06	0.47	0.01
	2013年	2014年	2015年	2016年	2017年	2018年	2019年	2020年	2021年	2022年
	0.07	0.82	0.04	0.37	0.04	0.02	0.05	0.25	0.07	0.03
陕西	2003年	2004年	2005年	2006年	2007年	2008年	2009年	2010年	2011年	2012年
	0.00	0.01	0.01	0.00	0.03	0.19	0.26	0.25	0.32	0.34
	2013年	2014年	2015年	2016年	2017年	2018年	2019年	2020年	2021年	2022年
	0.15	0.18	0.24	0.27	0.35	0.18	0.13	0.16	0.16	0.17
甘肃	2003年	2004年	2005年	2006年	2007年	2008年	2009年	2010年	2011年	2012年
	0.04	0.16	0.70	0.83	0.87	0.53	0.24	0.86	0.20	0.08
	2013年	2014年	2015年	2016年	2017年	2018年	2019年	2020年	2021年	2022年
	0.28	0.54	0.95	0.26	0.17	0.16	0.50	0.99	0.88	0.60

续表

	2003年	2004年	2005年	2006年	2007年	2008年	2009年	2010年	2011年	2012年
青海	0.01	0.01	0.01	0.01	0.01	0.02	0.02	0.01	0.02	0.12
	2013年	2014年	2015年	2016年	2017年	2018年	2019年	2020年	2021年	2022年
	0.55	0.48	0.83	0.31	0.76	0.33	0.85	0.47	0.05	0.23
宁夏	2003年	2004年	2005年	2006年	2007年	2008年	2009年	2010年	2011年	2012年
	0.10	0.04	0.03	0.66	0.20	0.15	0.36	0.16	0.12	0.45
	2013年	2014年	2015年	2016年	2017年	2018年	2019年	2020年	2021年	2022年
	0.74	0.43	0.29	0.61	0.48	0.65	0.63	0.53	0.91	0.56
新疆	2003年	2004年	2005年	2006年	2007年	2008年	2009年	2010年	2011年	2012年
	0.01	0.09	0.31	0.03	0.81	0.54	0.91	0.33	0.97	0.97
	2013年	2014年	2015年	2016年	2017年	2018年	2019年	2020年	2021年	2022年
	0.79	0.86	0.85	0.51	0.40	0.40	0.39	0.71	0.57	0.28

注：①由于数据缺失严重的问题，因此不包括西藏以及港澳台地区。②由于2003年之前的各省份数据严重缺失，所以只统计2003年之后的数据。

资料来源：国家统计局、各省份统计年鉴、各省份政府工作报告、各省份对外投资公告等。

观察各省份双向直接投资指数表可以看出，各省份大体呈现逐年增加的趋势。从中国整体层面来看，在2015年之前逐年增加，2015年达到最大值0.97，2015年之后有所下降，2019年之后的三年受新冠疫情影响导致中国双向直接投资指数下降，总体年均增长0.021。

（二）八大区域TDI

从图4-1可以看出，总体而言，八个地区的波动幅度差距很大，大致而言可以分为三个阶段：第一阶段为2003—2008年。各地区双向直接投资指数差异较大，但总体都呈现小幅度上升趋势。北部沿海在这一阶段的TDI远高于其他地区，2007年的0.53成为这一阶段双向直接投资指数的最大值。波动幅度最大的为西北地区，在2007年之前增幅较大，年均增长率为10.75%，在2008年下降到0.31。东部沿海地区波动也较大，而东北地区、南部沿海、黄河中游、长江中游、西南地区还处于较低水平。第二阶段为2009—2013年。各地区呈现上升趋势。北部沿海地区的TDI仍高于其他地区，在2012年达到这一阶段的最大值0.77，在这一阶段增长最多的是东部沿海地区，虽然西北地区有小幅度的下降，但总体也呈现上升趋势，并且在2013年达到所有地区的最大值 0.59。南部沿海地区在这一阶段有明显的增加，虽然在 2012 年有明显的下降，但在 2013 年又上升到 0.42。东北地区、黄河中游、长江中游、西南地区相较于第一阶段都有所增加，但总体水平仍处于较低的状态。第三阶段为 2014—2022 年。各地区呈现波动不均衡趋势。南部沿海地区的双向投资趋势大体上高于其他地区，并且在 2021 年达到所有阶段的最大值 0.84。东部沿海地区自 2017 年开始缓慢下降，北部沿海地区呈现波动下降的趋势，西南地区较为平稳，东北地区波动幅度很大，黄河中游地区这一阶段大幅下降，并在 2019 年达到这一阶段的最小值 0.09。

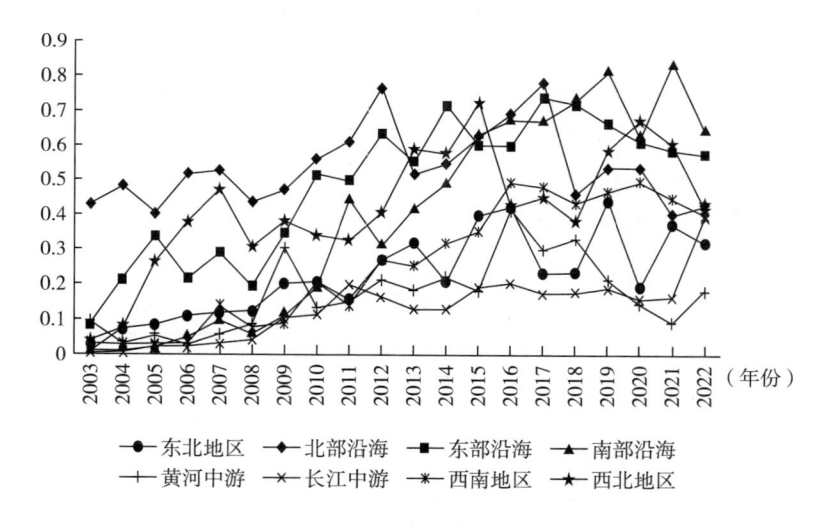

图 4-1　八大区域 TDI 趋势

注：东北地区包括辽宁、吉林、黑龙江；北部沿海包括北京、天津、河北、山东；东部沿海包括上海、江苏、浙江；南部沿海包括福建、广东、海南；黄河中游包括陕西、山西、河南、内蒙古；长江中游包括湖北、湖南、江西、安徽；西南地区包括云南、贵州、四川、重庆、广西；西北地区包括甘肃、青海、宁夏、新疆。

（三）中国—中南半岛 TDI

1. 总体 TDI

中南半岛双向直接投资趋势总体而言波动幅度较大，大致而言可以分为三个阶段（见表 4-2、图 4-2）：第一阶段，1997—2004 年呈现大幅度波动，大致呈现"W"的形状，1997 年，中南半岛 TDI 为 0.7599，

1998 年下降至 0.4990，1998 年后的三年，中国—中南半岛经济合作进入了"快车道"，是双向直接投资发展最快的三年，2001 年升至 0.9526，是 26 年来的次高点，到 2003 年，中南半岛 TDI 又下降至 0.4143，这是近 26 年来的最低点。分析原因在于，2003 年国内 SARS 疫情对中国的对外投资造成了严重的冲击，但在同年，中国与东盟建立了面向和平与繁荣的战略伙伴关系，2004 年 TDI 上涨至 0.6476。第二阶段，2005—2012 年，中南半岛 TDI 在小范围内波动，TDI 的最高点为 2011 年的 0.9177，最低点为 2006 年的 0.6460。第三阶段，2013—2022 年，中国—中南半岛 TDI 在波动中呈现下降态势，2013 年开始，中国—中南半岛双向投资意向逐步减弱，双向直接投资趋势在波动中呈现下降态势，并在 2019 年下降至十年来的最低点 0.5853，2020 年 TDI 大幅上涨，上涨了约 0.41，在之后的两年，受新冠疫情冲击的影响，中国—中南半岛双向直接投资意向呈现出直线下降的态势。总体来看，中国—中南半岛 TDI 在低水平区和高水平区之间呈现此起彼伏的态势，双向直接投资流量随着时间的变化日趋均衡并保持在较高的水平。

表 4-2　　　　　　　　　　中国—中南半岛总 TDI

年份	1997	1998	1999	2000	2001	2002	2003	2004	2005
TDI	0.7599	0.4990	0.5364	0.6036	0.9526	0.6398	0.4143	0.6476	0.6634
年份	2006	2007	2008	2009	2010	2011	2012	2013	2014
TDI	0.6460	0.8858	0.7909	0.8575	0.7439	0.9177	0.7084	0.8617	0.8526
年份	2015	2016	2017	2018	2019	2020	2021	2022	—
TDI	0.7741	0.7566	0.7403	0.6267	0.5853	0.9916	0.7349	0.5160	—

2. 横向三国 TDI

横向三国 TDI 的波动幅度差距很大，大致而言可以分为三个阶段（见图 4-3）：第一阶段是 1997—2004 年。越南 TDI 最高，双向直接投资达到最高水平，而缅甸在 2000 年之前还处于较低水平，从 2000 年起开始直线式飙升，2002 年达到 0.97，2000—2002 年缅甸 TDI 年均增长为 0.46，2002—2003 年开始直线下降，中缅两国双向投资意向减弱，以致在今后的几年里两国的双向直接投资意向都不强。1999—2000 年老挝的 TDI 飙升，增长 0.43。2000—2001 年又从 0.45 下降到 0.026。第二阶段

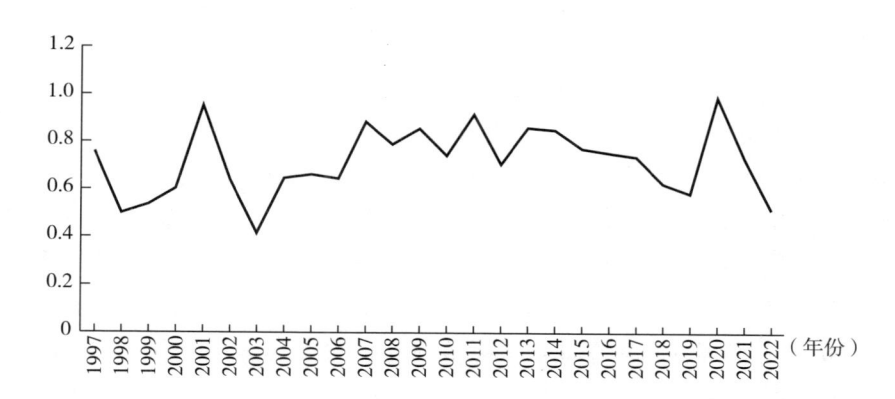

图 4-2　中国—中南半岛总 TDI

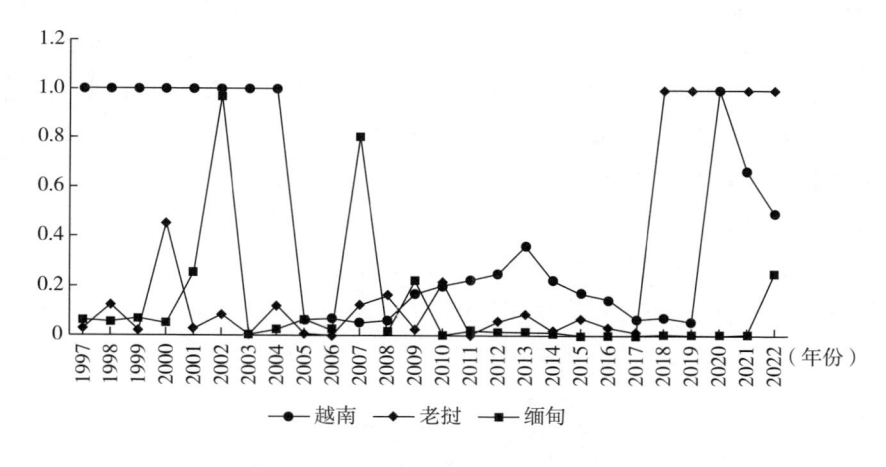

图 4-3　横向三国 TDI

是 2005—2017 年。这一阶段缅甸的波动幅度较大，2006 年缅甸从 0.02 飙升至 2007 年的 0.80，年均增长了 0.78，到了 2008 年又掉回 0.01 的水平，2009 年有小幅度上升，但从 2010 年开始一直处于较低的水平。越南在这一阶段呈现倒"U"形的趋势，2013 年 TDI 达到最高 0.36，老挝呈现小幅度的波动，总体水平不高。第三阶段是 2018—2022 年。2017 年后老挝双向直接投资指数上升，达到 1 的水平，这一阶段越南的 TDI 也有所增加，在 2020 年达到了 1，虽然之后也有所下降，但这一阶段的总体水平还较高。而缅甸 2017—2020 年的双向直接投资指数很低，直到 2021 年才有所回升，2022 年达到 0.26 的水平。

3. 纵向四国 TDI

纵向四国的 TDI 波动幅度差距很大，大致而言可以分为三个阶段（见图 4-4）：第一阶段是 1997—2003 年。柬埔寨在 1997 年双向直接投资指数为 1，1998 年直线下降为 0.15，之后一直处于较低的水平，新加坡和马来西亚的波动幅度较大，但整体还处在较高的水平，受美伊战争和"沙斯"爆发以及世界欧、美、日等市场需求不振的影响，新加坡经济呈现出疲软态势，2001 年新加坡的双向直接投资指数从 0.92 下降到 2003 年的 0.37。泰国的双向直接投资指数在这一阶段呈现小幅度波动，总体水平还较低，在这一阶段的最大值为 0.26。第二阶段是 2004—2016 年。虽然中国和柬埔寨一直保持着双边贸易，中国对柬埔寨援助水平也在不断提升，但柬埔寨由于国内政治经济形势影响，投资环境不佳，致使 TDI 仍处于较低水平。而泰国、马来西亚、新加坡大体上都呈现出波动的趋势，泰国从 2006 年的 0.07 上升到 2009 年的 0.96，年均增长 0.30，而到了 2014 年又从 0.92 下降至 2016 年的 0.26。第三阶段是 2017—2022 年。2019 年开始柬埔寨的 TDI 才有明显的增加，虽然在 2020 年可能受新冠疫情的影响有所下降，但总体水平高于第二阶段。2020 年后泰国、马来西亚、新加坡的 TDI 也都有所下降，新冠疫情的蔓延和影响对中马、中泰、中新的双向直接投资也都产生了冲击。

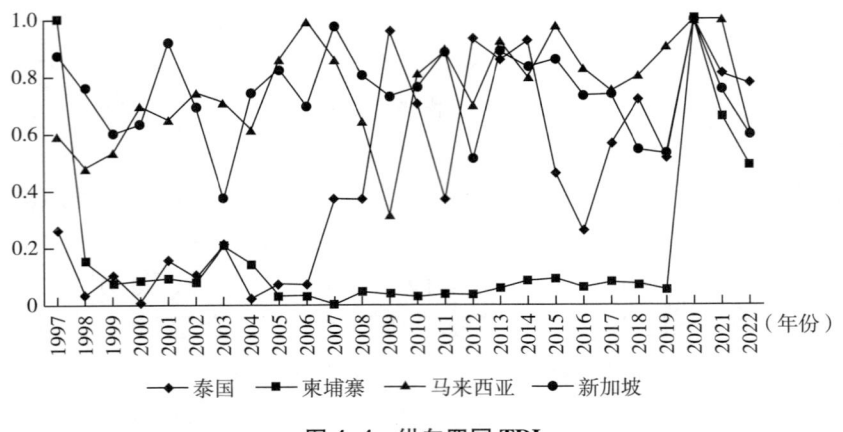

图 4-4 纵向四国 TDI

第二节 产业新旧动能转换指数构建、测度与动态演变

一 产业新旧动能转换指数构建与测度

目前，对我国产业新旧动能转换的研究主要是对于测度以及影响因素的研究。对于产业新旧动能转换的测度研究，主要集中于指标体系的构建，根据行业、地理位置和维度的不同，构建出差异明显的产业新旧动能转换指标评价体系。如方大春（2021）根据产业新旧动能转换内涵从新技术、新产业、新模式和新业态等方面，构建产业新旧动能转换评价指标体系，并以熵值法确定指标权重，得出我国东部地区产业新旧动能转换能力远高于其他地区的结论。王晓天（2021）以技术研究水平、科技创新资源等全要素生产率的衡量指标构建产业新旧动能转换测度指标，也得出了东部产业地区产业新旧动能转换水平较高的结论。边伟军等（2021）根据2009—2018年制造业省际面板数据，从产业结构升级角度构建产业新旧动能转换水平指数，测度各省市产业新旧动能转换情况，分析产业新旧动能转换的空间分布特征，发现东部地区和西部地区的产业新旧动能转换较为明显，总体产业新旧动能转换呈现上升态势。对于产业新旧动能转换影响因素的研究较多，林攀（2021）利用地理探测器探究中国产业新旧动能转换的主导影响因素，认为推动产业新旧动能转换的影响因素包括科技创新引领、人力资本水平、对外开放水平及消费需求水平等。方大春（2021）运用动态面板GMM检验新产业旧动能转换影响因素，发现产业结构合理化、城镇化及高技术产业外向度均能够促进产业新旧动能转换，地方政府财政支出规模过大或市场化水平过高都不利于产业新旧动能转换。孙文浩（2019）认为，人才集聚在最优结构时能够促进产业新旧动能转换，如果偏离最优结构，则不利于产业新旧动能转换。张同功（2021）研究发现，金融发展能够有效促进产业新旧动能转换。

现有对我国产业新旧动能转换能力测度的方法中，并没有一个权威的测度方法，多是从"四新"等角度构建产业新旧动能转换能力指标体系，权重以熵值法确定，具有较大的主观性。因此，本书根据国家统

计局 2018 年发布的中国经济发展新动能指数，对该指标体系进行经济学意义上的适当修正，构建产业新旧动能转换指数。其包含五个分类指数，分别是知识能力指数、经济活力指数、创新驱动指数、网络经济指数和转型升级指数。每个分类指数由数个经济指标构成，采用线性加权的综合评价方法构建复合指数，测算方法为定基法，即以 2014 年为基期，各指数值表示报告期与 2014 年相比产业新旧动能转换指数的变化趋势。

本书根据指标的代表性和可操作性对产业新旧动能转换指数统计指标体系进行适当优化修正，其中，知识能力分类指数中，"'四上'企业从业人员中专业技术人员占比"使用"公有经济企事业单位专业技术人员占比"代替，"非信息部门信息人员占比"重复故删去；网络经济分类指数中，"移动互联网用户数"以"移动电话用户数"代替，"网购替代率""实物商品网上零售额占社会消费品零售总额的比重"重复故删去；转型升级指数中，"战略性新兴产业增加值占 GDP 比重"与"高技术制造业增加值占规模以上工业增加值比重"有一定程度重复故删去，"高技术制造业增加值占规模以上工业增加值比重"以"高技术企业数占规模以上工业企业数比重"代替，"农业产业化经营组织数量"以"乡镇个数"代替，"通过电子商务交易平台销售商品或服务的'四上'企业占比"以"有电子商务活动企业比重"代替。

二 产业新旧动能转换指数测度结果与动态演变

（一）产业新旧动能转换指数

1. 省份层面

本书运用上述产业新旧动能转换指数指标体系，对我国 30 个省、直辖市及自治区（西藏、香港、澳门、台湾除外）的产业新旧动能转换指数进行测度，西藏地区数据缺失严重，故删去。各指标以 2014 年为基期进行标准化，用来呈现各地区产业新旧动能转换状况，由于该指标皆是以 2014 年为基期进行标准化得出的，不具有横向可比性。

由表 4-3 可以看出，各省份都呈现逐年增加的趋势。从中国整体层面来看呈现逐年增加的趋势，以 2014 年为基期，在 2014 年以前年均增长 0.08，在 2014 年以后年均增长 0.72，总体年均增长 0.47。

表 4-3　　　　　　　　产业新旧动能转换指数

	2009年	2010年	2011年	2012年	2013年	2014年	2015年	2016年	2017年	2018年	2019年	2020年	2021年	2022年
中国	0.60	0.67	0.73	0.82	0.91	1.00	1.18	1.38	1.76	2.66	3.68	4.62	5.67	6.73
北京	0.66	0.70	0.73	0.80	0.88	1.00	1.11	1.24	1.54	2.03	2.63	3.29	3.88	4.48
天津	0.64	0.74	0.73	0.80	0.88	1.00	1.20	1.37	1.54	2.24	3.17	3.90	4.67	5.44
河北	0.68	0.72	0.78	0.87	0.95	1.00	1.22	1.56	2.05	3.47	5.07	6.76	12.86	18.96
山西	0.60	0.62	0.65	0.78	0.96	1.00	1.25	1.48	1.99	3.16	4.31	5.79	7.36	8.94
内蒙古	0.65	0.72	0.78	1.02	0.96	1.00	1.19	1.50	1.95	3.08	4.35	5.64	6.95	8.26
辽宁	0.67	0.77	0.77	0.86	0.90	1.00	1.19	1.39	1.79	2.50	3.32	4.08	4.94	5.81
吉林	0.73	0.75	0.81	0.86	1.01	1.00	1.22	1.73	2.28	3.41	4.92	6.08	6.98	7.89
黑龙江	0.69	0.75	0.72	0.87	0.98	1.00	1.27	1.61	1.96	2.71	3.66	4.51	5.48	6.44
上海	0.71	0.76	0.77	0.85	0.88	1.00	1.26	1.37	1.60	2.22	2.84	3.52	4.22	4.92
江苏	0.63	0.70	0.77	0.86	0.94	1.00	1.18	1.34	1.66	2.51	3.39	4.40	5.23	6.14
浙江	0.63	0.74	0.76	0.85	0.93	1.00	1.22	1.48	1.88	2.74	3.74	4.86	6.03	7.04
安徽	0.49	0.61	0.69	0.78	0.92	1.00	1.26	1.46	2.02	3.20	4.49	6.02	7.77	9.53
福建	0.61	0.70	0.75	0.80	0.93	1.00	1.20	1.36	1.70	2.51	3.33	4.19	5.03	5.90
江西	0.57	0.63	0.67	0.73	0.89	1.00	1.27	1.49	1.93	3.11	4.58	6.25	7.89	9.53
山东	0.59	0.66	0.72	0.81	0.93	1.00	1.17	1.43	1.86	2.92	4.00	5.25	6.49	7.72
河南	0.51	0.57	0.68	0.80	0.91	1.00	1.21	1.52	1.92	3.26	4.32	5.59	6.86	8.13
湖北	0.59	0.64	0.71	0.79	0.91	1.00	1.19	1.43	1.88	2.65	3.64	4.64	5.67	6.71
湖南	0.63	0.61	0.71	0.82	0.88	1.00	1.19	1.41	1.84	2.85	4.04	5.37	6.73	8.09
广东	0.63	0.68	0.72	0.79	0.93	1.00	1.20	1.43	1.83	2.62	3.53	4.42	5.27	6.13
广西	0.54	0.66	0.71	0.79	0.85	1.00	1.28	1.63	2.07	3.60	5.02	6.80	11.08	15.30
海南	0.68	0.90	1.01	0.95	1.13	1.00	1.31	1.58	2.13	3.20	4.39	6.24	7.96	9.68
重庆	0.54	0.64	0.72	0.76	0.87	1.00	1.21	1.47	2.07	3.08	4.40	5.87	7.32	8.78

续表

	2009年	2010年	2011年	2012年	2013年	2014年	2015年	2016年	2017年	2018年	2019年	2020年	2021年	2022年
四川	0.59	0.66	0.70	0.82	0.92	1.00	1.24	1.45	1.92	3.06	4.28	5.30	6.31	7.32
贵州	0.60	0.63	0.73	0.77	0.88	1.00	1.36	1.84	3.09	5.12	7.24	9.86	12.29	14.71
云南	0.57	0.64	0.67	0.83	0.96	1.00	1.25	1.48	2.05	2.98	4.11	5.47	6.78	8.09
陕西	0.60	0.64	0.70	0.77	0.86	1.00	1.13	1.43	2.05	2.94	4.06	5.11	6.22	7.34
甘肃	0.60	0.66	0.76	0.89	0.97	1.00	1.43	1.98	2.58	3.92	5.30	6.87	8.45	10.05
青海	0.75	0.78	0.84	0.99	1.05	1.00	1.56	1.83	1.98	3.26	4.40	5.67	6.95	8.27
宁夏	0.67	0.71	0.88	0.88	0.85	1.00	1.45	1.79	2.34	3.49	4.51	5.95	7.37	8.79
新疆	0.60	0.69	0.75	0.85	0.90	1.00	1.22	1.44	1.61	2.34	3.82	5.48	7.10	8.73

注：由于数据缺失严重的问题，因此不包括西藏以及港、澳、台地区。

资料来源：国家统计局、各省统计年鉴、各省政府工作报告、各省对外投资公告等。

2. 八大区域层面

由图4-5可以看出，总体而言，各地区产业新旧动能指数都呈现上升趋势，大致而言可以分为两个阶段：第一阶段，2009—2014年各地区产业新旧动能转换指数不高，但总体上都呈现平稳上升趋势，八大地区的上升轨迹大致相同，在2014年之前产业新旧动能转换指数还不活跃，五大指数加权平均得到的产业新旧动能转换指数都未超过1。原因在于，在这一阶段各省份的经济、文化以及网络等方面还不发达，因此我国各省份的产业新旧动能转换指数还较低。第二阶段，2014—2022年各地区呈现上升趋势。西南地区在这一阶段猛增，2022年达到最大值10.84，这一阶段年均增长1.23。北部沿海地区在2022年以9.15位于第二位，年均增长1.019。西北地区在2022年以8.96位于第三位，年均增长0.995。其次分别是黄河中游、长江中游、南部沿海、东北地区、东部沿海，年均增长0.896、0.896、0.778、0.714、0.629。这一阶段的产业新旧动能转换指数要远远高于第一阶段。

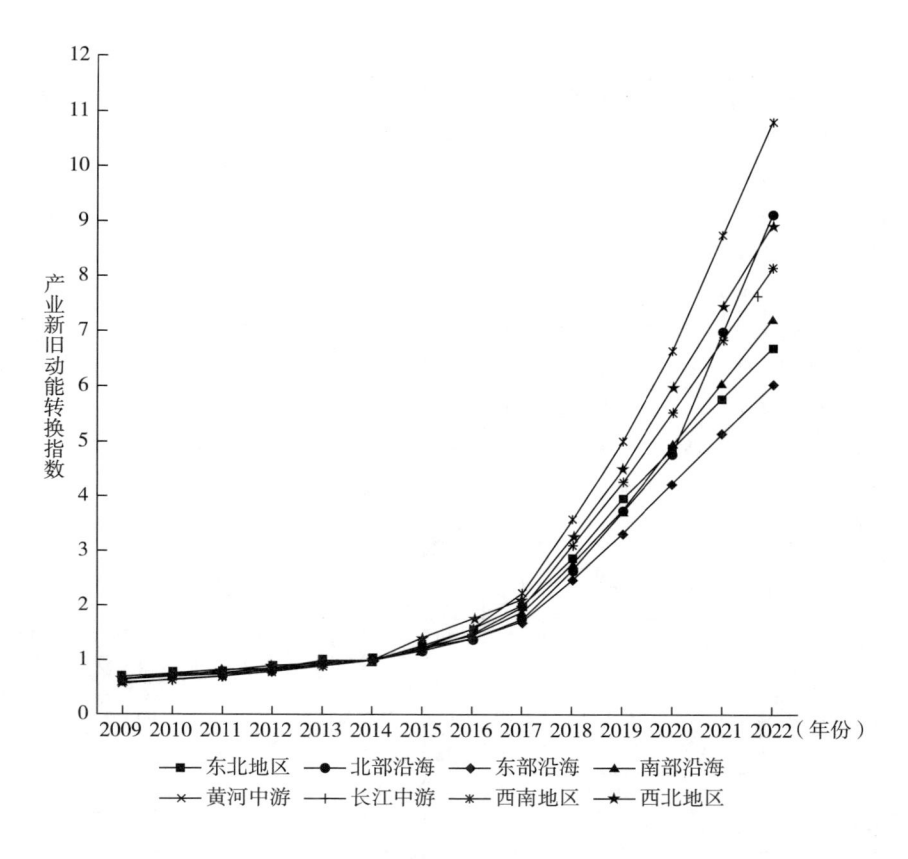

第四章 双向直接投资指数与产业新旧动能转换指数构建、测度与动态演变 / 99

图 4-5 八大区域产业新旧动能转换指数趋势

(二) 分项指数：省份层面

1. 知识能力指数

由表 4-4 可以看出，各省份大都呈现逐年增加的趋势。从中国整体层面来看呈现逐年增加的趋势，在 2014 年以前年均增长 0.068，在 2014 年以后年均增长 0.065，总年均增长 0.066。

表 4-4　　　　　　　　　知识能力指数

	2009年	2010年	2011年	2012年	2013年	2014年	2015年	2016年	2017年	2018年	2019年	2020年	2021年	2022年
中国	0.66	0.77	0.85	0.91	0.96	1.00	1.13	1.16	1.18	1.27	1.47	1.50	1.51	1.52
北京	0.79	0.83	0.93	0.94	0.95	1.00	0.91	0.94	0.97	1.01	1.13	1.21	1.24	1.27
天津	0.75	1.07	0.89	0.94	0.95	1.00	1.24	1.19	1.18	1.23	1.44	1.42	1.36	1.30

续表

	2009年	2010年	2011年	2012年	2013年	2014年	2015年	2016年	2017年	2018年	2019年	2020年	2021年	2022年
河北	1.02	0.83	0.96	1.03	1.01	1.00	1.42	1.45	1.39	1.54	1.91	1.84	1.77	1.70
山西	0.82	0.89	0.80	0.91	0.89	1.00	1.58	1.39	1.54	1.51	1.60	1.77	1.95	2.13
内蒙古	0.68	0.74	0.81	0.90	0.95	1.00	0.94	1.11	1.08	1.02	1.20	1.21	1.18	1.15
辽宁	0.82	0.99	0.90	0.91	0.90	1.00	1.22	1.20	1.32	1.38	1.56	1.55	1.52	1.48
吉林	0.95	1.06	1.15	1.10	1.13	1.00	1.00	1.13	1.11	1.14	1.32	1.51	1.69	1.87
黑龙江	0.88	1.13	0.86	0.97	1.01	1.00	1.36	1.69	1.47	1.40	1.54	1.60	1.64	1.69
上海	0.99	1.05	1.00	1.03	0.95	1.00	1.33	1.35	1.36	1.45	1.57	1.65	1.68	1.72
江苏	0.74	0.80	0.89	0.86	0.98	1.00	1.21	1.26	1.22	1.34	1.51	1.57	1.62	1.68
浙江	0.61	0.77	0.85	0.97	0.99	1.00	1.24	1.34	1.35	1.38	1.76	1.76	1.71	1.66
安徽	0.60	0.70	0.81	0.88	0.90	1.00	0.98	1.06	1.05	1.15	1.32	1.57	1.73	1.90
福建	0.65	0.76	0.93	0.85	0.94	1.00	1.01	1.07	1.08	1.12	1.29	1.35	1.42	1.48
江西	0.80	0.85	0.87	0.84	1.12	1.00	1.21	1.16	1.17	1.52	1.83	2.14	2.45	2.75
山东	0.64	0.74	0.87	0.92	0.99	1.00	1.05	1.06	1.13	1.26	1.37	1.54	1.75	1.96
河南	0.66	0.72	0.79	0.89	0.98	1.00	1.10	1.11	1.07	1.16	1.48	1.65	1.72	1.79
湖北	0.82	0.81	0.89	0.87	0.91	1.00	1.12	1.33	1.32	1.54	1.62	1.69	1.77	
湖南	0.78	0.72	0.83	1.02	0.87	1.00	1.05	1.16	1.26	1.31	1.47	1.60	1.72	1.84
广东	0.86	0.93	0.87	0.90	1.03	1.00	1.22	1.12	1.15	1.25	1.70	1.64	1.58	1.52
广西	0.65	0.88	0.89	1.03	0.97	1.00	1.23	1.28	1.23	1.25	1.43	1.29	1.27	1.24
海南	0.83	0.98	0.87	1.14	0.94	1.00	1.12	0.96	1.00	1.02	1.59	1.42	1.41	1.41
重庆	0.58	0.74	0.79	0.84	0.95	1.00	1.19	1.17	1.29	1.30	1.49	1.40	1.30	1.21
四川	0.86	0.94	0.92	1.11	1.28	1.00	1.36	1.34	1.40	1.39	2.38	2.16	1.94	1.72
贵州	0.58	1.01	1.33	1.25	0.89	1.00	1.25	1.43	1.33	1.55	2.16	2.12	2.02	1.91
云南	0.64	0.84	0.87	1.03	1.11	1.00	1.32	1.36	1.45	1.56	1.69	1.82	1.94	2.07
陕西	0.62	0.68	0.77	0.84	0.89	1.00	0.88	0.87	0.87	0.90	1.01	1.06	1.11	1.16
甘肃	0.75	0.83	1.01	1.03	1.12	1.00	1.21	1.15	1.05	1.15	1.53	1.37	1.24	1.11
青海	0.78	0.85	0.95	0.86	1.00	1.00	0.76	1.00	0.88	0.86	1.08	1.05	1.02	0.99
宁夏	0.83	1.06	1.45	0.95	0.83	1.00	1.42	1.74	1.58	1.88	2.33	2.17	2.09	2.01
新疆	0.82	0.99	1.05	1.12	1.05	1.00	1.35	1.42	1.21	1.35	1.22	1.09	0.96	0.83

2. 经济活力指数

由表 4-5 可以看出，各省份大都呈现逐年增加的趋势。从中国整体层面来看呈现逐年增加的趋势，在 2014 年以前年均增长 0.082，在 2014 年以后年均增长 0.464，可以看出在 2014 年以后我国的经济活力良好，总年均增长 0.317。

表 4-5 经济活力指数

	2009年	2010年	2011年	2012年	2013年	2014年	2015年	2016年	2017年	2018年	2019年	2020年	2021年	2022年
中国	0.59	0.64	0.65	0.74	0.87	1.00	1.23	1.50	1.79	2.04	2.35	2.74	3.71	4.71
北京	0.77	0.77	0.72	0.77	0.85	1.00	1.14	1.23	1.50	1.40	1.47	1.71	1.93	2.17
天津	0.63	0.69	0.66	0.74	0.85	1.00	1.23	1.33	1.49	1.48	1.71	2.06	2.52	2.98
河北	0.49	0.53	0.59	0.71	0.85	1.00	1.26	1.77	2.21	2.76	3.37	4.28	4.21	5.01
山西	0.58	0.60	0.64	0.75	0.98	1.00	1.16	1.45	1.90	2.29	2.45	3.03	3.70	4.38
内蒙古	0.67	0.72	0.76	0.84	0.96	1.00	1.25	1.57	1.74	1.91	1.86	2.15	2.51	2.86
辽宁	0.71	0.73	0.69	0.73	0.84	1.00	0.98	1.21	1.58	1.75	1.88	2.28	2.98	3.68
吉林	0.61	0.65	0.72	0.77	0.87	1.00	1.08	1.54	1.72	1.89	2.18	2.61	3.24	3.87
黑龙江	0.70	0.73	0.69	0.76	0.93	1.00	1.59	1.92	2.13	2.35	2.35	2.79	3.42	4.06
上海	0.70	0.72	0.69	0.77	0.87	1.00	1.16	1.36	1.47	1.56	1.57	1.66	1.78	1.90
江苏	0.65	0.71	0.73	0.86	0.93	1.00	1.16	1.34	1.52	1.67	2.02	2.56	2.43	2.63
浙江	0.59	0.66	0.62	0.73	0.91	1.00	1.35	1.73	2.18	2.66	3.05	3.76	4.43	5.10
安徽	0.47	0.53	0.56	0.70	0.83	1.00	1.24	1.61	1.92	2.21	2.75	3.37	4.19	5.02
福建	0.57	0.65	0.63	0.70	0.83	1.00	1.32	1.50	1.69	1.91	2.14	2.57	3.09	3.60
江西	0.47	0.50	0.51	0.58	0.79	1.00	1.21	1.66	2.02	2.42	2.81	3.45	4.23	5.01
山东	0.49	0.53	0.56	0.67	0.81	1.00	1.34	1.70	2.07	2.38	2.77	3.41	4.12	4.82
河南	0.46	0.50	0.59	0.68	0.83	1.00	1.27	1.60	1.90	2.22	2.77	3.37	4.20	5.04
湖北	0.51	0.54	0.54	0.68	0.93	1.00	1.26	1.55	2.25	2.52	2.92	3.09	3.84	4.60
湖南	0.50	0.56	0.61	0.72	0.92	1.00	1.38	1.82	2.35	2.88	3.24	3.92	4.70	5.48
广东	0.52	0.56	0.58	0.67	0.83	1.00	1.29	1.76	2.22	2.63	2.94	3.37	3.90	4.42
广西	0.68	0.72	0.73	0.74	0.85	1.00	1.59	1.72	2.27	2.74	3.16	4.05	5.00	5.95
海南	0.71	0.79	0.76	0.81	0.95	1.00	1.60	1.83	2.15	2.26	2.90	3.27	3.88	4.49
重庆	0.54	0.54	0.69	0.63	0.80	1.00	1.18	1.42	1.60	1.94	2.22	2.77	3.47	4.16
四川	0.49	0.54	0.58	0.68	0.81	1.00	1.26	1.56	2.05	2.24	2.60	3.02	3.53	4.05
贵州	0.48	0.49	0.50	0.57	0.67	1.00	1.23	1.82	2.39	2.68	2.75	3.05	3.64	4.25
云南	0.54	0.59	0.63	0.75	0.92	1.00	1.26	1.40	1.79	2.05	2.40	2.86	3.33	3.79
陕西	0.47	0.51	0.57	0.66	0.84	1.00	1.22	1.69	2.06	2.32	3.15	3.44	4.06	4.68
甘肃	0.64	0.66	0.55	0.57	0.85	1.00	2.41	4.11	4.62	4.79	4.70	4.90	5.19	5.48
青海	1.28	1.27	1.06	1.27	1.05	1.00	1.13	1.27	1.77	1.98	2.34	2.27	2.59	3.10
宁夏	0.90	0.72	0.92	1.27	1.08	1.00	2.17	2.71	3.22	3.54	3.22	4.16	5.16	6.16
新疆	0.63	0.61	0.60	0.70	0.91	1.00	1.29	1.87	1.97	2.02	2.17	2.31	2.60	2.93

3. 创新驱动指数

由表 4-6 可以看出，除吉林省外，其他各省份大都呈现逐年增加的趋势。从中国整体层面来看呈现逐年增加的趋势，在 2014 年以前年均增长 0.074，在 2014 年以后年均增长 0.213，总年均增长 0.159。

表 4-6　　　　　　　　　　创新驱动指数

	2009年	2010年	2011年	2012年	2013年	2014年	2015年	2016年	2017年	2018年	2019年	2020年	2021年	2022年
中国	0.63	0.71	0.78	0.90	0.95	1.00	1.13	1.23	1.35	1.55	1.74	2.03	2.36	2.70
北京	0.62	0.71	0.76	0.85	0.94	1.00	1.15	1.25	1.39	1.58	1.71	1.81	1.91	2.01
天津	0.61	0.68	0.77	0.87	0.97	1.00	1.16	1.29	1.35	1.52	1.69	2.03	2.39	2.76
河北	0.72	0.84	0.91	1.03	1.07	1.00	1.18	1.37	1.67	3.02	3.77	5.06	6.48	7.89
山西	0.54	0.58	0.63	0.82	1.00	1.00	1.10	1.18	1.40	1.79	1.74	1.77	2.31	2.84
内蒙古	0.90	0.92	0.93	2.05	1.35	1.00	1.14	1.17	1.42	1.76	1.98	2.44	2.85	3.27
辽宁	0.65	0.72	0.85	0.96	0.96	1.00	1.17	1.23	1.38	1.51	1.64	1.85	2.10	2.34
吉林	0.83	0.76	0.87	0.95	1.04	1.00	1.06	1.65	2.34	3.27	4.10	4.40	2.70	1.01
黑龙江	0.78	0.76	0.87	1.07	1.06	1.00	1.14	1.14	1.32	1.51	1.59	1.73	1.92	2.11
上海	0.73	0.80	0.84	0.91	0.94	1.00	1.11	1.19	1.30	1.52	1.69	1.86	2.32	2.78
江苏	0.58	0.71	0.81	0.95	1.00	1.00	1.07	1.14	1.27	1.45	1.68	2.07	2.54	3.02
浙江	0.61	0.71	0.77	0.90	0.96	1.00	1.12	1.37	1.66	2.28	2.94	4.08	5.36	6.63
安徽	0.55	0.64	0.79	0.83	0.94	1.00	1.11	1.18	1.32	1.50	1.68	2.11	3.44	4.77
福建	0.65	0.77	0.75	0.90	1.00	1.00	1.25	1.28	1.54	1.76	2.14	2.30	2.57	2.99
江西	0.57	0.64	0.69	0.78	0.89	1.00	1.23	1.41	1.62	1.84	2.13	2.61	3.38	4.15
山东	0.61	0.71	0.79	0.86	0.95	1.00	1.16	1.29	1.45	1.80	2.13	2.78	3.33	3.88
河南	0.63	0.72	0.84	0.97	0.94	1.00	1.14	1.29	1.47	1.97	2.45	3.31	4.49	5.66
湖北	0.64	0.72	0.77	0.90	0.98	1.00	1.19	1.29	1.40	1.56	1.76	2.03	2.34	2.65
湖南	0.72	0.73	0.74	0.82	0.92	1.00	1.14	1.18	1.47	1.76	2.30	2.90	3.96	5.03
广东	0.58	0.66	0.76	0.81	0.98	1.00	1.22	1.42	1.65	1.89	2.39	3.09	3.77	4.45
广西	0.54	0.66	0.72	0.74	0.85	1.00	1.08	1.52	1.76	2.16	2.40	2.83	3.29	3.74
海南	0.96	1.59	1.83	1.12	1.84	1.00	1.40	2.20	2.57	3.31	4.20	3.69	4.58	4.47
重庆	0.75	0.93	0.97	0.93	0.94	1.00	1.08	1.27	1.20	1.47	1.45	1.56	1.81	2.05
四川	0.59	0.66	0.70	0.81	0.87	1.00	1.15	1.20	1.36	1.95	2.24	2.40	2.64	2.88
贵州	0.54	0.58	0.63	0.69	0.75	1.00	0.90	1.20	1.17	1.86	2.82	3.55	4.01	4.62	5.23
云南	0.61	0.69	0.73	0.93	0.95	1.00	1.19	1.26	1.46	1.57	1.68	1.79	2.21	2.62
陕西	0.60	0.64	0.72	0.79	0.91	1.00	1.13	1.32	1.29	1.47	1.65	1.92	2.24	2.56

续表

	2009年	2010年	2011年	2012年	2013年	2014年	2015年	2016年	2017年	2018年	2019年	2020年	2021年	2022年
甘肃	0.69	0.70	0.76	0.86	0.96	1.00	1.15	1.30	1.47	1.76	1.89	2.26	2.65	3.05
青海	0.59	0.70	0.85	0.88	0.94	1.00	1.32	1.94	2.02	2.60	2.36	3.20	4.07	4.94
宁夏	0.67	0.70	0.81	0.77	0.86	1.00	1.10	1.37	1.88	2.18	2.66	3.28	4.22	5.16
新疆	0.54	0.82	0.88	1.05	0.96	1.00	1.19	1.39	1.67	1.72	1.98	2.63	3.23	3.82

4. 网络经济指数

由表4-7可以看出，各省份普遍呈现逐年增加的趋势。说明在2022年我国各省份的网络经济水平发展良好。从中国整体层面来看呈现逐年增加的趋势，在2014年以前年均增长0.132，在2014年以后年均增长2.783，总年均增长1.763。由于近年来互联网发展迅速，因此网络经济指数在2022年达到较高的水平。

表4-7　　　　　　　　网络经济指数

	2009年	2010年	2011年	2012年	2013年	2014年	2015年	2016年	2017年	2018年	2019年	2020年	2021年	2022年
中国	0.34	0.42	0.52	0.66	0.82	1.00	1.31	1.88	3.31	7.26	11.57	15.51	19.38	23.26
北京	0.42	0.48	0.54	0.60	0.78	1.00	1.25	1.65	2.71	4.95	7.58	10.37	12.90	15.43
天津	0.34	0.41	0.48	0.57	0.67	1.00	1.20	1.87	2.53	5.75	9.73	12.70	15.78	18.87
河北	0.34	0.47	0.56	0.67	0.87	1.00	1.10	2.00	3.77	8.65	14.69	20.77	26.78	32.78
山西	0.48	0.40	0.53	0.69	1.04	1.00	1.19	1.91	3.73	8.81	14.31	20.77	27.10	33.44
内蒙古	0.28	0.36	0.46	0.61	0.73	1.00	1.50	2.26	3.94	9.02	14.67	19.89	25.27	30.65
辽宁	0.43	0.60	0.62	0.85	0.89	1.00	1.46	2.08	3.42	6.52	10.02	13.08	16.39	19.68
吉林	0.43	0.45	0.52	0.66	1.07	1.00	1.76	2.98	4.98	9.42	15.43	20.13	25.33	30.53
黑龙江	0.29	0.38	0.48	0.70	0.99	1.00	1.06	1.87	3.61	6.67	10.95	14.29	17.92	21.55
上海	0.41	0.47	0.53	0.66	0.74	1.00	1.58	1.86	2.75	5.44	8.21	11.26	14.12	16.99
江苏	0.35	0.44	0.55	0.75	0.86	1.00	1.34	1.89	3.10	6.89	10.51	14.48	18.21	21.93
浙江	0.44	0.56	0.60	0.68	0.84	1.00	1.36	1.86	3.11	6.23	9.78	13.47	17.37	20.51
安徽	0.30	0.67	0.68	0.82	1.15	1.00	1.85	2.29	4.59	9.84	15.27	21.54	27.94	34.35
福建	0.39	0.47	0.56	0.68	0.89	1.00	1.38	1.84	3.07	6.66	9.92	13.52	16.83	20.14
江西	0.33	0.42	0.54	0.66	0.80	1.00	1.51	2.08	3.68	8.49	14.77	21.62	27.87	34.13
山东	0.38	0.51	0.62	0.73	0.96	1.00	1.28	1.94	3.46	7.75	12.29	16.98	21.58	26.18
河南	0.29	0.36	0.49	0.61	0.88	1.00	1.42	2.36	3.94	9.68	13.61	18.20	22.40	26.61
湖北	0.31	0.40	0.63	0.69	0.84	1.00	1.19	1.69	3.07	6.46	10.57	15.01	18.96	22.91

续表

	2009年	2010年	2011年	2012年	2013年	2014年	2015年	2016年	2017年	2018年	2019年	2020年	2021年	2022年
湖南	0.52	0.41	0.69	0.76	0.82	1.00	1.22	1.69	2.98	7.16	12.05	17.30	22.12	26.94
广东	0.34	0.41	0.51	0.62	0.81	1.00	1.19	1.74	3.04	6.21	9.44	12.80	15.89	18.97
广西	0.32	0.46	0.55	0.72	0.75	1.00	1.42	2.23	3.77	10.3	16.38	18.89	21.73	19.28
海南	0.25	0.36	0.61	0.55	0.79	1.00	1.32	1.71	3.99	8.44	12.07	17.41	22.28	27.16
重庆	0.30	0.44	0.51	0.62	0.74	1.00	1.41	2.12	4.90	9.30	15.37	21.99	28.31	34.64
四川	0.30	0.44	0.53	0.64	0.77	1.00	1.24	1.76	3.39	8.35	12.74	17.45	21.88	26.30
贵州	0.20	0.29	0.41	0.62	0.52	1.14	1.34	2.40	6.27	14.97	24.43	27.01	28.23	29.44
云南	0.28	0.37	0.42	0.62	0.75	1.00	1.25	1.76	3.88	7.90	12.83	18.72	24.09	29.47
陕西	0.51	0.55	0.69	0.80	0.83	1.00	1.26	1.81	3.50	7.45	11.11	14.91	18.62	22.32
甘肃	0.24	0.37	0.77	1.18	0.94	1.00	1.25	1.98	4.18	10.3	16.05	22.83	29.50	26.23
青海	0.39	0.45	0.51	0.68	1.05	1.00	2.67	3.31	4.06	9.63	14.65	19.87	24.73	29.60
宁夏	0.32	0.40	0.48	0.60	0.67	1.00	1.48	2.01	4.00	8.78	13.21	18.93	24.12	29.31
新疆	0.28	0.32	0.48	0.62	0.73	1.00	1.29	1.54	2.26	5.67	12.72	20.30	27.56	30.82

5. 转型升级指数

由表4-8可以看出，除贵州外，其他各省份都呈现逐年增加的趋势。从中国整体层面来看呈现逐年增加的趋势，在2014年以前年均增长0.044，在2014年以后年均增长0.056，总年均增长0.052。

表4-8　　　　　　　　转型升级指数

	2009年	2010年	2011年	2012年	2013年	2014年	2015年	2016年	2017年	2018年	2019年	2020年	2021年	2022年
中国	0.78	0.81	0.84	0.89	0.94	1.00	1.08	1.14	1.15	1.20	1.25	1.32	1.38	1.45
北京	0.71	0.70	0.72	0.84	0.90	1.00	1.11	1.13	1.13	1.20	1.29	1.36	1.43	1.50
天津	0.85	0.83	0.84	0.89	0.94	1.00	1.14	1.14	1.18	1.23	1.27	1.27	1.28	1.29
河北	0.85	0.94	0.90	0.90	0.95	1.00	1.15	1.24	1.23	1.38	1.60	1.83	2.06	2.29
山西	0.57	0.62	0.61	0.74	0.87	1.00	1.23	1.45	1.36	1.38	1.48	1.62	1.75	1.89
内蒙古	0.73	0.85	0.93	0.72	0.83	1.00	1.14	1.40	1.56	1.67	2.05	2.50	2.94	3.38
辽宁	0.75	0.78	0.81	0.84	0.91	1.00	1.11	1.24	1.27	1.36	1.50	1.62	1.74	1.87
吉林	0.81	0.83	0.79	0.83	0.95	1.00	1.21	1.34	1.26	1.35	1.54	1.74	1.95	2.16
黑龙江	0.82	0.72	0.70	0.82	0.90	1.00	1.20	1.42	1.28	1.59	1.86	2.17	2.48	2.79
上海	0.72	0.76	0.81	0.87	0.93	1.00	1.12	1.11	1.10	1.12	1.15	1.17	1.20	1.22

续表

	2009年	2010年	2011年	2012年	2013年	2014年	2015年	2016年	2017年	2018年	2019年	2020年	2021年	2022年
江苏	0.82	0.83	0.87	0.92	0.95	1.00	1.11	1.08	1.16	1.20	1.25	1.31	1.37	1.43
浙江	0.90	0.97	0.93	0.94	0.96	1.00	1.05	1.10	1.11	1.17	1.19	1.23	1.27	1.31
安徽	0.52	0.53	0.60	0.67	0.75	1.00	1.10	1.16	1.21	1.29	1.43	1.49	1.55	1.61
福建	0.78	0.86	0.86	0.88	0.98	1.00	1.05	1.10	1.11	1.12	1.15	1.19	1.23	1.28
江西	0.68	0.75	0.75	0.78	0.87	1.00	1.19	1.13	1.16	1.26	1.33	1.42	1.50	1.59
山东	0.81	0.83	0.78	0.85	0.94	1.00	1.03	1.17	1.19	1.40	1.46	1.56	1.67	1.77
河南	0.55	0.57	0.69	0.87	0.96	1.00	1.14	1.23	1.23	1.25	1.31	1.40	1.48	1.56
湖北	0.68	0.74	0.74	0.81	0.88	1.00	1.18	1.35	1.36	1.38	1.41	1.48	1.54	1.61
湖南	0.61	0.65	0.71	0.81	0.89	1.00	1.16	1.19	1.14	1.16	1.13	1.14	1.14	1.15
广东	0.87	0.84	0.89	0.93	1.00	1.08	1.11	1.09	1.12	1.17	1.20	1.24	1.27
广西	0.52	0.59	0.64	0.73	0.81	1.00	1.09	1.37	1.34	1.52	1.72	1.92	2.12	2.32
海南	0.66	0.76	1.01	1.12	1.12	1.00	1.18	0.93	0.99	1.19	1.42	1.64	1.86
重庆	0.52	0.56	0.66	0.77	0.92	1.00	1.16	1.35	1.35	1.39	1.49	1.60	1.72	1.83
四川	0.71	0.74	0.79	0.84	0.89	1.00	1.19	1.37	1.38	1.39	1.43	1.48	1.54	1.63
贵州	1.19	0.76	0.70	0.73	0.82	1.00	1.76	2.40	3.63	3.56	3.30	3.11	2.92	2.73
云南	0.76	0.70	0.69	0.80	1.05	1.00	1.23	1.60	1.66	1.81	1.96	2.13	2.31	2.49
陕西	0.80	0.83	0.76	0.75	0.85	1.00	1.15	1.45	2.52	2.55	3.38	4.24	5.09	5.95
甘肃	0.68	0.71	0.73	0.80	0.98	1.00	1.14	1.37	1.59	1.67	2.32	3.00	3.68	4.36
青海	0.72	0.62	0.80	1.26	1.30	1.00	1.94	1.84	1.17	1.24	1.59	1.97	2.35	2.73
宁夏	0.66	0.67	0.71	0.79	0.80	1.00	1.09	1.11	1.02	1.05	1.12	1.19	1.26	1.33
新疆	0.73	0.70	0.74	0.76	0.87	1.00	0.99	0.98	0.91	0.92	1.01	1.08	1.16	1.24

（三）分项指数：八大区域及全国层面

1. 知识能力指数

（1）八大区域

观察八大地区知识能力指数趋势（见图4-6）可以看出，总体而言各地区都呈现波动上升趋势，大致而言可以分为三个阶段：第一阶段，2009—2014年北部沿海、东部沿海、南部沿海、黄河中游、长江中游呈现平稳上升，其年均增长0.040、0.044、0.044、0.061、0.050，而东北地区在2010年快速增加，2011年回落到0.96的水平。西北地区在2011

年之前增长速度较快，年均增长 0.159，之后开始下降，但仍高于第一阶段的初始水平。西南地区在 2012 年之前增速较快，年均增长 0.130，2012 年后开始缓慢下降。第二阶段，2015—2019 年呈现波动上升阶段。西南地区在这一阶段上升幅度最大，年均增长 0.166，其次是东部沿海地区，年均增长 0.122，而后分别是长江中游、西北地区、南部沿海、东北地区、北部沿海、黄河中游。其总体水平要远高于第一阶段。第三阶段，2020—2022 年呈现区域不平衡发展阶段。在这一阶段长江中游地区发展飞速上升，年均增长 0.175，呈现上升趋势的地区还有东部沿海、东北地区、北部沿海、黄河中游。而西南地区、西北地区、南部沿海都呈现下降趋势，其年均下降 0.069、0.102、0.019。

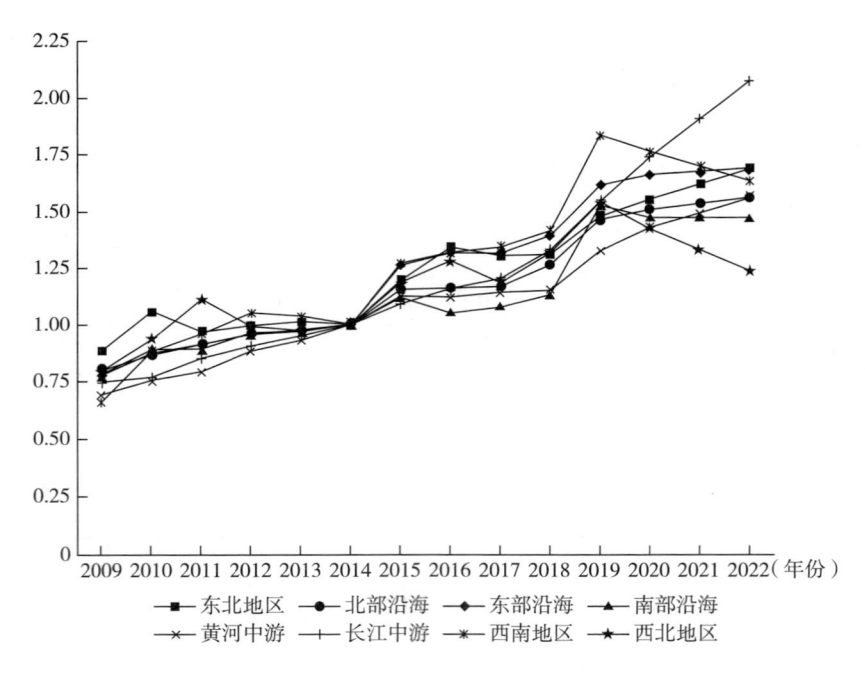

图 4-6　八大区域知识能力指数趋势

（2）全国层面

中国总体知识能力指数的变化趋势如图 4-7 所示。

提升人力资源技能水平，加强知识能力建设，是培育发展新动能的重要保障。综观中国 2009—2022 年，高技能人才加强培养，人力资本水

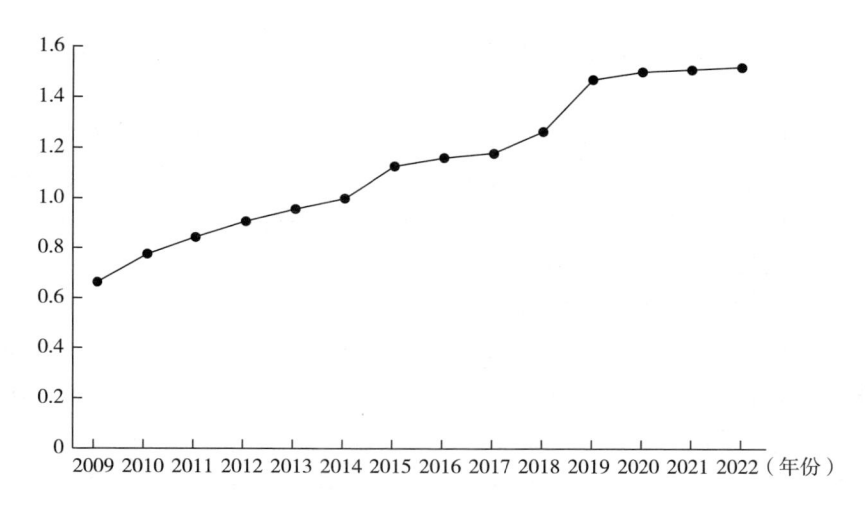

图 4-7　中国知识能力指数趋势

平有效提升，知识能力水平保持稳步上升的趋势。观察知识能力指数趋势图，大致分为三个阶段：第一阶段，2009—2014 年知识能力指数以较快速度平稳发展，年增长保持在 0.10 左右。第二阶段，2015—2019 年知识能力指数涨幅最高，2014—2015 年、2018—2019 年的两年间，是中国知识能力水平发展最快速的两年，在这两年，就业人员中研究生以上学历人数占比大幅上升，对知识能力水平的大幅提升起了主要促进作用。第三阶段，2019 年后知识能力上升水平缓慢，年均增长 0.012。从主要构成指标看，我国高学历、高技能人口比例进一步提高，2021 年末，经济活动人口中硕士及以上学历人口占比为 1.29%，比上年提高 0.21 个百分点；"四上"企业从业人员中专业技术人员占比为 15.64%，比上年提高 0.38 个百分点；非信息部门信息人员比重为 1.98%，比上年提高 0.11 个百分点；每万名就业人员 R&D 人员全时当量为 571.6 人年，比上年增长 9.2%。

2. 经济活力指数

（1）八大区域

观察八大地区经济活力指数趋势（见图 4-8）可以看出，总体而言各地区都呈现大幅度上升趋势，大致而言可以分为三个阶段：第一阶段，2009—2014 年各地区经济活力指数较低，但总体都呈现小幅度上升趋势，西北地区在这一阶段的经济活力指数居于首位，其他七个地区在这一阶段的经济活力指数的轨迹大致相同。第二阶段，2015—2019年呈现波动上升阶段。西北地区在这一阶段属于倒"U"形增加，年均增长0.421，而后分别是长江中游、南部沿海、西南地区、黄河中游、北部沿海、东部沿海、东北地区，年均增长0.386、0.332、0.325、0.312、0.266、0.243、0.227，这一阶段的各地区经济活力较为优越，其总体水平要远高于第一阶段。第三阶段，2020—2022年呈现大幅度上升。到2022年各地区经济活力指数都有大幅度的上升，在这一阶段长江中游地区发展势头迅猛，居于首位，年均增长0.699，分析原因在于，近年来长江中游城市群发展动能持续增强，综合实力显著提升，尤其是在"十三五"时期印发的《长江经济带发展规划纲要》确定了以"一轴、两翼、三极、多点"为核心的长江区域经济发展模式，极大地提高了长江中游地区的经济活力指数。而后从大到小依次为西南地区、西北地区、黄河中游、南部沿海、东北地区、北部沿海、东部沿海，年均增长0.605、0.438、0.561、0.504、0.579、0.482、0.332。

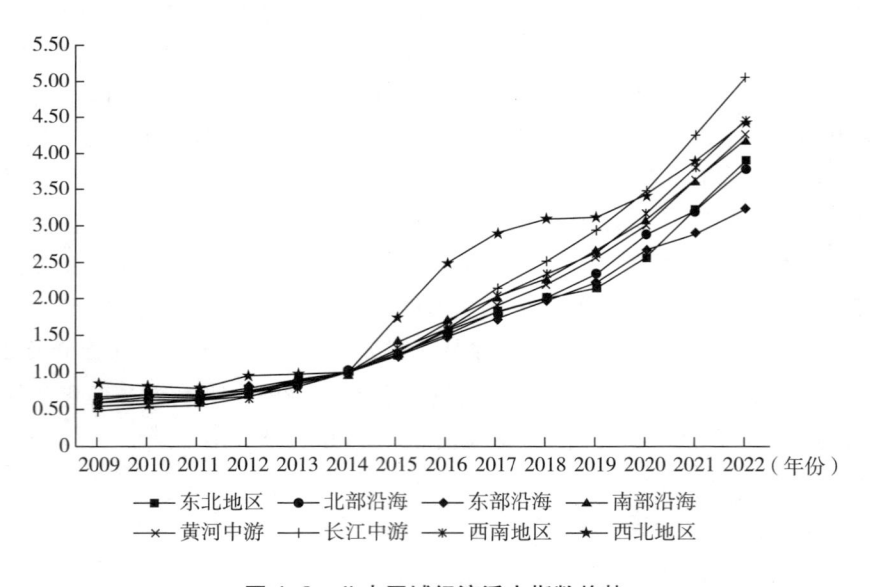

图4-8　八大区域经济活力指数趋势

（2）全国层面

本书计算了中国经济活力指数，如图4-9所示。

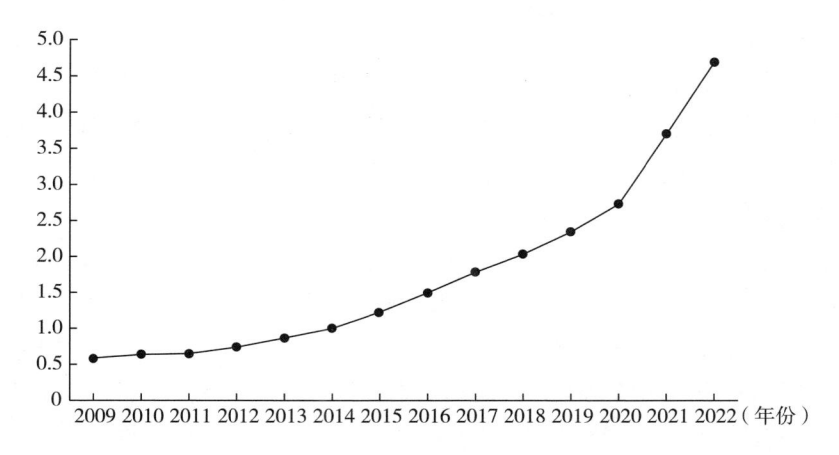

图 4-9　中国经济活力指数趋势

中国经济活力日益显现，经济活力指数从 2009 年的 0.5993 上涨至 2022 年的 6.7273，年均增长 0.210。观察经济活力指数图，大致分为三个阶段：第一阶段，2009—2014 年经济活力指数保持着低速水平缓慢上涨。第二阶段，2015—2019 年经济活力指数保持在 0.2 的增长，究其原因，2014 年李克强提出，要在 960 万平方千米土地上掀起"大众创业""草根创业"的新浪潮，形成"万众创新""人人创新"的新势态；2015 年 5 月 12 日，国务院召开全国推进简政放权放管结合职能转变工作助力经济活力的快速提升。第三阶段，2020 年开始，我国经济更是展现出强大的活力，进入了高速发展的阶段。2021 年，经济活力指数增长高达 0.355，从主要构成指标看，全国新登记注册市场主体数量为 2887.2 万户，增长 15.4%，增幅比上年提高 10.2 个百分点；日均新登记企业 2.5 万户，年末市场主体总数达 1.5 亿户。持续推进高水平对外开放，不断加大吸引外资力度，2021 年实现引资规模和质量双提升，充分彰显了我国经济发展韧性强、动力足、市场吸引力大。随着新型消费需求加快释放，快递业规模持续扩大。2021 年，快递业务量达到 1083 亿件，增长 29.9%。"大众创业、万众创新"纵深推进，新增市场主体保持良好增长态势，活力有效激发。政府职能加快转变，更多政务服务事项实现一网通办，加强和创新监管，不断优化营商环境，"放管服"改革取得新进展，进一步扩大经济发展空间，助力经济发展新动能对传统发展旧动能的替代转换。

3. 创新驱动指数

（1）八大区域

由图4-10可以看出，总体而言，各地区创新驱动指数都呈现波动上升趋势，大致而言可以分为三个阶段：第一阶段，2009—2014年各地区创新驱动指数不高，但总体上都呈现小幅度上升趋势，南部沿海以及黄河中游地区呈现小幅波动，南部沿海地区在2012年达到这一阶段的最大值1.27。第二阶段，2015—2019年呈现大幅上升阶段。南部沿海地区在这一阶段创新驱动指数最大，到2019年为止年均增长0.382，而后到2020年南部沿海地区创新驱动指数猛增，仅这一年年增长1.450，主要是由于广东省创新发展势头迅猛，而其他七个地区上升轨迹大致相同，2020年创新驱动指数都达到了2以上，总体水平要高于第一阶段。第三阶段，2020—2022年各地区呈现波动不均衡阶段。西南地区在这一阶段创新驱动指数大幅度增加，年均增长2.792，主要是由于川渝地区于2020年发布《成渝地区双城经济圈建设规划纲要》。激发区域科技创新效能，推动川渝两地共同建设具有全国影响力的科技创新中心。南部沿海地区由于广东省在知识获取、企业创新以及创新环境方面都稳居第一，带动南部沿海地区创新驱动指数的增加，年均增长1.306。而东北地区创新驱动指数在这一阶段有所下降，主要由于新冠疫情的爆发大大影响了东北地区的创新活力。其他地区在这一阶段保持平稳上升趋势。

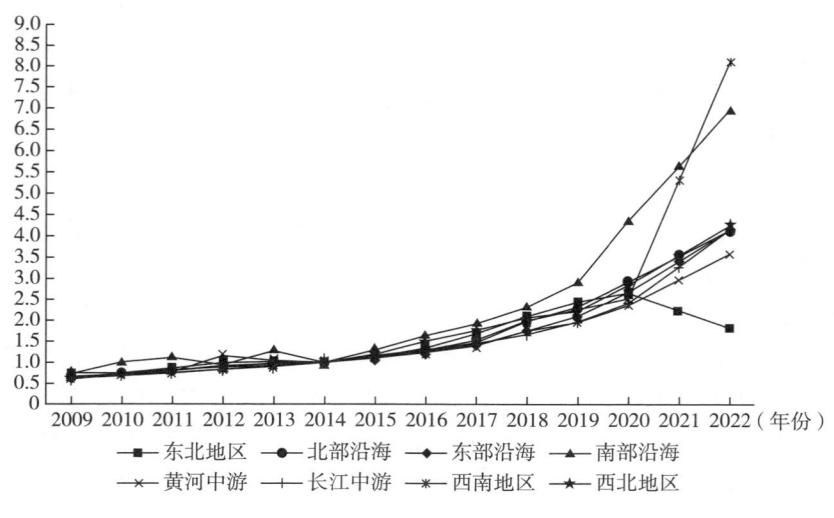

图4-10 八大区域创新驱动指数趋势

（2）全国层面

本书计算了中国创新驱动指数，如图4-11所示。

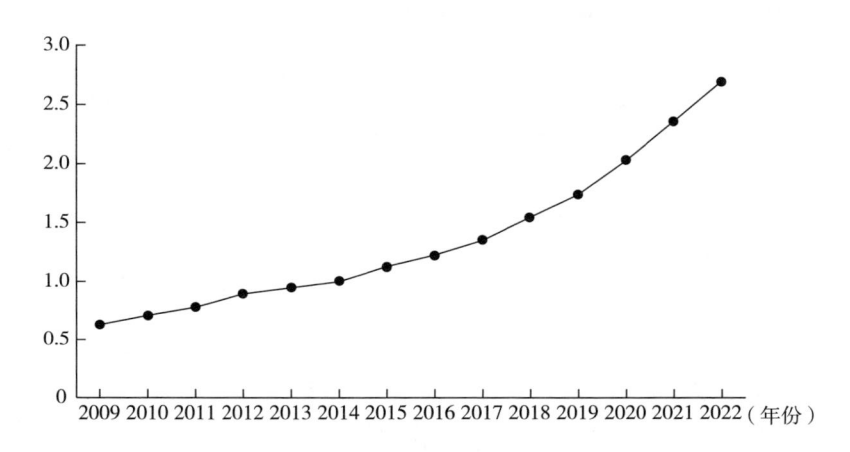

图4-11　中国创新驱动指数趋势

2009—2022年，随着深入实施创新驱动发展战略，大力推进科技创新，持续加强基础研究，夯实科技自立自强根基，一批重大科技创新成果涌现，关键核心技术攻关取得重要进展，载人航天、火星探测、资源勘探、能源工程等领域实现新突破，国家战略科技力量加快壮大，企业创新主体地位持续增强，新动能培育加速推进。观察2009—2022年的创新驱动指数趋势，大致可分为两个阶段：第一阶段，2009—2019年，党的十八大正式提出创新驱动发展战略和科技创新，创新驱动指数保持在10%左右的增长率持续提升。第二阶段，2020—2022年，随着经济发展水平的不断提升和创新驱动发展战略的深入实施，创新驱动指数快速增长。据测算，2022年，创新驱动指数为2.6997，比上年增长14.9%。从主要构成指标看，全国研究与试验发展（R&D）经费支出与GDP之比、基础研究经费占研发支出比重、企业研发经费等指标均有不同程度的提高，研发投入持续增加。科技创新成果转化力度加大，2021年全年授权发明专利69.6万件；每万人口高价值发明专利拥有量达到7.5件，较上年提高1.2件；技术市场成交合同额37294.3亿元，比上年增长32.0%，技术交易市场和技术转移机制建设成效明显。

4. 网络经济指数

（1）八大区域

本书计算了八大区域网络经济指数，如图4-12所示。

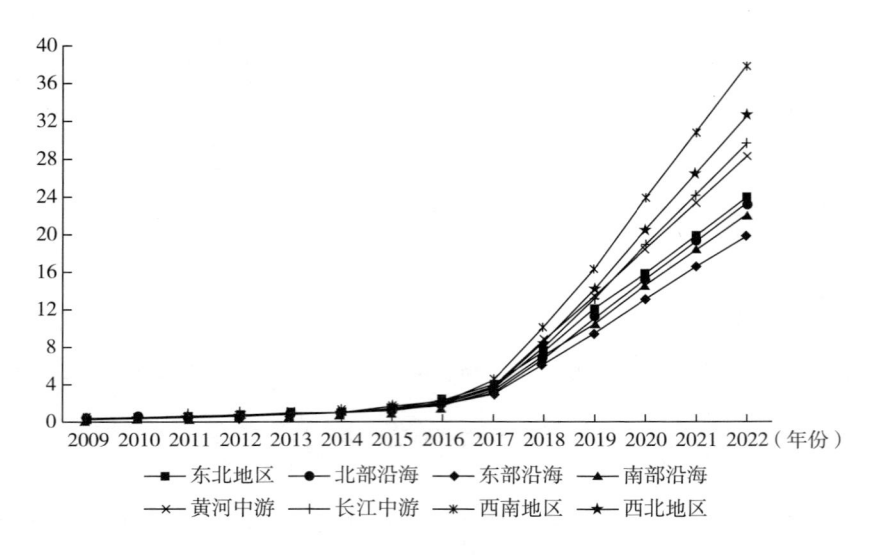

图4-12　八大区域网络经济指数趋势

八大地区网络经济指数呈现波动上升趋势，大致而言可以分为两个阶段：第一阶段，2009—2017年各地区网络经济指数处于较低水平，八大地区的波动轨迹大致相同，但总体都呈现小幅度上升趋势，尤其是在2014年之前网络经济指数还不超过1，2014年之后才有明显的上升趋势，2015年李克强总理的《政府工作报告》中多次强调"互联网+"推动移动互联网、云计算、大数据、物联网等与现代制造业结合，促进电子商务、工业互联网和互联网金融健康发展，引导互联网企业拓展市场。第二阶段，2018—2022年呈现大幅上升阶段。西南地区在这一阶段上升趋势最大，2022年达到37.82，年均增长6.676，其次为西北地区，2022年网络经济指数达到32.48，年均增长5.772，而后从大到小依次为长江中游、黄河中游、东北地区、北部沿海、南部沿海、东部沿海，年均增长分别为5.200、4.895、3.984、4.039、3.745、3.365。这一阶段各地区网络经济指数都要远远高于第一阶段，原因在于随着新一轮科技革命的发展，基于互联网的新商业模式和商业业态快速发展，近几年经济的高速增长促进地区网络经济的迅猛发展，居民的收入水平及消费水平日趋改善，越来越多的居民开始使用互联网，无论是从 IP 地址还是从域名、网站上看，北京、上海、广东、浙江和江苏的拥有量都居于前列，其他省份要尽快提高当地的网络经济发展水平。

（2）全国层面

为了分析网络经济指数总体变化情况，本书计算了中国网络经济指数的变化趋势，如图 4-13 所示。

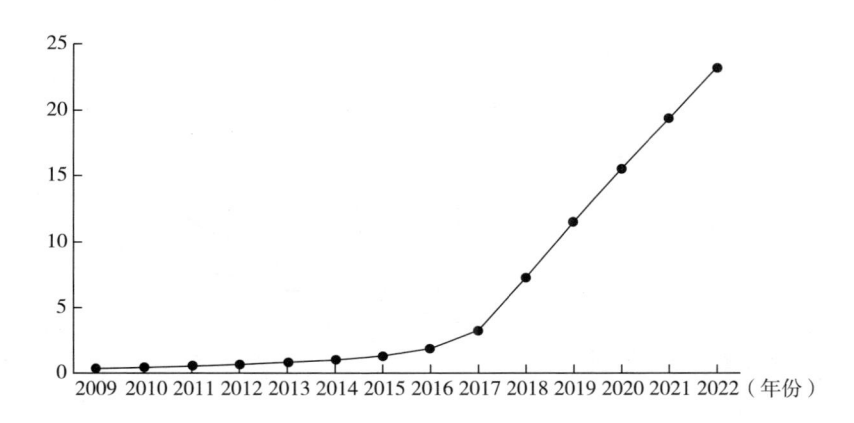

图 4-13　中国网络经济指数趋势

中国的网络经济持续快速发展，网络经济指数从 2009 年的 0.3361 增长至 2022 年的 23.2567。观察网络经济指数趋势，大致分为两个阶段：第一阶段，2009—2016 年，中国的网络经济处于平稳上升的阶段，增长大致保持在 0.20—0.40。第二阶段，2017 年开始，随着"互联网+"行动的深入推进，网络提速降费力度不断加大，高速宽带城乡覆盖范围不断延伸，以网络经济为代表的数字经济建设持续发力，网络经济进入了迅猛发展的阶段，成为发展壮大新动能的重要力量，2017—2018 年，网络经济指数增长率高达 119.4588%，2018 年，移动互联网用户数达到 14.0 亿户，比上年增长 9.9%；移动互联网接入流量高达 711.1 亿 GB，比上年增长 1.9 倍；固定互联网宽带接入用户达到 4.07 亿户，比上年增长 16.9%。从主要构成指标来看，移动互联网发展态势稳健。2021 年，网络经济指数为 19.3830，比上年增长 0.25，据测算，2022 年，网络经济指数达 23.26，比上年增长 0.20。从主要构成指标看，2021 年，移动互联网用户数、固定互联网宽带接入用户数分别达 14.2 亿户、5.4 亿户，分别比上年增长 5.0%、10.8%；移动互联网接入流量达 2216 亿 GB，增长 33.9%。

5. 转型升级指数

（1）八大区域

本书计算了八大区域转型升级指数，如图 4-14 所示。

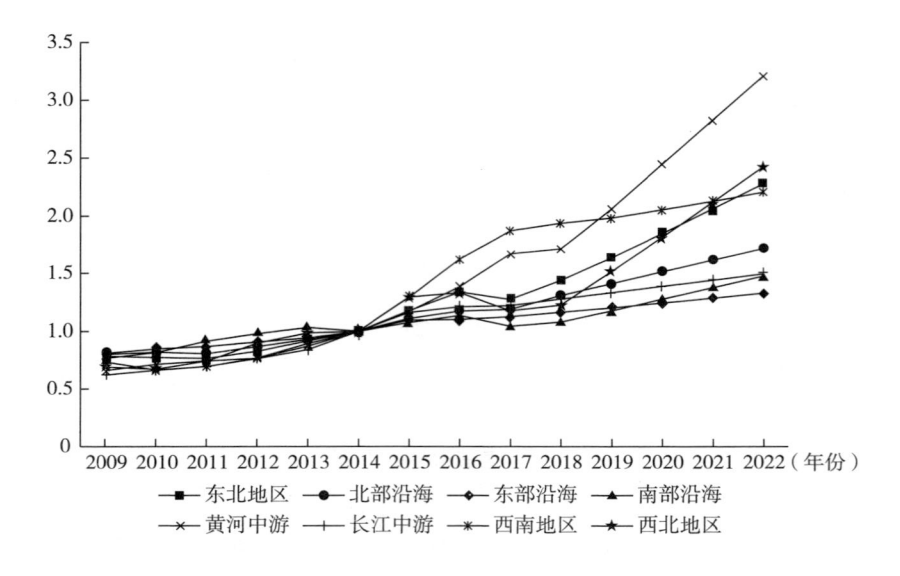

图 4-14 八大区域转型升级指数趋势

八大地区转型升级指数，总体而言都呈现波动上升趋势，大致而言可以分为三个阶段：第一阶段，2009—2014 年各地区转型升级指数不高，但总体都呈现平稳上升趋势，八大地区的上升轨迹大致相同，在 2014 年之前转型升级还不活跃，转型升级指数都未超过 1，相对而言国家相关激励政策还未出台，各省市转型升级意识还较弱。第二阶段，2015—2017 年各地区呈现不稳定的波动。西南地区和黄河中游地区转型升级指数直线上升，2017 年分别达到 1.87 和 1.67，年均增长 0.290 和 0.223，其他地区 2016 年之前还处于上升阶段，而到了 2017 年都有所下降，尤其是南部沿海地区 2017 年转型升级指数为 1.04，基本与 2014 年持平。原因在于，2016 年以来中国经济下滑，整体上出现颓势。许多行业不景气，从"供不应求"转变为"供过于求"，形成"产能过剩"。而且我们的主要贸易伙伴美国、欧盟等都长期经济衰退，也导致中国转型升级的脚步变缓甚至下降。第三阶段，2018—2022 年各地区呈现大幅度上升阶段。黄河中游地区在这一阶段转型升级指数大幅度增加，年均增长 0.305。原因在于，2021 年《黄河流域生态保护和高质量发展规划纲要》发布，带动山西、陕西、河南、内蒙古工业化进程稳步提升，转型升级指数增加，其次分别是西北地区、东北地区、西南地区、北部沿海、长江中游、南部沿海、东部沿海，年增长 0.249、0.200、0.066、0.106、0.054、0.085、0.040。

（2）全国层面

本书计算了中国转型升级指数，如图 4-15 所示。

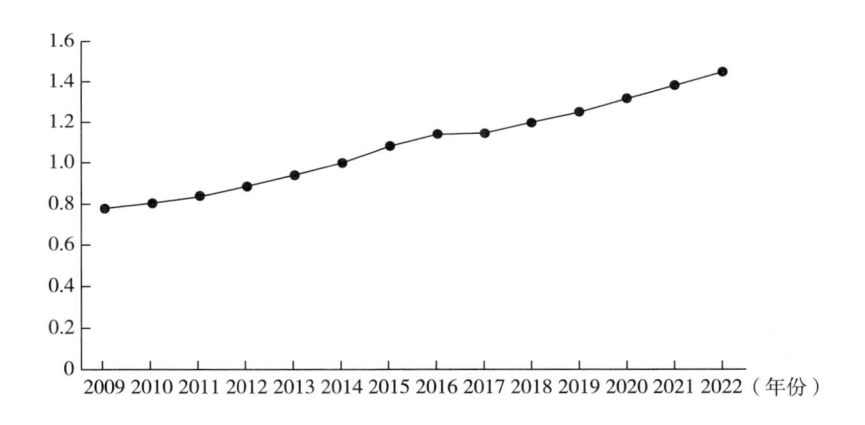

图 4-15　中国转型升级指数趋势

畅通国民经济循环、维护产业链供应链安全稳定的同时，持续推进产业结构优化升级，提升产业发展水平，培育壮大发展新动能。2009—2022 年，中国转型升级指数一直保持着低速水平持续增长，从 2009 年的 0.7794 上涨至 2022 年的 1.45107，年均增长 0.049。大致分为三个阶段：第一阶段，2009—2015 年转型升级指数平稳上升，2014 年是转型升级最快速的一年，增长 0.082，这一年，我国传统产业转型升级工作稳步向前推进，新兴产业不断涌现、高耗能高污染产业走向绿色环保、信息化激发传统产业勃勃生机，成为转型升级发展的关键因素。第二阶段，2016—2017年转型升级指数增长趋于停滞，2015年宏观数据指标创下了十几年来的新低，工业生产、房地产和相关的投资出现下降，使得2016年转型升级停滞。第三阶段，2017—2022年转型升级指数保持着直线水平持续增长，年均增长0.043。未来，持续推进制造业、服务业、农业等产业数字化，开展新一代信息技术与制造业融合发展试点示范，实施制造业绿色低碳转型行动和先进制造业集群发展专项行动，持续推进国家战略性新兴产业集群工作，产业布局进一步优化。

（四）总指数

同时，为了对比分析产业新旧动能转换指数及知识能力、经济活力、创新驱动、网络经济与转型升级指数的具体趋势，本节将上述指数整理如图4-16所示。

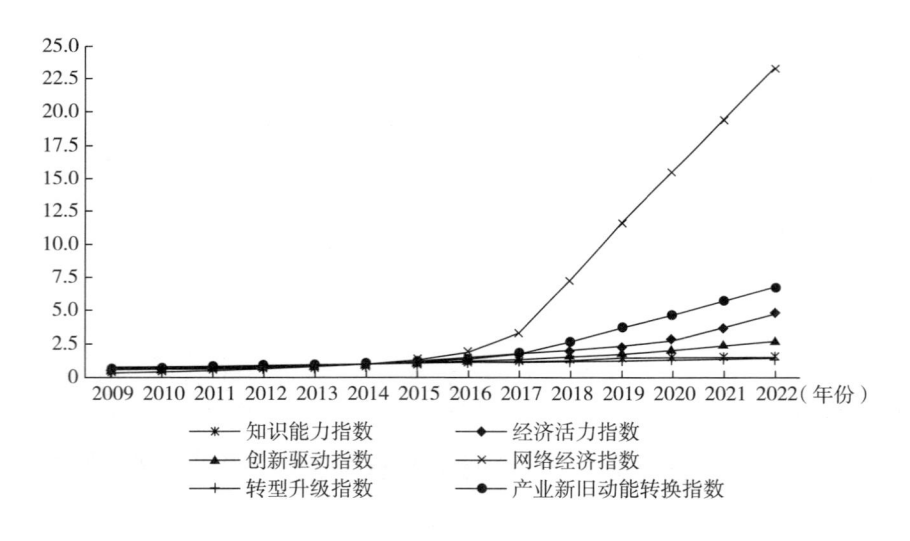

图4-16 各指数及总指数趋势

各指数及总指数，总体而言都呈现上升趋势，大致而言可以分为三个阶段：第一阶段，2009—2014年各地区五大指数不高，呈现缓慢的上升趋势，其波动轨迹大致重合，知识能力指数、经济活力指数、创新驱动指数、网络经济指数以及转型升级指数这五大指数在这一阶段年均增长0.067、0.083、0.074、0.133、0.044。2014年以前产业新旧动能转换指数还处于较低水平，年均增长0.08。这一阶段我国各指数还未展现出良好的上升态势。第二阶段,2015—2017年各地区呈现小幅度增长。网络经济指数增长最快,年均增长0.769,2014年中国互联网迎来全功能接入全球互联网20周年,中国已建成全球最大的4G网络,尤其是在2015年出台《关于实施"宽带中国"2014专项行动的意见》,促使我国网络经济发展水平的增长。其他四大指数以及经济总指数还处于较低水平。其他四大指数分别是经济活力指数、创新驱动指数、知识能力指数、转型升级指数,年均增长0.262、0.117、0.061、0.049。产业新旧动能总指数在2017年达到1.75,逐渐展现出缓慢上升的趋势,在这一阶段的年均增长0.252。第三阶段,2018—2022年各指数都有所上升。网络经济指数仍然处于猛增阶段,年均增长3.990。尤其是在2022年网络经济指数达到了23.26的高水平,成为整体阶段的最大值,这也是由于我国近年来大力发展互联网经济的结果。由于网络经济指数的激增带动产业新旧动能转换指数的增加,年均增长0.994。尤其是从2017年后我国的经济展现出强大的活力,我国进入了高速发展与高质量发展的阶段,经济活力指数也不断增长,年均增长0.584。创新驱动指数、知识能力指数以及转型升级指数也都有所增长,年均增长0.270、0.068、0.061。产业新旧动能指数在这一阶段的年均增长0.994,也呈现出高速的发展,这是由于网络经济的快速发展带动了整体新旧动能的转换。

第三节　本章小结

本章对双向直接投资与产业新旧动能转换指数构建原理进行阐述,同时,对双向直接投资指数进行测度,具体包括中国省际层面、中南半岛层面(横向三国与纵向四国),并对双向直接投资的动态演变情况进行说明。此外,本章对产业新旧动能转换指数进行测度,具体包括产业新旧动能转换总体指数、分类指数(知识能力指数、经济活力指数、创新驱动指数、网络经济指数和转型升级指数),并对产业新旧动能转换的动态演变情况进行说明。本章详细分析了中国—中南半岛双向直接投资指数的发展现状和变动趋势,以及我国产业新旧动能转换的发展情况与变动趋势,旨在直观分析双向直接投资与产业新旧动能转换指数构建原理、指数测度结果以及动态演变趋势。

第五章 双向直接投资联动驱动产业新旧动能转换理论机制分析

为了清晰说明双向直接投资联动驱动产业新旧动能转换的理论传导机制，首先，本章对双向直接投资影响产业新旧动能转换的直接效应，以及双向直接投资通过技术创新（包括外商直接投资技术溢出与对外直接投资逆向技术溢出）影响产业新旧动能转换的间接效应进行阐述，通过理论分析双向直接投资对我国产业新旧动能转换的作用机制。其次，本章通过理论模型分析企业的生产部门、研发部门如何推进双向直接投资创新决策，实现企业技术创新。再次，本章进一步分析双向直接投资、技术创新与产业新旧动能转换的理论机制，并对双向直接投资联动驱动产业新旧动能转换的动态均衡条件进行推演，旨在具体分析双向直接投资联动驱动产业新旧动能转换的理论机制。最后，本章进一步研究中国经济增长动力分解与切换问题。本章为后文研究奠定理论基础，同时，通过实证分析的方式验证理论传导机制问题。

第一节 双向直接投资与产业新旧动能转换的效应分析

一 直接效应

双向直接投资联动驱动产业新旧动能转换的直接效应。产业新旧动能转换理论源于熊彼特创新产业集聚理论，融合产业集聚理论与技术创新理论阐释创新成簇群集于近邻部门的非随机分布现象（何畏，2020）。双向直接投资联动驱动产业新旧动能转换异质于传统产业集聚，能够实现核心技术"1+1>2"的规模经济效应，实现核心技术"涌现"，形成关键技术催化、分工、扩散与一体化协作的产业链模式（刘鹏振等，

2022）。同时，双向直接投资联动驱动产业新旧动能转换为指向性集聚，梳理围绕"卡脖子"产业链关键环节设立靶向目标，通过横向经济联系，推进同类型双向直接投资企业竞争集聚"做大做强"，实现核心技术优胜劣汰，以及加强纵向经济联系，推进异质性双向直接投资企业合作集聚"互利共生"，实现优势互补，进一步提升产业链关键环节垂直专业化水平，形成关键环节自主可控的完整产业链体系，推动产业新旧动能实质转换。此外，我国产业新旧动能转换发展具有"干中学""用中学"的后发优势，随着双向直接投资联动规模经济效应日益凸显，国内企业之间的可变成本、交易成本不断下降，产业链的"向心力"逐步增强，双向直接投资企业核心技术的极化效应与回程效应将进一步强化（罗巍等，2020），逐步破解产业链关键环节技术封锁问题，实现产业新旧动能转换。

二　间接效应

双向直接投资联动通过技术创新驱动产业新旧动能转换。双向直接投资联动推进利用式创新逐步走向探索式创新（凌鸿程等，2022），关键技术实现从无到有、从 0 到 1、由点到线的突破。双向直接投资联动能够高效率组织与协调产业链上下游技术合作，推动产业前向关联技术应用与后向关联技术创新，实现关键技术自主创新能力提升（刘海兵、杨磊，2022）。同时，技术创新是我国产业新旧动能转换的重要支点，关键技术的渐进式利用创新转变为根植性探索创新，自主创新加速推进了产业链关键环节的核心技术实现由引进为主、引创并举到自主创新引领的转变（程恩富、吴文新，2019），实现产业新旧动能转换。此外，双向直接投资企业自主创新通过精耕细作、靶向作战，进一步推动技术链与产业链适配程度提升，将技术链赋能产业链，技术研发转化应用于产业链关键环节，实现技术与产业同频共振，制造中心向创造中心转变，有效提升产业新旧动能转换程度（张于喆等，2021）。故而，我国双向直接投资企业自主创新应聚焦世界科技前沿、国家战略需要与本土产业优势，评定产业链重点领域关键技术，合理运用新型举国体制，攻克产业链关键环节核心技术，实现产业新旧动能实质转换。

三　驱动机制

双向直接投资内外联动驱动产业新旧动能转换。我国外商直接投资集中于中低端制造业，"引进来"使得我国变为制造业大国而非强国，成为世界的"加工厂",而对外直接投资行业分散,"走出去"缺乏精准目标（诸竹君等,2020；符磊、周李清,2023）。外商直接投资作为"外力",推进产业链不断完善,延伸产业链长度；对外直接投资作为"内力",驱动产业链优化升级,拓展产业链深度,二者联合推动产业新旧动能转换。故而,聚焦产业新旧动能转换核心技术开展同行业异质性的外商直接投资与对外直接投资,可使"引进来""走出去"内外联动"靶向"引进、吸收与转移关键核心技术,强化产业链关键环节的链主地位,实现产业链长度延伸（横向）与深度拓展（纵向）。同时,通过中国—中南半岛双向直接投资驱动产业精准布局,实现"卡脖子"产业链技术突破,同行业异质性的中国—中南半岛双向直接投资联动能够有效地推进产业新旧动能转换。因此,外商直接投资与对外直接投资不能割裂分解,高质量"引进来"与强目标"走出去"有机结合、内外联动、同频共振能够推动我国产业新旧动能实质转换。故而,研究认为中国—中南半岛双向直接投资内外联动能够有效地推动我国产业新旧动能转换。

四 技术溢出机制

中国—中南半岛双向直接投资"靶向"直接投资技术溢出机制,具体包括"靶向"外商直接投资技术溢出机制和"靶向"对外直接投资逆向技术溢出机制两种传导方式。

一是"靶向"外商直接投资技术溢出机制。传统外商直接投资的技术溢出效应有效推动了我国中低端制造业实现产业迭代、优化升级（邹志明、陈迅,2022）,却并未解决产业新旧动能转换问题。外商直接投资企业选择中国作为东道国,源于自然资源、劳动力与原材料等生产要素成本低廉的优势（姜巍,2012）。依据利润最大化原则,我国可以通过"卡脖子"产业"靶向"政策制定,加大关键核心技术领域外商直接投资的支持力度,有目的、有选择并且高质量地引导外商直接投资走进关键核心技术领域,逐步突破"卡脖子"产业技术"瓶颈",推动产业新旧动能转换,实现关键环节自主可控。同时,中国具有完善的产业链基础和中端应用技术,结合"靶向"外商直接投资技术溢出,吸收转化应用于产业链关键环节,引领外商直接投资与国内"卡脖子"产业链实现前向关联、后向关联或深度融合,渐进厘清产业体系,刻画"卡脖子"产业链条,汇集关键技术,推动光刻机、芯片、触觉传感器、真空蒸镀机等35项关键技术逐步突破,实现"卡脖子"技术由简到繁、由易到难、由相对低端到绝对高端的——破解，进一步实现产业新旧动能实质转换。

二是"靶向"对外直接投资逆向技术溢出机制。传统的对外直接投资研究并未突破纯经济利益框架，仍以利润最大化为目标，推动企业"走出去"跨国并购或绿地投资，获得自然资源、人力资源、市场资源或技术资源（吴建祖、郑秋虾，2020；王琳君等，2023）。同时，对外直接投资企业没有精准对标"卡脖子"产业链关键核心技术领域，推进产业新旧动能实质转换。依据产业链安全稳定、自主可控的原则，对外直接投资应突破经济利益考量，重塑产业高质量增长的新动能，我国可以增加对外直接投资的支持力度与事后补贴，引导企业跨境并购走进产业新旧动能转换关键核心技术领域，鼓励对外直接投资推动母国产业链关键环节核心技术突破，赋能产业链关键环节获得内在动力。通过"靶向"对外直接投资获得产业链关键环节相匹配的逆向技术溢出，嵌入各个生产环节，实现现有产业链基础与产业链技术深度融合，形成"靶向"的对外直接投资、匹配的逆向技术溢出的循环共生体系，循序渐进推动我国产业新旧动能实质转换。

第二节　双向直接投资驱动企业技术创新决策理论机制

新古典经济学认为技术进步推动了经济增长，创新是经济增长的动力源泉。同时，熊彼特创新产业集聚理论提出破坏性创造有效地推动了经济增长，技术创新随时间变化呈现非随机过程。本书依据熊彼特创新理论，对双向直接投资联动与技术创新决策问题建模。

本书参照熊彼特技术创新理论与 Philippe 等（2018）的研究思想，异于传统理论研究，聚焦双向直接投资企业研究对象，构建适用于双向直接投资企业的创新决策理论模型。本书假设双向直接投资企业存在 A 和 B 两家，集聚于同一地区，每家企业都有生产部门和研发部门，同时，企业将高技能劳动（研发人员）和资本投入作为生产要素组织生产。双向直接投资企业集聚于同一地区产生竞争效应，推动生产部门、研发部门采用不同的创新决策。

（一）生产部门

本书假设企业按照替代弹性不变的柯布—道格拉斯（Cobb-Douglas）函数组织生产，研究生产部门、研发部门对双向直接投资企业创新决策的影响，则双向直接投资企业 A 和 B 的生产函数如下所示：

双向直接投资企业 A 的生产函数：

$$Y_{At}^l = (T_{At}^l)^{\mu_t}(L_{At}^l)^{\mu_a}(K)^{1-\mu_a} \tag{5-1}$$

双向直接投资企业 B 的生产函数：

$$Y_{Bt}^l = (T_{Bt}^l)^{\mu_t}(L_{Bt}^l)^{\mu_b}(K)^{1-\mu_b} \tag{5-2}$$

其中，T_{At}^l 和 T_{Bt}^l 分别表示双向直接投资企业 A 和 B 的技术水平，μ_t 为技术水平的弹性参数，L_{At}^l 和 L_{Bt}^l 分别表示双向直接投资企业 A 和 B 的研发人员数量，μ_a 和 μ_b 分别表示双向直接投资企业 A 和 B 研发人员投入回报参数，K 为双向直接投资企业 A 和 B 的资本投入。为了简化研究问题，假设 A 和 B 两个企业的资本投入为 1，则 A 和 B 两个企业的生产函数简化为 $Y_{At}^l = (T_{At}^l)^{\mu_t}(L_{At}^l)^{\mu_a}$ 和 $Y_{Bt}^l = (T_{Bt}^l)^{\mu_t}(L_{Bt}^l)^{\mu_b}$。

（二）研发部门

研发部门的技术创新可能成功，也可能失败。本书依据熊彼特技术创新理论，将技术创新概率 P_{it}^l 和研发人员投入 L_{it}^l、现有技术水平 T_{it}^l 的关系表示如下：

$$P_{it}^l = \lambda \left(\frac{L_{it}^l}{T_{it}^l}\right)^{\delta_i}, \quad 0 < \lambda < 1 \tag{5-3}$$

其中，λ 为研发部门生产效率参数，δ_i 为研发部门弹性系数，为了简化研究问题，本书假定研发部门为单位弹性，则技术创新概率简化为 $P_{it}^l = \lambda(L_{it}^l / T_{it}^l)$。技术创新成功概率与研发投入人员数量呈正向相关，即随着研发投入人员数量增多，创新成功概率越大；而技术创新成功概率与现有技术水平呈负向相关，即现有技术水平越高，边际创新难度越大，成功概率越小。

同时，研发部门对生产部门具有一定的影响，技术创新成功，技术水平提高，生产效率提升，而技术创新失败，技术水平停滞于现有技术水平组织生产。本书假定技术创新成功的概率为 $P_i^l(i=A, B)$，则技术创新失败的概率为 $1-P_i^l$，若技术创新成功，双向直接投资企业技术水平提高，如下所示：

$$T_{it}^l = \zeta T_{it-1}^l, \quad \zeta > 1 \tag{5-4}$$

其中，ζ 为技术乘子，服从帕累托分布。此时，对于双向直接投资企业 A 和 B 的技术创新概率期望值为：

$$E(P_{it}^l) = P_{it}^l \frac{k}{k-1} T_{it}^l + (1-P_{it}^l) T_{it}^l \tag{5-5}$$

其中，k 为参数。

（三）双向直接投资企业创新决策

双向直接投资企业第一阶段进入市场生产时，假定研发部门为外生部门，技术创新概率 P_{it}^l 为常量，表示为 $\widetilde{P_{it}^l}$，研发部门成本固定为 $C(\widetilde{P_{it}^l})$，根据利润最大化原则与拉格朗日函数，结合式（5-4）和式（5-5），则有：

$$\max E \sum_{t=t_0}^{\infty} \beta^t \left[\rho_{it}^l \left(P_{it}^l \frac{1}{k-1} + 1 \right)^{\mu_i} (T_{it}^l)^{\mu_t} (L_{it}^l)^{\mu_i} - \omega_{it}^l L_{it}^l - C(\widetilde{P_{it}^l}) \right] \tag{5-6}$$

$$\text{s.t.} \quad \rho_{it}^l \left(P_{it}^l \frac{1}{k-1} + 1 \right)^{\mu_i} (T_{it}^l)^{\mu_t} (L_{it}^l)^{\mu_i} = \omega_{it}^l L_{it}^l + C(\widetilde{P_{it}^l}) \tag{5-7}$$

其中，β 为双向直接投资企业组织生产的贴现因子，本书假定双向直接投资企业依据双向直接投资企业生产均衡与利润最大化，求解得到双向直接投资企业对研发人员的需求函数，如下所示：

$$L_{it}^l = \left[\omega_{it}^l / (1-\zeta) \rho_{it}^l \right]^{-\frac{1}{\mu_i}} \left[P_{it}^l / (k-1) + 1 \right] T_{it}^l \tag{5-8}$$

双向直接投资企业 A 和 B 第二阶段集聚发生时，市场具备竞争条件，驱动双向直接投资企业技术创新决策（可能成功，也可能失败），投入更多研发人员，成本随之上升，成本函数如下所示：

$$C(P_{it}^l) = \omega_{it}^l \left[C_f + C_v / (1-P_{it}^l) \right] \tag{5-9}$$

其中，C_f 为研发人员的固定成本，C_v 为研发人员的可变成本，按照边际成本递增理论可知，$C(P_{it}^l)$ 的一阶导数和二阶导数均大于 0。同时，双向直接投资企业创新决策平均成本作为研发人员的工资率水平，则有：

$$\omega_{it}^l = \frac{C(P_{it}^l)}{L_{it}^l} \tag{5-10}$$

将双向直接投资企业技术创新概率式（5-3）和成本函数式（5-9）代入式（5-10），可以得到研发部门的研发人员需求函数，如下所示：

$$L_{it}^l = C_f + C_v \Big/ \left[1 - \lambda \left(\frac{L_{it}^l}{T_{it}^l}\right)\right] \tag{5-11}$$

结合式（5-11）与技术创新概率式（5-3），进一步推导得出双向直接投资企业技术创新决策概率函数：

$$P_{it}^{l*} = \frac{\lambda}{T_{it}^l}(C_f + C_v) + \lambda^2 \frac{C_v}{T_{it}^l - \lambda L_{it}^l} \tag{5-12}$$

通过联合双向直接投资企业技术创新概率式（5-3）、成本函数式（5-9）和人员需求函数式（5-11），不难发现技术创新决策概率 P_{it}^{l*} 函数随企业数量的进入而增加，二者呈现单调递增关系，说明双向直接投资联动能够推动企业 A 和 B 执行技术创新决策，增加技术创新研发投入，进一步提升技术创新水平和自主创新能力。

据此，双向直接投资企业 A 和 B 集聚交替推进技术创新决策概率提升，在产业链关键环节核心技术方面"精雕细刻、精耕细作"，实现自主技术创新。本书通过上述理论分析与创新决策理论模型推演，提出双向直接投资联动、自主创新与产业新旧动能转换的研究假设。

基于上述传导理论，可以得出以下两点结论：一是双向直接投资联动提升了产业链关键环节的自主可控能力；二是双向直接投资联动通过技术创新提升了产业链关键环节的自主可控能力，技术创新为中介传导变量。本节对双向直接投资联动驱动产业新旧动能转换的直接效应与间接效应进一步从理论模型的角度进行分析。

第三节　双向直接投资、技术创新与产业新旧动能转换理论机制

本书结合双向直接投资、技术创新与产业新旧动能转换已有文献研究［中国社会科学院工业经济研究所课题组（2022）、Miller and Upadhyay（2000）］，推演双向直接投资、技术创新与产业新旧动能转换的理论模型与传导机制，如下所示：

$$Innovation_{it} = A_{it}(\cdot) F(R\&D, Edu, X_i) \tag{5-13}$$

其中，$Innovation_{it}$ 代表技术创新，$A_{it}(\cdot)$ 为希克斯中心的技术创新效率函数，$F(R\&D, Edu, X_i)$ 为技术创新的研发资本、人力资本以及其

他影响因素。

在式（5-13）的基础上，本书引入双向直接投资 FDI_{it} 作为希克斯技术效率函数 $A_{it}(\cdot)$ 的指数构成部分，即：

$$A_{it}(\cdot) = f(FDI_{it}) = A_{i0}e^{\theta_{it}}FDI_{it}^{\phi} \qquad (5-14)$$

其中，A_{i0} 代表原始技术进步，说明双向直接投资发展能够有效推动技术创新，将式（5-14）代入式（5-13）中，同时，借鉴 Cobb-Douglas 生产函数形式，可以得到：

$$Innovation_{it} = A_{i0}e^{\theta_{it}}FDI_{it}^{\phi}R\&D^{\alpha}Edu^{\beta}(\prod X_i)^{\gamma} \qquad (5-15)$$

同时，对式（5-15）求偏导数，得到式（5-16），如下所示：

$$\partial Innovation_{it}/\partial FDI_{it} = A_{i0}e^{\theta_{it}}\phi FDI_{it}^{\phi-1}R\&D^{\alpha}Edu^{\beta}(\prod X_i)^{\gamma} \qquad (5-16)$$

其中，原始技术进步数值非负，技术创新对双向直接投资的偏导数非负。因此，双向直接投资发展、研发投入与人力资本能够有效推动技术创新。

同时，对式（5-15）取对数，使其线性化，更为有效地分析与度量各要素对技术创新的贡献程度，得到式（5-17）：

$$\ln Innovation_{it} = \ln A_{i0} + \theta_{it} + \phi\ln FDI_{it} + \alpha\ln R\&D_{it} + \beta\ln Edu_{it} + \gamma\ln\sum X_{it}$$
$$(5-17)$$

此外，本书主要关注双向直接投资发展通过技术创新推动产业新旧动能转换问题，双向直接投资发展具体划分为外商直接投资（FDI_{it}）和对外直接投资（$OFDI_{it}$）两个方面。技术创新是产业新旧动能转换的重要推动力，即技术创新 $Innovation_{it}$ 能够有效推动产业新旧动能转换 KE_{it}。因此，为了表达二者之间的影响关系，本书给出如下函数关系式：

$$KE_{it} = g(Innovation_{it}) \qquad (5-18)$$

由于无法显化表达技术创新与产业新旧动能转换问题，故而，本书采用隐函数对其进行描述，即：

$$F(Innovation_{it}, KE_{it}) = 0 \qquad (5-19)$$

其中，技术创新与产业新旧动能转换呈现显著正相关函数关系，假定在其给定邻域内连续可导，进一步地，对上述函数求导，如式（5-20）所示：

$$\frac{\partial F}{\partial Innovation_{it}} + \frac{\partial F dKE_{it}}{\partial KE_{it} dInnovation_{it}} = 0 \qquad (5-20)$$

进一步计算，可以得到：

$$\frac{\mathrm{d}KE_{it}}{\mathrm{d}Innovation_{it}} = -\frac{\dfrac{\partial F}{\partial Innovation_{it}}}{\dfrac{\partial F}{\partial KE_{it}}} > 0 \qquad (5-21)$$

说明技术创新对产业新旧动能转换具有促进作用，双向直接投资发展能够通过技术创新有效地推动产业新旧动能实质转换。此外，本书依据边际递减规律，假定技术创新推动产业新旧动能转换存在凸技术。因此，通过技术创新与产业新旧动能转换的二阶导数进一步阐述。

$$\frac{\mathrm{d}^2 KE_{it}}{\mathrm{d}Innovation_{it}^2} = \frac{\partial}{\partial Innovation_{it}}\left(-\frac{\dfrac{\partial F}{\partial Innovation_{it}}}{\dfrac{\partial F}{\partial KE_{it}}}\right) + \frac{\partial}{\partial KE_{it}}\left(-\frac{\dfrac{\partial F}{\partial Innovation_{it}}}{\dfrac{\partial F}{\partial KE_{it}}}\right)\frac{\mathrm{d}KE_{it}}{\mathrm{d}Innovation_{it}}$$

$$= \frac{2F_{Innovation_{it}KE_{it}}F_{Innovation_{it}}F_{KE_{it}} - F_{Innovation_{it}Innovation_{it}}F_{KE_{it}}^2 - F_{KE_{it}KE_{it}}F_{Innovation_{it}}^2}{F_{KE_{it}}^3} < 0$$

$$(5-22)$$

可以看出，技术创新显著地提升了产业新旧动能转换程度，同时，技术创新与产业新旧动能转换存在单调递增边际递减的凸函数形式。因此，双向直接投资、技术创新与产业新旧动能转换三者的函数关系可以进一步表示为式（5-23）：

$$F(FDI_{it},\ Innovation_{it},\ KE_{it}) = 0 \qquad (5-23)$$

由此可见，双向直接投资通过推动技术创新提升了产业新旧动能转换程度，提高了产业的安全性与稳定性，有利于进一步重构我国高质量发展的新动能，实现经济高质量发展。

第四节　双向直接投资联动驱动产业新旧动能转换动态均衡推演

本书结合上述理论分析与创新决策理论模型讨论，为了进一步分析双向直接投资对中国—中南半岛产业新旧动能转换的动态均衡条件，本书将外商直接投资（FDI）和对外直接投资（$OFDI$）先拆分、后组合，分析外商直接投资与对外直接投资二者的个体效应及其双向直接投资的联动效应对中国—中南半岛产业新旧动能转换的影响问题。

一 FDI驱动产业新旧动能转换动态均衡条件推演

（一）产业动能转换分解

为了分析中国—中南半岛双向直接投资与产业新旧动能转换问题，本书结合柯布—道格拉斯（Cobb-Daulgas）生产函数，参照郑江淮等（2018）中国—中南半岛经济增长的动能指数构造，将资本与劳动作为经济增长动能的源泉，其中，劳动细分为低技能劳动和高技能劳动，以及王家庭等（2019）关于生产率动能转换实现由资本驱动逐步向技术驱动切换的研究，考虑外商直接投资技术溢出效应（陈培如、冼国明，2020）和对外直接投资逆向技术溢出效应（朱彤，2019）在推动中国—中南半岛产业价值链提升方面的作用。因此，假定双向直接投资（外商直接投资和对外直接投资）对中国—中南半岛产业动能转换具有正向驱动作用，如下所示：

$$KE = FDI^{\alpha}\phi^{\beta}, \quad \phi>0, \quad 0<\alpha<1, \quad 0<\beta<1 \tag{5-24}$$

其中，KE是指产业新旧动能转换指数，FDI是指外商直接投资，ϕ表示其余影响因素。

此外，考虑中国—中南半岛产业新旧动能转换受到人力资本水平（EDU）、经济发展水平（EDL）、各省份开放水平［贸易开放度$Open = (X+M)/GDP$］、政府"负面清单"政策（$Policy$），以及环境规制水平（ERS）的影响，将式（5-24）进行扩展，如下所示：

$$KE = FDI^{\alpha_1}EDU^{\alpha_2}EDL^{\alpha_3}Open^{\alpha_4}Policy^{\alpha_5}ERS^{\alpha_6}\phi^{\alpha_7}, \quad \phi>0, \quad 0<\alpha_1, \cdots, \alpha_7<1 \tag{5-25}$$

其中，人力资本水平为人均受教育年限，经济发展水平为全要素生产率，各省份开放水平为贸易开放度，政府"负面清单"政策为虚拟变量，政策实施前为0，实施后为1，环境规制水平为环境规制指数。除去系列因素对产业新旧动能转换的作用，考虑外商直接投资的推动作用。

同时，α_1至α_6系数可能为负，即系列控制变量中部分影响因素对中国—中南半岛产业新旧动能转换可能存在反向抑制作用，此外，若将式（5-24）中参数α和β的符号变为负号，则有：

$$KE = FDI^{\alpha}\phi^{\beta}, \quad \phi>0, \quad \alpha<0, \quad \beta<0 \tag{5-26}$$

此时，说明中国—中南半岛外商直接投资对产业新旧动能转换具有负向作用。若考虑其余变量，如式（5-27）所示：

$$KE = FDI^{\alpha_1}EDU^{\alpha_2}EDL^{\alpha_3}Open^{\alpha_4}Policy^{\alpha_5}ERS^{\alpha_6}\phi^{\alpha_7}, \quad \phi>0 \tag{5-27}$$

其中，当 $\alpha_1+\alpha_2+\alpha_3+\alpha_4+\alpha_5+\alpha_6+\alpha_7>0$ 或 $\alpha_1+\alpha_2+\alpha_3+\alpha_4+\alpha_5+\alpha_6+\alpha_7<0$ 出现时，分别说明解释变量与控制变量总体对产业新旧动能转换存在推动或抑制作用。

（二）外商直接投资驱动产业新旧动能转换参数最优化求解

为了简化问题，本书将经济发展水平、经济开放水平、政府"负面清单"政策、环境规制水平等影响因素作为外生变量，建立拉格朗日函数，讨论线性约束条件下最优解问题：

$$\max_{(FDI,EDU)} KE = FDI^{\alpha_1} EDU^{\alpha_2} EDL^{\alpha_3} Open^{\alpha_4} Policy^{\alpha_5} ERS^{\alpha_6} \phi^{\alpha_7}, \quad \phi>0 \quad (5-28)$$

$$s.t.\ C = C_f FDI + C_d EDU + C_e EDL + C_g Open + C_h Policy + C_i ERS \quad (5-29)$$

其中，C_f 代表吸收外商直接投资的成本，而 FDI 有效促进产业新旧动能转换取决于国内人力资本水平对 FDI 技术溢出效应的吸收能力，故而，FDI 促进产业新旧动能转换受到人均受教育水平即人力资本水平的影响。同理，C_d、C_e、C_g、C_h、C_i 分别代表提升人力资本水平、经济发展水平、经济开放程度、政府政策实施和环境规制水平的成本。

结合上述约束条件，为分析外商直接投资驱动中国—中南半岛产业新旧动能转换最优状态，本书建立拉格朗日函数：

$$\begin{aligned} L = & FDI^{\alpha_1} EDU^{\alpha_2} EDL^{\alpha_3} Open^{\alpha_4} Policy^{\alpha_5} ERS^{\alpha_6} \phi^{\alpha_7} - \\ & \lambda(C_f FDI + C_d EDU + C_e EDL + C_g Open + C_h Policy + C_i ERS), \\ & \phi>0,\ 0<\alpha_1,\ \cdots,\ \alpha_7<1 \end{aligned} \quad (5-30)$$

一阶条件：

$$\alpha_1 FDI^{\alpha_1-1} EDU^{\alpha_2} EDL^{\alpha_3} Open^{\alpha_4} Policy^{\alpha_5} ERS^{\alpha_6} \phi^{\alpha_7} = \lambda C_f \quad (5-31)$$

$$\alpha_2 FDI^{\alpha_1} EDU^{\alpha_2-1} EDL^{\alpha_3} Open^{\alpha_4} Policy^{\alpha_5} ERS^{\alpha_6} \phi^{\alpha_7} = \lambda C_d \quad (5-32)$$

$$\frac{\partial L}{\partial \lambda} = C_f FDI + C_d EDU + C_e EDL + C_g Open + C_h Policy + C_i ERS \quad (5-33)$$

解得：

$$\frac{FDI}{EDU} = \frac{C_d}{C_f} \cdot \frac{\alpha_1}{\alpha_2} \quad (5-34)$$

即外商直接投资与人力资本水平存在"鞍点"，两者按照上述比例投入，使其动态均衡，能够加强外商直接投资对中国—中南半岛产业新旧动能转换的驱动效应。

若将其余控制变量因素引入模型中，则有：

$$\alpha_3 FDI^{\alpha_1} EDU^{\alpha_2} EDL^{\alpha_3-1} Open^{\alpha_4} Policy^{\alpha_5} ERS^{\alpha_6} \phi^{\alpha_7} = \lambda C_e$$

$$\alpha_4 FDI^{\alpha_1} EDU^{\alpha_2} EDL^{\alpha_3} Open^{\alpha_4-1} Policy^{\alpha_5} ERS^{\alpha_6} \phi^{\alpha_7} = \lambda C_g$$

$$\alpha_5 FDI^{\alpha_1} EDU^{\alpha_2} EDL^{\alpha_3} Open^{\alpha_4} Policy^{\alpha_5-1} ERS^{\alpha_6} \phi^{\alpha_7} = \lambda C_h$$

$$\alpha_6 FDI^{\alpha_1} EDU^{\alpha_2} EDL^{\alpha_3} Open^{\alpha_4} Policy^{\alpha_5} ERS^{\alpha_6-1} \phi^{\alpha_7} = \lambda C_i$$

解得：

$$\frac{FDI}{EDL} = \frac{C_e}{C_f} \cdot \frac{\alpha_1}{\alpha_3} \tag{5-35}$$

$$\frac{FDI}{Open} = \frac{C_g}{C_f} \cdot \frac{\alpha_1}{\alpha_4} \tag{5-36}$$

$$\frac{FDI}{Policy} = \frac{C_h}{C_f} \cdot \frac{\alpha_1}{\alpha_5} \tag{5-37}$$

$$\frac{FDI}{ERS} = \frac{C_i}{C_f} \cdot \frac{\alpha_1}{\alpha_6} \tag{5-38}$$

即 FDI 与其他影响因素按照上述比例投入，系统将处于稳定的"鞍点"状态，此时，外商直接投资将稳步推动中国—中南半岛产业新旧动能实现转换。

二 OFDI 驱动产业新旧动能转换动态均衡条件推演

假定对外直接投资与产业新旧动能转换存在如下关系：

$$KE = OFDI^{\alpha} \phi^{\beta}, \quad \phi > 0, \quad 0 < \alpha < 1, \quad 0 < \beta < 1 \tag{5-39}$$

与上述推导类似，OFDI 与产业新旧动能转换受到不同因素影响，推导同上，如下所示：

$$KE = OFDI^{\alpha_1} EDU^{\alpha_2} EDL^{\alpha_3} Open^{\alpha_4} Policy^{\alpha_5} ERS^{\alpha_6} \phi^{\alpha_7}, \quad \phi > 0, \quad 0 < \alpha_1, \cdots, \alpha_7 < 1 \tag{5-40}$$

当 $\alpha_1 + \alpha_2 + \alpha_3 + \alpha_4 + \alpha_5 + \alpha_6 + \alpha_7 > 0$，则解释变量与控制变量总体对产业新旧动能转换存在推动作用；反之，$\alpha_1 + \alpha_2 + \alpha_3 + \alpha_4 + \alpha_5 + \alpha_6 + \alpha_7 < 0$，则总体对产业新旧动能转换存在抑制作用。

同时，本书对含参数模型进行最优化求解，如下所示：

$$\max_{(OFDI, EDU)} KE = OFDI^{\alpha_1} EDU^{\alpha_2} EDL^{\alpha_3} Open^{\alpha_4} Policy^{\alpha_5} ERS^{\alpha_6} \phi^{\alpha_7}, \quad \phi > 0 \tag{5-41}$$

$$\text{s. t. } C = C_f OFDI + C_d EDU + C_e EDL + C_g Open + C_h Policy + C_i ERS \tag{5-42}$$

建立拉格朗日函数，解得上述推导相似的最优解，OFDI 推动产业新旧动能转换最优解为：

$$\frac{OFDI}{EDU} = \frac{C_d}{C_f} \cdot \frac{\alpha_1}{\alpha_2} \tag{5-43}$$

即对外直接投资与人力资本水平存在上述动态均衡时，两者按照上述比例投入，使得对外直接投资逆向技术溢出能够被母国较高的人力资本水平吸收，加强对外直接投资对中国—中南半岛产业新旧动能转换的驱动效应。其余均衡解推导相似，本书不再赘述。此外，本书将外商直接投资与对外直接投资同时引入模型中，推演双向直接投资驱动产业新旧动能转换的动态均衡条件。

三 双向直接投资驱动产业新旧动能转换动态均衡条件推演

依据肖琬君等（2020）、冼国明（2018）、蒋殿春（2020）、朱益超（2018）以及李磊（2017）等的研究，均发现双向直接投资具有技术溢出效应，推动中国—中南半岛产业集聚与技术创新。基于上述研究，本书建立如下双向直接投资联动驱动产业新旧动能转换模型，如下所示：

$$KE = FDI^{\alpha} OFDI^{\beta} \phi^{\gamma}, \quad \phi>0, \ 0<\alpha<1, \ 0<\beta<1, \ 0<\gamma<1 \quad (5-44)$$

假定规模报酬不变，即 $\alpha+\beta=1$，其中，$0<\alpha<1$，$0<\beta<1$，同时，建立拉格朗日函数，如下：

$$\max_{(FDI,OFDI)} KE = FDI^{\alpha} OFDI^{\beta} \phi^{\gamma}, \quad \phi>0, \ 0<\alpha<1, \ 0<\beta<1, \ 0<\gamma<1 \quad (5-45)$$

$$s.t. \ C = C_f FDI + C_d OFDI \quad (5-46)$$

结合上述约束条件，为分析对外直接投资驱动中国—中南半岛产业新旧动能转换最优状态，建立拉格朗日函数：

$$L = FDI^{\alpha} OFDI^{\beta} \phi^{\gamma} - \lambda (C_f FDI + C_d OFDI), \quad \phi>0, \ 0<\alpha<1, \ 0<\beta<1, \ 0<\gamma<1$$
$$(5-47)$$

一阶条件：

$$\alpha FDI^{\alpha-1} OFDI^{\beta} \phi^{\gamma} = \lambda C_f \quad (5-48)$$

$$\beta FDI^{\alpha} OFDI^{\beta-1} \phi^{\gamma} = \lambda C_d \quad (5-49)$$

$$\frac{\partial L}{\partial \lambda} = C_f FDI + C_d OFDI \quad (5-50)$$

解得：

$$FDI = \frac{C_d}{C_f} \cdot \frac{\alpha}{\beta} \cdot OFDI \quad (5-51)$$

由上式可以看出，*FDI* 与 *OFDI* 联动推动产业新旧动能转换，同时，*FDI* 与 *OFDI* 按上式比例联动，最大化效率驱动产业新旧动能实现实质转换。若将其余影响因素引入模型中，则有下式：

$$KE = FDI^{\alpha} OFDI^{\beta} \left(\prod_{i=1}^{n} X_i \right)^{\gamma} \phi^{\delta} \qquad (5-52)$$

其中，$\phi>0$，$0<\alpha<1$，$0<\beta<1$，$0<\gamma<1$，$0<\delta<1$，X_i 为一组控制变量，同时对上式两边取对数，则有：

$$\ln KE = \alpha \ln FDI + \beta \ln OFDI + \gamma \ln \left(\sum_{i=1}^{n} X_i \right) + \delta \ln \phi \qquad (5-53)$$

其中，$\phi>0$，$0<\alpha<1$，$0<\beta<1$，$0<\gamma<1$，$0<\delta<1$

为分析外商直接投资 FDI 与对外直接投资 $OFDI$ 的联动效应，本书引入二者的交互项，即：

$$\ln KE = \alpha \ln FDI + \beta \ln OFDI + \xi \ln FDI \cdot OFDI + \gamma \ln \left(\sum_{i=1}^{n} X_i \right) + \delta \ln \phi \qquad (5-54)$$

其中，$\phi>0$，$0<\alpha<1$，$0<\beta<1$，$0<\gamma<1$，$0<\delta<1$

同时，本书采用实证检验方式，测定外商直接投资与对外直接投资两者的个体效应与其联动效应对中国—中南半岛产业新旧动能转换的效度。

第五节 进一步研究：中国经济增长动力分解与转换问题

技术创新是推动产业新旧动能转换的关键，基于上述理论分析、创新决策模型、传导机制以及动态均衡推演，进一步参照郑江淮（2018）、刘凤良（2016）和王家庭（2019）经济增长动力测算方法，将其综合与拓展，对经济增长动力进一步分解并研究其切换问题，将研发资本投入与常规资本投入同时引入进行推导，同时，假定生产函数为柯布—道格拉斯（Cobb-Dauglas）函数，则有：

$$Y_t = AL^{\alpha} R^{\beta} K^{\gamma}, \quad 0<\alpha, \beta, \gamma<1 \qquad (5-55)$$

其中，A 代表全要素生产率，L 代表劳动，R 代表研发资本投入，K 代表资本投入，本书将资本投入分为研发资本投入与常规资本投入，旨在考察研发资本投入对产业新旧动能转换的影响机制，同时，对上式两边取对数，则有：

$$\ln Y_t = \ln A + \alpha \ln L + \beta \ln R + \gamma \ln K, \quad 0<\alpha, \beta, \gamma<1 \qquad (5-56)$$

对上式进行如下变换：

$$3\ln Y_t = 3\ln A + 3\alpha\ln L + 3\beta\ln R + 3\gamma\ln K$$

其中，$3\ln A = \ln Y - \ln L + \ln Y - \ln R + \ln Y - \ln K + \ln L + \ln R + \ln K - 3\alpha\ln L - 3\beta\ln R - 3\gamma\ln K = \ln\dfrac{Y}{L} + \ln\dfrac{Y}{R} + \ln\dfrac{Y}{K} + \ln\dfrac{LRK}{L^{3\alpha}R^{3\beta}K^{3\gamma}}$

则有：

$$\ln A = \dfrac{1}{3}\left(\ln\dfrac{Y}{L} + \ln\dfrac{Y}{R} + \ln\dfrac{Y}{K}\right) + \ln\dfrac{L^{\frac{1}{3}}R^{\frac{1}{3}}K^{\frac{1}{3}}}{L^{3\alpha}R^{3\beta}K^{3\gamma}} \tag{5-57}$$

经过上述分析，研究发现全要素生产率的提高不仅来源于劳动贡献、研发资本投入贡献和常规资本投入贡献，还来源于三者的联合效应，同时，本书对式（5-55）同除以 L，可以得出：

$$\dfrac{Y}{L} = \dfrac{AL^\alpha R^\beta K^\gamma}{L},\ 0<\alpha,\ \beta,\ \gamma<1$$

两边同时取对数，可得：

$$\ln\dfrac{Y}{L} = \ln A + \beta\ln\dfrac{R}{L} + \gamma\ln\dfrac{K}{L} + \ln\dfrac{L^{\alpha+\beta+\gamma}}{L} \tag{5-58}$$

同理可得：

$$\ln\dfrac{Y}{R} = \ln A + \alpha\ln\dfrac{L}{R} + \gamma\ln\dfrac{K}{R} + \ln\dfrac{R^{\alpha+\beta+\gamma}}{R} \tag{5-59}$$

$$\ln\dfrac{Y}{K} = \ln A + \alpha\ln\dfrac{L}{K} + \beta\ln\dfrac{R}{K} + \ln\dfrac{K^{\alpha+\beta+\gamma}}{K} \tag{5-60}$$

从上式推导发现，全要素生产率增长为劳动投入、研发资本与常规资本密集度以及不同时期资本异质性变化的函数，本书将式（5-58）和式（5-59）代入式（5-57），则有：

$$\ln A = \dfrac{1}{2}\ln\dfrac{Y}{L} + \dfrac{1}{2}\ln Y - \dfrac{1}{2}\ln L + 2\alpha\ln\dfrac{L}{K+R} + (\gamma-\beta)\ln\dfrac{R}{K} + (\alpha+\beta+\gamma-1)\times$$
$$\left(\ln\dfrac{K}{K+R} + \ln\dfrac{R}{K+R}\right) + 2(\alpha+\beta+\gamma-1)\ln(K+R) + \ln\dfrac{L^{\frac{1}{3}}R^{\frac{1}{3}}K^{\frac{1}{3}}}{L^{3\alpha}R^{3\beta}K^{3\gamma}} \tag{5-61}$$

其中，本书令 $S_K = \dfrac{K}{K+R}$，$S_R = \dfrac{R}{K+R}$，即两者分别代表常规资本投入与研发资本投入占总资本投入比重，则有：

$$\ln A = \dfrac{1}{2}\ln\dfrac{Y}{L} + \dfrac{1}{2}\ln Y - \dfrac{1}{2}\ln L + 2\alpha\ln\dfrac{L}{K+R} + (\gamma-\beta)\ln\dfrac{R}{K} + (\alpha+\beta+\gamma-1)\times$$

第五章　双向直接投资联动驱动产业新旧动能转换理论机制分析 / 133

$$(\ln S_K + \ln S_R) + 2(\alpha+\beta+\gamma-1)\ln(K+R) + \ln\frac{L^{\frac{1}{3}}R^{\frac{1}{3}}K^{\frac{1}{3}}}{L^{3\alpha}R^{3\beta}K^{3\gamma}} \quad (5\text{-}62)$$

同时，将式（5-59）和式（5-60）代入式（5-57）可得：

$$\ln A = \frac{1}{2}\ln\frac{Y}{K} + \frac{1}{2}\ln Y - \frac{1}{2}\ln K + (\alpha+\beta-\gamma)\ln\frac{L}{K+R} - \beta\ln\frac{R}{K} + (\beta+2\gamma-1)\ln S_R +$$

$$\beta\ln S_K + (\alpha+\beta+\gamma-1)[\ln L + \ln(K+R)] + \ln\frac{L^{\frac{1}{3}}R^{\frac{1}{3}}K^{\frac{1}{3}}}{L^{3\alpha}R^{3\beta}K^{3\gamma}} \quad (5\text{-}63)$$

令式（5-62）和式（5-63）之和除以 2 可得：

$$\ln A = \frac{1}{4}\left(\ln\frac{Y}{K} + \ln\frac{Y}{L}\right) + \frac{1}{2}\ln Y + \frac{3\alpha+\beta-\gamma}{2}\ln\frac{L}{K+R} + \frac{\gamma}{2-\beta}\ln\frac{R}{K} +$$

$$\left(\frac{3\gamma-1}{2}\right)\ln S_R + \left(\beta - \frac{\gamma}{2} - \frac{3}{4}\right)\ln S_K + \frac{\ln\left[\frac{(L^{\frac{1}{3}}K^{\frac{1}{3}}R^{\frac{1}{3}})}{(L^{3\alpha}K^{3\beta}R^{3\gamma})}\right]}{2 + \frac{1}{2}\ln\left[\frac{(K+R)^{3\alpha+3\beta+3\gamma}L^{\alpha+\beta+\gamma}}{(K+R)}L^{\frac{3}{2}}\right]}$$

$$(5\text{-}64)$$

为方便分析上述公式，本书将系数分别用 a_t、b_t、c_t、d_t 表示，最后一项用 ψ_t 表示，则有：

$$\ln A = \frac{1}{4}\left(\ln\frac{Y}{K} + \ln\frac{Y}{L}\right) + \frac{1}{2}\ln Y + a_t\ln\frac{L}{K+R} + b_t\ln\frac{R}{K} + c_t\ln S_R + d_t\ln S_K + \psi_t$$

$$(5\text{-}65)$$

其中，ψ_t 表示不同时期全要素生产率增长存在异质性，而 $\ln\frac{Y}{K}$ 和 $\ln\frac{Y}{L}$ 表示资本与劳动推动全要素生产率的持续增长。$\ln S_R$ 和 $\ln S_K$ 表示研发资本投入与常规资本投入对全要素增长率具有差异性的推动作用。

此外，将上述动能来源分为低技能劳动投入、高技能劳动投入、常规资本投入以及研发资本投入等方面，其中，随着人口红利的逐步消失，劳动投入对产业新旧动能转换的推动作用逐步减弱，而研发资本投入与常规资本投入对产业新旧动能转换的影响逐步显现，尤其是研发资本投入增长对产业新旧动能转变具有重要的驱动作用。因此，从劳动与资本拆分的角度研究中国经济增长动力切换的推动作用。

第六章 双向直接投资增长质量分解与指数测度

为了进一步分析中国—中南半岛双向直接投资联动驱动产业新旧动能转换问题，本章基于 Dunning 扩展的 IDP 理论对中国—中南半岛双向直接投资增长质量进行分解与指数测度，并分析其发展阶段的特征，进一步找出双向直接投资的内在影响因素，为分析双向直接投资联动驱动产业新旧动能转换提供理论与实践支撑。

第一节 问题的提出

"一带一路"倡议实施以来，中国—中南半岛国家双向直接投资进入新时代，双向直接投资推动我国经济高质量增长（肖琬君等，2020），有利于实现产业新旧动能逐步转变、产业结构优化（朱益超，2016；Aiqing Ruan，2016；王军、李萍，2017），同时，双向直接投资增长由要素积累推动转变为技术创新驱动（冷艳丽、杜思正，2017；朱子云，2019）。因此，本书研究中国—中南半岛双向直接投资（含外商直接投资与对外直接投资）引领我国经济实现高质量发展。同时，分解中国—中南半岛双向直接投资增长因素并对其进行测度，找出影响双向直接投资的内生机理具有实践意义，以往研究主要集中于外商直接投资与对外直接投资整体对经济增长、出口、就业等方面，主要包括以下两个方面：一是外商直接投资行业与地区总量对经济增长的影响；二是对外直接投资在行业、地区与企业层面对经济增长的影响。上述研究均将外商直接投资与对外直接投资总量作为研究对象进行理论与实证分析，将二者结合起来考虑双向直接投资的增长效应，同时分解测度其影响程度方面研究尚属少见。

因此，本章将外商直接投资与对外直接投资联合为双向直接投资，考虑"引进来"与"走出去"相结合的经济增长效应，从贸易开放度、经济发展水平、经济结构、技术发展水平等方面对中国—中南半岛双向直接投资增长质量效应进行分解研究，从而观测影响双向直接投资增长质量的"黑箱"，找出影响中国—中南半岛双向直接投资的内在影响因素，为引导中国—中南半岛双向直接投资促进我国价值链重塑、生产网络重构，进而实现经济高质量增长提供具有针对性的建议与对策。

第二节　IDP 扩展理论分析和待检假设

本书依据 Dunning（1981）投资发展路径理论，即一国或地区双向直接投资水平由该国或地区的经济增长总量（GDP）水平影响，结合中国—中南半岛实际将其拓展，将一国或地区经济总量水平分解，探究 GDP 影响中国—中南半岛双向直接投资的"黑箱"。本书从贸易开放度、经济发展水平、经济结构、技术发展水平、环境规制、地区是否沿边等要素揭示双向直接投资的内在驱动因素，对"黑箱指标"进行分解与测度，旨在找出双向直接投资的内在影响因素，进而推动我国经济科学、有效且快速从第三阶段、第四阶段向第五阶段迈进，实现我国经济动能转换与高质量增长。

基于上述双向直接投资理论分析，本书对中国—中南半岛双向直接投资增长效应分解与测度研究提出如下待检假设：

假设一：中国—中南半岛双向直接投资发展水平处于第三阶段至第四阶段，净投资由负转正，双向直接投资存在门槛效应，并且从"低门槛"向"高门槛"迈进。

根据扩展的投资发展路径理论分析，中国—中南半岛外商直接投资增长率下降，由注重数量的粗放式增长向注重质量的集约式增长，然而，随着"一带一路"倡议提出后，中国—中南半岛对外直接投资速度逐步加快。因此，本书提出假设一。

假设二：中国—中南半岛双向直接投资受到贸易开放度、经济发展水平（全要素生产率）、经济结构、技术水平、毗邻中国因素影响。其中，贸易开放度、经济发展水平、经济结构、技术水平、毗邻中国对双向直接投资具有促进作用。

改革开放四十余年，中国经济增长实现由高速向中高速过渡与转变，经济增长质量不断提高，随着中国—中南半岛双向直接投资逐步形成新格局，依据现有理论，结合中国—中南半岛实际，本书提出贸易开放度、经济发展水平、经济结构、技术水平、是否毗邻中国五个指标（见表6-1）对双向直接投资水平进行分解与测度，旨在测度各指标对双向直接投资影响程度。

表 6-1　中国—中南半岛双向直接投资增长效应影响因素

指标	区位因素	经济增长水平（GDP 水平）			
	毗邻中国	贸易开放度	经济结构	经济发展水平	技术水平
预测	+	+	+	+	+

资料来源：依据文献整理。

假设三："一带一路"倡议对中国—中南半岛双向直接投资路径发展具有催化作用，加速双向直接投资实现路径优化与转变。

自 2013 年以来，我国提出"一带一路"倡议，中国—中南半岛对外直接投资（含企业海外并购与绿地投资）呈现迅速增长态势，2016 年对外直接投资总额超越了外商直接投资总额，外商直接投资与对外直接投资均呈现增长态势。此外，我国对外直接投资的增长率远高于外商直接投资的增长率，究其原因，本书认为我国对外商直接投资更注重其"质量"而并非"数量"，我国对外商直接投资的政策在缩紧，审核更加严格，旨在引导外商直接投资进入我国绿色产业，包括绿色农业、绿色工业和绿色服务业，加之，西方发达国家亦存在"产业空心化"的担忧，发达国家兴起了重塑制造业产业的浪潮。因此，我国外商直接投资增长放缓，质量逐步提高。

同时，随着"一带一路"倡议的不断深入落实，中国—中南半岛对外直接投资增长迅速，企业海外并购与绿地投资从数量与规模上均有大幅提高，既有现有技术的交互输出，也有高端技术的净流入，中国—中南半岛双向直接投资使得我国制造业企业价值链逐步提高，逐步走出价值链低端锁定的陷阱，形成了现有"两端在外，中间在内"的制造业格局。本书认为中国—中南半岛双向直接投资正在经历"重塑期"，正在实现投资路径优化与转变。

第三节　指标构建、模型设定与变量选取

为了对中国—中南半岛双向直接投资增长效应进行分解与指数测度，本书采用 2000—2022 年国别层面数据，建立如下计量模型：

$$TDI_{it} = \alpha_0 + \alpha_1 TRADE_{open} + \alpha_2 ECONOMIC_{structure} + \alpha_3 ECONOMIC_{development} + \alpha_4 TECHNOLOGY_{level} + \alpha_5 ENVIRONMENT_{regulation} + \alpha_6 REGION_{it} + \varepsilon_{it} \quad (6-1)$$

第一，双向直接投资指数（TDI）。

$$TDI = 1 - \left| \frac{OFDI - FDI}{OFDI + FDI} \right|$$

本书结合双向贸易指数，构建双向直接投资指数，该指数的范围是 0—1 的闭区间。当 $TDI=0$ 时，则该国或地区只有外商直接投资 FDI 或对外直接投资 OFDI；当 $TDI=1$ 时，则该国或地区既有对外直接投资也有外商直接投资，且二者规模相同，因此，$OFDI=FDI$；当 $0<TDI<1$ 时，则该国或地区外商直接投资与对外直接投资同时存在；当 TDI 趋近于 0 时，该国或地区外商直接投资与对外直接投资差异较大，往往处于发展中的阶段；当 TDI 趋近于 1 时，则该国或地区同时存在大量外商直接投资与对外直接投资，该类国家或地区通常为发达国家或地区。

第二，贸易开放度（$TRADE_{open}$）。

本书采用各国进出口贸易总和与各国 GDP 之比衡量各国贸易开放度，其中，进出口贸易总额以亿美元为单位，而各国 GDP 以万元人民币为单位，本书采用年终汇率将美元换算为人民币，统一口径计算贸易开放度指标。

第三，经济结构（$ECONOMIC_{structure}$）。

本书采用各国第二、第三产业增加值占各地 GDP 比重衡量经济结构，同时，采用第二产业与第三产业之比替代经济结构状态。

第四，经济发展水平（$ECONOMIC_{development}$）。

本书通过 DEA-Malmquist 方法计算各国全要素生产率，以此衡量各国的经济发展水平，本书对其整理并计算得出各国际层面全要素生产率数据。

第五,技术水平($TECHNOLOGY_{level}$)。

本书采用研发经费投入强度衡量技术水平,即研发经费投入占国民收入比重指标衡量技术创新水平。

第六,毗邻中国($REGION_{it}$)。

本书采用虚拟变量衡量是否毗邻中国,即0—1变量衡量各国毗邻中国指标,若该国毗邻中国,则该国指标取1,否则取0。

第四节 中国—中南半岛双向直接投资增长效应分解与测度实证检验

本书给出中国—中南半岛双向直接投资增长效应分解与指数测度实证检验所需的变量描述性统计(见表6-2),包括双向直接投资指数、贸易开放度、经济结构、全要素生产率(OLS、DEA、Solow方法)、技术水平、毗邻中国等。

表6-2　　　　　　　　变量统计性描述

变量名	变量定义	观测值N(个)	平均值	标准差	最小值	最大值
TDI	双向直接投资指数	161	0.4734	8.5378	0	1
$TRADE_{open}$	贸易开放度	161	0.6824	1.2158	0	1
$ECONOMIC_{structure}$	经济结构	161	0.6524	0.8366	0.4427	2.8658
TFP_{ols}	全要素生产率(OLS)	161	4.835	1.4572	-3.6342	8.0721
$ECONOMIC_{development}$	全要素生产率(DEA)	161	5.4371	1.1485	-4.4154	12.6235
TFP_{solow}	全要素生产率(Solow)	161	4.7524	0.7481	-2.6425	11.3293
$TECHNOLOGY_{level}$	技术水平	161	7.5213	3.5325	0.5619	1.5249
REGION	毗邻中国	161	0.5461	0.4258	0	1
$lnTFP_{DEA}$	全要素生产率对数值	161	1.6932	0.1385	0	2.5363

为分析中国—中南半岛双向直接投资发展水平及其发展阶段,同时,检验中国—中南半岛双向直接投资的门槛效应,本书采用2000—2022年双向直接投资数据,对其进行实证分析,回归结果如表6-3所示。

表 6-3　中国—中南半岛双向直接投资发展水平及门槛效应检验

		(1) TDI	(2) TDI	(3) TDI	(4) TDI	(5) TDI
总体	lnGDP	0.858*** (5.73)	0.572*** (5.52)	0.693*** (6.04)	0.545*** (7.72)	0.474*** (5.64)
	lnGDP²	0.739*** (8.61)	0.625*** (7.96)	0.631*** (8.03)	0.583*** (7.35)	−0.638*** (8.37)
双向直接投资增长效应分解	TRADE$_{open}$	—	0.062*** (4.62)	0.046*** (4.57)	0.042*** (5.17)	0.051*** (4.24)
	ECONOMIC$_{structure}$	—	—	0.267*** (5.38)	0.242*** (6.05)	0.203*** (5.33)
	ECONOMIC$_{development}$	—	—	—	0.072*** (6.38)	0.081*** (5.94)
	TECHNOLOGY$_{level}$	—	—	—	—	0.528*** (7.55)
	REGION$_{it}$	—	—	—	—	0.062*** (5.72)
	常数项	1.759*** (6.47)	0.693*** (6.53)	1.427*** (5.16)	1.824*** (6.44)	1.523*** (7.22)
	年份	控制	控制	控制	控制	控制
	地区	控制	控制	控制	控制	控制
	N	161	161	161	161	161
	R²	0.738	0.974	0.979	0.979	0.980
门槛	门槛效应检验（形状）	U	U	U	U	倒"U"形

注：括号内为 t 值，*、**、***分别表示在10%、5%和1%的显著性水平下显著。

本书通过对中国—中南半岛双向直接投资净投资额分析，即 NI = OFDI-FDI，发现 NI 值由负转正，中国—中南半岛双向直接投资由第三阶段进入第四阶段，同时，通过对双向直接投资总体进行回归，发现各国GDP 总体水平对双向直接投资增长具有促进作用。为分析门槛效应，本书引入 GDP 二次项，其二次项系数由正转负，形状先为"U"形，随后逐步转变为倒"U"形，说明双向直接投资逐步由"低门槛"向"高门槛"转变。由此可以看出，"一带一路"倡议能够驱动中国—中南半岛双向直接投资实现路径转变，即 FDI 与 OFDI 向着总量攀升、质量提高、规模适度发展。随之,本书对双向直接投资进行分解测度,发现贸易开放度、经济结构、经济发展水平以及技术水平对双向直接投资发展均具有促进作用,其中技术水平对双向直接投资影响最为显著,本书认为双向直接投资与技术水平之间高度的显著性源于双向直接投资由高速度转变为高质量的结果。同时,本书分析各国毗邻中国是否能够推动该双向直接投资增长水平,研究发现若毗邻中国能够较好地推动该国双向直接投资发展。由此可见,中国—中南半岛双向直接投资增长质量受到多方面的因素影响,各个因素对双向直接投资的影响程度存在差异性的推动作用。

此外,本书对中国—中南半岛双向直接投资增长效应进行国别比对分析,具体包括越南、老挝、泰国、缅甸、柬埔寨、马来西亚和新加坡七个中南半岛国家,对比分析双向直接投资增长质量影响因素的总体效应和分解效应。实证结果如表6-4所示。

表6-4　　中国—中南半岛双向直接投资增长效应国别影响差异的实证分析

变量	越南 TDI	老挝 TDI	泰国 TDI	缅甸 TDI	柬埔寨 TDI	马来西亚 TDI	新加坡 TDI
lnGDP	0.301*** (5.58)	0.168*** (7.58)	0.289*** (7.58)	0.037*** (6.25)	0.084*** (6.48)	0.241*** (6.48)	0.317*** (8.58)
$lnGDP^2$	0373*** (5.87)	0.159*** (6.84)	0.270*** (6.58)	0073*** (6.48)	0.115*** (5.84)	0.254*** (6.53)	−0.473*** (7.38)
$TRADE_{open}$	0.263*** (6.58)	0.168*** (7.48)	0.186*** (6.87)	0.021*** (6.86)	0.135*** (7.34)	0.226*** (6.32)	0.312*** (7.38)
$ECONOMIC_{structure}$	0.301*** (6.58)	0.173*** (6.75)	0.283*** (6.74)	0.069*** (7.74)	0.111*** (6.45)	0.226*** (6.23)	0.315*** (7.88)
$ECONOMIC_{development}$	0.171*** (6.34)	0.083*** (6.37)	0.146*** (7.23)	0.022*** (6.84)	0.045*** (6.46)	0.127*** (6.13)	0.185*** (8.26)
$TECHNOLOGY_{level}$	0.476*** (7.57)	0.257*** (6.59)	0.414*** (6.40)	0.059*** (7.39)	0.168*** (5.54)	0.357*** (6.59)	0.554*** (7.25)
REGION	0.173*** (6.37)	0.100*** (7.47)	0.279 (0.45)	0.059*** (6.48)	0.084 (0.62)	0.315*** (7.48)	0.215 (0.48)
常数项	0.645*** (5.58)	1.759*** (5.75)	1.365*** (7.54)	0.387*** (6.39)	0.542*** (6.24)	0.639*** (7.66)	0.582*** (9.38)

续表

变量	越南 TDI	老挝 TDI	泰国 TDI	缅甸 TDI	柬埔寨 TDI	马来西亚 TDI	新加坡 TDI
年份	控制	控制	控制	控制	控制	控制	控制
地区	控制	控制	控制	控制	控制	控制	控制
N	161	161	161	161	161	161	161
R^2	0.624	0.427	0.424	0.585	0.427	0.414	0.752

由表6-4可以看出，总体层面，中国—中南半岛各国GDP对双向直接投资具有显著的促进作用，均在1%的显著性水平下通过检验，同时，新加坡双向直接投资已由"U"形转为倒"U"形，其余国家还处于"U"形上升阶段。具体来看，中国—中南半岛各国GDP水平对双向直接投资的作用强度由强到弱依次为新加坡、越南、泰国、马来西亚、老挝、柬埔寨和缅甸。究其原因，本书认为新加坡为转口贸易和投资的"天堂"，是中国第一大新增外资来源国，也是中国第二大新增对外投资目的国，近年来中新双边投资年度流量保持稳步增长，规模已非常接近，故而双向直接投资受到两国GDP的影响程度较大，远大于其余中南半岛国家。而缅甸经济发展水平较为落后，仍以农业为主要产业，先进技术产业发展较为薄弱，加之其政治环境稳定性、投资营商环境相较于其余中南半岛国家较差，导致缅甸GDP对其双向直接投资的影响程度远远落后于其余中南半岛国家。

此外，从中国—中南半岛双向直接投资分解来看，贸易开放度、经济结构、经济发展水平、技术水平以及毗邻中国因素有效地推动了中国—中南半岛双向直接投资联动。具体分析各影响因素的作用强度，研究发现技术水平对中国—中南半岛双向直接投资的影响最大，作用强度依次为新加坡、越南、泰国、马来西亚、老挝、柬埔寨和缅甸。而毗邻中国对中国—中南半岛双向直接投资的影响最小，其中，越南、老挝和缅甸的毗邻中国指标能够有效提升双向直接投资水平。因为这几个国家毗邻中国，具有和中国进行双向直接投资互动的便捷性，但是毗邻中国指标对中国—中南半岛国家双向直接投资的作用强度与其他指标相比较为有限。分解效应的作用强度由大到小依次为技术水平、经济结构、贸易开放度、经济发展水平和毗邻中国。同时，中南半岛各国的分解因素对双向直接投资影响的强度与前述国别层面总体回归结果相似。究其原因，本书认为中南半岛各国由于地理位置、对外政策、发展水平等因素的不同，存在共性与差异，导致贸易开放度、经济结构、经济发展水平、技术水平以及毗邻中国因素均能有效提升双向直接投资水平，然而作用强度不同。

为对比分析"一带一路"倡议实施前后中国—中南半岛双向直接投资的增长效应，本书对双向直接投资影响因素进行了"一带一路"倡议提出前后的分解测度。本书将 2014 年界定为"一带一路"倡议的分界线，其原因为"一带一路"倡议在 2013 年 9 月提出，存在时滞效应，故本书将 2014 年作为"一带一路"倡议实施元年。"一带一路"倡议实施前和"一带一路"倡议实施后的增长效应测度比对分析见表 6-5。

表 6-5　"一带一路"倡议实施前后中国—中南半岛双向直接投资增长效应测度比对分析

	\multicolumn{5}{c}{"一带一路"倡议实施之前}
	（1）TDI	（2）TDI	（3）TDI	（4）TDI	（5）TDI
TRADE$_{open}$	0.047 (0.57)	0.072 (0.27)	0.038 (0.73)	0.052 (0.52)	0.063 (0.84)
ECONOMIC$_{structure}$	—	0.073 (0.53)	0.018 (0.58)	0.063 (0.74)	0.010 (0.47)
ECONOMIC$_{development}$	—	—	0.076 (0.59)	0.058 (0.87)	0.043 (0.53)
TECHNOLOGY$_{level}$	—	—	—	0.148 (0.39)	0.142 (0.74)
REGION	—	—	—	—	0.128 (0.69)
常数项	0.849 (0.87)	0.695 (0.49)	0.594 (0.70)	0.570 (0.83)	0.383 (0.60)
年份	控制	控制	控制	控制	控制
地区	控制	控制	控制	控制	控制
N	161	161	161	161	161
R^2	0.434	0.478	0.568	0.667	0.749

续表

	\"一带一路\"倡议实施之后				
	(1) TDI	(2) TDI	(3) TDI	(4) TDI	(5) TDI
$TRADE_{open}$	0.072*** (6.58)	0.061*** (7.01)	0.057*** (6.33)	0.045*** (6.83)	0.039*** (5.62)
$ECONOMIC_{structure}$	—	0.052*** (5.74)	0.075*** (5.69)	0.079*** (5.49)	0.048*** (5.71)
$ECONOMIC_{development}$	—	—	0.059*** (6.35)	0.043*** (6.68)	0.042*** (5.82)
$TECHNOLOGY_{level}$	—	—	—	1.272*** (6.53)	1.528*** (6.24)
REGION	—	—	—	—	0.383*** (9.84)
常数项	0.694*** (6.85)	0.580*** (6.14)	1.231*** (5.81)	0.379*** (5.48)	0.748*** (5.37)
年份	控制	控制	控制	控制	控制
地区	控制	控制	控制	控制	控制
N	161	161	161	161	161
R^2	0.734	0.826	0.935	0.976	0.989

通过上述回归分析，发现"一带一路"倡议实施后，中国—中南半岛国家双向直接投资指数受到贸易开放度、经济结构、经济发展水平、技术水平、区域因素的正向推动作用，然而，"一带一路"倡议实施前，中国—中南半岛国家双向直接投资并未显著受到上述因素影响。本书认为，"一带一路"倡议的实施有效地推动了中国—中南半岛国家对外直接投资，使得对外直接投资与外商直接投资匹配程度提高，双向直接投资由高速度发展转变为高质量发展，而在"一带一路"倡议实施前，中国—中南半岛国家主要以吸引外商直接投资为主，主动对外直接投资处于发展的起步阶段，二者匹配度较低，因而，双向直接投资并未显著受到上述因素影响。

本书对中国—中南半岛国家双向直接投资增长效应指数测度进行了稳健性检验，如表6-6所示。

表 6-6　　中国—中南半岛双向直接投资增长效应分解与指数测度的稳健性分析

控制变量		主实验	改变统计口径	剔除异常值检验	安慰剂检验	第一阶段	第二阶段	第三阶段	PSM
加入前	lnGDP	0.858*** (5.73)	0.825*** (5.52)	0.863*** (8.53)	0.536 (0.16)	0.482 (0.263)	0.583*** (5.84)	0.742*** (5.95)	0.583*** (5.05)
	lnGDP²	0.739*** (8.61)	0.735*** (6.58)	0.792*** (6.57)	0.583 (0.43)	0.493 (0.74)	0.471*** (7.52)	0.692*** (5.49)	0.512*** (5.57)
	R²	0.738	0.835	0.783	0.836	0.335	0.834	0.731	0.479
	N	161	153	146	161	56	42	63	106
加入后	lnGDP	0.474*** (5.64)	0.537*** (6.47)	0.492*** (6.12)	0.482 (0.88)	0.431*** (5.37)	0.483*** (6.52)	0.591*** (7.56)	0.616*** (8.24)
	lnGDP²	-0.638*** (8.37)	-0.467*** (7.48)	-0.573*** (6.73)	-0.469 (0.93)	0.438 (6.75)	0.574*** (7.59)	-0.413*** (6.35)	0.462*** (7.01)
	R²	0.980	0.835	0.693	0.640	0.625	0.473	0.378	0.834
	N	161	153	146	161	56	42	63	106

本书采用改变统计口径（2010—2022 年）、剔除异常值即略去残差大于 5 的样本、安慰剂检验以及分区域方式对模型进行稳健性分析。对于安慰剂检验，本书采用中国与 OECD 国家双向直接投资数据进行检验，发现双向直接投资与上述各指标并无显著影响关系。随后，将样本分为 2000—2007 年、2008—2013 年、2014—2022 年三个阶段进行检验，发现第一阶段不显著、第二阶段较为显著、第三阶段显著性较高。同时，研究发现第三阶段，双向直接增长效应由"U"形进入倒"U"形发展阶段。此外，为排除模型可能存在的"混杂偏倚""选择性偏倚"，对模型进行了倾向得分匹配（PSM）稳健性分析，发现贸易开放度、经济结构、经济发展水平、技术水平、毗邻中国均对双向直接投资指数具有促进作用。

第五节　本章小结

本书利用 UNCTAD 和中南半岛数据 2000—2022 年中国—中南半岛双

向直接投资面板数据，研究中国—中南半岛双向直接投资质量增长效应分解与指数测度问题，得出结论：中国—中南半岛双向直接投资受到贸易开放度、经济结构、经济发展水平、技术水平、毗邻中国的正向推动，同时，双向直接投资增长效应存在门槛，由"低门槛"向"高门槛"迈进，增长方式呈现由"高速度"向"高质量"转变的态势，双向直接投资增长效应存在国别差异。此外，"一带一路"倡议有效地推动了中国—中南半岛国家双向直接投资的发展进程。

因此，本书认为，中国—中南半岛国家应联动各国双向直接投资高质量发展，持续扩大贸易开放程度，调整经济结构与提升经济发展水平，加大各国研发资金投入，进一步提高技术水平，以技术创新推动产业革新，实质性实现产业新旧动能转换。

第七章 双向直接投资驱动产业新旧动能转换
——以中国—中南半岛为例

为了进一步分析中国—中南半岛外商直接投资与对外直接投资联动推动我国产业新旧动能转换情况，本章基于中国—中南半岛总体层面的经验数据，从高质量外商直接投资"引进来"与高水平对外直接投资"走出去"联动的视角，具体分析中国—中南半岛双向直接投资联动驱动我国产业新旧动能转换问题，为下一章国别异质性层面研究奠定理论与实践支撑。

第一节 问题的提出

当今世界正在经历百年未有之大变局。世界经济正在遭遇严重的衰退，受全球疫情肆虐、中美贸易摩擦、地区冲突升级等诸多因素的影响，世界经济面临着前所未有的重大变化和挑战。我国的华为、中兴等代表性高科技企业遭受制裁和打压，说明产业安全问题变得十分紧要。自改革开放以来，我国创造了四十余年经济高速增长的世界奇迹。然而，随着"挤压式"增长潜力释放殆尽，资源禀赋优势削弱、要素低成本优势消失、资源环境日益突出等问题不断涌现，传统的经济增长动力逐渐衰弱，经济高速增长模式难以维系，我国进入经济转型升级的关键时期，培育新动能成为新发展阶段的重要任务。"十四五"规划和2035年远景目标指出，要加快关键核心技术创新应用，增强要素保障能力，培育壮大产业新动能，提出创新性发展推动产业新旧动能转换的具体目标。同时，党的二十大报告指出，我国吸引外资和对外投资均居于世界前列，形成更大范围、更宽领域、更深层次的对外开放格局，并提出培育新动能的具体要求。同时，中国—中南半岛为我国六大经济走廊之一，承担国际直接投资的重要职能。因此，本章采用中国—中南半岛国别层面数据，实证研究中国—中南半岛双向直接投资联动对我国产业新旧动能转换的影响。

双向直接投资、技术创新与产业新旧动能的传统研究，仅关注于外商直接投资（王佳等，2021）或对外直接投资（方叶祥、卢一斌，2022）单个方面对技术创新的影响，包括FDI技术溢出效应、OFDI逆向技术溢出效应，并未聚焦研究获得技术溢出落地后转化应用于产业创新。同时，我国双向直接投资呈现联动性弱、协调性差（龚梦琪、刘海云，2020）的特征，产业动能面临要素高投入、创新程度弱与技术附加值低等问题，亟须构建技术创新推动型"新"动能替代要素投入型"旧"动能，实现产业新旧动能转换，进一步推动经济实现高质量增长（刘凤良、章潇萌，2016）。然而，长期以来，学术界对产业问题的研究大多围绕提升附加值、改进微笑曲线、实现产业结构优化升级等经济效益问题，较少突破经济效益的框架来关注产业新旧动能转换等产业安全问题。随着国际经济形势的变化，产业稳定安全问题逐步上升为国家战略，产业新旧动能转换问题得到广泛关注。借助中国—中南半岛双向直接投资联动机制，推进我国产业新格局重塑，实现产业新旧动能转换，具有重要的战略意义。

本章基于既有研究的梳理，发现以双向直接投资"引进来"与"走出去"联动的视角研究技术创新推动产业新旧动能转换尚处于起步阶段。因此，本章聚焦中国—中南半岛国家层面双向直接投资联动的视角，考察技术创新对我国产业新旧动能转换的影响，为重构产业新动能，实现"卡脖子"技术自主和关键环节可控探索新的发展路径。

第二节　理论回顾

新时代，中国—中南半岛双向直接投资经过了"量"的飞速增长，而缺乏"质"的飞跃，提升双向直接投资质量、构筑高质量发展的产业新动能逐步上升为国家战略，也成为"十四五"规划和2035远景目标中的关键一环。学者围绕双向直接投资互动（李磊等，2018）、产业新旧动能转换的发展逻辑（王家庭等，2019）、基础条件（安礼伟、张二震，2021）与实践路径（任志成，2020）等方面展开了研究。余泳泽等

(2018)从理论层面对双向直接投资与产业新旧动能转换进行了定性阐述，Aiqing Ruan（2016）、郑江淮等（2018）从实证层面对产业新旧动能转换进行了定量测度。学者认为，高质量的双向直接投资能够有效地促进产业新旧动能转换。在此基础上，围绕双向直接投资微观层面、中介层面和宏观层面对产业新旧动能转换进行了系统研究。

一是双向直接投资对企业价值链与生产网络的影响研究（微观层面）。现有研究聚焦于双向直接投资对企业价值链广度和深度的影响（黄远浙，2021），价值链横向、纵向内延外拓（Chor, Manova and Yu, 2014；吕越等，2020），生产网络模块化与国际外包、垂直专业化等新型生产体系（郑丹青、于津平，2019）问题研究。通过双向直接投资对企业价值链与生产网络问题研究，多数学者得出双向直接投资联动提升了企业价值链嵌入程度，重塑了生产网络结构，推进了产业新旧动能转换。

二是双向直接投资对技术创新的作用机制与实证研究（中介层面）。Cohen 和 Levinthal 于 1990 年最早提出双向直接投资"吸收效应"促进技术创新问题，随之产生了系列双向直接投资与产业技术创新理论，包括技术转移理论（Sjoholm and Frederic, 1996）、技术溢出理论（Kokko and Zejan, 1996；Dimelis, 2002）、企业技术差距理论（Harrzing, 2002）等。在此基础上，学者研究了双向直接投资技术转移、技术溢出与逆向技术溢出促进技术创新的作用机制（Acemoglu and Azar, 2020）与实证度量（朴英爱、于鸿，2022）。现有研究认为，外商直接投资技术溢出（王佳等，2021）与对外直接投资逆向技术溢出（方叶祥、卢一斌，2022）有效地推动了技术创新。

三是双向直接投资对产业新旧动能转换的影响研究（宏观层面）。现有研究聚焦于双向直接投资驱动产业新旧动能转换的实证检验（庞磊，2022、2023），抑或单方面测度新旧动能转换程度（郑江淮，2018）、探索新旧动能源泉（王家庭，2019）、解释新旧动能转换内涵（裴长洪、倪江飞，2020）、论证新旧动能转换路径（任志成，2020）等问题，发现我国产业新旧动能正值接续转换关键阶段，朱益超（2016）、张红凤、李晓婷（2022）等的研究得出了一致的结论。

基于既有文献梳理，发现已有研究缺乏对双向直接投资驱动产业新旧动能转换内在"黑箱"的进一步讨论，致使吸收和利用双向直接投资推进产业新旧动能转换方面的研究尚处于起步阶段。因此，本章设计中国—中南半岛双向直接投资联动机制，系统研究双向直接投资联动的动态均衡渐变过程，旨在弥合已有理论研究和实证检验之间的不足，并提出切实有效的解决措施，实现我国产业新旧动能转换。

第三节 双向直接投资联动驱动产业新旧动能转换传导机制

中国—中南半岛双向直接投资联动驱动产业新旧动能转换对我国产业安全稳定具有重要现实意义，外商直接投资作为外力，对外直接投资作为内力，获得技术溢出与逆向技术溢出，二者互动耦合共同促进产业新旧动能转换。本章借鉴已有文献，对产业新旧动能转换进行如下界定：产业新旧动能转换是指支撑产业发展的生产要素的根本转变，包括劳动力由低阶向高阶转变（郑江淮，2018），资本由常规资本向研发资本转变（王家庭等，2019），从而实现高水平人力资本与高技术创新协同驱动产业高质量发展的过程。因此，推导中国—中南半岛双向直接投资联动驱动产业新旧动能转换的内在机理，探索双向直接投资、技术创新与产业新旧动能转换具有重要现实意义。

一 FDI 与产业新旧动能转换传导机制

（一）理论模型设定

我国产业新旧动能转换（KE）研究，假定规模报酬不变，结合传统 C-D 函数，设定中国—中南半岛外商直接投资驱动产业新旧动能转换的函数关系，如下所示：

$$KE = FDI^{\alpha} \phi^{\beta}, \phi>0, 0<\alpha<1, 0<\beta<1 \tag{7-1}$$

同时，考虑到我国产业新旧动能转换受到诸多因素影响，包括经济增长质量（TFP）、人力资本水平（HLC）、高新技术产业占比（HTI）、政府"产业新旧动能转换"政策（GPK），以及城镇化水平（URL），本章将外商直接投资与产业新旧动能转换关系拓展如下：

$$KE = FDI^{\alpha_1} TFP^{\alpha_2} HLC^{\alpha_3} HTI^{\alpha_4} GPK^{\alpha_5} URL^{\alpha_6} \phi^{\alpha_7}, \phi>0, 0<\alpha_1, \cdots, \alpha_7<1 \tag{7-2}$$

现实经济中，α 和 β 存在符号为负的可能。同时，α_1 至 α_6 系数亦可能为负，即不同要素对产业新旧动能转换存在抑制的可能性。

（二）理论模型最优化求解

为了求得模型的最优解，本章考虑经济增长质量、高新技术产业占比、政府"产业新旧动能转换"政策、城镇化水平等因素，建立拉格朗日函数。

$$\max_{(FDI,TFP)} KE = FDI^{\alpha_1} TFP^{\alpha_2} HLC^{\alpha_3} HTI^{\alpha_4} GPK^{\alpha_5} URL^{\alpha_6} \phi^{\alpha_7}, \quad \phi>0, \quad 0<\alpha_1, \cdots, \alpha_7<1 \tag{7-3}$$

$$\text{s. t. } C = C_f FDI + C_d TFP + C_e HLC + C_g HTI + C_h GPK + C_i URL \tag{7-4}$$

其中，C_f 代表吸收外商直接投资的成本。C_d、C_e、C_g、C_h、C_i 分别代表提升经济增长质量、人力资本水平、高新技术产业占比、政府"产业新旧动能转换"政策和城镇化水平的成本。

基于上述分析，本章建立拉格朗日函数，求解模型存在的最优解问题，具体如下所示：

$$L = FDI^{\alpha_1} TFP^{\alpha_2} HLC^{\alpha_3} HTI^{\alpha_4} GPK^{\alpha_5} URL^{\alpha_6} \phi^{\alpha_7} - \lambda(C_f FDI + C_d TFP + C_e HLC + C_g HTI + C_h GPK + C_i URL)$$
$$\phi>0, \quad 0<\alpha_1, \cdots, \alpha_7<1 \tag{7-5}$$

一阶条件，解得：

$$\frac{FDI}{TFP} = \frac{C_d}{C_f} \cdot \frac{\alpha_1}{\alpha_2} \tag{7-6}$$

说明外商直接投资与经济增长质量动态关联，二者实现上述比例均衡，系统处于稳定"鞍点"状态，外商直接投资对产业新旧动能转换的促进作用最优。其余要素推导同理，限于篇幅，本书未对其他要素推导得到的最优解进行表述，读者可根据第五章传导机制部分进行推导，验证模型的最优解问题。

二　OFDI与产业新旧动能转换传导机制

中国对中南半岛的对外直接投资（OFDI）驱动我国产业新旧动能转换机理相似，本章假定对外直接投资驱动产业新旧动能转换的函数关系如下所示：

$$KE = OFDI^{\alpha} \phi^{\beta}, \quad \phi>0, \quad 0<\alpha<1, \quad 0<\beta<1 \tag{7-7}$$

故而，本章将对中国—中南半岛对外直接投资驱动我国产业新旧动能转换推导简化，如下所示：

$$KE = OFDI^{\alpha_1} TFP^{\alpha_2} HLC^{\alpha_3} HTI^{\alpha_4} GPK^{\alpha_5} URL^{\alpha_6} \phi^{\alpha_7}, \quad \phi>0, \quad 0<\alpha_1, \cdots, \alpha_7<1 \tag{7-8}$$

本章对中国—中南半岛外商直接投资推动我国产业新旧动能转换的含参数模型进行最优化求解，如下所示：

$$\max_{(OFDI,TFP)} KE = OFDI^{\alpha_1} TFP^{\alpha_2} HLC^{\alpha_3} HTI^{\alpha_4} GPK^{\alpha_5} URL^{\alpha_6} \phi^{\alpha_7} \quad (7-9)$$

$$\text{s. t. } C = C_f OFDI + C_d TFP + C_e HLC + C_g HTI + C_h GPK + C_i URL \quad (7-10)$$

其中，$\phi>0$，$0<\alpha_1$，…，$\alpha_7<1$。

一阶条件，解得对外直接投资 $OFDI$ 与经济增长质量 TFP 动态均衡的最优解为：

$$\frac{OFDI}{TFP} = \frac{C_d}{C_f} \cdot \frac{\alpha_1}{\alpha_2} \quad (7-11)$$

说明对外直接投资与经济增长质量动态关联，实现上述比例均衡，系统处于稳定"鞍点"状态，对外直接投资对产业新旧动能转换的促进作用最优。其余要素推导同理。限于篇幅，本书未对其他要素推导得到的最优解进行表述。

三 双向直接投资联动驱动产业新旧动能转换实现机制

基于上述研究，本书建立中国—中南半岛双向直接投资联动驱动我国产业新旧动能转换模型，探讨双向直接投资同时引入模型中，二者联动推动我国产业新旧动能转换情况，如下所示：

$$KE = FDI^{\alpha} OFDI^{\beta} \phi^{\gamma}，\phi>0，0<\alpha<1，0<\beta<1，0<\gamma<1 \quad (7-12)$$

假定规模报酬不变，即 $\alpha+\beta=1$，同时，考虑双向直接投资联动驱动产业新旧动能转换的最优化问题，如下所示：

$$\max_{(FDI,OFDI)} KE = FDI^{\alpha} OFDI^{\beta} \phi^{\gamma}，\phi>0，0<\alpha<1，0<\beta<1，0<\gamma<1 \quad (7-13)$$

$$\text{s. t. } C_f FDI + C_d OFDI \quad (7-14)$$

建立拉格朗日函数，推动中国—中南半岛双向直接投资联动推动产业新旧动能转换的动态均衡条件，如下所示：

$$L = FDI^{\alpha} OFDI^{\beta} \phi^{\gamma} - \lambda(C_f FDI + C_d OFDI)，\phi>0，0<\alpha<1，0<\beta<1，0<\gamma<1 \quad (7-15)$$

一阶条件，解得：

$$FDI = \frac{C_d}{C_f} \cdot \frac{\alpha}{\beta} \cdot OFDI \quad (7-16)$$

说明外商直接投资与对外直接投资联动能够推动产业新旧动能转换实现最优化。FDI 与 $OFDI$ 动态关联，二者实现上述比例均衡，系统处于稳定"鞍点"状态，最大化效率驱动产业新旧动能实现转换。若将其余

要素考虑至该模型中,则有下式:

$$KE = FDI^{\alpha} OFDI^{\beta} \left(\prod_{i=1}^{n} X_i \right)^{\gamma} \phi^{\delta},$$

$$\phi > 0, \; 0 < \alpha < 1, \; 0 < \beta < 1, \; 0 < \gamma < 1, \; 0 < \delta < 1 \quad (7-17)$$

其中,X_i 为系列影响因素,同时对上式两边取对数,如下所示:

$$\ln KE = \alpha \ln FDI + \beta \ln OFDI + \gamma \ln \left(\sum_{i=1}^{n} X_i \right) + \delta \ln \phi \quad (7-18)$$

为了分析外商直接投资与对外直接投资的联动效应,引入二者的交互项,如下所示:

$$\ln KE = \alpha \ln FDI + \beta \ln OFDI + \xi \ln FDI \cdot OFDI + \gamma \ln \left(\sum_{i=1}^{n} X_i \right) + \delta \ln \phi$$

$$(7-19)$$

通过上述传导机制推演,本书得到了双向直接投资联动推动了我国产业新旧动能转换的模型。

第四节 双向直接投资联动驱动产业新旧动能转换实证检验

为了检验上述理论传导机制,实证测度动态均衡"鞍点",假定中国—中南半岛之间吸收外商直接投资与鼓励对外直接投资成本相同,计算外商直接投资与对外直接投资相对比例,同时,实证测度技术创新的中介效应。

一 模型的设定

基于以上理论分析,建立如下计量模型,分析外商直接投资对产业新旧动能转换的影响:

$$\ln KE_{it} = \alpha_1 + \beta_{11} \ln FDI_{it} + \beta_{12} \ln TFP_{it} + \beta_{13} \ln HLC_{it} + \beta_{14} \ln HTI_{it} + \beta_{15} GPK_{it} +$$
$$\beta_{16} URL_{it} + \varepsilon_{it} \quad (7-20)$$

同时,将上述模型中 FDI 替换为 $OFDI$,进一步分析对外直接投资对产业新旧动能转换的影响,如下所示:

$$\ln KE_{it} = \alpha_2 + \beta_{21} \ln OFDI_{it} + \beta_{22} \ln TFP_{it} + \beta_{23} \ln HLC_{it} + \beta_{24} \ln HTI_{it} +$$
$$\beta_{25} \ln GPK_{it} + \beta_{26} URL_{it} + \varepsilon_{it} \quad (7-21)$$

此外，为考虑外商直接投资、对外直接投资的个体效应和二者的联动效应，引入交互项，如下所示：

$$\ln KE_{it} = \alpha_3 + \beta_{31}\ln FDI_{it} + \beta_{32}\ln OFDI_{it} + \beta_{33}\ln TFP_{it} + \beta_{34}\ln HLC_{it} + \beta_{35}\ln HTI_{it} + \beta_{36}GPK_{it} + \beta_{37}URL_{it} + \beta_{38}\ln FDI_{it} \cdot OFDI_{it} + \varepsilon_{it} \quad (7-22)$$

二　数据说明与变量描述

（一）数据说明

本章参照国家统计局的做法，采用线性加权的综合评价方法构建复合指数，测算我国各省、直辖市和自治区产业新旧动能转换程度，衡量产业新旧动能转换能力。同时，分别计算产业新旧动能转换总体指数以及产业新旧动能转换分类指数。本书第八章对中国与越南、老挝、泰国、缅甸、柬埔寨、马来西亚和新加坡国家双向直接投资联动驱动产业新旧动能转换总体指数和分类指数情况回归结果进行分析，详细内容见第八章。

中国—中南半岛外商直接投资与对外直接投资采用二者占 GDP 比重衡量，数据来源于中经网统计数据库子数据库"中国—中南半岛数据库"。经济增长质量以 DEA—Malmquist 方法测算得到的全要素生产率（TFP）度量。人力资本水平（HLC）以人均受教育水平衡量。高新技术产业占比（HTI）以高新技术产业产值占工业总值比重衡量。政府"产业新旧动能转换"政策（GPK）为虚拟变量，2016 年（含 2016）之后取 1，2016 年之前取 0。城镇化水平（URL）采用城镇化率度量，2000—2004 年数据来源于各省份统计年鉴，2005—2019 年数据来源于历年中国统计年鉴分地区年末城镇人口比重部分，2020 年数据来源于第七次全国人口普查数据。政府"产业新旧动能转换"政策是以 2016 年 3 月 17 日全国人大财经委、国家发展和改革委员会发布的《国民经济和社会发展第十三个五年规划纲要》为标准，首次在政府工作报告中提及产业动能（共计 16 次），指出经济发展必然伴随新旧动能迭代，须增强发展新动能的内需潜力。次年 1 月，由国务院发布的《关于创新管理优化服务培育壮大经济发展新动能加快新旧动能接续转换的意见》明确指出加快培育新动能，加速产业新旧动能接续转换。因此，本章以 2016 年作为"产业新旧动能转换"政策时点的分界线，聚焦实证研究中国—中南半岛双向直接投资联动驱动我国产业新旧动能转换问题。

（二）变量描述

为了分析中国—中南半岛外商直接投资、对外直接投资以及双向直接投资联动驱动产业新旧动能转换问题，同时，实证测度技术创新作为多解释变量的单一部分中介效应，本章给出实证分析的变量描述性统计，具体如表7-1所示。

表7-1　变量描述性统计

变量名	变量定义	观测值N（个）	平均值	标准差	最小值	最大值
KE	产业新旧动能转换指数	161	3.9245	8.9453	0.0527	66.8532
FDI	外商直接投资	161	0.3416	0.4361	0.0080	0.5623
OFDI	对外直接投资	161	0.2356	0.3474	0.0021	0.4957
TFP	经济增长质量	161	3.2643	5.2353	1.4537	6.2374
HLC	人力资本水平	161	8.2804	4.2081	6.1526	12.64
HTI	高新技术产业占比	161	0.3143	1.3646	0.1453	0.8247
GPK	政府政策	161	0.2857	0.4583	0	1
URL	城镇化水平	161	0.5374	0.3634	0.2315	0.8830

三　中国—中南半岛双向直接投资联动驱动产业新旧动能转换实证分析结果

（一）外商直接投资的个体效应

外商直接投资联动对我国产业新旧动能转换影响的基准回归结果，如表7-2所示。

表7-2　中国—中南半岛外商直接投资驱动产业新旧动能转换回归结果

	（1）KE	（2）KE	（3）KE	（4）KE	（5）KE
FDI	0.3545*** (7.35)	0.3640*** (6.54)	0.3487*** (6.46)	0.4737*** (6.25)	0.2653*** (6.27)
TFP	—	0.1413** (6.69)	0.1253** (2.22)	0.1226** (2.19)	0.1209*** (6.24)
HLC	—	1.9746*** (6.54)	1.7636*** (6.68)	1.7895*** (6.63)	0.9578*** (6.54)

续表

	(1) KE	(2) KE	(3) KE	(4) KE	(5) KE
HTI	—	—	0.1168** (2.20)	0.1131*** (6.59)	0.1070*** (6.68)
GPK	—	—	—	0.2484*** (7.08)	0.3012*** (7.16)
URL	—	—	—	—	0.0973*** (6.23)
常数项	-0.7849*** (6.53)	-2.5898*** (6.43)	-1.6563*** (6.56)	-1.8763*** (6.24)	-2.9533*** (6.35)
年份	控制	控制	控制	控制	控制
地区	控制	控制	控制	控制	控制
观测值（个）	161	161	161	161	161
R^2	0.635	0.725	0.723	0.843	0.847

注：括号内为 t 值，*、**、*** 分别表示在 10%、5% 和 1% 的显著性水平下显著。下同。

通过上述回归结果，可以得出中国—中南半岛外商直接投资联动对我国产业新旧动能转换具有促进作用。同时，控制经济增长质量、人力资本水平、高新技术产业占比、政府"产业新旧动能转换"政策以及城镇化水平等变量对产业新旧动能转换的影响，研究发现外商直接投资对我国产业新旧动能转换仍然具有驱动作用。此外，人力资本水平、经济增长质量、高新技术产业占比、城镇化水平均推动我国产业新旧动能转换（1%的显著性水平），并且影响程度逐步减弱。究其原因，本书认为人力资本水平是具体的内在要求，高水平的人力资本和与之匹配的政策支持能够有效吸收外商直接投资的技术溢出效应，进一步实现技术创新推动产业新旧动能转换，而经济增长质量、城镇化水平以及高新技术产业占比是实现我国产业新旧动能转换的外在环境，能够为我国产业新旧动能转换提供良好的"土壤"。因此，我国应有选择、有目的、有梯度地引进外商直接投资，注重高层次人力资本水平培育，加强经济增长质量、城镇化水平以及高新技术产业占比等外在环境的改善，使得内在要求与外在环境共同助力外商直接投资驱动我国产业新旧动能实质转换。

(二) 对外直接投资的个体效应

将产业新旧动能转换指数（KE）作为被解释变量，将解释变量外商直接投资（FDI）替换为对外直接投资（OFDI），控制经济增长质量、人力资本水平、高新技术产业占比、政府"产业新旧动能转换"政策以及城镇化水平等影响因素，实证研究对外直接投资联动驱动我国产业新旧动能转换问题，回归结果如表7-3所示。

表7-3 中国—中南半岛对外直接投资驱动产业新旧动能转换回归结果

	(1) KE	(2) KE	(3) KE	(4) KE	(5) KE
OFDI	0.1476*** (6.35)	0.3734*** (6.26)	0.2464*** (6.18)	0.2002*** (6.73)	0.1752*** (6.53)
TFP	0.3562*** (6.47)	0.1081** (2.06)	0.0820** (2.11)	0.1691** (1.99)	0.3619*** (4.31)
HLC	—	0.0324*** (6.82)	0.0465*** (6.19)	0.0826*** (6.16)	0.3965*** (6.13)
HTI	—	—	0.1621*** (6.75)	0.1021** (2.05)	0.1000* (1.75)
GPK	—	—	—	0.3489*** (6.26)	0.2274*** (6.15)
URL	—	—	—	—	0.0760*** (5.09)
常数项	-2.7664*** (5.35)	-2.7464*** (6.36)	-2.8785*** (6.42)	-2.5468*** (6.82)	-2.4753*** (6.37)
年份	控制	控制	控制	控制	控制
地区	控制	控制	控制	控制	控制
观测值（个）	161	161	161	161	161
R^2	0.446	0.587	0.665	0.645	0.782

通过上述回归结果，可以得出中国—中南半岛对外直接投资联动对我国产业新旧动能转换具有正向促进作用。引入控制变量后，本章发现对外直接投资对我国产业新旧动能转换仍然具有促进作用，其中，经济增长质量、人力资本水平以及城镇化水平均推动我国产业新旧动能转换（1%的显著性水平），并且影响程度逐步减弱，高新技术产业占比推动我国产业新旧动能转换（10%的显著性水平）。究其原因，本书认为经济增

长质量决定了我国企业"走出去"的水平,经济增长质量提高能够有效推动企业对外直接投资。同时,对外直接投资获得逆向技术溢出需要与之相匹配的人力资本,才能够有效学习、吸收并模仿目标企业先进技术,并通过反馈机制传递国内企业,使得母国产业链附加值提高,从而在本质上切换经济增长引擎,促进产业新旧动能转换。此外,政府"产业新旧动能转换"政策作为我国产业新旧动能转换的内在驱动力,为产业新旧动能转换提供了规划并且指明了方向,而城镇化水平的提高为产业新旧动能转换提供了客观条件。因此,我国应注重"走出去"的方式、区位选择以及垂直专业化程度引导,准确定位推进对外直接投资靶向领域,进一步推动产业新旧动能转换。

（三）双向直接投资联动效应

将 FDI、OFDI 和二者的交互项 FDI×OFDI 作为解释变量引入模型,对比"引进来""走出去"及其联动对产业新旧动能转换的影响程度,回归结果如表 7-4 所示。

表 7-4　　中国—中南半岛双向直接投资联动驱动产业新旧动能转换回归结果

	(1) KE	(2) KE	(3) KE	(4) KE	(5) KE
FDI	0.2637*** (6.29)	—	—	0.2607*** (6.37)	0.1963** (2.03)
OFDI	—	0.1432*** (6.27)	—	0.1601*** (6.80)	0.1406*** (5.01)
FDI×OFDI	—	—	0.5012*** (6.01)	0.5963*** (6.08)	0.3027*** (6.02)
TFP	0.1429*** (7.24)	0.3658*** (6.55)	0.2948*** (6.04)	—	0.2648*** (6.28)
HLC	0.3527*** (6.37)	0.3958*** (6.13)	0.3938*** (6.37)	—	0.303*** (6.27)
HTI	0.1071* (1.71)	0.1000* (1.76)	0.0815** (2.28)	—	0.1022* (1.77)
GPK	0.3012*** (6.13)	0.2248*** (6.07)	0.2846*** (7.09)	—	0.2447*** (6.03)
URL	0.0962*** (6.21)	0.0749*** (6.11)	0.1825*** (6.17)	—	0.1449*** (6.47)

续表

	（1）KE	（2）KE	（3）KE	（4）KE	（5）KE
常数项	-2.9547*** (7.55)	-2.4728*** (6.07)	-2.8148*** (7.02)	-3.5427*** (6.18)	-3.4239*** (6.39)
年份	控制	控制	控制	控制	控制
地区	控制	控制	控制	控制	控制
观测值（个）	161	161	161	161	161
R^2	0.769	0.854	0.943	0.975	0.985

通过上述回归结果，可以得出以下结论：一是中国—中南半岛双向直接投资联动效应、外商直接投资与对外直接投资个体效应均对我国产业新旧动能转换具有显著的促进作用。控制经济发展水平、人力资本水平、高新技术产业占比、政府"产业新旧动能转换"政策以及城镇化水平等因素对产业新旧动能转换的影响，从绝对值的角度对比分析联动效应、对外直接投资与外商直接投资个体推动效应，发现中国—中南半岛双向直接投资驱动我国产业新旧动能转换的联动效应大于个体效应。二是中国—中南半岛双向直接投资联动驱动我国产业新旧动能转换存在系统稳态。本章按照理论传导机制推演，假定吸收外商直接投资与鼓励对外直接投资的成本相等，计算系统均衡的"鞍点"状态，得出 $FDI = 1.2716OFDI$，即中国—中南半岛外商直接投资规模约为对外直接投资规模的1.2716倍，二者联动驱动我国产业新旧动能转换效果最优。三是加入控制变量前后，中国—中南半岛外商直接投资、对外直接投资个体效应及其联动效应驱动我国产业新旧动能转换的显著性并未改变。同时，人力资本水平、经济增长质量、城镇化水平以及高新技术产业占比等控制变量亦推动了我国产业新旧动能转换，并且影响程度逐步减弱。因此，我国应注重双向直接投资的联动政策，调整吸引外商直接投资与对外直接投资数量，使其处于系统稳态，最大化推动我国产业新旧动能转换。

经过上述分析，为进一步检验外商直接投资、对外直接投资及其联动效应通过技术创新驱动产业新旧动能转换，本章采用多解释变量单一中介效应进行模型检验。结果如表7-5所示。

表7-5　中国—中南半岛双向直接投资联动驱动产业新旧动能转换中介效应检验

变量	FDI-Innovation-KE			OFDI-Innovation-KE			FDI×OFDI-Innovation-KE		
	(1)	(2)	(3)	(4)	(5)	(6)	(7)	(8)	(9)
	KE	Innovation	KE	KE	Innovation	KE	KE	Innovation	KE
FDI	0.7036*** (6.02)	0.2520*** (6.27)	0.1526*** (6.07)	—	—	—	—	—	—
Innovation	—	—	0.3752*** (6.12)	—	—	—	—	—	—
OFDI	—	—	—	—	0.0952*** (7.17)	0.1025*** (6.53)	—	—	—
Innovation	—	—	—	0.0526*** (7.15)	—	0.0385*** (6.27)	—	—	—
FDI×OFDI	—	—	—	—	—	—	0.2073*** (6.41)	0.4033*** (6.13)	0.3695*** (6.04)
Innovation	—	—	—	—	—	—	—	—	0.1347*** (7.04)
控制变量	是	是	是	是	是	是	是	是	是
年份	控制	控制	控制	控制	控制	控制	控制	控制	控制
地区	控制	控制	控制	控制	控制	控制	控制	控制	控制
观测值（个）	161	161	161	161	161	161	161	161	161
R^2	0.463	0.648	0.497	0.269	0.694	0.762	0.269	0.372	0583

（四）技术创新的中介效应

将中国—中南半岛之间的 FDI、OFDI 和 FDI×OFDI 作为解释变量，参照龙小宁（2021）采用研发投入强度指标（Innovation）衡量技术创新作为中介变量，产业新旧动能转换作为被解释变量，得到上述中介效应检验结果。通过技术创新的中介效应检验，可以得出外商直接投资—技术创新—产业新旧动能转换、对外直接投资—技术创新—产业新旧动能转换以及双向直接投资—技术创新—产业新旧动能转换三种路径。进一步研究发现，技术创新在外商直接投资与产业新旧动能转换、对外直接投资与产业新旧动能转换以及双向直接投资与产业新旧动能转换中承担部分中介效应，即中国—中南半岛之间的外商直接投资、对外直接投资以及双向直接投资通过技术创新推动了我国产业新旧动能转换。本章验证了中国—中南半岛外商直接投资技术溢出与对外直接投资逆向技术溢出带来的技术创新推动了我国产业新旧动能转换。因此，高质量的"引进来"和高效率的"走出去"是内在要求，同时加大技术创新的推动作用，实现产业新旧动能转换，为我国构建安全性高、稳定性强，具有韧性的产业新动能提供动力源泉。

（五）内生性问题的处理

采用被解释变量滞后一期作为解释变量加入模型的方法，以及引入 OECD 国家对外直接投资目标国出口数量作为工具变量，进行两阶段最小二乘法估计的方法，一定程度上缓解内生性问题，结果如表 7-6 所示。

表 7-6　中国—中南半岛双向直接投资联动驱动产业新旧动能转换——2SLS 估计结果

	(1) KE	(2) KE	(3) KE	(4) KE	(5) KE
KE（lag）	0.1054*** (7.63)	0.0436*** (6.32)	—	0.1126*** (7.24)	0.1352** (6.01)
FDI	0.2653*** (6.27)	—	—	0.2494*** (6.54)	0.1910** (2.07)
OFDI	—	0.1752*** (6.53)	—	0.1501*** (7.90)	0.1502*** (6.06)

续表

	（1）KE	（2）KE	（3）KE	（4）KE	（5）KE
FDI×OFDI	—	—	0.5712*** (7.61)	0.5962*** (6.39)	0.3056*** (6.05)
TFP	0.1429*** (7.24)	0.3619*** (6.79)	0.2952*** (6.39)	—	0.2683*** (7.06)
HLC	0.9578*** (6.54)	0.3965*** (6.11)	0.3915*** (7.69)	—	0.3080*** (6.49)
HTI	0.1070* (1.68)	0.1000* (1.71)	0.0821** (2.30)	—	0.1021* (1.76)
GPK	0.3012*** (6.13)	0.2274*** (6.05)	0.2893*** (6.30)	—	0.2452*** (6.00)
URL	0.0973*** (6.26)	0.0760*** (6.09)	0.1834*** (6.28)	—	0.1462*** (6.57)
常数项	-2.7428*** (7.83)	-2.5834*** (7.42)	-1.6795*** (6.47)	-3.6437*** (7.47)	-1.3268*** (6.59)
第一阶段回归结果					
Export	0.0212*** (7.47)	0.0274*** (6.34)	0.0136*** (6.17)	0.0272*** (6.26)	0.0219*** (6.15)
控制变量	是	是	是	是	是
常数项	是	是	是	是	是
年份	控制	控制	控制	控制	控制
地区	控制	控制	控制	控制	控制
观测值（个）	161	161	161	161	161
R^2	0.743	0.647	0.847	0.735	0.926

关于工具变量的选择，一方面，OECD国家对外直接投资所处东道国的出口数量对该国双向直接投资具有经济意义上的显著影响；另一方面，对外直接投资所处东道国的出口数量对我国产业新旧动能转换近乎外生。故而，采用OFDI东道国出口数量作为工具变量进行内生性检验。同时，

本章对对外直接投资东道国出口数量进行弱工具变量检验，发现 F>10。因此，未做进一步排他性约束说明。通过上述两阶段最小二乘法（2SLS）回归，双向直接投资联动驱动我国产业新旧动能转换回归结果仍然显著，故而中国—中南半岛双向直接投资显著地驱动了我国产业新旧动能转换。此外，采用固定效应模型，一定程度上缓解了遗漏变量导致的内生性问题，稳健性检验部分报告了倾向得分匹配（PSM）结果，旨在解决样本选择带来的内生性问题。

（六）政策效应

在上述研究的基础上，本书对比分析"产业新旧动能转换"政策实施前后中国—中南半岛外商直接投资、对外直接投资个体及其联动效应对我国产业新旧动能转换的影响，回归结果如表7-7所示。

通过上述回归结果，可以得出政府"产业新旧动能转换"政策实施前后，中国—中南半岛外商直接投资、对外直接投资个体以及双向直接投资联动驱动我国产业新旧动能转换存在差异。政府"产业新旧动能转换"政策实施前，中国—中南半岛外商直接投资、对外直接投资个体联动与双向直接投资联动效应对产业新旧动能转换影响并不显著，而政府"产业新旧动能转换"政策实施后，双向直接投资联动效应、外商直接投资与对外直接投资个体效应均在1%的显著性水平下显著，说明它们驱动了我国产业新旧动能转换，并且联动效应强于个体效应。在个体效应中，外商直接投资个体效应又强于对外直接投资的个体效应。

此外，本章控制经济增长质量、人力资本水平、高新技术产业占比、政府"产业新旧动能转换政策"以及城镇化水平等因素对产业新旧动能转换的影响，研究发现中国—中南半岛双向直接投资、外商直接投资以及对外直接投资联动驱动产业新旧动能转换的显著性并未改变。同时，联动效应与个体效应强度大小也并未发生实质性改变。因此，我国应加强政府"产业新旧动能转换"政策实施力度，加大对外商直接投资和对外直接投资的引导，有助于从政策层面和操作层面进一步有效推进中国—中南半岛双向直接投资联动驱动产业新旧动能转换，构建经济增长的绿色新引擎，实现经济动力源泉的本质切换。

四 稳健性检验

为了验证实证结果的可靠性，本章采用改变统计口径、剔除异常值、

表 7-7　政府"产业新旧动能转换"政策实施前后回归结果

	政府"产业新旧动能转换"政策实施之前					政府"产业新旧动能转换"政策实施之后				
	(1) KE	(2) KE	(3) KE	(4) KE	(5) KE	(1) KE	(2) KE	(3) KE	(4) KE	(5) KE
FDI	0.0451 (0.43)	0.0463 (0.32)	0.0564 (0.42)	0.0632 (0.24)	0.0463 (0.42)	0.3534*** (6.23)	0.4345*** (6.14)	0.1534*** (6.03)	0.3534*** (6.13)	0.2752*** (6.16)
OFDI	—	0.5245 (0.43)	0.5485 (0.85)	0.5271 (0.78)	0.4354 (0.64)		0.3675*** (6.83)	0.1246*** (6.09)	0.1537*** (6.17)	0.1510*** (6.06)
联动	—	—	0.1421 (0.83)	0.1256 (0.84)	0.1745 (0.82)			0.2382*** (6.58)	0.8671** (2.46)	0.6031*** (6.42)
TFP	—	—	—	0.2642 (0.23)	0.9792 (1.43)				0.7834*** (6.16)	0.5768*** (6.18)
HLC	—	—	—	—	0.3652 (0.62)					0.1912*** (6.07)
HTI	—	—	—	—	0.4261 (0.34)					0.5468*** (6.15)
GPK	—	—	—	—	0.2462 (0.24)					0.6754*** (6.54)
URL	—	—	—	—	0.3263 (0.57)					0.1862*** (6.76)
常数项	0.246 (0.83)	0.422 (0.93)	0.243 (0.93)	3.624 (0.42)	0.563 (0.40)	-1.451*** (6.38)	-1.412*** (6.26)	-2.564*** (6.29)	-2.438*** (6.57)	-2.457*** (6.39)
年份	控制	控制	控制	控制	控制	控制	控制	控制	控制	控制
观测值(个)	119	119	119	119	119	42	42	42	42	42
R^2	0.468	0.497	0.543	0.687	0.795	0.564	0.589	0.763	0.774	0.785

分国别回归以及倾向得分匹配（PSM）方式，对实证回归结果进行稳健性检验，如表7-8所示。

表7-8　　　　　　　　　稳健性检验

控制变量		主实验	越南	老挝	泰国	缅甸	柬埔寨	马来西亚	新加坡
加入前	FDI	0.2494*** (6.07)	0.4327*** (7.00)	0.2484*** (6.06)	0.3584*** (6.01)	0.0768*** (6.54)	0.1547*** (6.15)	0.3437*** (6.02)	0.4658*** (6.02)
	OFDI	0.1501*** (6.90)	0.4083*** (6.35)	0.2864*** (6.05)	0.3734*** (6.58)	0.0247*** (6.06)	0.1275*** (6.21)	0.3032*** (6.65)	0.4279*** (6.56)
	联动	0.5962*** (6.39)	0.4879*** (6.56)	0.6863*** (6.74)	0.8436*** (6.36)	0.5295*** (6.34)	0.3837*** (6.37)	0.2865*** (6.36)	0.5486*** (6.42)
	N	244	163	235	78	94	48	24	145
	R^2	0.97	0.46	0.34	0.47	0.63	0.34	0.21	0.85
加入后	FDI	0.1910*** (6.07)	0.4016*** (6.11)	0.2582*** (6.23)	0.4045*** (6.82)	0.0263*** (6.13)	0.2750*** (6.71)	0.3923*** (6.08)	0.4042*** (6.11)
	OFDI	0.1502*** (6.06)	0.3547*** (6.41)	0.2012*** (6.35)	0.3725*** (6.47)	0.0483*** (6.04)	0.1132*** (6.07)	0.3253*** (6.31)	0.4137*** (6.36)
	联动	0.3056*** (6.02)	0.3942*** (6.38)	0.3063*** (6.03)	0.3846*** (6.69)	0.1632*** (6.42)	0.2225*** (6.08)	0.4946*** (6.46)	0.5283*** (6.04)
	N	161	23	23	23	23	23	23	23
	R^2	0.98	0.75	0.86	0.83	0.63	0.79	0.74	0.87

改变统计口径方法，采用2008年国际金融危机之后样本，即2008年至2022年中国双向直接投资数据进行实证研究。剔除异常值的检验方法，去除样本残差大于1的数据进行稳健性检验。同时，为了解决"选择性偏倚""混杂偏倚"问题，采用倾向得分匹配（PSM）方法对实证结果进行稳健性检验。发现回归结果均是稳健的。因此，本书认为中国双向直接投资联动有效地驱动了我国产业新旧动能转换，为我国产业自主创新、核心技术突破、关键环节自主可控与产业安全稳定发展提供有力的新动能。

第五节 结论与政策建议

通过传导机制推演与实证分析检验，得出以下四个方面的结论：一是中国—中南半岛外商直接投资、对外直接投资以及双向直接投资联动对产业新旧动能转换具有显著的促进作用。从三者驱动强度来看，中国—中南半岛双向直接投资联动效应显著大于外商直接投资个体效应，外商直接投资个体效应又显著大于对外直接投资个体效应。二是中国—中南半岛双向直接投资联动驱动产业新旧动能转换存在"鞍点"状态，外商直接投资规模约为对外直接投资规模的 1.2716 倍时，中国—中南半岛双向直接投资联动驱动我国产业新旧动能转换效果最优。三是技术创新承担中国—中南半岛双向直接投资与产业新旧动能转换的中介变量，模型存在多解释变量的单一中介效应，具体包括外商直接投资—技术创新—产业新旧动能转换、对外直接投资—技术创新—产业新旧动能转换以及双向直接投资—技术创新—产业新旧动能转换三种路径。四是中国—中南半岛双向直接投资联动驱动产业新旧动能转换效应在政府"产业新旧动能转换"政策实施后较为显著，说明政府"产业新旧动能转换"政策增强了我国产业新旧动能转换的效度。此外，本章通过改变统计口径、剔除异常值、分国别回归以及倾向得分匹配（PSM）方法对实证结果进行稳健性检验，发现回归结果稳健。

依据研究结论，本书认为我国应从四个方面着手，加快推进产业新旧动能转换建设。一是增强中国—中南半岛双向直接投资联动发展的质量与效率，调整"引进来""走出去"的产业分布，引导控制中国—中南半岛外商直接投资与对外直接投资的数量和质量，使得双向直接投资联动有效地推动我国产业新旧动能转换。二是控制中国—中南半岛外商直接投资与对外直接投资相对规模，使得 FDI 规模约为 OFDI 规模的 1.2716 倍达到稳态发展，最大化双向直接联动驱动产业新旧动能转换的促进作用。三是加大研发经费投入强度，破解中国—中南半岛双向直接投资与产业新旧动能转换的"黑箱"，充分发挥技术创新在中国—中南半岛双向直接投资与我国产业新旧动能转换之间的中介作用，推动价值链重塑、生产网络重构，实现技术推动型"新动能"替代要素投入型"旧动能"。四是针对"产业新旧动能转换"出台系列支持政策，确保政策具备连续性、稳定性、深入性和可持续性，助力我国产业新旧动能实质转换，推进产业安全稳定自主可控，实现经济高质量发展。

第八章 双向直接投资联动驱动产业新旧动能转换国别异质性研究

本章对越南、老挝、泰国、缅甸、柬埔寨、马来西亚和新加坡七个中南半岛国家,从国别异质性的角度研究双向直接投资对我国产业新旧动能转换的影响。

第一节 中国—越南双向直接投资联动驱动产业新旧动能转换研究

一 中国—越南双向直接投资动态演变

中国—越南双向直接投资指数(TDI)及其动态演变趋势如表 8-1 和图 8-1 所示。

表 8-1　　　　　　　　中国—越南 TDI

年份	1997	1998	1999	2000	2001	2002	2003	2004	2005
TDI	1	1	1	1	1	1	1	1	0.0644
年份	2006	2007	2008	2009	2010	2011	2012	2013	2014
TDI	0.0684	0.0514	0.0607	0.1687	0.2022	0.2243	0.2508	0.3604	0.2222
年份	2015	2016	2017	2018	2019	2020	2021	2022	—
TDI	0.1705	0.1471	0.0658	0.0743	0.0561	1	0.6642	0.4920	—

在 2004 年之前,越南对中国直接投资和中国对越南 TDI 一直保持在最高值 1 的水平,说明在此期间中国—越南的双向投资意向最强,2005 年 TDI 从 1 骤降至 0.0644,说明中国—越南双向投资意向大幅减弱,2005—2008 年 TDI 一直保持较低水平,2009 年起开始回升,并于 2013 年

达到峰值 0.3604，之后数年又呈现下降趋势，于 2019 年达到最小值 0.0561，2020 年 TDI 大幅提升至 1，但之后两年又再次回落，2022 年 TDI 下降至 0.4920。

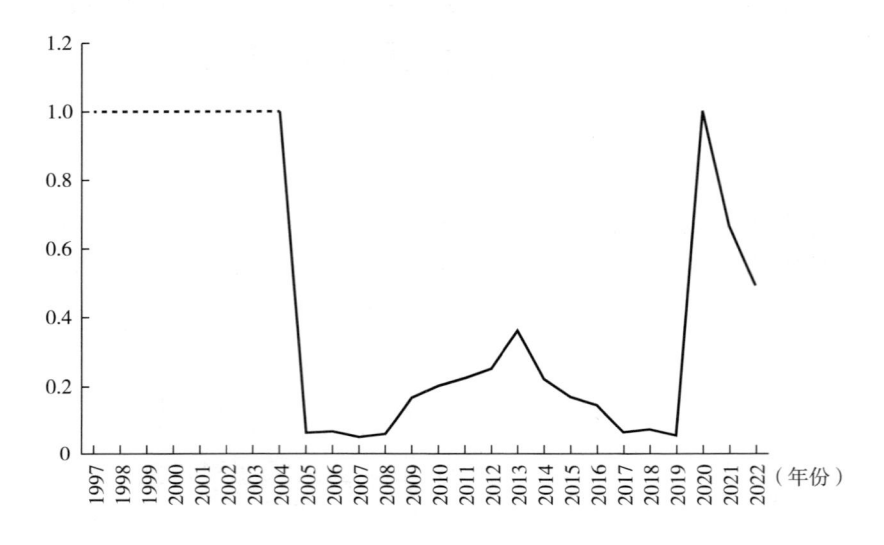

图 8-1 中国—越南 TDI

由图 8-1 可以看出，TDI 波动幅度较大，大致可以分为三个阶段：第一阶段，1997—2004 年呈现相对平稳状态。TDI 保持在 1 的水平。自 1997 年开始越南改革脚步逐渐放缓，以及 1998 年、1999 年受东南亚部分国家和地区陷入金融危机的影响，中国对越南抑或越南对中国的投资均有所下降，而到了 2000 年在"南向政策"的推动下中国台资对越投资猛增，跃居为越南吸引外资第一大来源，而越南政府也采取积极措施，鼓励企业向中国投资。第二阶段，2005—2019 年 TDI 呈现小幅度波动状态，总体上 TDI 远远小于第一阶段，2004—2005 年 TDI 从 1 下降到 0.0644。尽管中国在 2001 年加入了 WTO，并出台了"十五"时期利用外资和境外投资的办法，但是由于政策的滞后性，以及越南投资环境缺少竞争性等原因，双向直接投资不活跃，直到 2008 年才开始有小幅度上升的趋势，到 2013 年 TDI 上升到 0.3604，2014 年开始 TDI 开始下降，到 2019 年下降到最低点 0.0561。第三阶段，2019—2022 年呈现总体上升阶段。2019 年后 TDI 上升，2020 年又回到 2004 年前的水平，中国—越南 TDI 为 1，原因在于2019年在北京举行了中国—越南双向商贸投资合作洽谈会，促进中国企业到越南投资兴业，开拓新市场，也帮助越南的优质项目引进来。2020年后开始下降，原因在于新冠疫情的蔓延和影响也对中越双向投资产生了冲击。

二 中国—越南双向直接投资联动驱动产业新旧动能转换实证研究

为了进一步研究中国—越南双向直接投资联动驱动产业新旧动能转换问题，本章采用中经网统计数据库子数据库，即中南半岛数据库，实证测度中国—越南双向直接投资对我国产业新旧动能转换的影响。

（一）基准回归结果

中国—越南双向直接投资联动驱动产业新旧动能转换的回归结果，如表8-2所示。

表8-2　　中国—越南双向直接投资联动驱动产业新旧动能转换基准回归结果

变量	KE	KE	KE	KE	KE
FDI	0.412*** (6.43)	—	—	0.251*** (5.36)	0.202*** (5.36)
OFDI	—	0.215*** (5.42)	—	0.121*** (4.77)	0.102*** (4.28)
FDI×OFDI	—	—	0.467*** (7.52)	0.305*** (7.23)	0.283*** (6.74)
TFP	0.262*** (7.42)	0.253*** (7.32)	0.240*** (7.11)	—	0.228*** (6.47)
HLC	0.362*** (6.36)	0.316*** (6.42)	0.362*** (6.74)	—	0.333*** (6.46)
HTI	0.137*** (5.52)	0.142*** (5.73)	0.131*** (5.85)	—	0.113*** (5.18)
GPK	0.110*** (6.46)	0.113*** (5.89)	0.105*** (5.47)	—	0.112*** (5.63)
URL	0.074*** (6.52)	0.068*** (7.84)	0.072*** (6.01)	—	0.066*** (5.43)

续表

变量	KE	KE	KE	KE	KE
常数项	0.212*** (5.36)	0.421*** (5.25)	0.313*** (6.41)	—	0.251*** (6.58)
年份	控制	控制	控制	控制	控制
地区	控制	控制	控制	控制	控制
观测值（个）	23	23	23	23	23
R^2	0.362	0.531	0.413	0.327	0.649

注：括号内为t值，*、**、***分别表示在10%、5%和1%的显著性水平下显著。下同。

通过上述回归结果，可以得出以下三个方面的结论：一是中国—越南外商直接投资个体效应、对外直接投资个体效应与双向直接投资联动效应均有效地推动了我国产业新旧动能转换。其中，双向直接投资联动效应对产业新旧动能转换的影响程度高于外商直接投资与对外直接投资的个体效应，而外商直接投资对产业新旧动能转换的推动作用又强于对外直接投资对产业新旧动能转换的推动作用。二是控制变量加入前后，中国—越南双向直接投资联动效应、外商直接投资与对外直接投资个体效应的显著性未发生变化，说明中国—越南双向直接投资联动有效地驱动了我国产业新旧动能转换。三是经济增长质量、人力资本水平、高新技术产业占比、政府"产业新旧动能转换"政策以及城镇化水平等控制变量有效地推动了我国产业新旧动能转换。其中，人力资本水平对我国产业新旧动能转换提升作用程度最高，而城镇化水平对我国产业新旧动能转换提升作用程度最低，其余控制变量对我国产业新旧动能转换提升作用程度介于之间。本书采用多种回归方式，均得出了相似的结论。究其原因，人力资本水平提升能够有效提高自主创新水平，吸收模仿先进技术后应用于产业生产、设备改进与技术迭代，因此，人力资本是产业新旧动能转换的关键要素，而城镇化水平提升推动了人口由乡村向城市流动，对我国产业新旧动能转换的影响较弱。

因此，"引进来"与"走出去"的高质量、高效率联动能够有效推动国内与国外产业互动，驱动我国产业新旧动能接续转换；同时，外商直接投资能够有效改善我国产业格局，外商直接投资的技术溢出效应有助于重塑我国高质量发展的新动能；对外直接投资主要为技术转移和技术输出，中国对越南的对外直接投资难以获得优质的逆向技术溢出，致使中国—越南对外直接投资对我国产业新旧动能转换的促进作用弱于外商直接投资。

（二）双向直接投资对产业新旧动能转换分类指数的影响研究

按照国家统计局分类，将产业新旧动能转换细分为知识能力、经济活力、创新驱动、网络经济以及转型升级五个维度，实证测度中国—越南外商直接投资、对外直接投资以及双向直接投资联动对我国产业新旧动能转换分类指数的影响程度。[①] 中国—越南双向直接投资联动驱动产业新旧动能转换的实证回归结果如表8-3所示。

表8-3　　　中国—越南双向直接投资联动驱动产业新旧动能转换分类指数影响回归结果

变量	知识能力3 KE	经济活力1 KE	创新驱动2 KE	网络经济5 KE	转型升级4 KE
FDI	0.342*** (5.57)	0.563*** (6.48)	0.431*** (6.05)	0.141*** (6.33)	0.253*** (6.10)
OFDI	0.159*** (6.31)	0.373*** (7.47)	0.223*** (7.42)	0.101*** (7.37)	0.126*** (7.48)
FDI×OFDI	0.418*** (8.13)	0.625*** (7.96)	0.465*** (7.44)	0.305*** (8.40)	0.384*** (7.48)
TFP	0.225*** (6.47)	0.232*** (7.17)	0.247*** (7.37)	0.221*** (6.25)	0.285*** (7.41)
HLC	0.338*** (5.57)	0.320*** (7.48)	0.314*** (6.47)	0.363*** (6.22)	0.326*** (6.73)
HTI	0.164*** (5.58)	0.183*** (6.32)	0.132*** (5.55)	0.158*** (5.30)	0.147*** (5.52)
GPK	0.126*** (7.58)	0.137*** (6.48)	0.125*** (6.37)	0.084*** (6.44)	0.131*** (5.77)
URL	0.064*** (6.52)	0.093*** (7.84)	0.085*** (6.01)	0.060*** (6.01)	0.062*** (5.43)

① 对中南半岛其他国家产业新旧动能转换分类指数的划分，也按此方法。之后不再赘述。

续表

变量	知识能力 3 KE	经济活力 1 KE	创新驱动 2 KE	网络经济 5 KE	转型升级 4 KE
常数项	0.227*** (6.74)	0.443*** (6.46)	0.342*** (6.32)	0.253*** (6.47)	0.284*** (6.40)
年份	控制	控制	控制	控制	控制
地区	控制	控制	控制	控制	控制
观测值（个）	23	23	23	23	23
R^2	0.375	0.372	0.524	0.417	0.346
系数差异检验	0.025*** (6.42)	0.014*** (5.52)	0.025*** (6.52)	0.011*** (5.73)	0.025*** (4.68)

通过上述回归结果分析，可以得出以下三个方面的结论：一是中国—越南外商直接投资个体效应、对外直接投资个体效应与双向直接投资联动效应均有效地推动了知识能力、经济活力、创新驱动、网络经济以及转型升级五个维度指数的提升。通过纵向分析可以得出，双向直接投资联动效应推动作用强于外商直接投资个体效应，而外商直接投资个体效应对产业新旧动能分类指数的推动作用强于对外直接投资个体效应，结论与基准回归结果相似。通过横向分析可以得出，双向直接投资联动效应、外商直接投资个体效应与对外直接投资个体效应推动产业新旧动能分类指数提升作用按照由强到弱的顺序依次为经济活力、创新驱动、知识能力、转型升级以及网络经济。二是经济增长质量、人力资本水平、高新技术产业占比、政府"产业新旧动能转换"政策以及城镇化水平有效地推动了知识能力、经济活力、创新驱动、网络经济以及转型升级指数提升，作用强度按照由高到低的顺序依次为人力资本水平、经济增长质量、高新技术产业占比、政府"产业新旧动能转换"政策以及城镇化水平。三是通过知识能力、经济活力、创新驱动、网络经济以及转型升级五个维度指数的似无相关 Suest 组间系数差异检验，发现双向直接投资联动、外商直接投资和对外直接投资对我国产业新旧动能转换影响的回归系数存在显著差异，进一步说明双向直接投资对产业新旧动能转换经济活力指数的推动作用最强，而对网络经济指数的推动作用最弱，其余指数介于二者之间。

究其原因，经济活力指数包括科技企业孵化器数量、国家高新技术开发区企业单位数量、工业企业研发活动占比以及快递业务量等指标。因此，双向直接投资联动对产业新旧动能中经济活力指数的影响较为突出，通过"引进来"与"走出去"互动，推进技术溢出效应和逆向技术溢出效应产生联动，有效地推进了产业新旧动能转换中经济活力指数的提升。同时，网络经济指数包括固定互联网宽带接入用户数、移动互联网用户数、移动互联网接入流量、电子商务平台交易额、实物商品网上零售额占比、网购替代率等指标，而越南的网络经济基础较为薄弱，相关政策推动力度相对不足，故而双向直接投资联动对产业新旧动能中网络经济指数的影响程度较弱，中国与越南之间的"引进来"与"走出去"互动难以对我国固定互联网宽带接入、移动互联网用户与流量问题等指标产生重大影响，该类指标受到政策的影响程度较大，导致网络经济指数受到的影响程度较弱。双向直接投资联动对其余产业新旧动能分类指数的影响程度介于其间，作用强度按照由强到弱的顺序依次为创新驱动、知识能力以及转型升级指数。

（三）时段异质性分析

将2000—2022年划分为五个时段，分别为2000—2004年、2005—2009年、2010—2014年、2015—2019年、2020—2022年①，进一步具体分析中国—越南双向直接投资联动效应、外商直接投资个体效应和对外直接投资个体效应对我国产业新旧动能转换的影响，回归结果如表8-4所示。

表8-4　中国—越南双向直接投资联动驱动产业新旧动能转换时段异质性回归结果

时段	变量	KE（FE）	KE（FE）	KE（FE）	KE（FE）	KE（He）	KE（He）	KE（He）	KE（He）
2000—2004年	FDI	0.263 (0.54)	—	—	0.145 (0.38)	0.284 (1.02)	—	—	0.210 (0.58)
	OFDI	—	0.173*** (6.47)	—	0.128*** (6.31)	—	0.194*** (6.07)	—	0.137*** (6.94)
	FDI× OFDI	—	—	0.274*** (4.88)	0.217*** (5.05)	—	—	0.282*** (5.37)	0.257*** (6.42)

---

① 对中南半岛其他国家的时段异质性研究，也按此方法划分时段，之后不再赘述。

续表

时段	变量	KE(FE)	KE(FE)	KE(FE)	KE(FE)	KE(He)	KE(He)	KE(He)	KE(He)
2005—2009年	FDI	0.247*** (6.46)	—	—	0.179*** (6.47)	0.228*** (5.38)	—	—	0.203*** (6.58)
	OFDI	—	0.253 (0.02)	—	0.214 (0.17)	—	0.185 (0.48)	—	0.152 (0.82)
	FDI×OFDI	—	—	0.252*** (4.89)	0.217*** (6.38)	—	—	0.262*** (6.56)	0.247*** (6.11)
2010—2014年	FDI	0.275*** (7.49)	—	—	0.256*** (6.84)	0.306*** (7.47)	—	—	0.274*** (7.32)
	OFDI	—	0.218*** (7.57)	—	0.221*** (6.74)	—	0.275*** (6.47)	—	0.219*** (6.41)
	FDI×OFDI	—	—	0.386*** (7.24)	0.313*** (6.72)	—	—	0.327*** (6.49)	0.302*** (6.85)
2015—2019年	FDI	0.326*** (5.95)	—	—	0.295*** (6.49)	0.355*** (6.64)	—	—	0.286*** (6.35)
	OFDI	—	0.264*** (6.46)	—	0.218*** (6.66)	—	0.285*** (6.47)	—	0.267*** (6.40)
	FDI×OFDI	—	—	0.332*** (7.73)	0.311*** (7.25)	—	—	0.358*** (7.11)	0.312*** (7.64)
2020—2022年	FDI	0.451*** (7.44)	—	—	0.315*** (6.88)	0.457*** (6.93)	—	—	0.369*** (6.35)
	OFDI	—	0.336*** (6.83)	—	0.257*** (6.49)	—	0.387*** (7.01)	—	0.278*** (6.39)
	FDI×OFDI	—	—	0.547*** (6.75)	0.383*** (6.31)	—	—	0.550*** (6.84)	0.394*** (6.84)
控制变量	年份	控制	控制	控制	控制	控制	控制	控制	控制
	地区	控制	控制	控制	控制	控制	控制	控制	控制
	观测值(个)	23	23	23	23	23	23	23	23
	R^2	0.673	0.535	0.517	0.845	0.439	0.431	0.724	0.741

注：FE表示固定效应模型，HE表示Heckman两步法回归模型。下同。

通过上述回归结果，可以得出以下四个方面的结论：一是2000—

第八章　双向直接投资联动驱动产业新旧动能转换国别异质性研究 / 175

2004年，中国—越南双向直接投资联动效应和对外直接投资个体效应有效地推动了我国产业新旧动能转换，而外商直接投资个体效应对我国产业新旧动能转换的影响并不显著。二是2005—2009年，中国—越南双向直接投资联动效应和外商直接投资个体效应有效地推动了我国产业新旧动能转换，而对外直接投资个体效应对我国产业新旧动能转换的影响并不显著。三是2010—2014年、2015—2019年以及2020—2022年三个时段，中国—越南双向直接投资联动效应、外商直接投资个体效应以及对外直接投资个体效应均有效地推动了我国产业新旧动能转换，同时，双向直接投资联动效应推动我国产业新旧动能转换的强度高于外商直接投资个体效应和对外直接投资个体效应，而外商直接投资个体效应推动我国产业新旧动能转换的强度又高于对外直接投资个体效应，结论与基准回归结果相似。四是固定效应模型回归和Heckman两步法方式回归得到了一致的结论，中国—越南双向直接投资联动效应、外商直接投资个体效应以及对外直接投资个体效应推动我国产业新旧动能转换存在以上三个方面的时段异质性。

究其原因，2000—2004年，外商直接投资规模较小、质量较低，导致外商直接投资对我国产业新旧动能转换的推动作用不显著。2005—2009年，中国—越南对外直接投资尚处于初步发展阶段，主要以技术转移方式"走出去"，难以获得有效的逆向技术溢出，致使对外直接投资对我国产业新旧动能转换的推动作用不显著。2010—2022年，随着中国—中南半岛经济走廊建设、"一带一路"倡议提出、RCEP自由贸易协定签署，中国—越南外商直接投资、对外直接投资取得了长足的发展，双向直接投资互动程度逐渐增强，使得双向直接投资联动效应、外商直接投资个体效应以及对外直接投资个体效应均有效地推动了我国产业新旧动能转换。

因此，中国—越南双向直接投资联动驱动我国产业新旧动能转换存时段异质性。我国应针对中国—越南发展时段差异，采用连续性的双向直接投资政策，具体包括外商直接投资"负面清单+准入国民待遇"以及对外直接投资补贴政策。逐步推动外商直接投资与对外直接投资联动发展，即我国应加强与越南外商直接投资高质量"引进来"、对外直接投资高效率"走出去"，有目的、有选择地吸收外商直接投资和利用对外直接投资，"引进来"与"走出去"联动驱动我国产业新旧动能转换，实现产业链关键环节安全稳定与自主可控。

（四）行业异质性分析

结合投入产出表与我国"卡脖子"重点行业，本章对专用设备，仪器仪表，通信设备、计算机和其他电子设备，电器机械和器材，金属制品、机械和设备修理服务以及交通运输设备六个行业①，具体分析中国—越南双向直接投资对我国产业新旧动能转换的影响程度（见表8-5）。

表8-5　中国—越南双向直接投资联动驱动产业新旧动能转换行业异质性回归结果

变量	专用设备 KE	仪器仪表 KE	通信设备、计算机和其他电子设备 KE	电器机械和器材 KE	金属制品、机械和设备修理服务 KE	交通运输设备 KE
FDI	0.147*** (5.37)	0.232*** (5.47)	0.101*** (5.82)	0.284*** (5.30)	0.223*** (5.73)	0.258*** (5.85)
OFDI	0.236*** (6.48)	0.221*** (6.42)	0.182*** (6.85)	0.163*** (7.41)	0.116*** (7.79)	0.086*** (6.49)
FDI×OFDI	0.375*** (6.74)	0.328*** (6.83)	0.303*** (6.74)	0.274*** (6.71)	0.338*** (6.29)	0.352*** (7.55)
TFP	0.252*** (7.75)	0.285*** (7.43)	0.244*** (7.75)	0.215*** (7.88)	0.272*** (6.83)	0.234*** (7.15)
HLC	0.324*** (6.47)	0.330*** (6.53)	0.321*** (6.37)	0.374*** (6.28)	0.382*** (6.33)	0.339*** (6.75)
HTI	0.134*** (5.58)	0.175*** (5.37)	0.184*** (5.78)	0.193*** (5.55)	0.129*** (5.19)	0.179*** (5.42)
GPK	0.125*** (6.58)	0.117*** (6.04)	0.104*** (6.44)	0.141*** (6.47)	0.123*** (6.48)	0.131*** (6.49)
URL	0.085*** (6.84)	0.047*** (7.33)	0.059*** (6.86)	0.066*** (6.38)	0.063*** (6.84)	0.098*** (6.66)
常数项	0.375*** (6.57)	0.472*** (6.31)	0.431*** (6.75)	0.521*** (5.83)	0.372*** (6.17)	0.438*** (5.75)
年份	控制	控制	控制	控制	控制	控制
地区	控制	控制	控制	控制	控制	控制

---

① 对中南半岛其他国家的行业异质性分析，也按此六个行业分类，之后不再赘述。

续表

变量	专用设备	仪器仪表	通信设备、计算机和其他电子设备	电器机械和器材	金属制品、机械和设备修理服务	交通运输设备
	KE	KE	KE	KE	KE	KE
观测值（个）	23	23	23	23	23	23
R^2	0.856	0.474	0.497	0.636	0.742	0.624
系数差异检验	0.047*** (5.48)	0.074*** (7.44)	0.013*** (6.86)	0.037*** (6.42)	0.031*** (6.75)	0.022*** (7.34)

通过上述回归结果，可以得出以下三个方面的结论：一是中国—越南双向直接投资联动效应、外商直接投资个体效应与对外直接投资个体效应有效地推动了我国专用设备、仪器仪表等六个行业产业新旧动能转换。同时，中国—越南双向直接投资联动驱动产业新旧动能转换的作用强度高于外商直接投资个体效应和对外直接投资个体效应，而外商直接投资的个体效应推动产业新旧动能转换的强度又高于对外直接投资的个体效应。二是通过似无相关 Suest 组间系数差异检验，发现中国—越南双向直接投资联动效应、外商直接投资个体效应和对外直接投资个体效应推动不同行业产业新旧动能转换的作用强度存在显著差异。其中，外商直接投资个体效应推动不同行业产业新旧动能转换作用强度由强到弱依次为电器机械和器材，交通运输设备，仪器仪表，金属制品、机械和设备修理服务，专用设备以及通信设备、计算机和其他电子设备行业；对外直接投资个体效应推动不同行业产业新旧动能转换作用强度由强到弱依次为专用设备，仪器仪表，通信设备、计算机和其他电子设备，电器机械和器材，金属制品、机械和设备修理服务，交通运输设备行业；双向直接投资联动效应推动不同行业产业新旧动能转换作用强度由强到弱依次为专用设备，交通运输设备，金属制品、机械和设备修理服务，仪器仪表，通信设备、计算机和其他电子设备，电器机械和器材行业。三是经济增长质量、人力资本水平、高新技术产业占比、政府"产业新旧动能转换"政策以及城镇化水平等控制变量有效地推动了我国不同行业产业新旧动能转换，作用强度由强到弱依次为人力资本水平、经济增长质量、高新技术产业占比、政府"产业新旧动能转换"政策以及城镇化水平。

究其原因，中国—越南外商直接投资、对外直接投资产业分布存在显著差异，使得双向直接投资异质性联动推进产业格局重塑，推进我国不同行业产业新旧动能转换。外商直接投资集中于交通运输设备行业，引领交通运输设备行业产业新旧动能转换效果显著领先于其他行业，而对外直接投资集中于专用设备行业，使得专用设备行业产业新旧动能转换效果显著领先于其他行业。同时，由于外商直接投资和对外直接投资所处行业存在异质性，"内引外联"使得双向直接投资的联动效应显著推动了我国不同行业产业新旧动能转换，并且双向直接投资联动效应推动我国不同行业新旧动能转换的强度显著高于外商直接投资个体效应、对外直接投资个体效应对不同行业产业新旧动能转换的强度。

因此，我国应注重"引进来"和"走出去"产业协同联动发展，以及高质量的外商直接投资与高效率的对外直接投资联动推进行业层面的产业新旧动能转换，通过外商直接投资的技术溢出效应与对外直接投资的逆向技术溢出效应，有效推动我国行业层面的产业新旧动能转换，具体包括知识能力、经济活力、创新驱动、网络经济与转型升级五个方面，进一步推进"卡脖子"行业产业链关键环节实现自主可控。

（五）区域异质性分析

将我国划分为东部沿海、北部沿海、南部沿海、长江中游、黄河中游、西南地区、东北地区和西北地区八个区域①，进一步具体分析中国—越南双向直接投资联动效应、外商直接投资个体效应和对外直接投资个体效应对我国产业新旧动能转换的影响，回归结果如表8-6所示。

表8-6　　中国—越南双向直接投资联动驱动产业新旧动能转换区域异质性回归结果

变量	东部沿海 KE	北部沿海 KE	南部沿海 KE	长江中游 KE	黄河中游 KE	西南地区 KE	东北地区 KE	西北地区 KE
FDI	0.305*** (6.84)	0.274*** (6.48)	0.387*** (6.33)	0.204*** (6.38)	0.185*** (6.84)	0.351*** (7.46)	0.215 (0.58)	0.172 (0.21)
OFDI	0.232*** (6.83)	0.202*** (6.36)	0.286*** (6.33)	0.173*** (6.85)	0.115*** (6.27)	0.269*** (6.82)	0.106 (0.23)	0.093 (0.52)
FDI× OFDI	0.326*** (6.37)	0.307*** (6.21)	0.463*** (5.64)	0.292*** (6.42)	0.275*** (6.47)	0.389*** (6.21)	0.113 (0.88)	0.107 (0.48)

① 对中南半岛其他国家区域异质性研究中，也按此划分方法，之后不再赘述。

续表

变量	东部沿海 KE	北部沿海 KE	南部沿海 KE	长江中游 KE	黄河中游 KE	西南地区 KE	东北地区 KE	西北地区 KE
TFP	0.275*** (6.54)	0.242*** (6.23)	0.264*** (7.03)	0.214*** (6.32)	0.231*** (7.11)	0.273*** (6.74)	0.212*** (6.31)	0.233*** (6.25)
HLC	0.312*** (5.75)	0.343*** (7.31)	0.374*** (6.47)	0.323*** (6.25)	0.335*** (6.21)	0.322*** (5.75)	0.364*** (6.36)	0.322*** (6.37)
HTI	0.173*** (5.48)	0.131*** (6.31)	0.158*** (5.58)	0.142*** (5.54)	0.137*** (5.42)	0.134*** (5.84)	0.158*** (6.32)	0.138*** (5.44)
GPK	0.121*** (6.64)	0.128*** (6.27)	0.131*** (6.84)	0.137*** (6.37)	0.122*** (5.63)	0.137*** (7.59)	0.132*** (6.42)	0.158*** (6.56)
URL	0.058*** (6.85)	0.039*** (7.75)	0.068*** (6.25)	0.049*** (6.06)	0.071*** (5.97)	0.060*** (6.76)	0.049*** (7.04)	0.072*** (6.48)
常数项	0.431*** (5.74)	0.275*** (6.37)	0.313*** (7.83)	0.754*** (6.48)	0.327*** (7.35)	0.341*** (4.44)	0.164*** (6.73)	0.175*** (5.27)
年份	控制	控制	控制	控制	控制	控制	控制	控制
地区	控制	控制	控制	控制	控制	控制	控制	控制
观测值（个）	23	23	23	23	23	23	23	23
R^2	0.474	0.427	0.642	0.486	0.553	0.584	0.647	0.665
系数差异检验	0.026*** (5.64)	0.057*** (5.83)	0.046*** (5.16)	0.054*** (5.73)	0.038*** (5.48)	0.021** (2.22)	0.017*** (6.18)	0.047*** (6.37)

通过上述回归结果，可以得出以下三个方面的结论：一是中国—越南双向直接投资联动效应、外商直接投资个体效应与对外直接投资个体效应有效地推动了我国东部沿海、北部沿海、南部沿海、长江中游、黄河中游、西南地区产业新旧动能转换，而东北地区和西北地区推动作用并不显著。因此，中国—越南双向直接投资联动效应、外商直接投资个体效应与对外直接投资的个体效应驱动我国产业新旧动能转换存在区域异质性。同时，中国—越南双向直接投资联动效应推动产业新旧动能转换的强度高于外商直接投资个体效应、对外直接投资的个体效应。二是通过似无相关 Suest 组间系数差异检验，发现中国—越南双向直接投资联动效应、外商直接投资个体效应和对外直接投资个体效应推动不同区域产业新旧动能转换强度存在显著差异，强度由高到低依次为南部沿海、

西南地区、东部沿海、北部沿海、长江中游和黄河中游地区。三是经济增长质量、人力资本水平、高新技术产业占比、政府"产业新旧动能转换"政策以及城镇化水平这些控制变量有效地推动了我国不同区域产业新旧动能转换,作用强度由强到弱依次为人力资本水平、经济增长质量、高新技术产业占比、政府"产业新旧动能转换"政策以及城镇化水平。

究其原因,中国—越南双向直接投资联动驱动我国产业新旧动能转换存在显著的区域异质性。一方面,我国区域层面产业新旧动能转换受到贸易投资引力模型中地理位置因素(距离因素)影响,越南与我国广西、云南投资合作密切,致使中国—越南双向直接投资联动驱动南部沿海地区产业新旧动能转换强度最高,西南地区紧随其后,而东北地区和西北地区并不显著;另一方面,我国各个区域之间现有产业基础存在显著差异,同时,区域之间缺乏人才共享、技术互通、市场互动的协同发展机制,导致各个区域吸收和利用外商直接投资与对外直接投资存在差异,引致双向直接投资联动效应、外商直接投资个体效应与对外直接投资个体效应推动我国各个区域之间产业新旧动能转换存在显著的差异。此外,各个区域之间经济增长质量、人力资本水平、高新技术产业基础等条件存在显著差异,使得各个区域在双向直接投资技术溢出与逆向技术溢出的学习、吸收、模仿过程中存在差异。综上原因,中国—越南双向直接投资联动效应、外商直接投资个体效应和对外直接投资个体效应推动我国产业新旧动能转换存在区域异质性。

(六)门槛效应分析

从双向直接投资"本身门槛"和人力资本水平的"吸收门槛"角度分析中国—越南双向直接投资联动驱动产业新旧动能转换的门槛效应,回归结果如表 8-7 所示。

表 8-7　　中国—越南双向直接投资联动驱动产业新旧动能转换门槛效应回归结果

变量	模型 1 FE KE	模型 1 Heckman KE	模型 2 FE KE	模型 2 Heckman KE	模型 3 FE KE	模型 3 Heckman KE	模型 4 FE KE	模型 4 Heckman KE
FDI	0.373*** (7.32)	0.389*** (7.13)	—	—	—	—	0.342*** (7.66)	0.390*** (7.19)

第八章 双向直接投资联动驱动产业新旧动能转换国别异质性研究 / 181

续表

变量	模型1 FE KE	模型1 Heckman KE	模型2 FE KE	模型2 Heckman KE	模型3 FE KE	模型3 Heckman KE	模型4 FE KE	模型4 Heckman KE
OFDI	—	—	0.263*** (6.74)	0.277*** (6.47)	—	—	0.238*** (6.86)	0.269*** (6.36)
FDI× OFDI	—	—	—	—	0.472*** (6.85)	0.455*** (6.92)	0.472*** (7.36)	0.447*** (7.25)
FDI²	-0.103*** (6.37)	-0.162*** (6.83)	—	—	—	—	-0.131*** (6.63)	-0.157*** (6.41)
OFDI²	—	—	-0.084*** (7.38)	-0.091*** (7.82)	—	—	-0.068*** (6.89)	-0.075*** (7.27)
FDI²× OFDI²	—	—	—	—	-0.105*** (6.96)	-0.126*** (7.05)	-0.147*** (7.52)	-0.172*** (7.42)
TFP	0.274*** (6.48)	0.231*** (6.32)	0.264*** (6.73)	0.231*** (6.48)	0.212*** (6.27)	0.244*** (6.26)	0.262*** (6.38)	0.239*** (6.31)
HLC	0.352*** (5.75)	0.312*** (7.17)	0.336*** (6.41)	0.369*** (6.97)	0.338*** (6.47)	0.363*** (5.85)	0.313*** (6.79)	0.356*** (6.34)
HTI	0.148*** (5.75)	0.194*** (5.54)	0.143*** (5.17)	0.165*** (5.95)	0.127*** (5.48)	0.184*** (5.35)	0.104*** (6.66)	0.135*** (5.84)
GPK	0.135*** (6.83)	0.126*** (6.48)	0.136*** (6.42)	0.141*** (6.78)	0.111*** (5.73)	0.126*** (5.42)	0.133*** (6.19)	0.142*** (6.07)
URL	0.079*** (6.95)	0.062*** (7.25)	0.084*** (6.85)	0.093*** (6.18)	0.059*** (6.28)	0.078*** (6.55)	0.083*** (7.17)	0.081*** (6.93)
常数项	0.326*** (6.83)	0.317*** (6.76)	0.461*** (7.13)	0.347*** (6.37)	0.422*** (6.72)	0.441*** (6.31)	0.386*** (6.30)	0.146*** (6.24)
年份	控制	控制	控制	控制	控制	控制	控制	控制
地区	控制	控制	控制	控制	控制	控制	控制	控制
观测值 (个)	23	23	23	23	23	23	23	23
R²	0.365	0.536	0.825	0.461	0.417	0.643	0.681	0.649

通过上述回归结果，可以得出以下四个方面的结论：一是中国—越南双向直接投资联动效应、外商直接投资个体效应与对外直接投资个体效应推动我国产业新旧动能转换存在"门槛效应"，并且该门槛为"高门槛"，即随着外商直接投资、对外直接投资以及双向直接投资联动程度提

升，我国产业新旧动能转换程度不断提升，超过"门槛值"后，随着外商直接投资、对外直接投资以及双向直接投资联动程度提升，我国产业新旧动能转换程度反而下降。二是采用固定效应模型和 Heckman 两步法回归得到的中国—越南双向直接投资联动驱动产业新旧动能转换的门槛值分别为 2.25 和 1.81，外商直接投资驱动产业新旧动能转换门槛值分别为 1.81 和 1.20，对外直接投资驱动产业新旧动能转换门槛值分别为 1.57 和 1.52。同时，将外商直接投资个体效应、对外直接投资个体效应和双向直接投资联动效应以及三者的平方项引入固定效应模型进行回归，得到外商直接投资个体效应驱动产业新旧动能转换的门槛值为 1.31，对外直接投资个体效应驱动产业新旧动能转换的门槛值为 1.75，双向直接投资联动效应驱动产业新旧动能转换的门槛值为 1.61。Heckman 两步法的门槛值计算同理，外商直接投资个体效应驱动产业新旧动能转换的门槛值为 1.24，对外直接投资个体效应驱动产业新旧动能转换的门槛值为 1.79，双向直接投资联动效应驱动产业新旧动能转换的门槛值为 1.30。三是采用固定效应模型和 Heckman 两步法均能够得到中国—越南双向直接投资联动效应、外商直接投资个体效应与对外直接投资个体效应有效地推动了我国产业新旧动能转换。四是经济增长质量、人力资本水平、高新技术产业占比、政府"产业新旧动能转换"政策以及城镇化水平等控制变量有效地推动了我国产业新旧动能转换，作用强度由强到弱依次为人力资本水平、经济增长质量、高新技术产业占比、政府"产业新旧动能转换"政策以及城镇化水平。

此外，本章从人力资本水平设置的"吸收门槛"角度分析中国—越南双向直接投资联动效应、外商直接投资个体效应与对外直接投资个体效应对我国产业新旧动能转换的影响，回归结果如表 8-8 所示。

表 8-8　　中国—越南双向直接投资联动驱动产业新旧动能转换
——基于人力资本水平与双向直接投资交互门槛效应

变量	模型 1 FE KE	模型 1 Heckman KE	模型 2 FE KE	模型 2 Heckman KE	模型 3 FE KE	模型 3 Heckman KE	模型 4 FE KE	模型 4 Heckman KE
FDI	-0.315*** (6.73)	-0.363*** (6.41)	—	—	—	—	-0.374*** (6.39)	-0.317*** (6.41)

续表

变量	模型1 FE KE	模型1 Heckman KE	模型2 FE KE	模型2 Heckman KE	模型3 FE KE	模型3 Heckman KE	模型4 FE KE	模型4 Heckman KE
OFDI	—	—	-0.364*** (5.75)	-0.327*** (6.14)			-0.332*** (8.58)	-0.347*** (8.58)
FDI×OFDI					-0.485*** (6.42)	-0.403*** (6.92)	-0.483*** (5.75)	-0.491*** (6.37)
FDI×HLC	0.212*** (6.53)	0.280*** (7.37)	—	—			0.237*** (7.75)	0.295*** (7.48)
OFDI×HLC	—	—	0.147*** (7.72)	0.105*** (7.75)	—	—	0.141*** (7.41)	0.154*** (7.73)
FDI×OFDI×HLC	—	—	—	—	0.218*** (6.74)	0.327*** (6.37)	0.230*** (6.75)	0.285*** (6.52)
TFP	0.274*** (6.75)	0.236*** (6.37)	0.224*** (6.17)	0.237*** (6.81)	0.274*** (6.92)	0.282*** (6.61)	0.297*** (6.44)	0.281*** (6.86)
HLC	0.374*** (5.55)	0.332*** (6.18)	0.386*** (6.85)	0.324*** (6.27)	0.365*** (6.42)	0.317*** (5.95)	0.351*** (6.15)	0.375*** (6.06)
HTI	0.142*** (5.83)	0.147*** (5.47)	0.131*** (5.85)	0.158*** (5.25)	0.141*** (5.15)	0.147*** (5.37)	0.131*** (5.28)	0.117*** (5.36)
GPK	0.151*** (6.37)	0.115*** (6.31)	0.128*** (6.97)	0.113*** (6.59)	0.148*** (6.37)	0.138*** (6.93)	0.126*** (6.53)	0.174*** (6.77)
URL	0.094*** (6.42)	0.057*** (5.64)	0.047*** (6.37)	0.094*** (6.13)	0.024*** (6.30)	0.053*** (6.88)	0.064*** (7.02)	0.098*** (6.48)
常数项	0.136*** (6.84)	0.367*** (6.36)	0.265*** (6.31)	0.279*** (6.48)	0.158*** (6.44)	0.273*** (6.85)	0.217*** (6.53)	0.137*** (6.66)
年份	控制	控制	控制	控制	控制	控制	控制	控制
地区	控制	控制	控制	控制	控制	控制	控制	控制
观测值（个）	23	23	23	23	23	23	23	23
R^2	0.734	0.347	0.452	0.427	0.375	0.557	0.736	0.751

通过上述回归结果，可以得出以下四个方面的结论：一是中国—越南双向直接投资联动效应、外商直接投资个体效应与对外直接投资个体

效应推动我国产业新旧动能转换受到人力资本水平设置的"门槛效应"，并且该门槛为"低门槛"，即随着外商直接投资、对外直接投资以及双向直接投资联动程度提升，我国产业新旧动能转换程度不断提升，超过"门槛值"后，随着外商直接投资、对外直接投资以及双向直接投资联动程度提升，我国产业新旧动能转换程度反而下降。二是采用固定效应模型和 Heckman 两步法回归得到，中国—越南双向直接投资联动驱动产业新旧动能转换下母国人力资本水平设置的门槛值分别为 2.22 和 1.23，外商直接投资驱动产业新旧动能转换下人力资本水平设置的门槛值分别为 1.49 和 1.30，对外直接投资驱动产业新旧动能转换下人力资本水平设置的门槛值分别为 2.48 和 3.11。同时，将外商直接投资个体效应、对外直接投资个体效应和双向直接投资联动效应以及三者的平方项引入固定效应模型进行回归，得到外商直接投资个体效应驱动产业新旧动能转换时人力资本水平设置的门槛值为 1.58，对外直接投资个体效应驱动产业新旧动能转换时人力资本水平设置的门槛值为 2.35，双向直接投资联动效应驱动产业新旧动能转换时人力资本水平设置的门槛值为 2.10。Heckman 两步法计算的门槛值计算同理，外商直接投资个体效应驱动产业新旧动能转换时人力资本水平设置的门槛值为 1.07，对外直接投资个体效应驱动产业新旧动能转换时人力资本水平设置的门槛值为 2.25，双向直接投资联动效应驱动产业新旧动能转换时人力资本水平设置的门槛值为 1.72。三是采用固定效应模型和 Heckman 两步法均得出，中国—越南双向直接投资联动效应、外商直接投资个体效应与对外直接投资个体效应有效地推动了我国产业新旧动能转换。四是经济增长质量、人力资本水平、高新技术产业占比、政府"产业新旧动能转换"政策以及城镇化水平这些控制变量有效地推动了我国产业新旧动能转换，作用强度由强到弱依次为人力资本水平、经济增长质量、高新技术产业占比、政府"产业新旧动能转换"政策以及城镇化水平。此外，本书采用多种回归方式，均得到了相似的结论。

究其原因，中国—越南双向直接投资联动效应、外商直接投资个体效应与对外直接投资个体效应是推动我国产业新旧动能转换的必要条件，需要高质量的"引进来"联动高效率的"走出去"，保持外商直接投资与对外直接投资规模适度，二者联动发展才能够有效推动我国产业新旧动能转换。因此，双向直接投资联动效应、外商直接投资个体效应与对外直接投资个体效应本身为我国产业新旧动能转换设置了"高门槛"。同时，人力资本水平是吸收外商直接投资技术溢出与对外直接投资逆向技术溢出的关键因素，量的积累才能够促进质的飞跃。当人力资本水平过低时，双向直接投资的双向技术溢出难以被有效吸收转换，此时，中国—越南双向直接投资对我国产业新旧动能转换存在抑制作用；当人力资本水平超越"低门槛"值后，随着双向直接投资联动效应、外商直接投资个体效应与对外直接投资个体效应程度的提升，产业新旧动能转换程度上升。因此，我国应加强人才强国战略，自主培养与引进并举，使得我国科技创新能力不断提高，产业新旧动能实质转变。

三　小结

本节基于中国—越南双向直接投资动态演变与产业分布，实证分析中国—越南双向直接投资联动效应、外商直接投资个体效应与对外直接投资个体效应对我国产业新旧动能转换的影响。基准回归研究发现，三者均有效地推动了我国产业新旧动能转换，同时，双向直接投资联动效应推动我国产业新旧动能转换的强度高于外商直接投资个体效应与对外直接投资个体效应，外商直接投资个体效应的推动作用又强于对外直接投资个体效应。从知识能力、经济活力、创新驱动、网络经济与转型升级五个分类指数回归角度，双向直接投资联动效应驱动产业新旧动能转换程度由强到弱依次为经济活力、创新驱动、知识能力、转型升级和网络经济，同时，中国—越南双向直接投资联动效应、外商直接投资个体效应与对外直接投资个体效应推动我国产业新旧动能转换存在时段差异、行业差异与区域差异。此外，研究发现，双向直接投资联动效应、外商直接投资个体效应与对外直接投资个体效应自身设置的门槛为"高门槛"，而人力资本水平设置的"吸收门槛"为"低门槛"，采用固定效应模型回归和 Heckman 两步法回归得到了相似的门槛值。

第二节　中国—老挝双向直接投资联动驱动产业新旧动能转换研究

一　中国—老挝双向直接投资动态演变

本节给出中国—老挝双向直接投资指数（TDI），旨在说明中国与老挝双向直接投资联动情况，如表 8-9 所示。

表 8-9 中国—老挝 TDI

年份	1997	1998	1999	2000	2001	2002	2003	2004	2005
TDI	0.0292	0.1246	0.0214	0.4525	0.0264	0.0851	0.0031	0.1226	0.0065
年份	2006	2007	2008	2009	2010	2011	2012	2013	2014
TDI	0	0.1245	0.1607	0.0261	0.2143	0.0024	0.0561	0.0875	0.0161
年份	2015	2016	2017	2018	2019	2020	2021	2022	—
TDI	0.0711	0.0319	0.0114	1	1	1	1	1	—

由表 8-9 可以看出，2000 年中国—老挝 TDI 较之前有所增加，到 2006 年中国—老挝 TDI 为 0，说明老挝当年没有对中国直接投资，从 2007 年开始一直到 2017 年呈现上下小幅度变动，2018 年开始增加，直到 2022 年一直保持在 TDI 为 1 的水平，中国、老挝两国保持良好的投资关系。

由图 8-2 可以看出，总体而言 TDI 呈现波动上升阶段，大致可分为两个阶段。第一阶段，1997—2017 年 TDI 呈现小幅度波动状态。2000 年达到这一阶段最大值 0.4525，1997—2000 年增长迅速。原因在于，1999 年中国与老挝签署《中老避免双重征税协定》以及 2000 年两国签署《中华人民共和国　老挝人民民主共和国关于双边合作的联合声明》进一步规范并促进了双方的投资，2001 年开始下降之后一直呈现小幅度波动状态，2006 年中国—老挝 TDI 降为 0，该年老挝未对中国进行直接投资，而后的时间里虽然只有小幅度的波动，但总体活跃度不高，主要在于两国的投资结构不合理，开发性投资和合作少，投资竞争有待提高，缺乏深加工型的投资和合作。第二阶段，2018—2022 年呈现相对平稳状态，总体上来看远远高于第一阶段。从 2017 年的 0.0114 增长到 2018 年的 1，之后处于 TDI 为 1 的平稳状态，说明中国、老挝两国的双向投资意向强烈，分析原因在于两国可以形成优势互补的国际分工，老挝具有丰富的自然资源，而中国在技术方面相对先进，更具创新性，而且是资源需求大国，拥有充足的市场需求，国际分工促进了两国稳定的双向投资发展。

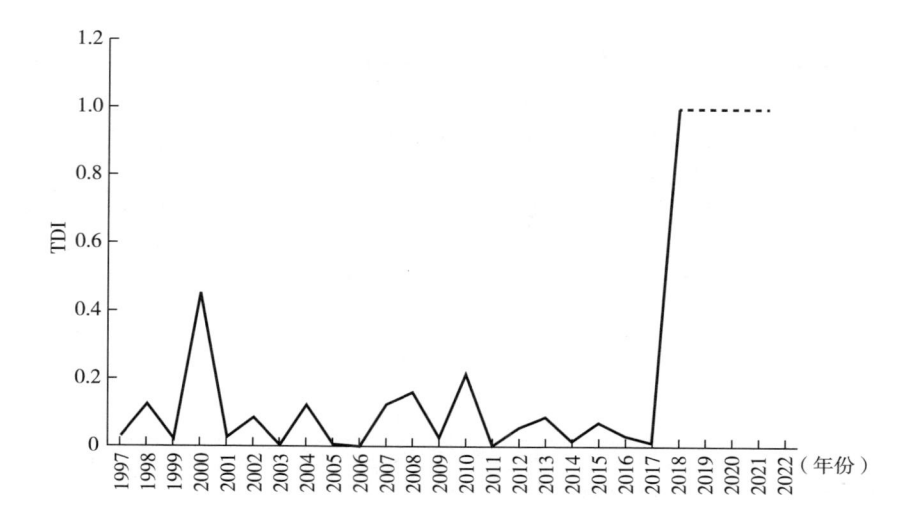

图 8-2　中国—老挝 TDI

二　中国—老挝双向直接投资联动驱动产业新旧动能转换实证研究

(一) 基准回归结果

中国—老挝双向直接投资联动驱动产业新旧动能转换的回归结果，如表 8-10 所示。

表 8-10　中国—老挝双向直接投资联动驱动产业新旧动能转换基准回归结果

变量	KE	KE	KE	KE	KE
FDI	0.264*** (6.27)	—	—	0.184*** (6.21)	0.129*** (6.38)
OFDI	—	0.148*** (6.47)	—	0.083*** (6.89)	0.105*** (6.43)
FDI×OFDI	—	—	0.327*** (6.74)	0.285*** (6.33)	0.205*** (6.94)
TFP	0.277*** (6.74)	0.282*** (6.25)	0.274*** (6.95)	—	0.268*** (6.32)
HLC	0.379*** (6.86)	0.336*** (6.51)	0.348*** (6.96)	—	0.353*** (6.36)

续表

变量	KE	KE	KE	KE	KE
HTI	0.212*** (6.85)	0.189*** (6.36)	0.220*** (6.33)	—	0.215*** (6.16)
GPK	0.169*** (5.38)	0.148*** (5.57)	0.143*** (5.85)	—	0.113*** (5.31)
URL	0.082*** (8.57)	0.074*** (7.49)	0.089*** (6.07)	—	0.063*** (6.37)
常数项	0.476*** (5.47)	0.247*** (5.42)	0.268*** (6.99)	—	0.623*** (6.58)
年份	控制	控制	控制	控制	控制
地区	控制	控制	控制	控制	控制
观测值（个）	23	23	23	23	23
R^2	0.762	0.481	0.692	0.587	0.521

通过上述回归结果，可以得出以下三个方面的结论：一是中国—老挝外商直接投资个体效应、对外直接投资个体效应与双向直接投资联动效应均有效地推动了我国产业新旧动能转换，其中，双向直接投资联动效应对产业新旧动能转换的影响程度高于外商直接投资与对外直接投资的个体效应，而外商直接投资对产业新旧动能转换的推动作用又强于对外直接投资对产业新旧动能转换的推动作用。二是控制变量加入前后，中国—老挝双向直接投资联动效应、外商直接投资与对外直接投资个体效应的显著性未发生变化，说明中国—老挝双向直接投资联动效应有效地驱动了我国产业新旧动能转换。三是经济增长质量、人力资本水平、高新技术产业占比、政府"产业新旧动能转换"政策以及城镇化水平等控制变量有效地推动了我国产业新旧动能转换。其中，人力资本水平对我国产业新旧动能转换提升作用程度最高，而城镇化水平对我国产业新旧动能转换提升作用程度最低，其余控制变量对我国产业新旧动能转换提升作用程度介于之间，作用程度由强到弱依次为人力资本水平、经济增长质量、高新技术产业占比、政府"产业新旧动能转换"政策以及城镇化水平。本书采用多种回归方式，均得出了相似的结论。

第八章 双向直接投资联动驱动产业新旧动能转换国别异质性研究 / 189

究其原因,中国—老挝双向直接投资联动驱动产业新旧动能转换程度与中国—越南相似,源于老挝、越南与中国地理位置毗邻、距离相近等因素亦存在诸多相似之处,故而基准回归得到相似的结论。中国—老挝双向直接投资联动效应、外商直接投资与对外直接投资个体效应均有效地推动了我国产业新旧动能转换,作用强度依次减弱,控制变量加入前后并未发生显著变化。然而,从系数的绝对值对比来看,中国—老挝双向直接投资联动效应、外商直接投资与对外直接个体效应对我国产业新旧动能转换的推动作用程度弱于中国—越南双向直接投资联动效应、外商直接投资与对外直接个体效应对我国产业新旧动能转换的推动作用,源于中国—老挝双向直接投资规模、增长速度、经济体量与产业联动均弱于中国—越南,此外,中国—老挝双向直接投资主要以基础设施建设为主,如中国—老挝铁路,主要为技术转移和技术输出,而中国—越南双向直接投资产业分布广泛,致使中国—越南国家层面双向直接投资联动驱动我国产业新旧动能转换的强度高于中国—老挝双向直接投资联动驱动我国产业新旧动能转换的强度。

(二) 双向直接投资联动对产业新旧动能转换分类指数的影响研究

中国—老挝双向直接投资联动驱动产业新旧动能转换的实证回归结果如表 8-11 所示。

表 8-11　中国—老挝双向直接投资联动驱动产业新旧动能转换分类指数影响回归结果

变量	知识能力 KE	经济活力 KE	创新驱动 KE	网络经济 KE	转型升级 KE
FDI	0.387*** (6.84)	0.472*** (6.73)	0.137*** (6.84)	0.350*** (7.74)	0.248*** (6.84)
OFDI	0.367*** (6.28)	0.416*** (6.31)	0.129*** (6.49)	0.338*** (8.82)	0.207*** (7.37)
FDI× OFDI	0.412*** (7.85)	0.523*** (7.75)	0.201*** (7.33)	0.404*** (7.85)	0.385*** (7.56)
TFP	0.243*** (7.74)	0.238*** (7.38)	0.239*** (7.50)	0.219*** (6.90)	0.236*** (7.74)

续表

变量	知识能力 KE	经济活力 KE	创新驱动 KE	网络经济 KE	转型升级 KE
HLC	0.337*** (6.74)	0.313*** (7.42)	0.339*** (6.85)	0.316*** (6.27)	0.358*** (6.53)
HTI	0.194*** (5.94)	0.179*** (6.59)	0.193*** (5.11)	0.169*** (5.84)	0.172*** (5.38)
GPK	0.162*** (7.74)	0.137*** (7.37)	0.141*** (6.21)	0.095*** (6.74)	0.163*** (6.31)
URL	0.085*** (6.75)	0.079*** (7.74)	0.078*** (6.77)	0.082*** (6.71)	0.067*** (5.84)
常数项	0.164*** (6.81)	0.264*** (6.74)	0.415*** (6.26)	0.384*** (6.48)	0.225*** (6.25)
年份	控制	控制	控制	控制	控制
地区	控制	控制	控制	控制	控制
观测值（个）	23	23	23	23	23
R^2	0.474	0.375	0.527	0.428	0.685
系数差异检验	0.037*** (6.41)	0.041*** (6.75)	0.035*** (6.43)	0.019*** (6.47)	0.027*** (6.33)

通过上述回归结果分析，可以得出以下三个方面的结论：一是中国—老挝外商直接投资、对外直接投资个体效应与双向直接投资联动效应均有效地推动了知识能力、经济活力、创新驱动、网络经济以及转型升级五个维度指数提升。纵向分析可以得出，双向直接投资联动效应推动作用强于外商直接投资个体效应，而外商直接投资个体效应对产业新旧动能分类指数的推动作用强于对外直接投资个体效应，结论与基准回归结果相似。横向分析可以得出，双向直接投资联动、外商直接投资与对外直接投资推动产业新旧动能分类指数提升作用由强到弱依次为经济活力、知识能力、网络经济、转型升级以及创新驱动。二是经济增长质量、人力资本水平、高新技术产业占比、政府"产业新旧动能转换"政策以及城镇化水平等控制变量有效地推动了知识能力、经济活力、创新驱动、网络经济以及转型升级等指数提升，作用强度由高到低依次为人

力资本水平、经济增长质量、高新技术产业占比、政府"产业新旧动能转换"政策以及城镇化水平。三是本章通过知识能力、经济活力、创新驱动、网络经济以及转型升级五个维度指数的似无相关 Suest 组间系数差异检验，发现双向直接投资联动、外商直接投资和对外直接投资对我国产业新旧动能转换影响的回归系数存在显著差异，进一步说明经济活力受到的作用最强，而创新驱动受到的作用最弱，其余指数介于二者之间。

究其原因，中国—老挝双向直接投资包含众多基础设施建设投资，有效推动基础设施类科技企业孵化器数量提升、推进工业企业研发活动占比等指标提高，故而中国—老挝双向直接投资对我国经济活力指数推动作用最强。创新驱动指数受到的推动作用最弱，其中，创新驱动指数包括 R&D 经费支出占 GDP 比重、基础研究经费占研发经费比重、企业 R&D 经费、科技企业孵化器内累计毕业企业数、万名 R&D 人员专利授权数、技术市场成交合同金额等具体指标。中国—老挝双向直接投资主要为基础设施投资，缺乏对外直接投资逆向技术溢出与外商直接投资技术溢出效应。因此，中国—老挝双向直接投资联动效应、外商直接投资与对外直接投资个体效应对我国产业新旧动能转换中创新驱动指数的影响程度最小。从分类指数角度对比来看，中国—老挝与中国—越南双向直接投资联动驱动产业新旧动能转换分类指数存在显著差异，源于中国—老挝与中国—越南双向直接投资分布产业的异质性，致使推动作用呈现差异状态。

（三）时段异质性分析

五个时段的双向直接投资联动效应、外商直接投资个体效应和对外直接投资个体效应对我国产业新旧动能转换的影响，回归结果如表 8-12 所示。

表 8-12　中国—老挝双向直接投资联动驱动产业新旧动能转换时段异质性回归结果

时段	变量	KE(FE)	KE(FE)	KE(FE)	KE(FE)	KE(He)	KE(He)	KE(He)	KE(He)
2000—2004 年	FDI	0.216 (0.82)	—	—	0.244 (0.63)	0.266 (0.47)	—	—	0.253 (0.75)
	OFDI	—	0.164 (0.06)	—	0.149 (0.83)	—	0.165 (0.74)	—	0.157 (0.45)
	FDI× OFDI	—	—	0.354*** (6.38)	0.393*** (6.37)	—	—	0.420*** (6.84)	0.380*** (6.63)

续表

时段	变量	KE(FE)	KE(FE)	KE(FE)	KE(FE)	KE(He)	KE(He)	KE(He)	KE(He)
2005—2009年	FDI	0.212 (0.75)	—	—	0.175 (0.75)	0.251 (0.58)	—	—	0.246 (0.25)
	OFDI	—	0.215*** (6.73)	—	0.201*** (6.47)	—	0.275*** (6.75)	—	0.232*** (6.75)
	FDI×OFDI	—	—	0.337*** (6.74)	0.316*** (6.74)	—	—	0.375*** (6.28)	0.322*** (7.74)
2010—2014年	FDI	0.227*** (7.48)	—	—	0.200*** (6.47)	0.231*** (6.75)	—	—	0.217*** (6.75)
	OFDI	—	0.152 (0.01)	—	0.131 (0.26)	—	0.251 (0.85)	—	0.216 (0.38)
	FDI×OFDI	—	—	0.368*** (7.37)	0.326*** (6.64)	—	—	0.352*** (6.74)	0.349*** (6.86)
2015—2019年	FDI	0.326*** (6.74)	—	—	0.260*** (6.38)	0.372*** (6.38)	—	—	0.312*** (6.74)
	OFDI	—	0.263*** (6.05)	—	0.275*** (7.48)	—	0.288*** (7.85)	—	0.281*** (7.75)
	FDI×OFDI	—	—	0.373*** (6.27)	0.348*** (6.84)	—	—	0.409*** (7.52)	0.369*** (7.43)
2020—2022年	FDI	0.415*** (6.73)	—	—	0.349*** (7.37)	0.474*** (6.64)	—	—	0.375*** (7.23)
	OFDI	—	0.365*** (6.48)	—	0.302*** (7.47)	—	0.389*** (7.47)	—	0.293*** (7.64)
	FDI×OFDI	—	—	0.550*** (7.72)	0.472*** (7.75)	—	—	0.586*** (7.48)	0.495*** (7.37)
控制变量	年份	控制	控制	控制	控制	控制	控制	控制	控制
	地区	控制	控制	控制	控制	控制	控制	控制	控制
	观测值（个）	23	23	23	23	23	23	23	23
	R^2	0.635	0.524	0.573	0.357	0.775	0.629	0.564	0.832

通过上述回归结果，可以得出以下五个方面的结论：一是2000—

2004年时段，中国—老挝双向直接投资联动效应有效地推动了我国产业新旧动能转换，而外商直接投资个体效应和对外直接投资个体效应对我国产业新旧动能转换的影响并不显著；二是2005—2009年时段，中国—老挝双向直接投资联动效应和对外直接投资个体效应有效地推动了我国产业新旧动能转换，而外商直接投资个体效应对我国产业新旧动能转换的影响并不显著；三是2010—2014年时段，中国—老挝双向直接投资联动效应和外商直接投资个体效应有效地推动了我国产业新旧动能转换，而对外直接投资个体效应对我国产业新旧动能转换的影响并不显著；四是2015—2019年以及2020—2022年两个时段，中国—老挝双向直接投资联动效应、外商直接投资以及对外直接投资个体效应均有效地推动了我国产业新旧动能转换，同时，双向直接投资联动效应推动我国产业新旧动能转换的强度高于外商直接投资和对外直接投资个体效应，而外商直接投资个体效应推动我国产业新旧动能转换的强度又高于对外直接投资个体效应，结论与基准回归结果相似；五是固定效应模型回归和Heckman两步法方式回归得到了一致的结论，中国—老挝双向直接投资联动效应、外商直接投资以及对外直接投资个体效应推动我国产业新旧动能转换存在以上四个方面的时段异质性。

究其原因，2000—2004年中国—老挝外商直接投资与对外直接投资规模较小、质量较低，在该阶段外商直接投资与对外直接投资对我国产业新旧动能转换的影响均不显著，然而，中国—老挝双向直接投资有效互动能够推动产业新旧动能转换。2005—2009年以及2010—2014年对外直接投资和外商直接投资分别推动了我国产业新旧动能转换，这两个时段双向直接投资联动效应均能够有效推动我国产业新旧动能转换，源于两个时段对外直接投资和外商直接投资规模增长与质量提升效应。2015—2019年、2020—2022年两个时段，中国—老挝双向直接投资联动效应、外商直接投资与对外直接投资个体效应取得了长足的发展，使得三者能够有效地推动产业新旧动能转换，结论与基准回归结果相似。双向直接投资联动效应推动产业新旧动能转换的强度高于外商直接投资与对外直接投资个体效应，同时，外商直接投资个体效应对我国产业新旧动能转换强度高于对外直接投资个体效应。我国应针对中国—老挝发展时段差异，采用连续性的双向直接投资政策，具体包括外商直接投资"负面清单+准入国民待遇"以及对外直接投资补贴政策，加强与老挝外商直接投资高质量"引进来"、对外直接投资高效率"走出去",有目的、有选择地吸收外商直接投资和利用对外直接投资,"引进来"与"走出去"联动驱动我国产业新旧动能转换,实现产业链关键环节安全稳定与自主可控。

（四）行业异质性分析

本章具体分析中国—老挝双向直接投资对我国专用设备,仪器仪表,通信设备、计算机和其他电子设备,电器机械和器材,金属制品、机械和设备修理服务以及交通运输设备六个行业新旧动能转换的影响程度（见表8-13）。

表8-13　　　中国—老挝双向直接投资联动驱动产业新旧
动能转换行业异质性回归结果

变量	专用设备	仪器仪表	通信设备、计算机和其他电子设备	电器机械和器材	金属制品、机械和设备修理服务	交通运输设备
	KE	KE	KE	KE	KE	KE
FDI	0.184*** (6.75)	0.227*** (5.53)	0.126*** (5.95)	0.216*** (6.36)	0.273*** (6.39)	0.295*** (6.63)
OFDI	0.150*** (6.37)	0.210*** (6.49)	0.117*** (6.27)	0.184*** (6.42)	0.227*** (7.64)	0.239*** (6.31)
FDI× OFDI	0.302*** (7.64)	0.267*** (7.32)	0.180*** (6.73)	0.319*** (6.28)	0.279*** (6.32)	0.378*** (8.73)
TFP	0.284*** (6.74)	0.234*** (6.83)	0.272*** (6.30)	0.216*** (6.47)	0.226*** (7.13)	0.271*** (7.75)
HLC	0.383*** (6.47)	0.322*** (7.26)	0.342*** (6.47)	0.315*** (6.31)	0.369*** (6.73)	0.357*** (6.37)
HTI	0.185*** (5.77)	0.182*** (6.29)	0.173*** (5.16)	0.165*** (5.48)	0.189*** (5.72)	0.191*** (5.38)
GPK	0.128*** (7.73)	0.148*** (7.11)	0.142*** (6.38)	0.155*** (6.85)	0.175*** (6.63)	0.187*** (7.72)

续表

变量	专用设备	仪器仪表	通信设备、计算机和其他电子设备	电器机械和器材	金属制品、机械和设备修理服务	交通运输设备
	KE	KE	KE	KE	KE	KE
URL	0.038*** (6.83)	0.042*** (7.52)	0.072*** (6.83)	0.033*** (6.48)	0.079*** (6.82)	0.082*** (6.45)
常数项	0.316*** (6.43)	0.374*** (6.86)	0.463*** (6.42)	0.157*** (6.82)	0.257*** (6.35)	0.428*** (6.19)
年份	控制	控制	控制	控制	控制	控制
地区	控制	控制	控制	控制	控制	控制
观测值（个）	161	161	161	161	161	161
R^2	0.842	0.753	0.747	0.578	0.694	0.795
系数差异检验	0.064*** (5.89)	0.042*** (8.11)	0.047*** (6.85)	0.038*** (6.26)	0.036*** (6.48)	0.027*** (7.33)

通过上述回归结果，可以得出以下三个方面的结论：一是中国—老挝双向直接投资联动有效地推动了专用设备，仪器仪表，通信设备、计算机和其他电子设备，电器机械和器材，金属制品、机械和设备修理服务以及交通运输设备六个行业产业新旧动能转换，同时，中国—老挝双向直接投资联动驱动产业新旧动能转换的作用强度高于外商直接投资和对外直接投资的个体效应，而外商直接投资个体效应推动产业新旧动能转换的强度又高于对外直接投资个体效应。二是通过似无相关 Suest 组间系数差异检验，发现中国—老挝双向直接投资联动效应、外商直接投资和对外直接投资个体效应推动不同行业产业新旧动能转换的作用强度存在显著差异。其中，外商直接投资个体效应推动不同行业产业新旧动能转换作用强度由强到弱依次为交通运输设备，金属制品、机械和设备修理服务，仪器仪表，电器机械和器材，专用设备，通信设备、计算机和其他电子设备；对外直接投资个体效应推动不同行业产业新旧动能转换作用强度由强到弱依次为交通运输设备，金属制品、机械和设备修理服务，仪器仪表，专用设备，电器机械和器材，通信设备、计算机和其他

电子设备；双向直接投资联动效应推动不同行业产业新旧动能转换作用强度由强到弱依次为交通运输设备，电器机械和器材，专用设备，金属制品、机械和设备修理服务，仪器仪表，通信设备、计算机和其他电子设备行业；外商直接投资与对外直接投资个体效应、双向直接投资联动效应推动我国产业新旧动能转换最强行业均为交通运输设备行业，最弱行业均为通信设备、计算机和其他电子设备行业，中间行业存在一定差异。三是经济增长质量、人力资本水平、高新技术产业占比、政府"产业新旧动能转换"政策以及城镇化水平等控制变量有效地推动了我国不同行业产业新旧动能转换，作用强度与基准回归结果相似，不再赘述。

究其原因，随着"一带一路"倡议提出，中国—中南半岛经济走廊建设，以及 RCEP 多边自由贸易合作协议推进，中国—老挝双向直接投资互动逐步深入，同时，中国—老挝双向直接投资联动主要集中于交通运输设备行业，基础设施建设行业互动频繁，推动我国产业新旧动能转换在交通运输设备行业取得了长足的发展，而中国—老挝双向直接投资在推动通信设备、计算机和其他电子设备行业产业新旧动能转换程度较弱，与中国—越南相似，故而中国—老挝双向直接投资推动该行业产业新旧动能转换的能力较弱。外商直接投资、对外直接投资以及双向直接投资联动在促进各个行业之间存在一定差异，源于"引进来"和"走出去"行业分布之间的差异，因此，我国应注重吸引外商直接投资的质量和利用外商直接投资的效率，靶向推进外商直接投资和对外直接投资水平上升，推动各个行业产业新旧动能转换协同均衡发展，通过外商直接投资的技术溢出效应与对外直接投资的逆向技术溢出效应，有效推动我国行业层面产业新旧动能转换，具体包括知识能力、经济活力、创新驱动、网络经济与转型升级五个方面，进一步推进"卡脖子"行业产业链关键环节实现自主可控。

（五）区域异质性分析

本节聚焦东部沿海、北部沿海、南部沿海、长江中游、黄河中游、西南地区、东北地区和西北地区八个区域，具体分析中国—老挝双向直接投资联动驱动我国产业新旧动能转换的影响，回归结果如表 8-14 所示。

表 8-14　中国—老挝双向直接投资联动驱动产业新旧动能转换区域异质性回归结果

变量	东部沿海 KE	北部沿海 KE	南部沿海 KE	长江中游 KE	黄河中游 KE	西南地区 KE	东北地区 KE	西北地区 KE
FDI	0.285*** (6.37)	0.205*** (6.38)	0.327*** (6.47)	0.189*** (7.37)	0.226 (0.35)	0.371*** (6.37)	0.136 (0.70)	0.215 (0.63)
OFDI	0.187*** (6.73)	0.158*** (6.48)	0.209*** (6.73)	0.103*** (6.82)	0.138 (0.86)	0.258*** (6.74)	0.111 (0.41)	0.031 (0.48)
FDI×OFDI	0.353*** (6.36)	0.309*** (6.22)	0.436*** (6.82)	0.263*** (6.42)	0.272 (0.52)	0.494*** (6.83)	0.182 (0.337)	0.282 (0.76)
TFP	0.226*** (6.73)	0.263*** (6.17)	0.221*** (6.17)	0.252*** (6.73)	0.271*** (7.42)	0.237*** (6.25)	0.231*** (6.71)	0.225*** (6.37)
HLC	0.362*** (6.51)	0.338*** (6.27)	0.318*** (6.28)	0.349*** (6.15)	0.317*** (6.81)	0.348*** (5.73)	0.322*** (6.47)	0.382*** (6.37)
HTI	0.137*** (5.84)	0.139*** (6.38)	0.152*** (5.18)	0.148*** (5.83)	0.163*** (5.46)	0.185*** (5.32)	0.130*** (6.82)	0.127*** (5.37)
GPK	0.103*** (6.81)	0.115*** (6.85)	0.118*** (6.52)	0.126*** (6.19)	0.121*** (5.28)	0.142*** (7.21)	0.108*** (6.68)	0.117*** (6.42)
URL	0.082*** (6.37)	0.056*** (7.48)	0.084*** (6.28)	0.060*** (6.38)	0.040*** (5.32)	0.054*** (6.74)	0.093*** (6.42)	0.049*** (6.52)
常数项	0.311*** (5.59)	0.361*** (6.49)	0.347*** (5.42)	0.371*** (6.22)	0.273*** (7.97)	0.184*** (5.38)	0.141*** (6.37)	0.182*** (5.33)
年份	控制	控制	控制	控制	控制	控制	控制	控制
地区	控制	控制	控制	控制	控制	控制	控制	控制
观测值（个）	23	23	23	23	23	23	23	23
R^2	0.643	0.622	0.751	0.437	0.481	0.614	0.742	0.628
系数差异检验	0.057*** (6.85)	0.074*** (6.54)	0.158*** (6.38)	0.148*** (6.13)	0.052*** (5.64)	0.073*** (5.85)	0.062*** (6.43)	0.086*** (6.14)

通过上述回归结果，可以得出以下三个方面的结论：一是中国—老挝双向直接投资联动效应、外商直接投资与对外直接投资个体效应有效地推动了我国东部沿海、北部沿海、南部沿海、长江中游、西南地区产业新旧动能转换，而黄河中游、东北地区和西北地区推动作用并不显著，因此，中国—老挝双向直接投资联动效应、外商直接投资与对外直接投资个体效应驱动我国产业新旧动能转换存在区域异质性。同时，中国—老挝双向直接投资联动效应推动产业新旧动能转换的强度高于外商直接投资、对外直接投资个体效应。二是通过似无相关Suest组间系数差异检验，发现中国—老挝双向直接投资联动效应、外商直接投资和对外直接投资个体效应推动不同区域产业新旧动能转换强度存在显著差异，强度由高到低依次为西南地区、南部沿海、东部沿海、北部沿海和长江中游地区，其余三个地区不显著，包括黄河中游、东北地区和西北地区。三是经济增长质量、人力资本水平、高新技术产业占比、政府"产业新旧动能转换"政策以及城镇化水平等控制变量有效地推动了我国不同行业产业新旧动能转换，作用强度与基准回归结果相似，不再赘述。

究其原因，中国—老挝双向直接投资驱动我国产业新旧动能转换存在区域差异，源于地理位置、产业分布、文化交流、资源禀赋等方面的影响，老挝与中国（云南）地理位置毗邻，同时在工业初级产品，如橡胶、木材替代种植等资源禀赋方面交流密切，使得中国—老挝双向直接投资在西南地区产业新旧动能转换的推动作用较为明显，此外，老挝北部与中国（云南）南部均分布相似的少数民族（傣族），文化共性使得中国—老挝双向直接投资更加密切，推进我国与老挝产业分布走向更加合理的布局，进一步推动我国西南地区、南部沿海区域产业新旧动能转换，而黄河中游、东北地区和西北地区并未受到中国—老挝双向直接投资的影响。因此，我国应借助云南地理位置，加强与老挝之间的合作交流，通过内引外联机制加强中国—老挝双向直接投资在我国各个区域产业新旧动能转换的推动作用，实现高质量的"引进来"和高水平的"走出去"联动，形成互利共生的生态系统，持续推进我国产业新旧动能转换。

（六）门槛效应分析

分别从双向直接投资"本身门槛"和人力资本水平设置的"吸收门槛"角度分析门槛效应，回归结果如表8-15所示。

表 8-15　中国—老挝双向直接投资联动驱动产业新旧动能转换门槛效应回归结果

变量	模型1 FE KE	模型1 Heckman KE	模型2 FE KE	模型2 Heckman KE	模型3 FE KE	模型3 Heckman KE	模型4 FE KE	模型4 Heckman KE
FDI	0.358*** (6.82)	0.391*** (7.36)	—	—	—	—	0.316*** (6.53)	0.341*** (7.03)
OFDI	—	—	0.285*** (7.27)	0.291*** (7.33)	—	—	0.251*** (7.37)	0.263*** (7.84)
FDI×OFDI	—	—	—	—	0.441*** (7.53)	0.485*** (7.28)	0.415*** (7.37)	0.425*** (7.64)
FDI^2	−0.126*** (6.28)	−0.132*** (6.59)	—	—	—	—	−0.111*** (6.37)	−0.125*** (6.86)
$OFDI^2$	—	—	−0.102*** (7.34)	−0.116*** (7.72)	—	—	−0.114*** (7.58)	−0.127*** (6.99)
$FDI^2×OFDI^2$	—	—	—	—	−0.137*** (6.37)	−0.173*** (6.49)	−0.136*** (6.72)	−0.153*** (7.47)
TFP	0.273*** (6.28)	0.282*** (6.22)	0.275*** (6.63)	0.228*** (6.42)	0.258*** (7.37)	0.248*** (6.72)	0.252*** (6.51)	0.275*** (6.47)
HLC	0.385*** (6.85)	0.337*** (6.27)	0.353*** (6.84)	0.329*** (6.42)	0.377*** (6.72)	0.393*** (5.37)	0.338*** (6.83)	0.329*** (6.74)
HTI	0.169*** (5.69)	0.163*** (6.48)	0.193*** (5.25)	0.192*** (5.96)	0.161*** (5.42)	0.169*** (5.41)	0.162*** (6.87)	0.188*** (5.38)
GPK	0.127*** (6.47)	0.113*** (6.41)	0.137*** (6.75)	0.123*** (6.37)	0.141*** (5.48)	0.155*** (7.24)	0.130*** (6.38)	0.163*** (6.15)
URL	0.068*** (6.75)	0.036*** (6.24)	0.052*** (6.74)	0.066*** (6.64)	0.086*** (7.31)	0.074*** (6.37)	0.037*** (6.41)	0.044*** (6.72)
常数项	0.274*** (5.74)	0.420*** (6.27)	0.377*** (5.59)	0.154*** (6.38)	0.528*** (7.52)	0.137*** (5.73)	0.119*** (6.63)	0.285*** (5.68)
年份	控制	控制	控制	控制	控制	控制	控制	控制
地区	控制	控制	控制	控制	控制	控制	控制	控制
观测值(个)	23	23	23	23	23	23	23	23
R^2	0.353	0.548	0.428	0.742	0.619	0.433	0.774	0.317

通过上述回归结果，可以得出以下三个方面的结论：一是中国—老挝双向直接投资联动效应、外商直接投资与对外直接投资个体效应推动我国产业新旧动能转换存在"门槛效应"，并且该门槛为"高门槛"，即随着外商直接投资、对外直接投资以及双向直接投资联动程度提升，我国产业新旧动能转换程度不断提升，在超过"门槛值"后，随着三者的继续提升，我国产业新旧动能转换程度反而下降。二是采用固定效应模型和 Heckman 两步法回归得到的中国—老挝双向直接投资联动驱动产业新旧动能转换的门槛值分别为 1.61 和 1.40，外商直接投资驱动产业新旧动能转换的门槛值分别为 1.42 和 1.48，对外直接投资驱动产业新旧动能转换的门槛值分别为 1.40 和 1.25。同时，将外商直接投资、对外直接投资个体效应和双向直接投资联动效应以及三者的平方项引入固定效应模型进行回归，得到外商直接投资驱动产业新旧动能转换的门槛值为 1.42，对外直接投资驱动产业新旧动能转换的门槛值为 1.10，双向直接投资联动驱动产业新旧动能转换的门槛值为 1.53。Heckman 两步法计算的门槛值计算同理，外商直接投资驱动产业新旧动能转换的门槛值为 1.36，对外直接投资驱动产业新旧动能转换的门槛值为 1.04，双向直接投资联动驱动产业新旧动能转换的门槛值为 1.39。三是采用固定效应模型和 Heckman 两步法均能够得到结论：中国—老挝双向直接投资联动效应、外商直接投资与对外直接投资个体效应有效地推动了我国产业新旧动能转换。四是经济增长质量、人力资本水平、高新技术产业占比、政府"产业新旧动能转换"政策以及城镇化水平等控制变量有效地推动了我国产业新旧动能转换。

此外，本章从人力资本水平设置的"吸收门槛"角度分析中国—老挝双向直接投资联动效应、外商直接投资与对外直接投资个体效应对我国产业新旧动能转换的影响，回归结果如表 8-16 所示。

表 8-16　中国—老挝双向直接投资联动驱动产业新旧动能转换
　　　　　——基于人力资本水平与双向直接投资交互门槛效应

变量	模型 1 FE KE	模型 1 Heckman KE	模型 2 FE KE	模型 2 Heckman KE	模型 3 FE KE	模型 3 Heckman KE	模型 4 FE KE	模型 4 Heckman KE
FDI	-0.376*** (7.64)	-0.375*** (7.84)	—	—	—	—	-0.317*** (6.64)	-0.328*** (6.73)

续表

变量	模型1 FE KE	模型1 Heckman KE	模型2 FE KE	模型2 Heckman KE	模型3 FE KE	模型3 Heckman KE	模型4 FE KE	模型4 Heckman KE
OFDI	—	—	-0.280*** (6.75)	-0.293*** (6.48)	—	—	-0.264*** (6.63)	-0.278*** (6.93)
FDI× OFDI	—	—	—	—	-0.428*** (7.47)	-0.482*** (7.19)	-0.384*** (7.41)	-0.387*** (7.55)
FDI× HLC	0.263*** (6.73)	0.284*** (6.42)	—	—	—	—	0.217*** (7.03)	0.220*** (7.37)
OFDI× HLC	—	—	0.159*** (6.47)	0.166*** (7.30)	—	—	0.164*** (6.37)	0.183*** (6.74)
FDI× OFDI× HLC	—	—	—	—	0.302*** (7.75)	0.360*** (7.38)	0.315*** (6.88)	0.328*** (6.85)
TFP	0.273*** (6.65)	0.238*** (6.27)	0.247*** (6.92)	0.239*** (6.48)	0.246*** (7.93)	0.227*** (6.74)	0.265*** (6.42)	0.272*** (6.86)
HLC	0.337*** (6.75)	0.353*** (6.86)	0.379*** (6.62)	0.348*** (6.75)	0.337*** (6.44)	0.363*** (5.82)	0.347*** (6.69)	0.385*** (6.53)
HTI	0.187*** (5.84)	0.194*** (6.28)	0.184*** (5.59)	0.179*** (5.39)	0.178*** (5.53)	0.181*** (5.60)	0.199*** (6.48)	0.170*** (5.33)
GPK	0.127*** (6.72)	0.142*** (6.43)	0.164*** (6.75)	0.163*** (6.27)	0.153*** (5.72)	0.114*** (7.38)	0.137*** (6.42)	0.121*** (6.85)
URL	0.085*** (6.84)	0.059*** (6.59)	0.085*** (6.48)	0.070*** (6.83)	0.078*** (7.58)	0.094*** (6.26)	0.058*** (6.62)	0.072*** (6.58)
常数项	0.362*** (5.39)	0.361*** (6.35)	0.162*** (5.38)	0.360*** (6.35)	0.252*** (7.83)	0.457*** (5.75)	0.242*** (6.68)	0.247*** (5.25)
年份	控制	控制	控制	控制	控制	控制	控制	控制
地区	控制	控制	控制	控制	控制	控制	控制	控制
观测值（个）	23	23	23	23	23	23	23	23
R^2	0.634	0.628	0.492	0.428	0.763	0.525	0.636	0.648

通过上述回归结果，可以得出以下三个方面的结论：一是中国—老挝双向直接投资联动效应、外商直接投资与对外直接投资个体效应推动我国产业新旧动能转换受到人力资本水平设置的"门槛效应"，并且该门

槛为"低门槛"，即随着外商直接投资、对外直接投资以及双向直接投资联动程度提升，我国产业新旧动能转换程度不断提升，但超过"门槛值"后，随着外商直接投资、对外直接投资以及双向直接投资联动程度提升，我国产业新旧动能转换程度反而下降。二是采用固定效应模型和Heckman两步法回归得到，中国—老挝双向直接投资联动驱动产业新旧动能转换时母国人力资本水平设置的门槛值分别为1.42和1.34，外商直接投资驱动产业新旧动能转换时人力资本水平设置的门槛值分别为1.43和1.32，对外直接投资驱动产业新旧动能转换时人力资本水平设置的门槛值分别为1.76和1.77，同时将外商直接投资、对外直接投资个体效应和双向直接投资联动效应以及三者的平方项引入固定效应模型进行回归，得到外商直接投资驱动产业新旧动能转换时人力资本水平设置的门槛值为1.46，对外直接投资驱动产业新旧动能转换时人力资本水平设置的门槛值为1.61，双向直接投资联动驱动产业新旧动能转换时人力资本水平设置的门槛值为1.22。Heckman两步法的门槛值计算同理，外商直接投资驱动产业新旧动能转换时人力资本水平设置的门槛值为1.49，对外直接投资驱动产业新旧动能转换时人力资本水平设置的门槛值为1.52，双向直接投资联动驱动产业新旧动能转换时人力资本水平设置的门槛值为1.18。三是采用固定效应模型和Heckman两步法均能够得到中国—老挝双向直接投资联动效应、外商直接投资与对外直接投资个体效应有效地推动了我国产业新旧动能转换。

究其原因，中国—老挝双向直接投资联动驱动我国产业新旧动能转换的门槛效应与中国—越南双向直接投资类似，均为自身"高门槛"效应，人力资本水平设置为"低门槛"效应。原因相似，双向直接投资联动效应、外商直接投资与对外直接投资个体效应均需要达到一定的规模才能够推动我国产业新旧动能转换。因此，双向直接投资自身的门槛为"高门槛"，跨越"高门槛"后才能够有效地推动我国产业新旧动能转换，而人力资本水平过低，不能够有效地吸收双向直接投资的双向技术溢出效应，抑制产业新旧动能转换，跨越"低门槛"后才能够有效地推动我国产业新旧动能转换。

三 小结

本节基于中国—老挝双向直接投资动态演变与产业分布，实证分析中国—老挝双向直接投资联动效应、外商直接投资与对外直接投资个体效应对我国产业新旧动能转换的影响。基准回归研究发现，三者均有效地推动了我国产业新旧动能转换，同时，双向直接投资联动效应推动我国产业新旧动能转换的强度高于外商直接投资与对外直接投资个体效应，外商直接投资个体效应的推动作用又强于对外直接投资个体效应。从知识能力、经济活力、创新驱动、网络经济与转型升级的产业新旧动能分类指数回归角度，双向直接投资联动驱动产业新旧动能转换程度由强到弱依次为经济活力、知识能力、网络经济、转型升级以及创新驱动，同时，中国—老挝双向直接投资联动效应、外商直接投资与对外直接投资个体效应推动我国产业新旧动能转换存在时段差异、行业差异与区域差异。

此外，研究发现，双向直接投资联动效应、外商直接投资与对外资金投资个体效应自身设置的门槛为"高门槛"，而人力资本水平设置的"吸收门槛"为"低门槛"，采用固定效应模型回归和 Heckman 两步法回归得到了相似的门槛值。

第三节 中国—泰国双向直接投资联动驱动产业新旧动能转换研究

一 中国—泰国双向直接投资动态演变

由表 8-17 可以看出，1997 年中国—泰国 TDI 为 0.2615，而后直到 2007 年才超过当年水平，这十年间中国—泰国 TDI 上下小幅变动，而在 2007 年之后开始大体上保持在较高的水平，2009 年中国—泰国 TDI 达到了 0.9597，两国具有强烈的投资合作需求，虽然在 2011 年有所下降到 0.3682，但在 2012 年又马上回升到 0.8596 的高水平，2020 年中国—泰国 TDI 为 1，两国的双向直接投资意愿强烈。

表 8-17　　　　　　　　　中国—泰国 TDI

年份	1997	1998	1999	2000	2001	2002	2003	2004	2005
TDI	0.2615	0.0346	0.1059	0.0117	0.1554	0.0968	0.2107	0.0242	0.0750
年份	2006	2007	2008	2009	2010	2011	2012	2013	2014
TDI	0.0719	0.3730	0.3707	0.9597	0.7059	0.3682	0.8596	0.8596	0.9262
年份	2015	2016	2017	2018	2019	2020	2021	2022	—
TDI	0.4616	0.2560	0.5639	0.7211	0.5185	1.0000	0.8093	0.7754	—

由图 8-3 来看，中国—泰国 TDI 呈波动上升的趋势，其大致可分为两个阶段。第一阶段，1997—2006 年呈现小幅度上下波动。从 1997 年的 0.2615 降到 2000 年的最小值 0.0117，中国—泰国 TDI 在此阶段呈下降趋势，年均下降率为 8.33%。原因在于，1997 年泰国遭受金融危机打击，双向直接投资意向有所下降，虽然 1999 年泰国政府颁布了《外商经营法》，但由于政策的滞后性，导致中国—泰国 TDI 还处于较低的水平。2000 年后中国—泰国 TDI 有所上升，到 2003 年达到 0.2107，而到 2004 年又下降到 0.0242，2005 年有所回升，到 2006 年达到 0.0719，总体而言这一阶段，中国—泰国 TDI 水平仍处于不活跃的阶段。第二阶段，2007—2022 年处于大幅度波动上升阶段。从 2006 年的 0.0719 上升到 2009 年的 0.9597，年均增长率为 29.59%，而在今后的两年内，中国—泰国 TDI 下降到 0.3682，但也高于第一阶段的水平，到 2012 上升到 0.8596，年均增长率 49.14%，到 2014 年中国—泰国 TDI 都维持在较高的水平，2015 年开始有所下降，在 2016 年达到这一阶段的最低点 0.2560，2014—2016 年这段时间里年均下降率为 33.51%，从 2016 年开始直到 2020 年呈现出波动上升趋势，2020 年中国—泰国 TDI 达到最高水平，这段时间内年均增长率为 18.6%，而在 2020 年后开始有小幅度下降，原因在于 2021 年前后处于后疫情时代，新冠疫情的蔓延和影响也对中国—泰国 TDI 产生了冲击。

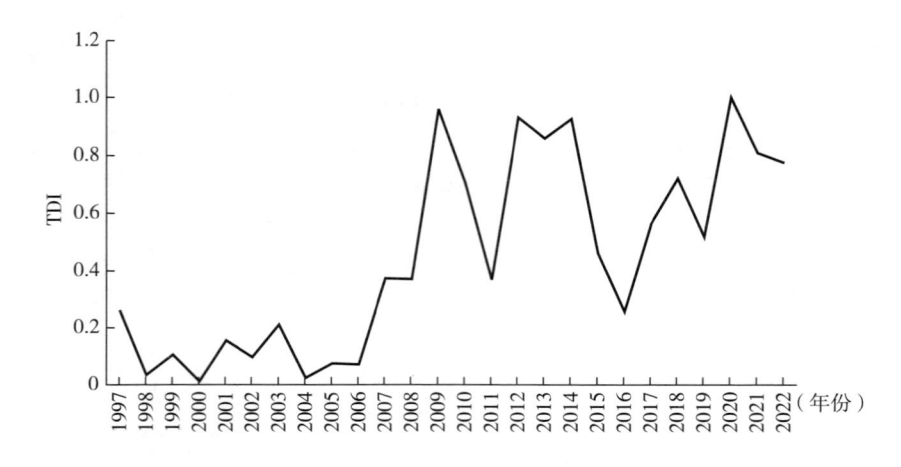

图 8-3　中国—泰国 TDI

二 中国—泰国双向直接投资联动驱动产业新旧动能转换实证研究

（一）基准回归结果

中国—泰国双向直接投资联动驱动产业新旧动能转换的回归结果，如表8-18所示。

表8-18　中国—泰国双向直接投资联动驱动产业新旧动能转换基准回归结果

变量	KE	KE	KE	KE	KE
FDI	0.274*** (6.84)	—	—	0.212*** (6.47)	0.279*** (6.49)
OFDI	—	0.348*** (6.35)	—	0.310*** (6.72)	0.302*** (5.92)
FDI×OFDI	—	—	0.404*** (6.49)	0.386*** (6.36)	0.328*** (6.11)
TFP	0.273*** (6.72)	0.248*** (6.48)	0.252*** (6.22)	—	0.281*** (6.74)
HLC	0.338*** (6.74)	0.323*** (6.21)	0.319*** (6.66)	—	0.373*** (6.38)
HTI	0.162*** (5.94)	0.158*** (6.39)	0.174*** (5.11)	—	0.181*** (5.84)
GPK	0.102*** (6.73)	0.116*** (6.94)	0.121*** (6.25)	—	0.135*** (6.71)
URL	0.058*** (6.44)	0.072*** (6.94)	0.063*** (6.29)	—	0.081*** (7.03)
常数项	0.416*** (6.38)	0.272*** (5.83)	0.427*** (6.37)	0.264*** (6.14)	0.283*** (6.28)
年份	控制	控制	控制	控制	控制
地区	控制	控制	控制	控制	控制
观测值（个）	23	23	23	23	23
R^2	0.762	0.723	0.462	0.642	0.781

通过上述回归结果可知，中国—泰国双向直接投资联动驱动产业新旧动能转换回归结果与中国—越南、中国—老挝相似，同时存在一定程度的差异，即中国—泰国对外直接投资个体效应驱动我国产业新旧动能转换的能力强于外商直接投资个体效应。回归结果具体包括以下三个方面的结论：一是中国—泰国外商直接投资、对外直接投资个体效应与双向直接投资联动效应均有效地推动了我国产业新旧动能转换，其中，双向直接投资联动效应对产业新旧动能转换的影响程度高于外商直接投资与对外直接投资的个体效应。二是控制变量加入前后，中国—泰国双向直接投资联动效应、对外直接投资与外商直接投资个体效应驱动产业新旧动能转换的回归结果显著性未发生变化，说明中国—泰国双向直接投资联动有效地驱动了我国产业新旧动能转换。三是经济增长质量、人力资本水平、高新技术产业占比、政府"产业新旧动能转换"政策以及城镇化水平等控制变量有效地推动了我国产业新旧动能转换。其中，人力资本水平对我国产业新旧动能转换提升作用程度最高，而城镇化水平对我国产业新旧动能转换提升作用程度最低，其余控制变量对我国产业新旧动能转换提升作用程度介于两者之间，作用程度由强到弱依次为人力资本水平、经济增长质量、高新技术产业占比、政府"产业新旧动能转换"政策以及城镇化水平。本书采用多种回归方式，均得出了相似的结论。

通过基准回归结果，得到中国—泰国双向直接投资联动驱动产业新旧动能转换上述三个方面的结论。究其原因，中国—泰国对外直接投资个体效应推动我国产业新旧动能转换强度高于外商直接投资，源于中国对泰国对外直接投资的逆向技术溢出效应强于外商直接投资的技术溢出效应。泰国作为东盟国家第二大经济体，中国国际贸易促进委员会资料显示，中国对泰国直接投资所处领域主要包括数字与软件、机械设备自动化、生物科技、医疗器械、电子产品及配件、太阳能产品、汽车、轨道交通设备和橡胶产品等高新技术或清洁能源领域，同时，随着中国—中南半岛经济走廊以及泰国经济走廊工业热带区建立，中国对泰国直接投资额呈现逐年上升的趋势，而泰国对中国直接投资领域主要集中于特色农产品领域。因此，基于上述回归结果分析以及对应原因分析，本书认为中国对泰国直接投资的逆向技术溢出效应有效地推动了我国产业新旧动能转换，并且中国—泰国对外直接投资个体效应对我国产业新旧动能转换的推动作用超过了外商直接投资个体效应。

(二) 双向直接投资对产业新旧动能转换分类指数的影响研究

中国—越南外商直接投资个体效应、对外直接投资个体效应以及双向直接投资联动效应对我国产业新旧动能转换分类指数的影响程度如表8-19所示。

表8-19　　中国—泰国双向直接投资联动驱动产业
新旧动能转换分类指数影响回归结果

变量	知识能力 KE	经济活力 KE	创新驱动 KE	网络经济 KE	转型升级 KE
FDI	0.261 (0.48)	0.268*** (6.81)	0.153 (0.93)	0.118*** (6.25)	0.227*** (6.31)
OFDI	0.363*** (6.52)	0.326*** (6.37)	0.149*** (6.41)	0.282*** (6.85)	0.185*** (6.28)
FDI×OFDI	0.402*** (6.84)	0.395*** (7.38)	0.217*** (6.34)	0.288*** (6.53)	0.352*** (6.73)
TFP	0.258*** (6.83)	0.237*** (6.41)	0.266*** (6.62)	0.286*** (6.74)	0.245*** (6.31)
HLC	0.337*** (6.42)	0.385*** (6.84)	0.342*** (6.52)	0.344*** (6.22)	0.375*** (6.95)
HTI	0.189*** (6.47)	0.169*** (6.31)	0.193*** (6.52)	0.162*** (6.31)	0.188*** (6.85)
GPK	0.147*** (6.37)	0.128*** (6.42)	0.131*** (6.82)	0.128*** (6.55)	0.159*** (6.36)
URL	0.048*** (6.82)	0.083*** (6.48)	0.058*** (6.16)	0.074*** (6.86)	0.058*** (6.74)
常数项	0.372*** (6.43)	0.265*** (5.84)	0.361*** (6.57)	0.417*** (6.38)	0.261*** (6.33)
年份	控制	控制	控制	控制	控制
地区	控制	控制	控制	控制	控制

续表

变量	知识能力 KE	经济活力 KE	创新驱动 KE	网络经济 KE	转型升级 KE
观测值（个）	23	23	23	23	23
R^2	0.432	0.537	0.372	0.480	0.742
系数差异检验	0.162*** (5.58)	0.085*** (8.38)	0.171*** (6.72)	0.261*** (6.40)	0.030*** (6.41)

通过上述回归结果可知，中国—泰国外商直接投资与中国—越南、中国—老挝存在一定的差异，外商直接投资并未显著地推动了我国产业新旧动能转换知识能力和创新驱动层面提升。同时，双向直接投资联动效应、外商直接投资与对外直接投资个体效应推动五个维度指数提升存在显著差异，具体可以得出以下四个方面的结论：一是中国—泰国双向直接投资联动效应与对外直接投资个体效应均有效地推动了知识能力、经济活力、创新驱动、网络经济以及转型升级五个维度指数提升。二是纵向分析可以得出双向直接投资联动效应推动作用强于对外直接投资个体效应，而对外直接投资个体效应对产业新旧动能分类指数的推动作用强于外商直接投资个体效应，结论与基准回归结果相似。横向分析可以得出双向直接投资联动推动产业新旧动能分类指数提升作用由强到弱依次为知识能力、经济活力、转型升级、网络经济以及创新驱动；对外直接投资推动产业新旧动能分类指数提升作用由强到弱依次为知识能力、经济活力、网络经济、转型升级以及创新驱动；外商直接投资推动产业新旧动能分类指数提升作用由强到弱依次为经济活力、转型升级与网络经济。三是经济增长质量、人力资本水平、高新技术产业占比、政府"产业新旧动能转换"政策以及城镇化水平等控制变量有效地推动了知识能力、经济活力、创新驱动、网络经济以及转型升级等指数提升，作用强度由高到低依次为人力资本水平、经济增长质量、高新技术产业占比、政府"产业新旧动能转换"政策以及城镇化水平。四是通过知识能力、经济活力、创新驱动、网络经济以及转型升级五个维度指数似无相关 Suest 组间系数差异检验，发现双向直接投资联动、对外直接投资和外商直接投资对我国产业新旧动能转换影响的回归系数存在显著

差异。

究其原因,中国—泰国双向直接投资产业领域存在显著差异,外商直接投资主要集中于农业,而对外直接投资产业分布广泛,包括清洁能源、生物科技等高新技术产业,导致中国—泰国之间双向直接投资联动效应、对外直接投资与外商直接投资个体效应对我国产业动能转换分类指数的推动作用呈现显著差异。同时,双向直接投资联动效应与对外直接投资个体效应对知识能力指数驱动作用最强,而对创新驱动指数驱动作用最弱,二者仅在网络经济和转型升级指数的推动作用方面存在差异。其中,知识能力指数包括经济活动人口中硕士及以上学历人数比例、"四上"企业从业人员中专业技术人员占比、非信息部门信息人员占比以及每万名就业人员 R&D 人员折合全时当量等指标,说明中国—泰国双向直接投资较好地推动了产业新旧动能转换知识能力方面提升,而创新驱动指数包括 R&D 经费支出占 GDP 比重、基础研究经费占研发支出比重、企业 R&D 经费、科技企业孵化器内累计毕业企业数、每万名 R&D 人员专利授权数、技术市场成交合同金额等指标,说明中国—泰国双向直接投资推进创新驱动指数提升的能力较弱。此外,外商直接投资者所处产业多为农业,故而,外商直接投资对我国产业新旧动能转换知识能力和创新驱动维度指数并未起到显著的推动作用。

(三)时段异质性分析

五个阶段中国—泰国双向直接投资联动效应、外商直接投资个体效应和对外直接投资个体效应对我国产业新旧动能转换的影响,回归结果如表 8-20 所示。

表 8-20　　　　中国—泰国双向直接投资联动驱动产业
新旧动能转换时段异质性回归结果

时段	变量	KE	KE	KE	KE	KE	KE	KE	KE
2000—2004 年	FDI	0.341*** (7.73)	—	—	0.325*** (7.74)	0.366*** (6.94)	—	—	0.338*** (7.84)
	OFDI	—	0.264 (0.84)	—	0.217 (0.81)	—	0.261 (0.37)	—	0.196 (7.64)
	FDI×OFDI	—	—	0.426*** (7.43)	0.381*** (7.37)	—	—	0.393*** (7.84)	0.379*** (7.29)

续表

时段	变量	KE	KE	KE	KE	KE	KE	KE	KE
2005—2009年	FDI	0.337*** (6.52)	—	—	0.310*** (7.64)	0.355*** (6.73)	—	—	0.325*** (7.16)
	OFDI	—	0.232*** (7.84)	—	0.208*** (7.74)	—	0.246*** (6.27)	—	0.215*** (7.74)
	FDI×OFDI	—	—	0.413*** (6.27)	0.375*** (7.11)	—	—	0.389*** (6.52)	0.388*** (7.75)
2010—2014年	FDI	0.227*** (6.85)	—	—	0.200*** (7.51)	0.247*** (6.96)	—	—	0.212*** (7.75)
	OFDI	—	0.342*** (7.75)	—	0.326*** (7.52)	—	0.355*** (7.75)	—	0.333*** (7.73)
	FDI×OFDI	—	—	0.402*** (7.86)	0.363*** (7.83)	—	—	0.455*** (6.38)	0.377*** (6.37)
2015—2019年	FDI	0.264*** (7.13)	—	—	0.226*** (6.26)	0.253*** (6.32)	—	—	0.247*** (6.36)
	OFDI	—	0.375*** (7.42)	—	0.313*** (6.96)	—	0.385*** (7.57)	—	0.347*** (6.74)
	FDI×OFDI	—	—	0.394*** (6.11)	0.372*** (5.42)	—	—	0.410*** (6.24)	0.390*** (5.64)
2020—2022年	FDI	0.261 (0.83)	—	—	0.213 (0.47)	0.217 (0.35)	—	—	0.213 (0.58)
	OFDI	—	0.382*** (7.64)	—	0.366*** (6.12)	—	0.391*** (7.64)	—	0.331*** (6.52)
	FDI×OFDI	—	—	0.457*** (6.74)	0.385*** (6.51)	—	—	0.475*** (6.99)	0.385*** (6.24)
控制变量	年份	控制	控制	控制	控制	控制	控制	控制	控制
	地区	控制	控制	控制	控制	控制	控制	控制	控制
	观测值（个）	23	23	23	23	23	23	23	23
	R^2	0.437	0.286	0.553	0.589	0.472	0.658	0.518	0.525

通过上述回归结果，可以得出以下四个方面的结论：一是2000—

2004年时段，中国—泰国双向直接投资联动效应、外商直接投资个体效应有效地推动了我国产业新旧动能转换，而对外直接投资个体效应对我国产业新旧动能转换的影响并不显著。二是2005—2009年时段，中国—泰国双向直接投资联动效应、外商直接投资和对外直接投资个体效应有效地推动了我国产业新旧动能转换。此时，对外直接投资个体效应推动我国产业新旧动能转换的强度弱于外商直接投资个体效应。三是2010—2014年、2015—2019年两个时段，中国—泰国双向直接投资联动效应、外商直接投资和对外直接投资个体效应均有效地推动了我国产业新旧动能转换。此时，对外直接投资个体效应推动我国产业新旧动能转换的强度超过外商直接投资个体效应。四是2020—2022年两个时段，中国—泰国双向直接投资联动效应和对外直接投资个体效应均有效地推动了我国产业新旧动能转换，同时，双向直接投资联动效应推动我国产业新旧动能转换的强度高于对外直接投资个体效应，而外商直接投资个体效应推动我国产业新旧动能转换并不显著，固定效应模型回归和Heckman两步法方式回归得到了一致的结论。

中国—泰国双向直接投资存在上述阶段性差异，主要源于中国与泰国在各个时段发展中存在显著的差异。2000—2004年，泰国作为"亚洲四小虎"重要成员国，中国—泰国外商直接投资技术溢出有效地推动了我国产业新旧动能转换，在这个阶段，中国对泰国直接投资规模较小，逆向技术溢出作用并不明显，致使中国—泰国对外直接投资对我国产业新旧动能转换的推动作用并不显著。2005—2019年，我国工业化崛起，推动中国—泰国双向直接投资联动效应、外商直接投资与对外直接投资个体效应对我国产业新旧动能转换均具有显著的推动作用，只是各个阶段推动作用强度存在稍许差异。2020年至今，泰国对我国直接投资主要分布于农业，致使外商直接投资对我国产业新旧动能转换并不具备显著的推动作用，此时，双向直接投资和对外直接投资对我国产业新旧动能转换具有显著的推动作用。

因此，中国—泰国双向直接投资联动驱动我国产业新旧动能转换存在前述时段异质性。我国应针对中国—泰国发展时段差异，采用连续性的双向直接投资政策，具体包括外商直接投资"负面清单+准入国民待遇"以及对外直接投资补贴政策，逐步推动外商直接投资与对外直接投资联动发展，即我国应加强与泰国外商直接投资高质量"引进来"、对外直接投资高效率"走出去",有目的、有选择地吸收外商直接投资和利用对外直接投资,"引进来"与"走出去"联动驱动我国产业新旧动能转换,实现产业链关键环节安全稳定与自主可控。

(四) 行业异质性分析

分析中国—泰国双向直接投资对我国专用设备,仪器仪表,通信设备,计算机和其他电子设备,电器机械和器材,金属制品、机械和设备修理服务以及交通运输设备六个行业新旧动能转换的影响程度。

回归结果(见表8-21)显示,中国—泰国双向直接投资联动驱动不同行业产业新旧动能转换存在显著差异,外商直接投资对专用设备,通信设备、计算机和其他电子设备行业并未起到显著的促进作用。具体可以得出以下三个方面的结论:一是中国—泰国双向直接投资联动有效地推动了专用设备,仪器仪表,通信设备、计算机和其他电子设备,电器机械和器材,金属制品、机械和设备修理服务以及交通运输设备六个行业产业新旧动能转换,同时,中国—泰国双向直接投资联动驱动产业新旧动能转换的作用强度高于外商直接投资和对外直接投资的个体效应,而对外直接投资个体效应推动产业新旧动能转换的强度又高于外商直接投资个体效应。二是通过似无相关Suest组间系数差异检验,发现中国—泰国外商直接投资个体效应推动不同行业产业新旧动能转换作用强度由强到弱依次为仪器仪表,电器机械和器材,金属制品、机械和设备修理服务,交通运输设备行业,而专用设备,通信设备、计算机和其他电子设备行业不显著;对外直接投资个体效应推动不同行业产业新旧动能转换作用强度由强到弱依次为专用设备,仪器仪表,电器机械和器材,金属制品、机械和设备修理服务,交通运输设备,通信设备、计算机和其他电子设备行业;双向直接投资联动效应推动不同行业产业新旧动能转换作用强度由强到弱依次为专用设备,仪器仪表,通信设备、计算机和其他电子设备,交通运输设备,电器机械和器材,金属制品、机械和设备修理服务行业;双向直接投资联动效应与对外直接投资个体效应推动我国产业新旧动能转换最强行业均为专用设备行业,最弱行业存在一定差异。三是经济增长质量、人力资本水平、高新技术产业占比、政府"产业新旧动能转换"政策以及城镇化水平等控制变量有效地推动了我国不同行业产业新旧动能转换,作用强度与基准回归结果相似,不再赘述。

表 8-21 中国—泰国双向直接投资联动驱动产业新旧动能转换行业异质性回归结果

变量	专用设备	仪器仪表	通信设备、计算机和其他电子设备	电器机械和器材	金属制品、机械和设备修理服务	交通运输设备
	KE	KE	KE	KE	KE	KE
FDI	0.217 (0.48)	0.316*** (6.75)	0.211 (0.28)	0.270*** (6.75)	0.189*** (6.27)	0.138*** (6.94)
OFDI	0.289*** (6.43)	0.279*** (6.26)	0.124*** (6.48)	0.228*** (7.85)	0.204*** (6.74)	0.173*** (6.71)
FDI×OFDI	0.326*** (7.72)	0.283*** (7.63)	0.235*** (6.86)	0.215*** (6.45)	0.163*** (7.47)	0.268*** (7.26)
TFP	0.231*** (6.84)	0.274*** (6.75)	0.238*** (6.37)	0.247*** (6.82)	0.252*** (6.16)	0.257*** (6.52)
HLC	0.316*** (6.74)	0.326*** (6.71)	0.341*** (6.37)	0.335*** (6.52)	0.336*** (6.34)	0.361*** (6.66)
HTI	0.194*** (6.38)	0.179*** (6.45)	0.166*** (6.93)	0.172*** (6.48)	0.185*** (6.32)	0.159*** (6.58)
GPK	0.172*** (6.75)	0.117*** (6.42)	0.123*** (6.85)	0.152*** (6.55)	0.112*** (6.85)	0.142*** (6.21)
URL	0.084*** (6.47)	0.093*** (6.44)	0.068*** (6.40)	0.052*** (6.07)	0.085*** (6.48)	0.028*** (6.36)
常数项	0.145*** (6.45)	0.136*** (5.83)	0.371*** (6.47)	0.174*** (6.32)	0.311*** (6.34)	0.421*** (6.74)
年份	控制	控制	控制	控制	控制	控制
地区	控制	控制	控制	控制	控制	控制
观测值（个）	23	23	23	23	23	23
R^2	0.265	0.472	0.571	0.427	0.451	0.746
系数差异检验	0.026*** (7.75)	0.042*** (8.42)	0.072*** (9.74)	0.022*** (8.24)	0.049*** (6.58)	0.028*** (7.43)

究其原因,中国—泰国双向直接投资产业分布存在较大差异,从而外商直接投资与对外直接投资对我国产业新旧动能转换存在显著的行业差异,对外直接投资产业分布广泛,逆向技术溢出能够有效推动我国各个行业产业新旧动能转换,作用强度存在一定差异,而外商直接投资分布较为单一,技术溢出仅能够推动部分行业实现产业新旧动能转换,专用设备与通信设备、计算机和其他电子设备行业并未受到中国—泰国外商直接投资技术溢出效应的影响,致使这两个行业的产业新旧动能转换并未受到显著的影响。此外,中国—泰国双向直接投资联动效应推动我国产业新旧动能转换的特征与中国—泰国对外直接投资个体效应相似,源于"一带一路"倡议、RCEP协议以及中国—中南半岛经济走廊建设,我国对外直接投资发挥着主导性作用,使得中国—泰国双向直接投资联动效应与对外直接投资个体效应能够有效地推动我国各个行业产业新旧动能实现转换。因此,我国应注重"引进来"和"走出去"产业协同联动发展,以高质量的外商直接投资与高效率对外直接投资联动推进行业层面产业新旧动能转换,进一步推进"卡脖子"行业产业链关键环节实现自主可控。

(五)区域异质性分析

聚焦东部沿海、北部沿海、南部沿海、长江中游、黄河中游、西南地区、东北地区和西北地区八个区域,具体分析中国—泰国双向直接投资联动驱动我国产业新旧动能转换的影响,回归结果如表8-22所示。

表8-22　　中国—泰国双向直接投资联动驱动产业新旧动能转换区域异质性回归结果

变量	东部沿海	北部沿海	南部沿海	长江中游	黄河中游	西南地区	东北地区	西北地区
	KE	KE	KE	KE	KE	KE	KE	KE
FDI	0.208*** (6.47)	0.189*** (8.36)	0.232*** (7.37)	0.152*** (7.21)	0.117*** (7.48)	0.279*** (6.73)	0.173 (0.58)	0.148 (0.37)
OFDI	0.325*** (6.75)	0.301*** (7.12)	0.357*** (7.63)	0.285*** (6.37)	0.216*** (7.33)	0.369*** (6.75)	0.192 (0.63)	0.174 (0.31)
FDI× OFDI	0.419*** (6.58)	0.379*** (6.27)	0.457*** (5.43)	0.382*** (6.57)	0.328*** (5.31)	0.472*** (6.75)	0.204 (5.42)	0.196 (5.62)

续表

变量	东部沿海 KE	北部沿海 KE	南部沿海 KE	长江中游 KE	黄河中游 KE	西南地区 KE	东北地区 KE	西北地区 KE
TFP	0.273*** (6.75)	0.248*** (6.42)	0.228*** (6.85)	0.252*** (6.21)	0.254*** (7.22)	0.258*** (6.75)	0.248*** (6.32)	0.242*** (6.86)
HLC	0.326*** (6.37)	0.385*** (6.83)	0.337*** (6.58)	0.359*** (6.29)	0.338*** (6.44)	0.329*** (5.52)	0.363*** (6.94)	0.360*** (6.48)
HTI	0.157*** (5.68)	0.148*** (6.27)	0.179*** (5.75)	0.168*** (5.32)	0.198*** (5.62)	0.163*** (5.57)	0.176*** (6.32)	0.182*** (5.47)
GPK	0.127*** (6.84)	0.133*** (6.31)	0.121*** (6.53)	0.110*** (6.51)	0.122*** (7.93)	0.130*** (6.13)	0.109*** (6.36)	0.115*** (6.74)
URL	0.038*** (6.47)	0.073*** (7.26)	0.058*** (6.42)	0.037*** (6.64)	0.017*** (5.24)	0.069*** (6.77)	0.052*** (6.25)	0.079*** (6.18)
常数项	0.261*** (7.48)	0.371*** (6.27)	0.217*** (5.52)	0.175*** (6.55)	0.472*** (7.18)	0.335*** (5.75)	0.274*** (6.38)	0.255*** (5.30)
年份	控制	控制	控制	控制	控制	控制	控制	控制
地区	控制	控制	控制	控制	控制	控制	控制	控制
观测值（个）	23	23	23	23	23	23	23	23
R^2	0.631	0.371	0.427	0.551	0.749	0.474	0.467	0.532
系数差异检验	0.162*** (6.46)	0.242*** (6.14)	0.241*** (6.89)	0.271*** (6.55)	0.175*** (5.62)	0.085*** (6.20)	0.154*** (6.37)	0.236*** (9.31)

通过上述回归结果，中国—泰国双向直接投资联动驱动产业新旧动能转换强度存在一定差异，与中国—越南、中国—老挝不同，中国—泰国对外直接投资个体效应对我国产业新旧动能转换的强度高于外商直接投资个体效应。具体可以得出以下三个方面的结论：一是中国—泰国双向直接投资联动效应、外商直接投资与对外直接投资个体效应有效地推动了我国东部沿海、北部沿海、南部沿海、长江中游、黄河中游、西南地区产业新旧动能转换，而东北地区和西北地区推动作用并不显著，因此，中国—泰国双向直接投资联动效应、外商直接投资与对外直接投资个体效应驱动我国产业新旧动能转换存在区域异质性。同时，中国—泰

国双向直接投资联动效应推动产业新旧动能转换的强度高于对外直接投资、外商直接投资的个体效应。二是通过似无相关 Suest 组间系数差异检验，发现中国—泰国双向直接投资联动效应、外商直接投资和对外直接投资个体效应推动不同区域产业新旧动能转换强度存在显著差异，强度由高到低依次为西南地区、南部沿海、东部沿海、北部沿海、长江中游和黄河中游地区，其余两个地区不显著，包括东北地区和西北地区。三是经济增长质量、人力资本水平、高新技术产业占比、政府"产业新旧动能转换"政策以及城镇化水平等控制变量有效地推动了我国不同行业产业新旧动能转换。

究其原因，泰国与中国（云南）西双版纳州距离较近，致使泰国与中国西南地区双向直接投资联系紧密，有效地推动了我国西部地区产业新旧动能转换，此外，产业新旧动能转换内含生态农业、清洁能源与大健康服务业等因素，西南地区区位优势使得中国—泰国双向直接投资围绕现代产业体系构建，内外联动，推进产业格局重塑，实现高质量发展的新动能。南部沿海地区与西南地区类似，促进中国与泰国在生态农业、清洁能源等现代产业体系之间的相互联系，推进区域产业新旧动能实现转换，而东北地区和西北地区由于距离因素影响，中国—泰国双向直接投资并未对这两个地区产业新旧动能转换起到有效的推动作用，因此，我国应加强中国与泰国，延伸至中国—东盟、中国—南亚东南亚，加强高水平对外开放，实现"引进来"联动"走出去"，进一步推动我国各个区域之间产业新旧动能协同转换。

（六）门槛效应分析

双向直接投资"本身门槛"和人力资本水平设置的"吸收门槛"角度分析门槛效应，回归结果如表 8-23 所示。

表 8-23　　中国—泰国双向直接投资联动驱动产业
新旧动能转换门槛效应回归结果

变量	模型 1 FE KE	模型 1 Heckman KE	模型 2 FE KE	模型 2 Heckman KE	模型 3 FE KE	模型 3 Heckman KE	模型 4 FE KE	模型 4 Heckman KE
FDI	0.283*** (7.84)	0.295*** (7.69)	—	—	—	—	0.253*** (7.58)	0.279*** (7.14)

续表

变量	模型1 FE KE	模型1 Heckman KE	模型2 FE KE	模型2 Heckman KE	模型3 FE KE	模型3 Heckman KE	模型4 FE KE	模型4 Heckman KE
OFDI	—	—	0.375*** (6.84)	0.396*** (6.45)	—	—	0.348*** (6.74)	0.365*** (6.25)
FDI×OFDI	—	—	—	—	0.458*** (7.84)	0.483*** (6.83)	0.448*** (6.83)	0.485*** (6.72)
FDI^2	−0.126*** (6.84)	−0.109*** (6.73)	—	—	—	—	−0.117*** (6.69)	−0.120*** (6.84)
$OFDI^2$	—	—	−0.157*** (6.84)	−0.183*** (6.79)	—	—	−0.145*** (6.94)	−0.159*** (6.63)
$FDI^2×OFDI^2$	—	—	—	—	−0.218*** (7.64)	−0.207*** (7.29)	−0.220*** (7.43)	−0.219*** (7.73)
TFP	0.236*** (6.47)	0.247*** (6.27)	0.242*** (6.56)	0.253*** (6.44)	0.227*** (7.74)	0.247*** (6.97)	0.224*** (6.04)	0.286*** (6.64)
HLC	0.358*** (6.49)	0.328*** (6.52)	0.386*** (6.58)	0.348*** (6.36)	0.336*** (6.47)	0.322*** (5.42)	0.385*** (6.75)	0.359*** (6.35)
HTI	0.184*** (5.63)	0.197*** (6.75)	0.181*** (5.82)	0.168*** (5.52)	0.150*** (5.86)	0.152*** (5.58)	0.195*** (6.63)	0.171*** (5.68)
GPK	0.127*** (6.72)	0.117*** (6.47)	0.152*** (6.37)	0.142*** (6.75)	0.138*** (7.32)	0.113*** (6.75)	0.142*** (6.64)	0.127*** (6.37)
URL	0.069*** (6.83)	0.052*** (7.86)	0.086*** (6.58)	0.047*** (6.68)	0.051*** (5.53)	0.099*** (6.83)	0.047*** (6.63)	0.058*** (6.69)
常数项	0.264*** (7.31)	0.251*** (6.64)	0.417*** (6.36)	0.326*** (6.52)	0.141*** (7.75)	0.362*** (5.53)	0.244*** (6.64)	0.275*** (5.36)
年份	控制	控制	控制	控制	控制	控制	控制	控制
地区	控制	控制	控制	控制	控制	控制	控制	控制
观测值（个）	23	23	23	23	23	23	23	23
R^2	0.369	0.574	0.472	0.624	0.374	0.515	0.473	0.527

通过上述回归结果，可以得出以下三个方面的结论：一是中国—泰

国双向直接投资联动效应、外商直接投资与对外直接投资个体效应推动我国产业新旧动能转换存在"门槛效应",并且该门槛为"高门槛",即随着外商直接投资、对外直接投资以及双向直接投资联动程度提升,我国产业新旧动能转换程度不断提升,超过"门槛值"后,随着三者继续提升,我国产业新旧动能转换程度反而下降。二是采用固定效应模型和Heckman两步法回归得到,中国—泰国双向直接投资联动驱动产业新旧动能转换的门槛值分别为 1.05 和 1.17,外商直接投资驱动产业新旧动能转换的门槛值分别为 1.12 和 1.35,对外直接投资驱动产业新旧动能转换的门槛值分别为 1.19 和 1.08。同时,将外商直接投资、对外直接投资个体效应和双向投资联动效应以及三者的平方项引入固定效应模型进行回归,得到外商直接投资驱动产业新旧动能转换的门槛值为 1.08,对外直接投资驱动产业新旧动能转换的门槛值为 1.20,双向直接投资联动驱动产业新旧动能转换的门槛值为 1.02。Heckman 两步法计算的门槛值计算同理,外商直接投资驱动产业新旧动能转换的门槛值为 1.16,对外直接投资驱动产业新旧动能转换的门槛值为 1.15,双向直接投资联动驱动产业新旧动能转换的门槛值为 1.11。三是采用固定效应模型和 Heckman 两步法均能够得到中国—泰国双向直接投资联动效应、外商直接投资与对外直接投资个体效应有效地推动了我国产业新旧动能转换。

此外,从人力资本水平设置的"吸收门槛"角度分析中国—泰国双向直接投资联动效应、外商直接投资与对外直接投资个体效应对我国产业新旧动能转换的影响,回归结果如表 8-24 所示。

表 8-24　中国—泰国双向直接投资联动驱动产业新旧动能转换
——基于人力资本水平与双向直接投资交互门槛效应

变量	模型1 FE KE	模型1 Heckman KE	模型2 FE KE	模型2 Heckman KE	模型3 FE KE	模型3 Heckman KE	模型4 FE KE	模型4 Heckman KE
FDI	-0.264*** (7.64)	-0.291*** (7.39)	—	—	—	—	-0.253*** (6.47)	-0.288*** (6.92)
OFDI	—	—	-0.314*** (6.48)	-0.337*** (6.18)	—	—	-0.328*** (6.33)	-0.364*** (6.37)

续表

变量	模型1 FE KE	模型1 Heckman KE	模型2 FE KE	模型2 Heckman KE	模型3 FE KE	模型3 Heckman KE	模型4 FE KE	模型4 Heckman KE
FDI× OFDI	—	—	—	—	-0.429*** (7.63)	-0.451*** (6.83)	-0.422*** (6.83)	-0.441*** (6.47)
FDI× HLC	0.257*** (6.37)	0.237*** (6.72)	—	—	—	—	0.224*** (6.85)	0.277*** (6.33)
OFDI× HLC	—	—	0.264*** (6.74)	0.258*** (6.72)	—	—	0.261*** (6.73)	0.281*** (7.15)
FDI× OFDI× HLC	—	—	—	—	0.327*** (7.47)	0.412*** (7.59)	0.338*** (7.69)	0.364*** (7.37)
TFP	0.259*** (6.83)	0.273*** (6.58)	0.264*** (6.27)	0.228*** (6.54)	0.258*** (7.69)	0.232*** (6.96)	0.288*** (6.27)	0.242*** (6.55)
HLC	0.374*** (6.42)	0.337*** (6.75)	0.375*** (6.16)	0.364*** (6.64)	0.336*** (6.37)	0.365*** (5.67)	0.377*** (6.27)	0.375*** (6.43)
HTI	0.176*** (5.83)	0.152*** (6.58)	0.158*** (5.16)	0.188*** (5.44)	0.164*** (5.85)	0.171*** (5.85)	0.174*** (6.10)	0.189*** (5.34)
GPK	0.116*** (6.63)	0.115*** (6.34)	0.127*** (6.75)	0.122*** (6.37)	0.124*** (7.74)	0.158*** (6.28)	0.139*** (6.54)	0.146*** (6.58)
URL	0.068*** (6.82)	0.048*** (7.62)	0.053*** (6.74)	0.086*** (6.67)	0.028*** (6.37)	0.056*** (6.57)	0.029*** (6.22)	0.063*** (6.47)
常数项	0.143*** (7.73)	0.165*** (6.47)	0.182*** (5.34)	0.147*** (6.75)	0.136*** (7.53)	0.175*** (5.54)	0.168*** (6.78)	0.184*** (5.30)
年份	控制	控制	控制	控制	控制	控制	控制	控制
地区	控制	控制	控制	控制	控制	控制	控制	控制
观测值（个）	23	23	23	23	23	23	23	23
R^2	0.635	0.365	0.453	0.496	0.581	0.637	0.625	0.736

通过上述回归结果，可以得出以下三个方面的结论：一是中国—泰

国双向直接投资联动效应、外商直接投资与对外直接投资个体效应推动我国产业新旧动能转换受到人力资本水平设置的"门槛效应",并且该门槛为"低门槛",即随着外商直接投资、对外直接投资以及双向直接投资联动程度提升,我国产业新旧动能转换程度不断提升,超过"门槛值"后,随着外商直接投资、对外直接投资和双向直接投资联动程度提升,我国产业新旧动能转换程度反而下降。二是采用固定效应模型和Heckman两步法回归得到,中国—泰国双向直接投资联动驱动产业新旧动能转换时母国人力资本水平设置的门槛值分别为1.31和1.09,外商直接投资驱动产业新旧动能转换时人力资本水平设置的门槛值分别为1.03和1.23,对外直接投资驱动产业新旧动能转换时人力资本水平设置的门槛值分别为1.19和1.31。同时将外商直接投资、对外直接投资个体效应和双向直接投资联动效应与三者的平方项引入固定效应模型进行回归,得到外商直接投资驱动产业新旧动能转换时人力资本水平设置的门槛值为1.13,对外直接投资驱动产业新旧动能转换时人力资本水平设置的门槛值为1.26,双向直接投资联动驱动产业新旧动能转换时人力资本水平设置的门槛值为1.25。Heckman两步法计算的门槛值计算同理,外商直接投资驱动产业新旧动能转换时人力资本水平设置的门槛值为1.04,对外直接投资驱动产业新旧动能转换时人力资本水平设置的门槛值为1.30,双向直接投资联动驱动产业新旧动能转换时人力资本水平设置的门槛值为1.21。三是采用固定效应模型和Heckman两步法均能得到中国—泰国双向直接投资联动效应、外商直接投资与对外直接投资个体效应有效地推动了我国产业新旧动能转换。

究其原因,中国—泰国双向直接投资联动驱动产业新旧动能转换存在自身设置的"高门槛"和人力资本水平设置的"低门槛",原因与中国—越南、中国—老挝双向直接投资联动驱动产业新旧动能转换相似,双向直接投资需要规模经济效应,双向直接投资超过一定规模后,"引进来"联动"走出去"才能够高效地推动我国产业新旧动能转换。同时,人力资本水平是外商直接投资技术溢出与对外直接投资逆向技术溢出吸收的关键影响因素。因此,人力资本水平为双向直接投资的双向技术溢出设置了低门槛,超过门槛值后,随着双向投资规模的增长,我国产业新旧动能转换的程度才会逐步提升,我国应加强人才强国战略,内外互联,内部培养与引进并举推动我国人力资本水平逐步提升,实现产业新旧动能本质转换。

三 小结

本节基于中国—泰国双向直接投资动态演变与产业分布，实证分析中国—泰国双向直接投资联动效应、外商直接投资与对外直接投资个体效应对我国产业新旧动能转换的影响。基准回归研究发现，三者均有效推动了我国产业新旧动能转换，推动强度由高到低依次为双向直接投资联动效应、对外直接投资个体效应以及外商直接投资个体效应。从知识能力、经济活力、创新驱动、网络经济与转型升级的产业新旧动能分类指数回归角度，双向直接投资联动驱动产业新旧动能转换程度由强到弱依次为知识能力、经济活力、转型升级、网络经济以及创新驱动。同时，中国—泰国双向直接投资联动效应、外商直接投资与对外直接投资个体效应推动我国产业新旧动能转换存在时段差异、行业差异与区域差异。此外，研究发现双向直接投资联动效应、外商直接投资与对外资金投资个体效应自身设置的门槛为"高门槛"，而人力资本水平设置的"吸收门槛"为"低门槛"，采用固定效应模型回归和 Heckman 两步法回归得到了相似的门槛值。

第四节 中国—缅甸双向直接投资联动驱动产业新旧动能转换研究

一 中国—缅甸双向直接投资动态演变

中国—缅甸双向直接投资指数（TDI），具体如表 8-25 所示。

表 8-25　　　　　　　　中国—缅甸 TDI

年份	1997	1998	1999	2000	2001	2002	2003	2004	2005
TDI	0.0627	0.0561	0.0699	0.0492	0.2575	0.9724	0.0038	0.0238	0.0656
年份	2006	2007	2008	2009	2010	2011	2012	2013	2014
TDI	0.0201	0.8037	0.0109	0.2220	0.0011	0.0181	0.0153	0.0131	0.0123
年份	2015	2016	2017	2018	2019	2020	2021	2022	—
TDI	0.0000	0.0000	0.0008	0.0046	0.0016	0.0000	0.0048	0.2554	—

根据中国—缅甸 TDI 可以看出，2000 年之前中缅双向直接投资还处于较低水平，总体活跃度不高，而到了 2001 年开始上升，2002 年达到了中缅双向直接投资达到最高水平，而后又开始大幅度下降，2007 年又快速上升到 0.8037，中缅双向直接投资意向增强，而后的这些年里，中缅双向直接投资意向都不高，甚至到 2015 年、2016 年中缅双向直接投资意向极其低落，缅甸这两年未对中国直接投资，而后的几年里，两国的双向直接投资意向都不高，直到 2021 年才开始有所上升。

由图 8-4 可以看出，总体而言波动幅度较大，大致而言可以分为三个阶段：第一阶段，1997—2003 年呈现大幅度波动。1997—2000 年中缅两国双向直接投资处于平稳低水平的状态，而后到了 2002 年达到了中国—缅甸双向直接投资指数的最大值 0.9724。中缅经济合作驶入"快车道"，中国对缅甸的贸易与投资呈现大幅度增长，中国也一跃成为缅甸最重要的投资合作伙伴。第二阶段，2003—2010 年呈现倒"U"形趋势。在经历了 2002 年的高峰后，2003 年中缅两国双向直接投资意向很弱，以至于在今后的几年里两国的双向直接投资意向都不强，直到 2007 年才大幅度上升到 0.8037，从 2006 年的 0.0201 到 2007 年的高点，原因在于 2007 年中国—缅甸边境经济贸易交易会的召开，都拉动了两国双向直接投资需求，而到了 2008 年又大幅度下降，虽然在 2009 年有小幅度的回升，但总体而言两国的双向直接投资意向较弱，甚至在 2010 年降到 0.0011。第三阶段，2011—2022 年呈现低水平阶段。2011 年 9 月缅甸单方叫停中国在缅甸投资的密松大坝水电项目，成为中国在缅甸投资的转折点，密松大坝事件对中缅两国的双向直接投资带来了一系列的影响。从 2011 年开始两国双向直接投资指数处于低水平，2015 年、2016 年两年两国的双向直接投资指数为 0，缅甸对中国直接投资额为 0，缅甸对中国投资额的下降势必会让其经济受到较大的制约，2020 年召开了中缅投资洽谈会，中缅携手共同推动复工复产，2021 年两国的双向直接投资指数有所增加，到 2022 年两国的双向直接投资指数为 0.2554。

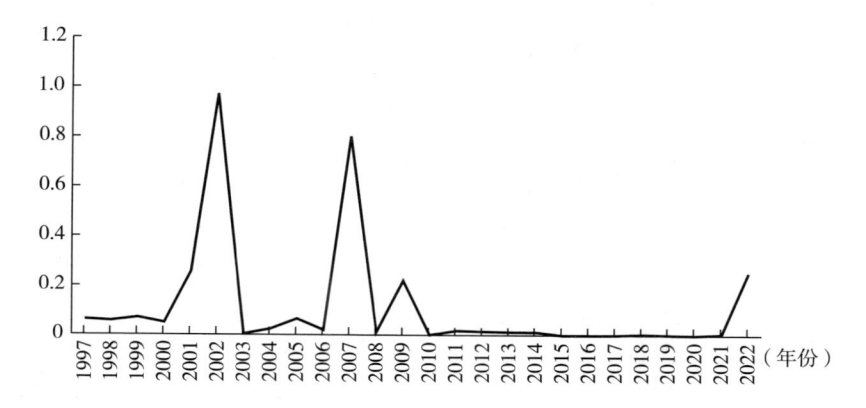

图 8-4　中国—缅甸 TDI

二　中国—缅甸双向直接投资联动驱动产业新旧动能转换实证研究

（一）基准回归结果

中国—缅甸双向直接投资联动驱动产业新旧动能转换的回归结果，如表 8-26 所示。

表 8-26　中国—缅甸双向直接投资联动驱动产业新旧动能转换基准回归结果

变量	KE	KE	KE	KE	KE
FDI	0.164 (0.75)	—	—	0.193 (0.48)	0.135 (0.49)
OFDI	—	0.283*** (7.26)	—	0.225*** (5.96)	0.207*** (5.37)
FDI×OFDI	—	—	0.335*** (7.84)	0.315*** (6.68)	0.368*** (6.05)
TFP	0.274*** (6.48)	0.226*** (6.41)	0.263*** (6.64)	—	0.214*** (6.27)
HLC	0.353*** (6.26)	0.347*** (6.18)	0.337*** (6.55)	—	0.337*** (6.73)
HTI	0.198*** (5.49)	0.186*** (6.77)	0.179*** (5.48)	—	0.171*** (5.74)
GPK	0.116*** (6.68)	0.108*** (6.38)	0.127*** (6.41)	—	0.126*** (6.55)

续表

变量	KE	KE	KE	KE	KE
URL	0.085*** (6.63)	0.048*** (6.27)	0.076*** (6.66)	—	0.059*** (6.42)
常数项	0.275*** (6.45)	0.162*** (5.73)	0.346*** (6.43)	0.216*** (6.86)	0.221*** (6.22)
年份	控制	控制	控制	控制	控制
地区	控制	控制	控制	控制	控制
观测值（个）	23	23	23	23	23
R^2	0.475	0.573	0.525	0.458	0.611

通过上述回归结果，可以得出以下三个方面的结论：一是中国—缅甸双向直接投资联动驱动我国产业新旧动能转换存在显著的差异。其中，外商直接投资个体效应并未对我国产业新旧动能转换产生显著的推动作用，而对外直接投资个体效应和双向直接投资联动效应均有效地推动了我国产业新旧动能转换，同时，双向直接投资联动效应驱动我国产业新旧动能转换的强度高于对外直接投资个体效应。二是控制变量加入前后，中国—缅甸双向直接投资联动效应、对外直接投资个体效应以及外商直接投资个体效应驱动产业新旧动能转换的回归结果的显著性并未发生明显变化，说明中国—缅甸双向直接投资联动有效地驱动了我国产业新旧动能转换。三是经济增长质量、人力资本水平、高新技术产业占比、政府"产业新旧动能转换"政策以及城镇化水平等控制变量均对我国产业新旧动能转换起到了显著的推动作用。其中，人力资本水平对我国产业新旧动能转换提升作用程度最高，而城镇化水平对我国产业新旧动能转换提升作用程度最低，其余控制变量对我国产业新旧动能转换提升作用程度介于期间，作用程度按照由强到弱的顺序依次为人力资本水平、经济增长质量、高新技术产业占比、政府"产业新旧动能转换"政策以及城镇化水平。本书采用多种回归方式，均得出了相似的结论。

通过对基准回归结果进行分析，得到了中国—越南双向直接投资联动驱动产业新旧动能转换上述三个方面的结论。究其原因，中国—缅甸外商直接投资主要围绕自然资源产业，具体包括矿产资源、林业资源、水利资源等，缅甸位于中国—中南半岛经济走廊北部，具有土地肥沃、雨量充沛、气候适宜等地理条件，在农业发展方面拥有得天独厚的优势，盛产稻米、小麦、甘蔗等农产品,但缅甸在技术和基础设备等软硬件方面存在劣势,新兴产业发展较为困难。中国—缅甸外商直接投资主要集中在农产品领域,缺乏高质量的技术创新,外商直接投资的技术溢出效应较弱。故而,中国—缅甸外商直接投资并未显著地推动我国产业新旧动能实现转换。同时,中国是缅甸最大的投资国之一,中国—缅甸对外直接投资主要围绕电力行业、工业行业、制造业以及建筑领域,中国对缅甸的直接投资有助于实现我国供给侧结构性改革政策条件下的内外联动,促进外循环与内循环能力逐步提升。自皎漂经济特区建立以来,中方企业始终积极参与特区建设,缅甸的整体基础设施水平、经济发展质量以及中缅经贸合作的深度都得到了质的提升,中国—缅甸对外直接投资的逆向技术溢出效应逐步显现,推动我国产业内外互联,优化布局,重塑我国经济高质量增长的新动能,进一步实现技术创新型的产业新旧动能转换。

(二) 双向直接投资对产业新旧动能转换分类指数的影响研究

中国—缅甸外商直接投资个体效应、对外直接投资个体效应以及双向直接投资联动效应对我国产业新旧动能转换分类指数的影响程度如表8-27所示。

表 8-27　　　中国—缅甸双向直接投资联动驱动产业新旧
动能转换分类指数影响回归结果

变量	知识能力 KE	经济活力 KE	创新驱动 KE	网络经济 KE	转型升级 KE
FDI	0.135 (0.68)	0.213*** (6.59)	0.117 (0.73)	0.158*** (6.27)	0.130 (0.78)
OFDI	0.158 (0.39)	0.223*** (6.79)	0.128 (0.15)	0.247*** (6.88)	0.304*** (6.58)
FDI×OFDI	0.275*** (6.66)	0.305*** (6.58)	0.180*** (6.39)	0.315*** (6.37)	0.365*** (6.83)
TFP	0.273*** (6.65)	0.236*** (6.28)	0.217*** (6.84)	0.255*** (6.45)	0.269*** (6.79)

续表

变量	知识能力 KE	经济活力 KE	创新驱动 KE	网络经济 KE	转型升级 KE
HLC	0.337*** (6.56)	0.373*** (6.33)	0.394*** (6.75)	0.324*** (6.94)	0.315*** (6.52)
HTI	0.179*** (5.84)	0.158*** (6.57)	0.173*** (5.72)	0.169*** (5.38)	0.184*** (5.58)
GPK	0.125*** (6.27)	0.117*** (6.47)	0.113*** (6.33)	0.137*** (6.75)	0.143*** (6.48)
URL	0.038*** (6.47)	0.058*** (6.65)	0.044*** (6.38)	0.053*** (6.40)	0.084*** (6.81)
常数项	0.164*** (6.37)	0.147*** (5.58)	0.265*** (6.82)	0.285*** (6.57)	0.217*** (6.76)
年份	控制	控制	控制	控制	控制
地区	控制	控制	控制	控制	控制
观测值（个）	23	23	23	23	23
R^2	0.583	0.732	0.583	0.472	0.583
系数差异检验	0.137*** (5.48)	0.120*** (6.73)	0.079*** (6.48)	0.106*** (6.85)	0.129*** (6.36)

通过上述回归结果分析，中国—缅甸外商直接投资与中国—越南、中国—老挝、中国—泰国存在一定程度的差异，外商直接投资并未显著地推动我国产业新旧动能转换在知识能力、创新驱动和转型升级层面上的提升。同时，对外直接投资并未显著地推动我国产业新旧动能转换在知识能力和创新驱动层面上的提升。双向直接投资联动效应有效地推动了五个维度指数的提升。具体可以得出以下三个方面的结论：一是通过纵向分析可以得出，双向直接投资联动效应的推动作用强于对外直接投资个体效应，而对外直接投资个体效应的推动作用强于外商直接投资个体效应，这一结论与基准回归结果相似。通过横向分析可以得出，双向直接投资联动推动产业新旧动能分类指数提升作用按照由强到弱的顺序依次为转型升级、网络经济、经济活力、知识能力以及创新驱动；对外直接投资推动产业新旧动能分类指数提升作用按照由强到弱的顺序依次

第八章　双向直接投资联动驱动产业新旧动能转换国别异质性研究 / 227

为转型升级、网络经济以及经济活力，知识能力和创新驱动指数的回归系数不显著；外商直接投资推动产业新旧动能分类指数的提升作用按照由强到弱的顺序依次为网络经济和经济活力，知识能力、创新驱动和转型升级指数的回归系数不显著。二是经济增长质量、人力资本水平、高新技术产业占比、政府"产业新旧动能转换"政策以及城镇化水平等控制变量有效地推动了知识能力、经济活力、创新驱动、网络经济以及转型升级等指数提升，作用强度由高到低依次为人力资本水平、经济增长质量、高新技术产业占比、政府"产业新旧动能转换"政策以及城镇化水平。三是通过知识能力、经济活力、创新驱动、网络经济以及转型升级五个维度指数似无相关 Suest 组间系数差异检验，发现双向直接投资联动、对外直接投资和外商直接投资对我国产业新旧动能转换影响的回归系数存在显著差异。

究其原因，双向直接投资联动效应和对外直接投资个体效应驱动我国产业新旧动能转换转型升级指数提升的作用强度最高，源于转型升级指数包括战略性新兴产业增加值占 GDP 比重、高技术制造业增加值占规模以上工业增加值比重、农业产业化经营组织数量、通过电子商务交易平台销售商品或服务的"四上"企业占比、高技术产品出口额占总出口额的比重、清洁能源消费占能源消费总量比重等指标。中国—缅甸对外直接投资主要围绕电力行业、工业行业、制造业以及建筑领域，与转型升级指标的相关程度较高，因此，中国—缅甸对外直接投资显著推进了我国产业新旧动能转换转型升级分类指数的提升。同时，中国—缅甸外商直接投资驱动我国产业新旧动能转换网络经济指数提升的作用强度最高，源于网络经济指数包括固定互联网宽带接入用户数、移动互联网用户数、移动互联网接入流量、电子商务平台交易额、跨境电子商务交易额、实物商品网上零售额占社会消费品零售总额的比重以及网购替代率等指标，中国—缅甸外商直接投资主要围绕自然资源产业以及农产品领域，与网络经济指标的相关程度较高，因此，中国—缅甸外商直接投资能够有效推动我国产业新旧动能转换网络经济指数提升。

（三）时段异质性分析

五个时段中国—缅甸双向直接投资联动效应、外商直接投资个体效应和对外直接投资个体效应对我国产业新旧动能转换的影响如表 8-28 所示。

表 8-28　中国—缅甸双向直接投资联动驱动产业新旧动能转换时段异质性回归结果

时段	变量	KE	KE	KE	KE	KE	KE	KE	KE
2000—2004年	FDI	0.215 (0.85)	—	—	0.145 (0.84)	0.210 (0.59)	—	—	0.200 (0.63)
	OFDI	—	0.264 (0.41)	—	0.216 (0.71)	—	0.253 (0.75)	—	0.218 (0.90)
	FDI×OFDI	—	—	0.269*** (6.75)	0.248*** (6.86)	—	—	0.264*** (6.96)	0.232*** (7.16)
2005—2009年	FDI	0.236 (0.58)	—	—	0.152 (0.47)	0.279 (0.86)	—	—	0.143 (0.85)
	OFDI	—	0.264 (0.79)	—	0.239 (0.48)	—	0.283 (0.89)	—	0.253 (0.59)
	FDI×OFDI	—	—	0.278*** (6.94)	0.252*** (7.42)	—	—	0.259*** (6.96)	0.226*** (6.51)
2010—2014年	FDI	0.214 (0.81)	—	—	0.351 (0.75)	0.251 (0.52)	—	—	0.216 (0.74)
	OFDI	—	0.205*** (5.02)	—	0.195*** (4.36)	—	0.261*** (6.03)	—	0.203*** (6.56)
	FDI×OFDI	—	—	0.315*** (6.47)	0.279*** (5.53)	—	—	0.332*** (6.53)	0.311*** (6.25)
2015—2019年	FDI	0.204*** (6.53)	—	—	0.189*** (6.74)	0.218*** (6.74)	—	—	0.201*** (6.12)
	OFDI	—	0.316*** (5.75)	—	0.288*** (5.85)	—	0.326*** (7.57)	—	0.323*** (5.53)
	FDI×OFDI	—	—	0.364*** (6.85)	0.326*** (6.74)	—	—	0.377*** (6.42)	0.332*** (5.64)
2020—2022年	FDI	0.227*** (6.64)	—	—	0.216*** (5.74)	0.274*** (6.15)	—	—	0.256*** (5.35)
	OFDI	—	0.347*** (7.75)	—	0.312*** (7.14)	—	0.359*** (7.31)	—	0.331*** (6.63)
	FDI×OFDI	—	—	0.399*** (6.53)	0.338*** (6.42)	—	—	0.424*** (6.31)	0.341*** (6.53)

续表

时段	变量	KE	KE	KE	KE	KE	KE	KE	KE
控制变量	年份	控制	控制	控制	控制	控制	控制	控制	控制
	地区	控制	控制	控制	控制	控制	控制	控制	控制
	观测值（个）	23	23	23	23	23	23	23	23
	R^2	0.264	0.361	0.371	0.418	0.369	0.413	0.489	0.592

通过上述回归结果，可以得出以下三个方面的结论：一是2000—2004年、2005—2009年两个时段，中国—缅甸双向直接投资联动效应有效地推动了我国产业新旧动能转换，而外商直接投资与对外直接投资个体效应对我国产业新旧动能转换的影响并不显著，这两个阶段中，仅有中国—缅甸双向直接投资的联动效应显著；二是2010—2014年时段，中国—缅甸双向直接投资联动效应以及对外直接投资个体效应显著地推动了我国产业新旧动能转换，外商直接投资个体效应对我国产业新旧动能转换的影响并不显著，并且双向直接投资联动效应对我国产业新旧动能转换的作用强度高于对外直接投资的个体效应；三是2015—2019年、2020—2022年两个时段，中国—缅甸双向直接投资联动效应、外商直接投资与对外直接投资个体效应均有效地推动了我国产业新旧动能转换，其中，双向直接投资联动效应推动我国产业新旧动能转换的强度高于外商直接投资与对外直接投资的个体效应，而对外直接投资个体效应对我国产业新旧动能转换的推动作用又显著地高于外商直接投资个体效应对我国产业新旧动能转换的推动作用，固定效应模型回归和Heckman两步法方式回归得到了一致的结论。

究其原因，中国—缅甸外商直接投资集中于自然资源与农业产品领域，初期难以有效推动我国产业新旧动能转换，随着时间的推移，中国与缅甸通过产业格局的重新分布，使得农业和自然资源等替代产业转移至缅甸，推动我国产业格局重塑优化，进一步实现产业新旧动能转换，随着"一带一路"倡议的不断推进以及中国—中南半岛经济走廊逐步成熟，中国—缅甸对外直接投资取得了长足的发展，推进我国对外直接投资逆向技术溢出带动我国本土产业新旧动能实现转换。因此，中国—缅甸双向直接投资联动驱动产业新旧动能转换体现出上述的时段异质性，由双向直接投资联动效应逐步转变为双向直接投资联动与对外直接投资个体效应，随着双向直接投资合作的深入，双向直接投资联动效应、对外直接投资和外商直接投资个体效应均显著地推动了我国产业新旧动能转换。

因此，中国—缅甸双向直接投资联动驱动我国产业新旧动能转换存在前述时段异质性。我国应针对中国—缅甸发展时段差异，采用连续性的双向直接投资政策，具体包括外商直接投资"负面清单+准入国民待遇"以及对外直接投资补贴政策，其中，绿地投资和棕地投资两种方式，逐步推动外商直接投资与对外直接投资联动发展，即我国应加强与越南外商直接投资高质量"引进来"、对外直接投资高效率"走出去"，有目的、有选择地吸收外商直接投资和利用对外直接投资，"引进来"与"走出去"联动驱动我国产业新旧动能转换，实现产业链关键环节安全稳定与自主可控。

（四）行业异质性分析

分析中国—缅甸双向直接投资对我国专用设备，仪器仪表，通信设备、计算机和其他电子设备，电器机械和器材，金属制品、机械和设备修理服务以及交通运输设备六个行业新旧动能转换的影响程度。回归结果见表8-29。

表8-29　中国—缅甸双向直接投资联动驱动产业
新旧动能转换行业异质性回归结果

变量	专用设备	仪器仪表	通信设备、计算机和其他电子设备	电器机械和器材	金属制品、机械和设备修理服务	交通运输设备
	KE	KE	KE	KE	KE	KE
FDI	0.136 （0.75）	0.242 （0.87）	0.169 （0.58）	0.207*** （6.25）	0.185*** （6.96）	0.267*** （6.75）
OFDI	0.228 （0.38）	0.257*** （6.48）	0.163 （0.79）	0.217*** （7.84）	0.199*** （6.68）	0.289*** （6.89）
FDI×OFDI	0.203*** （6.73）	0.261*** （6.95）	0.169*** （6.38）	0.294*** （6.86）	0.312*** （6.73）	0.365*** （6.38）
TFP	0.263*** （6.12）	0.255*** （6.32）	0.273*** （6.44）	0.286*** （6.78）	0.263*** （6.52）	0.258*** （6.74）

第八章　双向直接投资联动驱动产业新旧动能转换国别异质性研究 / 231

续表

变量	专用设备	仪器仪表	通信设备、计算机和其他电子设备	电器机械和器材	金属制品、机械和设备修理服务	交通运输设备
	KE	KE	KE	KE	KE	KE
HLC	0.364*** (6.84)	0.327*** (6.58)	0.332*** (6.36)	0.367*** (6.13)	0.384*** (6.86)	0.366*** (6.35)
HTI	0.189*** (5.59)	0.183*** (6.17)	0.190*** (5.58)	0.179*** (5.82)	0.184*** (5.95)	0.186*** (5.69)
GPK	0.132*** (6.73)	0.120*** (6.68)	0.136*** (6.53)	0.122*** (6.78)	0.131*** (6.57)	0.135*** (6.44)
URL	0.068*** (6.63)	0.054*** (6.58)	0.088*** (6.55)	0.057*** (6.28)	0.063*** (6.59)	0.073*** (6.65)
常数项	0.263*** (6.47)	0.326*** (5.64)	0.362*** (6.48)	0.171*** (6.25)	0.274*** (6.75)	0.274*** (6.84)
年份	控制	控制	控制	控制	控制	控制
地区	控制	控制	控制	控制	控制	控制
观测值（个）	23	23	23	23	23	23
R^2	0.375	0.472	0.362	0.427	0.462	0.526
系数差异检验	0.084*** (7.84)	0.058*** (8.65)	0.042*** (6.38)	0.062*** (6.84)	0.058*** (6.38)	0.052*** (7.69)

通过上述回归结果，中国—缅甸双向直接投资联动驱动不同行业产业新旧动能转换存在显著差异，外商直接投资对专用设备，仪器仪表，通信设备、计算机和其他电子设备行业并未起到显著的促进作用，对外直接投资对专用设备，通信设备、计算机和其他电子设备行业并未起到显著的促进作用。具体可以得出以下三个方面的结论：一是中国—缅甸双向直接投资联动有效地推动了专用设备，仪器仪表，通信设备、计算机和其他电子设备，电器机械和器材，金属制品、机械和设备修理服务以及交通运输设备六个行业产业新旧动能转换，同时，中国—缅甸双向直接投资联动驱动产业新旧动能转换的作用强度高于外商直接投资和对外直接投资的个体效应，而对外直接投资个体效应推动产业新旧动能转

换的强度又高于外商直接投资个体效应。二是通过似无相关 Suest 组间系数差异检验，发现中国—缅甸外商直接投资个体效应推动不同行业产业新旧动能转换作用强度由强到弱依次为交通运输设备，电器机械和器材，金属制品、机械和设备修理服务行业，而专用设备，仪器仪表，通信设备、计算机和其他电子设备行业不显著；对外直接投资个体效应推动不同行业产业新旧动能转换作用强度由强到弱依次为交通运输设备，仪器仪表，电器机械和器材，金属制品、机械和设备修理服务行业，而专用设备，通信设备、计算机和其他电子设备行业不显著；双向直接投资联动效应推动不同行业产业新旧动能转换作用强度由强到弱依次为交通运输设备，金属制品、机械和设备修理服务，电器机械和器材，仪器仪表，专用设备，通信设备、计算机和其他电子设备行业；双向直接投资联动效应与对外直接投资个体效应推动我国产业新旧动能转换最强行业均为交通运输设备行业，最弱行业存在一定的差异。三是经济增长质量、人力资本水平、高新技术产业占比、政府"产业新旧动能转换"政策以及城镇化水平等控制变量有效地推动了我国不同行业产业新旧动能转换，其中人力资本水平对我国产业新旧动能转换提升作用程度最高，而城镇化水平对我国产业新旧动能转换提升作用程度最低。

究其原因，中国—缅甸双向直接投资围绕大型基础设施建设，如水电站、光伏项目、石油管道、跨港大桥、贸易港口等项目，随着中国—中南半岛以及孟中印缅等经济走廊构建，中国—缅甸外商直接投资与对外直接投资取得了长足的发展，外商直接投资与对外直接投资联动有效地推动了我国产业新旧动能转换，由于中国—缅甸外商直接投资与对外直接投资所属领域存在较大差异，导致外商直接投资与对外直接投资对我国产业新旧动能转换的推动作用存在行业层面异质性。

因此，中国—缅甸应加强双向直接投资联动，注重"引进来"和"走出去"产业协同联动发展，合理布局产业格局，推进产业内外联动、协同共生系统建立，实现投资推动产业格局重塑，从知识能力、经济活力、创新驱动、网络经济与转型升级五个方面共同驱动我国产业新旧动能实质转换，进一步推进"卡脖子"行业产业链关键环节实现自主可控。

（五）区域异质性分析

聚焦东部沿海、北部沿海、南部沿海、长江中游、黄河中游、西南

第八章 双向直接投资联动驱动产业新旧动能转换国别异质性研究 / 233

地区、东北地区和西北地区八个区域，进一步具体分析中国—缅甸双向直接投资联动效应、外商直接投资个体效应和对外直接投资个体效应对我国产业新旧动能转换的影响，回归结果如表 8-30 所示。

表 8-30　　中国—缅甸双向直接投资联动驱动产业新旧动能转换区域异质性回归结果

变量	东部沿海 KE	北部沿海 KE	南部沿海 KE	长江中游 KE	黄河中游 KE	西南地区 KE	东北地区 KE	西北地区 KE
FDI	0.239*** (5.85)	0.261 (0.49)	0.286*** (6.73)	0.175*** (6.73)	0.225 (0.83)	0.328*** (7.53)	0.134 (0.43)	0.162 (0.70)
OFDI	0.244*** (6.75)	0.274 (0.72)	0.280*** (7.48)	0.196*** (6.48)	0.242 (0.84)	0.367*** (6.83)	0.106 (0.93)	0.052 (0.53)
FDI× OFDI	0.285*** (6.73)	0.203 (0.74)	0.311*** (6.75)	0.219*** (6.75)	0.263 (0.58)	0.391*** (7.94)	0.106 (0.69)	0.119 (0.85)
TFP	0.274*** (6.74)	0.285*** (6.27)	0.258*** (6.43)	0.232*** (6.82)	0.219*** (7.37)	0.281*** (6.44)	0.204*** (6.36)	0.255*** (6.42)
HLC	0.373*** (6.26)	0.334*** (6.48)	0.372*** (6.31)	0.374*** (6.48)	0.349*** (6.74)	0.372*** (5.35)	0.348*** (6.77)	0.374*** (6.30)
HTI	0.184*** (5.83)	0.199*** (6.48)	0.169*** (5.45)	0.171*** (5.86)	0.177*** (5.42)	0.184*** (5.64)	0.182*** (6.61)	0.179*** (5.11)
GPK	0.131*** (6.85)	0.129*** (6.26)	0.130*** (6.63)	0.122*** (6.80)	0.147*** (6.91)	0.136*** (6.36)	0.129*** (6.74)	0.107*** (6.27)
URL	0.075*** (6.38)	0.026*** (7.33)	0.085*** (6.51)	0.028*** (6.38)	0.044*** (5.35)	0.037*** (6.55)	0.046*** (6.18)	0.022*** (6.84)
常数项	0.147*** (7.85)	0.184*** (6.25)	0.159*** (5.43)	0.139*** (6.92)	0.272*** (7.41)	0.431*** (5.52)	0.261*** (6.87)	0.252*** (5.40)
年份	控制	控制	控制	控制	控制	控制	控制	控制
地区	控制	控制	控制	控制	控制	控制	控制	控制
观测值（个）	23	23	23	23	23	23	23	23
R^2	0.375	0.324	0.472	0.664	0.385	0.427	0.538	0.582
系数差异检验	0.047*** (7.68)	0.015*** (6.43)	0.027*** (6.18)	0.064*** (6.90)	0.065*** (5.39)	0.075*** (6.82)	0.068*** (6.25)	0.037*** (7.48)

通过上述回归结果，中国—缅甸双向直接投资联动驱动产业新旧动能转换强度存在一定的区域层面差异，中国—缅甸双向直接投资联动效应推动我国产业新旧动能转换强度高于对外直接投资和外商直接投资个体效应，而对外直接投资个体效应对我国产业新旧动能转换的强度又显著高于外商直接投资个体效应。具体可以得出以下三个方面的结论：一是中国—缅甸双向直接投资联动效应、外商直接投资与对外直接投资个体效应有效地推动了我国东部沿海、南部沿海、长江中游和西南地区产业新旧动能转换，而北部沿海、黄河中游、东北地区和西北地区推动作用并不显著。因此，中国—缅甸双向直接投资联动效应、外商直接投资与对外直接投资个体效应驱动我国产业新旧动能转换存在区域异质性。同时，中国—缅甸双向直接投资联动效应推动产业新旧动能转换的强度高于对外直接投资、外商直接投资个体效应。二是通过似无相关 Suest 组间系数差异检验，发现中国—缅甸双向直接投资联动效应、外商直接投资和对外直接投资个体效应推动不同区域产业新旧动能转换强度存在显著差异，强度由高到低依次为西南地区、南部沿海、东部沿海、长江中游地区，其余四个地区不显著，包括北部沿海、黄河中游、东北地区和西北地区。三是经济增长质量、人力资本水平、高新技术产业占比、政府"产业新旧动能转换"政策以及城镇化水平等控制变量有效地推动了我国不同行业产业新旧动能转换。

究其原因，缅甸毗邻中国（云南）和中国（西藏）两个省份，缅甸与西南地区省份之间的双边投资和双边贸易较为频繁，同时，围绕自然资源、农业产品、工业产品等进行双向直接投资，有效地推动了我国西南地区、东部沿海、南部沿海与长江中游地区产业新旧动能转换，此外，我国对缅甸农用机械出口主要集中于长江中游省份，因此，中国—缅甸双向直接投资显著地推动了我国长江中游地区产业新旧动能转换。同时，由于缅甸政治环境、经济环境以及文化差异等因素影响，中国—缅甸双向直接投资规模相比于其他国家较少，"引进来"与"走出去"联动并未对我国北部沿海、黄河中游地区产业新旧动能起到显著的推动作用。

（六）门槛效应分析

从双向直接投资"本身门槛"和人力资本水平设置的"吸收门槛"角度分析门槛效应，回归结果如表 8-31 所示。

表 8-31　中国—缅甸双向直接投资联动驱动产业新旧动能转换门槛效应回归结果

变量	模型1 FE KE	模型1 Heckman KE	模型2 FE KE	模型2 Heckman KE	模型3 FE KE	模型3 Heckman KE	模型4 FE KE	模型4 Heckman KE
FDI	0.282*** (6.74)	0.268*** (6.77)	—	—	—	—	0.259*** (7.03)	0.274*** (6.99)
OFDI	—	—	0.284*** (7.54)	0.275*** (6.95)	—	—	0.250*** (6.86)	0.252*** (6.46)
FDI×OFDI	—	—	—	—	0.418*** (6.63)	0.426*** (6.42)	0.411*** (6.74)	0.425*** (6.58)
FDI^2	-0.131*** (6.36)	-0.140*** (6.85)	—	—	—	—	-0.121*** (7.71)	-0.132*** (7.83)
$OFDI^2$	—	—	-0.109*** (6.55)	-0.116*** (6.31)	—	—	-0.101*** (5.83)	-0.122*** (5.74)
$FDI^2×OFDI^2$	—	—	—	—	-0.178*** (6.74)	-0.166*** (6.37)	-0.177*** (6.32)	-0.138*** (6.55)
TFP	0.268*** (6.71)	0.279*** (6.48)	0.247*** (6.41)	0.227*** (6.58)	0.248*** (6.36)	0.286*** (6.85)	0.217*** (6.42)	0.240*** (6.64)
HLC	0.373*** (6.39)	0.349*** (6.20)	0.353*** (6.22)	0.364*** (6.95)	0.382*** (6.30)	0.332*** (5.37)	0.349*** (6.38)	0.303*** (6.42)
HTI	0.195*** (5.38)	0.183*** (6.37)	0.180*** (5.30)	0.181*** (5.37)	0.166*** (5.29)	0.174*** (5.31)	0.179*** (6.89)	0.161*** (5.52)
GPK	0.126*** (6.37)	0.141*** (6.73)	0.162*** (6.59)	0.155*** (6.82)	0.139*** (6.53)	0.111*** (6.81)	0.138*** (6.28)	0.120*** (6.42)
URL	0.062*** (6.75)	0.036*** (7.31)	0.056*** (6.85)	0.073*** (6.38)	0.037*** (5.26)	0.052*** (6.42)	0.027*** (6.82)	0.059*** (6.31)
常数项	0.172*** (7.78)	0.146*** (6.53)	0.173*** (5.81)	0.152*** (6.48)	0.175*** (7.47)	0.247*** (5.53)	0.227*** (6.25)	0.285*** (5.37)
年份	控制	控制	控制	控制	控制	控制	控制	控制
地区	控制	控制	控制	控制	控制	控制	控制	控制
观测值（个）	23	23	23	23	23	23	23	23
R^2	0.635	0.358	0.371	0.390	0.482	0.748	0.479	0.531

通过上述回归结果，可以得出以下四个方面的结论：一是中国—缅甸双向直接投资联动效应、外商直接投资与对外直接投资个体效应推动我国产业新旧动能转换存在"门槛效应"，并且该门槛为"高门槛"，即随着外商直接投资、对外直接投资以及双向直接投资联动程度提升，我国产业新旧动能转换程度不断提升，超过"门槛值"后，随着三者继续提升，我国产业新旧动能转换程度反而下降。二是采用固定效应模型和Heckman两步法回归得到，中国—缅甸双向直接投资联动驱动产业新旧动能转换的门槛值分别为1.17和1.28，外商直接投资驱动产业新旧动能转换的门槛值分别为1.08和0.96，对外直接投资驱动产业新旧动能转换的门槛值分别为1.30和1.19。同时，将外商直接投资、对外直接投资个体效应和双向直接投资联动效应以及三者的平方项引入固定效应模型进行回归，得到外商直接投资驱动产业新旧动能转换的门槛值为1.07，对外直接投资驱动产业新旧动能转换的门槛值为1.24，双向直接投资联动驱动产业新旧动能转换的门槛值为1.16。Heckman两步法计算的门槛值计算同理，外商直接投资驱动产业新旧动能转换的门槛值为1.04，对外直接投资驱动产业新旧动能转换的门槛值为1.03，双向直接投资联动驱动产业新旧动能转换的门槛值为1.54。三是采用固定效应模型和Heckman两步法均能够得到中国—缅甸双向直接投资联动效应、外商直接投资与对外直接投资个体效应有效地推动了我国产业新旧动能转换。四是经济增长质量、人力资本水平、高新技术产业占比、政府"产业新旧动能转换"政策以及城镇化水平等控制变量有效地推动了我国产业新旧动能转换。

此外，从人力资本水平设置的"吸收门槛"角度分析，中国—缅甸双向直接投资联动效应、外商直接投资与对外直接投资个体效应对我国产业新旧动能转换的影响，回归结果如表8-32所示。

表8-32　中国—缅甸双向直接投资联动驱动产业新旧动能转换
——基于人力资本水平与双向直接投资交互门槛效应

变量	模型1 FE KE	模型1 Heckman KE	模型2 FE KE	模型2 Heckman KE	模型3 FE KE	模型3 Heckman KE	模型4 FE KE	模型4 Heckman KE
FDI	-0.294*** (5.74)	-0.302*** (6.82)	—	—	—	—	-0.279*** (6.81)	-0.286*** (6.56)

续表

变量	模型1 FE KE	模型1 Heckman KE	模型2 FE KE	模型2 Heckman KE	模型3 FE KE	模型3 Heckman KE	模型4 FE KE	模型4 Heckman KE
OFDI	—	—	-0.361*** (7.48)	-0.377*** (6.57)	—	—	-0.328*** (7.42)	-0.347*** (7.11)
FDI× OFDI	—	—	—	—	-0.418*** (7.53)	-0.422*** (7.73)	-0.421*** (6.40)	-0.430*** (6.51)
FDI× HLC	0.212*** (6.73)	0.210*** (6.55)	—	—	—	—	0.201*** (6.22)	0.210*** (6.52)
OFDI× HLC	—	—	0.274*** (6.56)	0.265*** (7.05)	—	—	0.221*** (5.72)	0.233*** (6.85)
FDI× OFDI× HLC	—	—	—	—	0.336*** (6.55)	0.313*** (6.43)	0.297*** (6.53)	0.305*** (6.83)
TFP	0.237*** (6.36)	0.275*** (6.74)	0.271*** (6.45)	0.211*** (6.72)	0.263*** (7.38)	0.269*** (6.93)	0.227*** (6.35)	0.242*** (6.53)
HLC	0.348*** (6.73)	0.364*** (6.17)	0.316*** (6.82)	0.327*** (6.51)	0.343*** (6.78)	0.355*** (5.37)	0.342*** (6.42)	0.389*** (6.61)
HTI	0.174*** (5.63)	0.184*** (6.92)	0.188*** (6.84)	0.160*** (5.72)	0.159*** (5.82)	0.176*** (5.31)	0.186*** (6.73)	0.175*** (5.55)
GPK	0.127*** (6.84)	0.124*** (6.22)	0.128*** (6.75)	0.148*** (6.64)	0.139*** (6.85)	0.133*** (6.83)	0.124*** (6.17)	0.119*** (6.12)
URL	0.037*** (6.83)	0.029*** (6.34)	0.048*** (6.73)	0.055*** (6.44)	0.086*** (5.75)	0.053*** (6.41)	0.072*** (6.84)	0.047*** (6.92)
常数项	0.174*** (7.59)	0.274*** (6.42)	0.218*** (5.87)	0.226*** (6.86)	0.253*** (7.33)	0.264*** (5.47)	0.264*** (6.17)	0.232*** (5.82)
年份	控制	控制	控制	控制	控制	控制	控制	控制
地区	控制	控制	控制	控制	控制	控制	控制	控制
观测值（个）	23	23	23	23	23	23	23	23
R^2	0.623	0.372	0.641	0.572	0.379	0.364	0.284	0.389

通过上述回归结果，可以得出以下三个方面的结论：一是中国—缅

甸双向直接投资联动效应、外商直接投资与对外直接投资个体效应推动我国产业新旧动能转换存在人力资本水平"门槛效应",并且该门槛为"低门槛",即随着外商直接投资、对外直接投资以及双向直接投资联动程度提升,我国产业新旧动能转换程度不断提升;在超过"门槛值"后,随着外商直接投资、对外直接投资以及双向直接投资联动程度提升,我国产业新旧动能转换程度反而下降。二是采用固定效应模型和 Heckman 两步法回归得到,中国—缅甸双向直接投资联动驱动产业新旧动能转换时人力资本水平设置的门槛值分别为 1.24 和 1.35,外商直接投资驱动产业新旧动能转换时人力资本水平设置的门槛值分别为 1.39 和 1.44,对外直接投资驱动产业新旧动能转换时人力资本水平设置的门槛值分别为 1.32 和 1.42。同时,将外商直接投资、对外直接投资个体效应和双向直接投资联动效应以及三者的平方项引入固定效应模型进行回归,得到外商直接投资驱动产业新旧动能转换时人力资本水平设置的门槛值为 1.39,对外直接投资驱动产业新旧动能转换时人力资本水平设置的门槛值为 1.48,双向直接投资联动驱动产业新旧动能转换时人力资本水平设置的门槛值为 1.42。Heckman 两步法计算的门槛值计算同理,外商直接投资驱动产业新旧动能转换时人力资本水平设置的门槛值为 1.36,对外直接投资驱动产业新旧动能转换时人力资本水平设置的门槛值为 1.49,双向直接投资联动驱动产业新旧动能转换时人力资本水平设置的门槛值为 1.41。三是采用固定效应模型和 Heckman 两步法均能够得到中国—缅甸双向直接投资联动效应、外商直接投资与对外直接投资个体效应有效地推动了我国产业新旧动能转换。

究其原因,中国—缅甸双向直接投资联动驱动产业新旧动能转换的门槛效应与中国—越南、中国—老挝、中国—泰国相似,双向直接投资包括外商直接投资与对外直接投资需要规模经济效应,当双向直接投资超过规模临界值时,才能够有效地推动我国产业新旧动能转换,在达到临界值之前,双向直接投资对我国产业新旧动能转换的净效应为负。同时,人力资本水平为中国—缅甸双向直接投资驱动产业新旧动能转换设置了低门槛,需要人力资本水平超过最低临界值时,才能够有效地推动我国产业新旧动能转换。

三 小结

本节基于中国—缅甸双向直接投资动态演变与产业分布,实证分析中国—缅甸双向直接投资联动效应、外商直接投资与对外直接投资个体效应对我国产业新旧动能转换的影响。基准回归研究发现，双向直接投资联动效应有效地推动了我国产业新旧动能转换，而外商直接投资与对外直接投资个体效应不显著。从知识能力、经济活力、创新驱动、网络经济与转型升级的产业新旧动能分类指数回归角度，双向直接投资联动驱动产业新旧动能转换程度由强到弱依次为转型升级、网络经济、经济活力、知识能力以及创新驱动。同时，中国—缅甸双向直接投资联动推动我国产业新旧动能转换存在时段差异、行业差异与区域差异。此外，双向直接投资联动效应、外商直接投资与对外资金投资个体效应自身设置的门槛为"高门槛"，而人力资本水平设置的"吸收门槛"为"低门槛"，采用固定效应模型回归和 Heckman 两步法回归得到了相似的门槛值。

第五节 中国—柬埔寨双向直接投资联动驱动产业新旧动能转换研究

一 中国—柬埔寨双向直接投资动态演变

中国—柬埔寨双向直接投资指数（TDI）具体如表 8-33 所示。

表 8-33　　　　　　　　中国—柬埔寨 TDI

年份	1997	1998	1999	2000	2001	2002	2003	2004	2005
TDI	1.0000	0.1507	0.0753	0.0850	0.0930	0.0798	0.2063	0.1446	0.0324
年份	2006	2007	2008	2009	2010	2011	2012	2013	2014
TDI	0.0341	0.0025	0.0457	0.0376	0.0289	0.0373	0.0355	0.0584	0.0848
年份	2015	2016	2017	2018	2019	2020	2021	2022	—
TDI	0.0919	0.0619	0.0792	0.0744	0.0535	1.0000	0.6629	0.4899	—

1997 年中国—柬埔寨 TDI 为 1，这一年中国—柬埔寨两国之间保持良好的双向直接投资关系，2008 年中国—柬埔寨 TDI 骤降至 0.1507，之后便在低水平呈现上下小幅度范围内的变动。2003 年中国—柬埔寨 TDI 与之前几年相比有所增加，到 2005 年，中国—柬埔寨 TDI 又回落至较低水

平，仅为 0.0324。2007 年是中柬双向直接投资最低的一年，从 2007 年开始一直到 2019 年呈现上下小幅度变动，2020 年中国—柬埔寨 TDI 重新回升至 1，中柬两国的双向直接投资水平再次达到最高点，之后 TDI 开始降低，但远高于 1998—2019 年的水平。

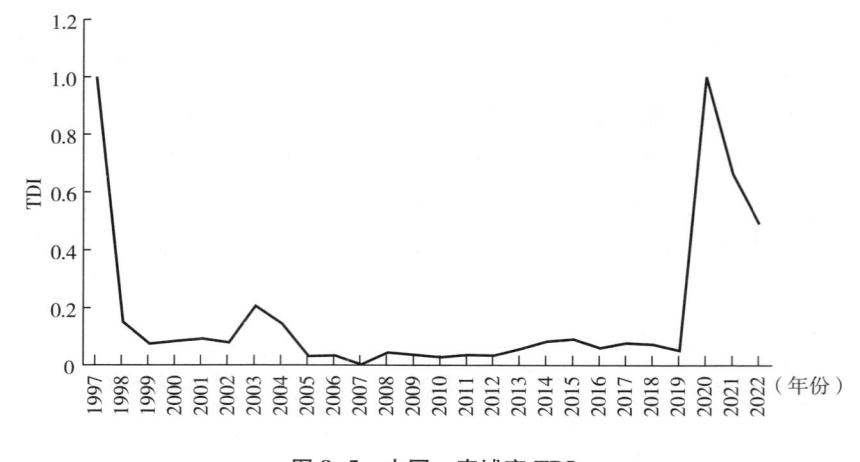

图 8-5　中国—柬埔寨 TDI

由图 8-5 可以看出，总体而言波动幅度较大，大致呈"U"形，可以分为三个阶段：第一阶段，1997—1998 年。1997 年，中国—柬埔寨 TDI 值为 1，说明中柬两国的双向投资意向强烈，1997 年后双向直接投资指数从 1 下降至 0.151，波动率达 84.93%，分析原因可能在于，1997 年亚洲金融危机爆发，双边贸易受经济危机的影响高速下滑。第二阶段，1998—2019 年。中柬之间的双向直接投资水平处于低迷且平稳的状态，TDI 保持在 0.05 的水平，但在 2003 年出现了高点，之后又开始持续下降，到 2007 年，中柬之间双向直接投资趋近于 0，分析原因在于长年战乱对柬埔寨经济造成了严重的创伤，虽两国一直保持着双边贸易，中国对柬埔寨援助水平也在不断提升，但受制于柬埔寨国内政治经济形势影响，投资环境不佳，因此 TDI 水平低迷。第三阶段，2019—2022 年。柬埔寨 TDI 从 2019 年的 0.0535 涨至 2020 年的 1.000，涨幅高达 94.64%，之后又降至 0.5 左右，但都高于 1998—2019 年的水平，分析原因在于 2019 年两国签署了《构建中柬命运共同体行动计划》，中柬进入了构建命运共同体的新时代，两国可以形成优势互补的国际分工，双向投资意向强烈。对于柬埔寨而言，中国具有丰富的自然资源，技术方面相对先进，综合创新能力更强，而且作为资源需求大国，拥有着非常充足的市场需求，且中国的投资和援助对促进柬埔寨社会复苏、经济增长、技术进步、贫困减少以及融入世界经济体系等发挥了极其重要的作用。

二　中国—柬埔寨双向直接投资联动驱动产业新旧动能转换实证研究

（一）基准回归结果

中国—柬埔寨双向直接投资联动驱动产业新旧动能转换的回归结果，如表8-34所示。

表8-34　　　中国—柬埔寨双向直接投资联动驱动产业
新旧动能转换基准回归结果

变量	KE	KE	KE	KE	KE
FDI	0.175 (0.74)	—	—	0.174 (0.84)	0.156 (0.73)
OFDI	—	0.225*** (6.73)	—	0.216*** (6.81)	0.195*** (6.31)
FDI×OFDI	—	—	0.341*** (6.75)	0.307*** (6.26)	0.279*** (6.82)
TFP	0.237*** (6.11)	0.252*** (6.36)	0.274*** (6.22)	—	0.255*** (6.86)
HLC	0.374*** (6.62)	0.338*** (6.15)	0.318*** (6.37)	—	0.326*** (6.84)
HTI	0.166*** (5.68)	0.173*** (6.75)	0.185*** (5.63)	—	0.190*** (5.83)
GPK	0.121*** (6.74)	0.126*** (6.57)	0.130*** (6.21)	—	0.133*** (6.85)
URL	0.038*** (6.37)	0.028*** (6.58)	0.063*** (6.62)	—	0.068*** (6.75)

续表

变量	KE	KE	KE	KE	KE
常数项	0.152*** (6.34)	0.175*** (5.75)	0.217*** (6.71)	0.254*** (6.53)	0.231*** (6.20)
年份	控制	控制	控制	控制	控制
地区	控制	控制	控制	控制	控制
观测值（个）	23	23	23	23	23
R^2	0.237	0.752	0.471	0.377	0.521

通过上述回归结果，可以得出中国—柬埔寨双向直接投资联动驱动我国产业新旧动能转换存在显著差异。其中，外商直接投资个体效应并未显著地推动我国产业新旧动能转换，而对外直接投资个体效应和双向直接投资联动效应有效地推动了我国产业新旧动能转换，同时，双向直接投资联动效应驱动我国产业新旧动能转换的强度高于对外直接投资个体效应。具体来看，控制变量加入前后，中国—柬埔寨双向直接投资联动效应、对外直接投资、外商直接投资个体效应驱动产业新旧动能转换的回归结果显著性未发生变化，说明中国—柬埔寨双向直接投资联动有效地驱动了我国产业新旧动能转换。此外，经济增长质量、人力资本水平、高新技术产业占比、政府"产业新旧动能转换"政策以及城镇化水平等控制变量有效地推动了我国产业新旧动能转换，其中，人力资本水平对我国产业新旧动能转换提升作用程度最高，而城镇化水平对我国产业新旧动能转换提升作用程度最低，其余控制变量对我国产业新旧动能转换提升作用程度介于其间，作用程度由强到弱依次为人力资本水平、经济增长质量、高新技术产业占比、政府"产业新旧动能转换"政策以及城镇化水平。中国—柬埔寨双向直接投资联动驱动产业新旧动能转换得出了与中国—缅甸双向直接投资相似的结论。

究其原因，中国—柬埔寨双向直接投资存在地理位置、产业分布、投资规模等重要因素的影响，中国作为柬埔寨最大的外资来源国，中国对柬埔寨对外直接投资占柬埔寨吸引外资总量约40%，然而，中国对中南半岛国家对外直接投资流量来看，柬埔寨处于倒数第2的位置，吸收中国对外直接投资流量仅高于缅甸。中国—柬埔寨双向直接投资联动驱动我国产业新旧动能转换呈现差异性的作用,其原因在于以下三个方面:一是柬埔寨地理位置。柬埔寨相比于越南、老挝、泰国等国家与中国的距离较远,引力模型中距离因素对柬埔寨起到的作用较大,柬埔寨对中国出口或投资主要产品集中于水果等农产品,距离使得农产品运输成本以及保鲜技术的要求不断提升,致使中国—柬埔寨外商直接投资并未显著地推动我国产业新旧动能转换。二是中国—柬埔寨双向直接投资产业分布。中国对柬埔寨直接投资主要围绕工业产业,包括高速公路、桥梁等基础设施建设,铁、锰、金、铜等矿藏资源产业,金融业、旅游业等服务业以及纺织服装、加工制造、农业等,而柬埔寨对中国直接投资主要围绕农业产业,包括水果、粮食等产业,差异性的产业分布导致外商直接投资并未显著地推动我国产业新旧动能转换。三是中国—柬埔寨双向直接投资规模。中国—柬埔寨双向直接投资规模仍处于初期发展阶段,存在规模较小的问题,难以发挥规模经济对我国产业新旧动能转换的影响。

(二)双向直接投资对产业新旧动能转换分类指数的影响研究

中国—柬埔寨外商直接投资个体效应、对外直接投资个体效应以及双向直接投资联动效应对我国产业新旧动能转换分类指数的影响程度如表8-35所示。

表8-35　　　中国—柬埔寨双向直接投资联动驱动产业
新旧动能转换分类指数影响回归结果

变量	知识能力 KE	经济活力 KE	创新驱动 KE	网络经济 KE	转型升级 KE
FDI	0.142 (0.75)	0.218*** (6.89)	0.174 (0.96)	0.158*** (6.89)	0.123*** (6.14)
OFDI	0.251 (0.94)	0.253*** (6.99)	0.178*** (6.74)	0.266*** (7.26)	0.205*** (6.83)
FDI× OFDI	0.306 (0.40)	0.375*** (6.96)	0.213*** (6.94)	0.328*** (6.65)	0.285*** (6.27)
TFP	0.272*** (6.47)	0.247*** (6.42)	0.252*** (6.86)	0.286*** (6.37)	0.291*** (6.54)

续表

变量	知识能力 KE	经济活力 KE	创新驱动 KE	网络经济 KE	转型升级 KE
HLC	0.372*** (6.14)	0.326*** (6.47)	0.342*** (6.71)	0.377*** (6.43)	0.352*** (6.79)
HTI	0.185*** (6.72)	0.171*** (6.18)	0.192*** (5.51)	0.175*** (5.49)	0.188*** (5.60)
GPK	0.119*** (6.74)	0.127*** (6.55)	0.153*** (6.62)	0.146*** (6.38)	0.137*** (6.40)
URL	0.041*** (6.72)	0.047*** (6.34)	0.037*** (6.55)	0.049*** (6.66)	0.073*** (6.70)
常数项	0.153*** (6.58)	0.125*** (5.65)	0.161*** (6.33)	0.132*** (6.53)	0.136*** (6.37)
年份	控制	控制	控制	控制	控制
地区	控制	控制	控制	控制	控制
观测值（个）	23	23	23	23	23
R^2	0.472	0.416	0.375	0.519	0.525
系数差异检验	0.016*** (5.72)	0.027*** (6.73)	0.019*** (6.35)	0.022*** (6.33)	0.012*** (6.10)

通过上述回归结果，中国—柬埔寨双向直接投资联动以及外商直接投资与对外直接投资驱动产业新旧动能转换与前面小节所述的中国—越南、中国—老挝、中国—泰国、中国—缅甸存在一定的差异，中国—柬埔寨双向直接投资联动效应、外商直接投资与对外直接投资个体效应均未显著地推动我国产业新旧动能转换知识能力指数提升，同时，三者推动我国产业新旧动能转换经济活力指数提升的作用最强。根据表8-35的回归结果，具体可以得出以下三个方面的结论：一是外商直接投资个体效应显著地推动了我国产业新旧动能转换经济活力、网络经济与转型升级三项指数的提升，并且对三者的作用强度依次减弱，而外商直接投资个体效应并未显著地推动知识能力和创新驱动指数提升。对外直接投资个体效应与双向直接投资联动效应的作用结果相似，二者均显著地推动

了我国产业新旧动能转换经济活力、网络经济、转型升级和创新驱动指数提升，并且作用强度依次减弱，而知识能力指数的回归系数并不显著。二是经济增长质量、人力资本水平、高新技术产业占比、政府"产业新旧动能转换"政策以及城镇化水平等控制变量均有效地推动了知识能力、经济活力、创新驱动、网络经济以及转型升级五大指数的提升，作用强度按照由高到低的顺序依次为人力资本水平、经济增长质量、高新技术产业占比、政府"产业新旧动能转换"政策以及城镇化水平。三是通过知识能力、经济活力、创新驱动、网络经济以及转型升级五个维度指数似无相关 Suest 组间系数差异检验，发现双向直接投资联动效应、对外直接投资个体效应和外商直接投资个体效应对我国产业新旧动能转换影响的回归系数存在显著的差异。

究其原因，中国—柬埔寨双向直接投资联动并未显著地推动我国产业新旧动能转换知识能力指数提升。其中，知识能力指数包括经济活动人口中硕士及以上学历人数比例、"四上"企业从业人员中专业技术人员比例、非信息部门信息人员比重、每万名就业人员 R&D 人员折合全时当量等指标，由于柬埔寨的产业创新能力较为薄弱，中国—柬埔寨外商直接投资、对外直接投资以及双向直接投资联动缺乏在知识能力维度上的互动，致使中国—柬埔寨双向直接投资并未显著推动我国产业新旧动能转换知识能力指数提升。同时，中国—柬埔寨双向直接投资联动驱动我国产业新旧动能转换经济活力指数提升作用最强，源于经济活力指标囊括了新登记注册市场主体数量、实际使用外资金额、快递业务量、工业企业有研发活动企业占比、科技企业孵化数量、国家高新技术开发区企业单位数等指标，中国对柬埔寨直接投资主要围绕工业产业，包括高速公路、桥梁等基础设施建设，铁、锰、金、铜等矿藏资源产业，以及纺织服装、加工制造、农业等，而柬埔寨对中国直接投资主要围绕水果、粮食等农业产业，这些产业与经济活力指标的相关程度较高，因此，中国—柬埔寨双向直接投资联动效应、对外直接投资与外商直接投资个体效应均显著地推动了我国产业新旧动能转换经济活力指标提升。

（三）时段异质性分析

五个时段中国—柬埔寨双向直接投资联动效应、外商直接投资个体效应和对外直接投资个体效应对我国产业新旧动能转换的影响结果如表 8-36 所示。

表 8-36　中国—柬埔寨双向直接投资联动驱动产业新旧动能转换时段异质性回归结果

时段	变量	KE	KE	KE	KE	KE	KE	KE	KE
2000—2004年	FDI	0.153 (0.15)	—	—	0.127 (0.88)	0.173 (0.47)	—	—	0.115 (0.96)
	OFDI	—	0.164 (0.74)	—	0.127 (0.73)	—	0.173 (0.84)	—	0.163 (0.64)
	FDI× OFDI	—	—	0.258 (0.22)	0.250 (0.85)	—	—	0.238 (0.60)	0.253 (0.86)
2005—2009年	FDI	0.168 (0.75)	—	—	0.174 (0.25)	0.166 (0.72)	—	—	0.164 (0.68)
	OFDI	—	0.218 (0.89)	—	0.201 (0.23)	—	0.227 (0.75)	—	0.221 (0.85)
	FDI× OFDI	—	—	0.248*** (6.82)	0.275*** (6.21)	—	—	0.264*** (6.74)	0.217*** (6.29)
2010—2014年	FDI	0.215 (0.53)	—	—	0.186 (0.27)	0.242 (0.52)	—	—	0.231 (0.55)
	OFDI	—	0.227*** (6.75)	—	0.210*** (6.75)	—	0.275*** (6.49)	—	0.252*** (6.48)
	FDI× OFDI	—	—	0.333*** (6.57)	0.309*** (6.59)	—	—	0.341*** (6.74)	0.307*** (6.84)
2015—2019年	FDI	0.164 (0.36)	—	—	0.241 (0.52)	0.172 (0.75)	—	—	0.211 (0.75)
	OFDI	—	0.254*** (6.77)	—	0.247*** (6.47)	—	0.278*** (6.56)	—	0.259*** (6.73)
	FDI× OFDI	—	—	0.348*** (6.74)	0.329*** (6.78)	—	—	0.356*** (6.88)	0.344*** (7.15)
2020—2022年	FDI	0.214*** (6.64)	—	—	0.197*** (6.75)	0.253*** (6.74)	—	—	0.217*** (6.21)
	OFDI	—	0.272*** (6.71)	—	0.268*** (6.47)	—	0.309*** (7.55)	—	0.291*** (6.64)
	FDI× OFDI	—	—	0.396*** (6.22)	0.326*** (6.74)	—	—	0.414*** (6.63)	0.348*** (6.45)

续表

时段	变量	KE	KE	KE	KE	KE	KE	KE	KE
控制变量	年份	控制	控制	控制	控制	控制	控制	控制	控制
	地区	控制	控制	控制	控制	控制	控制	控制	控制
	观测值（个）	23	23	23	23	23	23	23	23
	R^2	0.347	0.427	0.483	0.527	0.428	0.529	0.449	0.595

通过上述回归结果，可以得出以下四个方面的结论：一是2000—2004年时段，中国—柬埔寨双向直接投资、外商直接投资与对外直接投资对我国产业新旧动能转换并未起到显著的推动作用；二是2005—2009年时段，中国—柬埔寨双向直接投资联动效应有效地推动了我国产业新旧动能转换；三是2010—2014年、2015—2019年两个时段，中国—柬埔寨双向直接投资联动效应与对外直接投资个体效应均有效地推动了我国产业新旧动能转换，并且中国—柬埔寨双向直接投资联动效应对我国产业新旧动能转换的推动作用强度高于对外直接投资个体效应，这两个阶段外商直接投资并未显著地推动我国产业新旧动能转换；四是2020—2022年时段，中国—柬埔寨双向直接投资联动效应、外商直接投资与对外直接投资个体效应均显著地推动了我国产业新旧动能转换，作用强度由强到弱依次为双向直接投资联动效应、对外直接投资个体效应和外商直接投资个体效应，固定效应模型回归和Heckman两步法方式回归得到了一致的结论。

究其原因，中国—柬埔寨双向直接投资在2000—2009年规模较小、质量较低，外商直接投资与对外直接投资并未对我国产业新旧动能转换起到显著的推动作用，随着我国经济增长水平提升以及"一带一路"倡议不断推进，中国—柬埔寨双向直接投资取得了长足的发展，对外直接投资对我国产业布局重构、进一步推动我国产业新旧动能实现转换发挥了重要作用。随着中国—中南半岛经济走廊作用的不断深化，我国与柬埔寨之间的投资贸易便利性显著提升，投资规模呈现逐年上涨的趋势，这进一步加深了中柬双边合作，推动产业格局重塑与产业新旧动能本质转换。因此，我国应借助中国—中南半岛经济走廊的区位优势，加强与柬埔寨之间的合作联系，内外联动推动我国产业新旧动能逐步转换。

因此，中国—柬埔寨双向直接投资联动驱动我国产业新旧动能转换存在前述时段异质性。我国应针对中国—柬埔寨发展时段差异，采用连续性的双向直接投资政策，具体包括外商直接投资"负面清单+准入国民待遇"以及对外直接投资补贴政策，逐步推动外商直接投资与对外直接投资联动发展，即我国应加强与柬埔寨外商直接投资高质量"引进来"、对外直接投资高效率"走出去"，有目的、有选择地吸收外商直接投资和利用对外直接投资，"引进来"与"走出去"联动驱动我国产业新旧动能转换，实现产业链关键环节安全稳定与自主可控。

（四）行业异质性分析

结合投入产出表与我国"卡脖子"重点行业，本章具体分析中国—柬埔寨双向直接投资对我国专用设备，仪器仪表，通信设备、计算机和其他电子设备，电器机械和器材，金属制品、机械和设备修理服务以及交通运输设备六个行业新旧动能转换的影响程度。中国—柬埔寨双向直接投资联动驱动产业新旧动能转换行业异质性回归结果如表8-37所示。

表8-37　　　中国—柬埔寨双向直接投资联动驱动产业
新旧动能转换行业异质性回归结果

变量	专用设备	仪器仪表	通信设备、计算机和其他电子设备	电器机械和器材	金属制品、机械和设备修理服务	交通运输设备
	KE	KE	KE	KE	KE	KE
FDI	0.204 (0.85)	0.185*** (6.18)	0.249 (0.75)	0.185 (0.59)	0.239*** (6.94)	0.268*** (6.49)
OFDI	0.212 (0.56)	0.243*** (6.67)	0.163 (5.94)	0.224*** (6.99)	0.255*** (6.55)	0.292*** (6.83)
FDI×OFDI	0.247*** (6.96)	0.269*** (6.95)	0.202*** (6.94)	0.337*** (6.58)	0.288*** (7.37)	0.375*** (6.86)
TFP	0.225*** (6.57)	0.275*** (6.48)	0.237*** (6.26)	0.241*** (6.95)	0.238*** (6.41)	0.252*** (6.93)
HLC	0.352*** (6.53)	0.358*** (6.85)	0.353*** (6.44)	0.314*** (6.81)	0.372*** (6.29)	0.368*** (6.63)
HTI	0.179*** (6.83)	0.184*** (6.27)	0.167*** (6.85)	0.189*** (5.28)	0.181*** (6.21)	0.193*** (6.64)
GPK	0.127*** (6.95)	0.118*** (6.59)	0.134*** (6.94)	0.137*** (6.47)	0.128*** (6.38)	0.152*** (6.65)

第八章　双向直接投资联动驱动产业新旧动能转换国别异质性研究 / 249

续表

变量	专用设备	仪器仪表	通信设备、计算机和其他电子设备	电器机械和器材	金属制品、机械和设备修理服务	交通运输设备
	KE	KE	KE	KE	KE	KE
URL	0.078*** (6.57)	0.065*** (6.98)	0.059*** (6.63)	0.055*** (6.57)	0.092*** (6.66)	0.069*** (6.87)
常数项	0.148*** (6.48)	0.165*** (6.86)	0.148*** (6.48)	0.179*** (6.65)	0.135*** (6.46)	0.145*** (6.76)
年份	控制	控制	控制	控制	控制	控制
地区	控制	控制	控制	控制	控制	控制
观测值（个）	23	23	23	23	23	23
R^2	0.375	0.429	0.583	0.525	0.538	0.594
系数差异检验	0.016*** (6.75)	0.032*** (6.75)	0.037*** (7.43)	0.028*** (6.25)	0.033*** (6.22)	0.041*** (7.29)

通过上述回归结果，中国—柬埔寨双向直接投资联动驱动不同行业产业新旧动能转换存在显著的差异，外商直接投资对专用设备，通信设备、计算机和其他电子设备，电器机械和器材行业并未起到显著的促进作用，对外直接投资对专用设备，通信设备、计算机和其他电子设备行业并未起到显著的促进作用。根据回归结果具体可以得出以下三个方面的结论：一是中国—柬埔寨双向直接投资联动有效地推动了专用设备，仪器仪表，通信设备、计算机和其他电子设备，电器机械和器材，金属制品、机械和设备修理服务以及交通运输设备六个行业的产业新旧动能转换。同时，中国—柬埔寨双向直接投资联动驱动产业新旧动能转换的作用强度高于外商直接投资个体效应与对外直接投资个体效应，而对外直接投资个体效应推动产业新旧动能转换的强度又高于外商直接投资个体效应。二是通过似无相关Suest组间系数差异检验，发现中国—柬埔寨外商直接投资个体效应推动不同行业产业新旧动能转换作用强度按照由强到弱的顺序依次为交通运输设备，金属制品、机械和设备修理服务，仪器仪表行业，而专用设备，电器机械和器材，通信设备、计算机和其他电子设备行业的回归系数不显著；对外直接投资个体效应推动不同行业产业新旧动能转换作用强度按照由强到弱的顺序依次为交通运输设备，

金属制品、机械和设备修理服务，仪器仪表，电器机械和器材行业，而专用设备，通信设备、计算机和其他电子设备行业的回归系数不显著；双向直接投资联动效应推动不同行业产业新旧动能转换作用强度按照由强到弱的顺序依次为交通运输设备，电器机械和器材，金属制品、机械和设备修理服务，仪器仪表，专用设备，通信设备、计算机和其他电子设备行业；双向直接投资联动效应、外商直接投资与对外直接投资个体效应推动我国产业新旧动能转换最强行业均为交通运输设备行业，最弱行业存在一定差异。三是经济增长质量、人力资本水平、高新技术产业占比、政府"产业新旧动能转换"政策以及城镇化水平等控制变量有效地推动了我国不同行业产业新旧动能转换，作用强度与基准回归结果相似。

究其原因，中国—柬埔寨外商直接投资与对外直接投资主要围绕基础设施建设、工业产品等交通运输领域，高水平"引进来"与"走出去"共同联动，有效地推进了我国交通运输设备行业产业新旧动能转换，同时，中国—柬埔寨双向直接投资互动能够有效推动国内与国外产业重新合理布局，有效推动金属制品，机械和设备修理服务，仪器仪表，电器机械和器材等行业产能转移与产业结构优化升级。因此，我国应注重"引进来"和"走出去"产业协同联动发展，高质量的外商直接投资与高效率对外直接投资联动推进行业层面产业新旧动能转换，通过外商直接投资的技术溢出效应与对外直接投资的逆向技术溢出效应，有效推动我国行业层面产业新旧动能转换，进一步推进"卡脖子"行业产业链关键环节进一步实现自主可控。

（五）区域异质性分析

将我国划分为东部沿海、北部沿海、南部沿海、长江中游、黄河中游、西南地区、东北地区和西北地区八个区域，进一步具体分析中国—柬埔寨双向直接投资联动效应、外商直接投资和对外直接投资个体效应对我国产业新旧动能转换的影响，回归结果如表8-38所示。

表8-38　　中国—柬埔寨双向直接投资联动驱动产业
新旧动能转换区域异质性回归结果

变量	东部沿海 KE	北部沿海 KE	南部沿海 KE	长江中游 KE	黄河中游 KE	西南地区 KE	东北地区 KE	西北地区 KE
FDI	0.209 *** (6.69)	0.185 *** (6.73)	0.285 *** (6.67)	0.159 *** (6.83)	0.165 (0.59)	0.227 *** (6.47)	0.146 (0.57)	0.119 (0.36)

续表

变量	东部沿海 KE	北部沿海 KE	南部沿海 KE	长江中游 KE	黄河中游 KE	西南地区 KE	东北地区 KE	西北地区 KE
OFDI	0.254*** (6.72)	0.227*** (6.90)	0.305*** (6.82)	0.189*** (6.62)	0.182 (0.58)	0.267*** (6.84)	0.158 (0.62)	0.049 (0.55)
FDI×OFDI	0.263*** (6.74)	0.235*** (6.89)	0.374*** (6.38)	0.207*** (6.38)	0.142 (0.75)	0.285*** (6.37)	0.182 (0.54)	0.112 (0.48)
TFP	0.248*** (6.62)	0.241*** (6.75)	0.238*** (6.32)	0.247*** (6.74)	0.237*** (7.31)	0.216*** (6.26)	0.211*** (6.33)	0.237*** (6.11)
HLC	0.372*** (6.72)	0.358*** (6.54)	0.348*** (6.86)	0.314*** (6.44)	0.326*** (6.61)	0.333*** (5.75)	0.365*** (6.52)	0.370*** (6.66)
HTI	0.177*** (5.63)	0.184*** (6.71)	0.178*** (5.47)	0.155*** (5.82)	0.161*** (5.58)	0.170*** (5.33)	0.162*** (6.58)	0.192*** (5.72)
GPK	0.122*** (6.38)	0.120*** (6.72)	0.117*** (6.47)	0.151*** (6.52)	0.136*** (6.28)	0.144*** (6.37)	0.126*** (6.73)	0.118*** (6.50)
URL	0.058*** (6.83)	0.047*** (7.47)	0.051*** (6.55)	0.037*** (6.19)	0.043*** (5.28)	0.061*** (6.31)	0.058*** (6.49)	0.038*** (6.53)
常数项	0.172*** (7.48)	0.137*** (6.28)	0.166*** (5.52)	0.175*** (6.48)	0.223*** (6.53)	0.164*** (5.85)	0.153*** (6.26)	0.160*** (6.75)
年份	控制	控制	控制	控制	控制	控制	控制	控制
地区	控制	控制	控制	控制	控制	控制	控制	控制
观测值（个）	23	23	23	23	23	23	23	23
R^2	0.437	0.483	0.532	0.548	0.419	0.264	0.475	0.653
系数差异检验	0.164*** (5.37)	0.217*** (6.72)	0.203*** (6.51)	0.216*** (6.36)	0.241*** (5.22)	0.143** (2.21)	0.153*** (6.74)	0.112*** (6.25)

通过上述回归结果，中国—柬埔寨双向直接投资联动驱动产业新旧动能转换强度存在一定的区域层面差异，中国—柬埔寨双向直接投资联动效应推动我国产业新旧动能转换强度高于对外直接投资和外商直接投资个体效应，而对外直接投资个体效应对我国产业新旧动能转换的强度又显著高于外商直接投资个体效应。具体可以得出以下三个方面的结论：一是中国—柬埔寨双向直接投资联动效应、外商直接投资与对外直接投资个体效应有效地推动了我国东部沿海、南部沿海、北部沿海、长江中

游和西南地区产业新旧动能转换，而黄河中游、东北地区和西北地区推动作用并不显著。因此，中国—柬埔寨双向直接投资联动效应、外商直接投资与对外直接投资个体效应驱动我国产业新旧动能转换存在区域异质性。同时，中国—柬埔寨双向直接投资联动效应推动产业新旧动能转换的强度高于对外直接投资、外商直接投资个体效应。二是通过似无相关 Suest 组间系数差异检验，发现中国—柬埔寨双向直接投资联动效应、外商直接投资和对外直接投资个体效应推动不同区域产业新旧动能转换强度存在显著差异，强度由高到低依次为南部沿海、西南地区、东部沿海、北部沿海、长江中游地区，其余三个地区不显著，包括黄河中游、东北地区和西北地区。三是经济增长质量、人力资本水平、高新技术产业占比、政府"产业新旧动能转换"政策以及城镇化水平等控制变量有效地推动了我国不同行业产业新旧动能转换。

究其原因，中国—柬埔寨双向直接投资联动驱动我国产业新旧动能转换存在上述区域差异性，源于柬埔寨与我国南部沿海省份广西、海南、广东、浙江和福建投资与贸易往来密切，其次为西南地区云南、西藏、贵州、四川和重庆，因此，中国—柬埔寨推动我国产业新旧动能转换强度最强区域为南部沿海和西南地区。此外，由于地理距离原因，黄河中游、东北地区和西北地区并未受到中国—柬埔寨双向直接投资的显著影响。我国应加强各个区域之间与中南半岛国家之间的互联互通，借助数字化发展有效联动中国—柬埔寨双向直接投资，进一步推动我国产业新旧动能转换。

(六) 门槛效应分析

从双向直接投资"本身门槛"和人力资本水平设置的"吸收门槛"角度分析门槛效应的回归结果如表 8-39 所示。

表 8-39　　中国—柬埔寨双向直接投资联动驱动产业
新旧动能转换门槛效应回归结果

变量	模型 1 FE KE	模型 1 Heckman KE	模型 2 FE KE	模型 2 Heckman KE	模型 3 FE KE	模型 3 Heckman KE	模型 4 FE KE	模型 4 Heckman KE
FDI	0.263*** (6.52)	0.286*** (6.74)	—	—	—	—	0.255*** (6.71)	0.271*** (6.72)

续表

变量	模型1 FE KE	模型1 Heckman KE	模型2 FE KE	模型2 Heckman KE	模型3 FE KE	模型3 Heckman KE	模型4 FE KE	模型4 Heckman KE
OFDI	—	—	0.297*** (6.57)	0.316*** (7.47)	—	—	0.303*** (6.59)	0.316*** (6.36)
FDI× OFDI	—	—	—	—	0.374*** (6.74)	0.411*** (6.75)	0.405*** (6.82)	0.410*** (6.84)
FDI^2	-0.115*** (6.84)	-0.107*** (6.84)	—	—	—	—	-0.102*** (6.21)	-0.113*** (6.73)
$OFDI^2$	—	—	-0.124*** (6.75)	-0.131*** (7.42)	—	—	-0.120*** (6.38)	-0.128*** (6.83)
$FDI^2×OFDI^2$	—	—	—	—	-0.168*** (7.52)	-0.150*** (6.86)	-0.148*** (6.86)	-0.152*** (6.06)
TFP	0.272*** (6.37)	0.226*** (6.74)	0.237*** (6.15)	0.243*** (6.31)	0.227*** (6.74)	0.258*** (6.26)	0.274*** (6.86)	0.282*** (6.43)
HLC	0.372*** (6.74)	0.347*** (6.27)	0.355*** (6.19)	0.325*** (6.26)	0.314*** (6.54)	0.374*** (5.25)	0.353*** (6.44)	0.327*** (6.63)
HTI	0.187*** (5.14)	0.169*** (6.64)	0.165*** (5.37)	0.185*** (5.41)	0.161*** (5.46)	0.148*** (5.15)	0.158*** (6.36)	0.177*** (5.31)
GPK	0.126*** (7.22)	0.125*** (6.74)	0.142*** (6.85)	0.158*** (6.47)	0.154*** (6.75)	0.126*** (6.86)	0.136*** (6.37)	0.121*** (6.57)
URL	0.042*** (6.53)	0.065*** (7.47)	0.054*** (6.35)	0.021*** (6.47)	0.027*** (5.32)	0.069*** (6.46)	0.049*** (6.52)	0.064*** (6.88)
常数项	0.174*** (6.74)	0.179*** (6.75)	0.183*** (5.22)	0.158*** (6.75)	0.142*** (7.82)	0.261*** (5.49)	0.299*** (6.55)	0.220*** (5.26)
年份	控制	控制	控制	控制	控制	控制	控制	控制
地区	控制	控制	控制	控制	控制	控制	控制	控制
观测值（个）	23	23	23	23	23	23	23	23
R^2	0.361	0.327	0.536	0.482	0.386	0.525	0.373	0.580

通过上述回归结果，可以得出以下三个方面的结论：一是中国—柬埔寨双向直接投资联动效应、外商直接投资个体效应与对外直接投资个

体效应推动我国产业新旧动能转换均存在"门槛效应",并且该门槛为"高门槛",即随着外商直接投资、对外直接投资以及双向直接投资联动程度提升,我国产业新旧动能转换程度不断提升,超过"门槛值"后,随着外商直接投资、对外直接投资以及双向直接投资联动程度继续提升,我国产业新旧动能转换程度反而下降。二是采用固定效应模型和 Heckman 两步法回归得到,中国—柬埔寨双向直接投资联动驱动产业新旧动能转换的门槛值分别为 1.11 和 1.37,外商直接投资驱动产业新旧动能转换的门槛值分别为 1.14 和 1.34,对外直接投资驱动产业新旧动能转换的门槛值分别为 1.20 和 1.21。同时,将外商直接投资个体效应、对外直接投资个体效应和双向直接投资联动效应以及三者的平方项引入固定效应模型进行回归,得到外商直接投资驱动产业新旧动能转换的门槛值为 1.25,对外直接投资驱动产业新旧动能转换的门槛值为 1.26,双向直接投资联动驱动产业新旧动能转换的门槛值为 1.37。Heckman 两步法计算的门槛值计算同理,外商直接投资驱动产业新旧动能转换的门槛值为 1.20,对外直接投资驱动产业新旧动能转换的门槛值为 1.23,双向直接投资联动驱动产业新旧动能转换的门槛值为 1.35。三是采用固定效应模型和 Heckman 两步法均能够得到中国—柬埔寨双向直接投资联动效应、外商直接投资与对外直接投资个体效应有效地推动了我国产业新旧动能转换。

此外,从人力资本水平设置的"吸收门槛"角度分析中国—柬埔寨双向直接投资联动效应、外商直接投资与对外直接投资个体效应对我国产业新旧动能转换的影响,回归结果如表 8-40 所示。

表 8-40 中国—柬埔寨双向直接投资联动驱动产业新旧动能转换
——基于人力资本水平与双向直接投资交互门槛效应

变量	模型 1 FE KE	模型 1 Heckman KE	模型 2 FE KE	模型 2 Heckman KE	模型 3 FE KE	模型 3 Heckman KE	模型 4 FE KE	模型 4 Heckman KE
FDI	-0.217*** (6.52)	-0.236*** (6.74)	—	—	—	—	-0.209*** (6.48)	-0.230*** (6.30)
OFDI	—	—	-0.258*** (6.73)	-0.273*** (6.72)	—	—	-0.217*** (6.47)	-0.227*** (6.48)

续表

变量	模型1 FE KE	模型1 Heckman KE	模型2 FE KE	模型2 Heckman KE	模型3 FE KE	模型3 Heckman KE	模型4 FE KE	模型4 Heckman KE
FDI× OFDI	—	—	—	—	−0.313*** (6.71)	−0.364*** (6.54)	−0.296*** (7.38)	−0.305*** (7.28)
FDI× HLC	0.185*** (6.37)	0.207*** (6.37)	—	—	—	—	0.174*** (6.85)	0.187*** (7.48)
OFDI× HLC	—	—	0.225*** (6.37)	0.218*** (6.52)	—	—	0.196*** (7.33)	0.202*** (6.38)
FDI× OFDI× HLC	—	—	—	—	0.253*** (6.50)	0.289*** (6.74)	0.247*** (6.83)	0.263*** (7.55)
TFP	0.263*** (6.37)	0.236*** (6.71)	0.216*** (6.74)	0.243*** (6.61)	0.266*** (6.46)	0.241*** (6.78)	0.261*** (6.14)	0.246*** (6.19)
HLC	0.327*** (6.74)	0.375*** (6.86)	0.344*** (6.42)	0.384*** (6.55)	0.322*** (6.92)	0.319*** (5.54)	0.385*** (6.41)	0.333*** (6.75)
HTI	0.186*** (5.37)	0.178*** (6.64)	0.185*** (5.58)	0.177*** (5.52)	0.154*** (5.58)	0.187*** (5.42)	0.190*** (6.86)	0.195*** (5.26)
GPK	0.114*** (6.64)	0.142*** (6.47)	0.126*** (6.75)	0.142*** (6.42)	0.137*** (6.85)	0.133*** (6.26)	0.127*** (6.64)	0.131*** (6.54)
URL	0.037*** (6.54)	0.028*** (7.75)	0.055*** (6.26)	0.075*** (6.37)	0.053*** (5.97)	0.045*** (6.69)	0.063*** (6.18)	0.061*** (6.96)
常数项	0.164*** (6.64)	0.175*** (6.79)	0.152*** (5.06)	0.178*** (6.46)	0.132*** (7.47)	0.249*** (5.52)	0.238*** (6.62)	0.224*** (5.77)
年份	控制	控制	控制	控制	控制	控制	控制	控制
地区	控制	控制	控制	控制	控制	控制	控制	控制
观测值（个）	23	23	23	23	23	23	23	23
R^2	0.426	0.496	0.320	0.259	0.484	0.385	0.471	0.530

通过上述回归结果,可以得出以下三个方面的结论:一是中国—柬埔寨双向直接投资联动效应、外商直接投资与对外直接投资个体效应推动我国产业新旧动能转换受到人力资本水平设置的"门槛效应",并且该门槛为"低门槛",即随着外商直接投资、对外直接投资以及双向直接投资联动程度提升,我国产业新旧动能转换程度不断提升,超过"门槛值"后,随着外商直接投资、对外直接投资以及双向直接投资联动程度提升,我国产业新旧动能转换程度反而下降。二是采用固定效应模型和 Heckman 两步法回归得到,中国—柬埔寨双向直接投资联动驱动产业新旧动能转换时母国人力资本水平设置的门槛值分别为 1.24 和 1.26,外商直接投资驱动产业新旧动能转换时人力资本水平设置的门槛值分别为 1.17 和 1.14,对外直接投资驱动产业新旧动能转换时人力资本水平设置的门槛值分别为 1.15 和 1.25。同时将外商直接投资、对外直接投资个体效应和双向直接投资联动效应以及三者的平方项引入固定效应模型进行回归,得到外商直接投资驱动产业新旧动能转换时人力资本水平设置的门槛值为 1.20,对外直接投资驱动产业新旧动能转换时人力资本水平设置的门槛值为 1.11,双向直接投资联动驱动产业新旧动能转换时人力资本水平设置的门槛值为 1.20。Heckman 两步法计算的门槛值计算同理,外商直接投资驱动产业新旧动能转换时人力资本水平设置的门槛值为 1.23,对外直接投资驱动产业新旧动能转换时人力资本水平设置的门槛值为 1.12,双向直接投资联动驱动产业新旧动能转换时人力资本水平设置的门槛值为 1.16。三是采用固定效应模型和 Heckman 两步法均能够得到中国—柬埔寨双向直接投资联动效应、外商直接投资与对外直接投资个体效应有效地推动了我国产业新旧动能转换。多种方式得出相似的结论,本书不再赘述。

究其原因,中国—柬埔寨双向直接投资联动我国产业新旧动能转换能力与中国—缅甸相似,双向直接投资存在规模小、效率低、能力弱等现象,导致中国—柬埔寨双向直接投资存在"高门槛"效应,当中国—柬埔寨双向直接投资规模超过临界值时,双向直接投资联动效应、外商直接投资与对外直接投资个体效应才能够有效地推动我国产业新旧动能转换。同时,人力资本水平亦然为我国产业新旧动能转换设置了低门槛,人力资本水平超过门槛值后,才能够推动双向直接投资获得的双向技术溢出有效吸收。因此,中国—柬埔寨双向直接投资联动驱动我国产业新旧动能转换存在自身的"高门槛"效应和人力资本水平的"低门槛"效应。

三 小结

本节基于中国—柬埔寨双向直接投资动态演变与产业分布,实证分析中国—柬埔寨双向直接投资联动效应、外商直接投资与对外直接投资个体效应对我国产业新旧动能转换的影响。基准回归研究发现,双向直接投资联动效应有效地推动了我国产业新旧动能转换,而外商直接投资与对外直接投资个体效应不显著。从知识能力、经济活力、创新驱动、网络经济与转型升级的产业新旧动能分类指数回归角度,双向直接投资联动驱动产业新旧动能转换程度由强到弱依次为经济活力、网络经济、转型升级和创新驱动,知识能力指数并不显著。同时,中国—柬埔寨双向直接投资联动推动我国产业新旧动能转换存在时段差异、行业差异与区域差异。此外,研究发现双向直接投资联动效应、外商直接投资与对外资金投资个体效应自身设置的门槛为"高门槛",而人力资本水平设置的"吸收门槛"为"低门槛",采用固定效应模型回归和 Heckman 两步法回归得到了相似的门槛值。

第六节 中国—马来西亚双向直接投资联动驱动产业新旧动能转换研究

一 中国—马来西亚双向直接投资动态演变

中国—马来西亚双向直接投资指数(TDI)具体如表 8-41 所示。

表 8-41　　　　　　　中国—马来西亚 TDI

年份	1997	1998	1999	2000	2001	2002	2003	2004	2005
TDI	0.5946	0.4825	0.5350	0.6970	0.6502	0.7458	0.7128	0.6167	0.8614
年份	2006	2007	2008	2009	2010	2011	2012	2013	2014
TDI	0.9968	0.8634	0.6480	0.3146	0.8068	0.8888	0.7004	0.9241	0.7984
年份	2015	2016	2017	2018	2019	2020	2021	2022	—
TDI	0.9775	0.8282	0.7499	0.8034	0.9035	1.0000	0.6610	0.6160	—

1997年中国—马来西亚双向直接投资指数为0.5946，之后的六年在波动中开始上涨，到2004年，TDI降低至0.6167，之后开始上涨，并在2006年涨至0.9968而后直到2020年才超过当年水平，在2009年，中国—马来西亚双向直接投资指数出现最低值0.3146，其他时间段的TDI都在小范围内波动。2020年，中国—马来西亚双向直接投资指数为1，两国的双向直接投资愿望强烈。

　　由图8-6可以看出，总体而言波动幅度较大，大致而言可以分为三个阶段：第一阶段，1997—2004年。两国之间的TDI在较低水平波动，1997年出现小幅下降，之后开始回升。第二阶段，2004—2011年。是中国—马来西亚双向直接投资波动幅度最大的几年，2004—2006年，中国—马来西亚双向直接投资指数大幅上升，2006年，中国—马来西亚TDI达到最高点0.9968，随后的三年，中国—马来西亚TDI开始大幅下降，从2006年的0.9968下降至2009年的0.3146，是26年的最低点。第三阶段，2011—2022年。2009年过后，中国—马来西亚TDI水平开始回升，由2009年的0.3146涨至2010年的0.8068，增长0.4922，分析原因在于2009年的TDI水平下降，随后商务部境外投资管理办法出台，进一步规范并促进了中国企业的对外投资，放松了OFD的政策性管制，为双向

图8-6　中国—马来西亚TDI

直接投资均衡发展创造了条件，TDI 至今保持在较高水平波动，2011—2022 年中国—马来西亚双向直接投资趋势图呈现多个"W"的形状，在小幅度内稳定波动，2020 年中国—马来西亚双向直接投资指数值达到 1，但在 2020 年过后开始持续下降，原因在于 2021 年前后处于后疫情时代，新冠疫情的蔓延和影响对中国—马来西亚双向直接投资产生了冲击。总体来说，中国是马来西亚第一大贸易伙伴，中国一直是马来西亚最大的海外直接投资（FDI）来源国，中国—马来西亚双向直接投资规模大致保持在较高水平。

二 中国—马来西亚双向直接投资联动驱动产业新旧动能转换实证研究

（一）基准回归结果

中国—马来西亚双向直接投资联动驱动产业新旧动能转换的回归结果，如表 8-42 所示。

表 8-42　　　　中国—马来西亚双向直接投资联动
驱动产业新旧动能转换基准回归结果

变量	KE	KE	KE	KE	KE
FDI	0.217*** (6.37)	—	—	0.205*** (6.17)	0.211*** (6.47)
OFDI	—	0.276*** (6.29)	—	0.231*** (7.63)	0.233*** (7.72)
FDI×OFDI	—	—	0.351*** (6.38)	0.327*** (6.38)	0.340*** (6.83)
TFP	0.257*** (6.83)	0.238*** (6.57)	0.272*** (6.55)	—	0.213*** (6.19)
HLC	0.337*** (6.38)	0.328*** (6.27)	0.319*** (6.41)	—	0.321*** (6.54)
HTI	0.186*** (5.72)	0.159*** (6.26)	0.160*** (5.19)	—	0.188*** (5.25)
GPK	0.118*** (6.73)	0.131*** (6.28)	0.122*** (6.51)	—	0.111*** (6.37)
URL	0.086*** (6.28)	0.066*** (6.51)	0.062*** (6.25)	—	0.057*** (6.33)

续表

变量	KE	KE	KE	KE	KE
常数项	0.217*** (6.28)	0.142*** (5.44)	0.227*** (6.62)	0.213*** (6.59)	0.164*** (6.25)
年份	控制	控制	控制	控制	控制
地区	控制	控制	控制	控制	控制
观测值（个）	23	23	23	23	23
R^2	0.526	0.518	0.482	0.482	0.669

通过上述回归结果，可以得出以下三个方面的结论：一是中国—马来西亚外商直接投资个体效应、对外直接投资个体效应与双向直接投资联动效应均有效地推动了我国产业新旧动能转换。其中，双向直接投资联动效应对产业新旧动能转换的影响程度高于外商直接投资个体效应与对外直接投资个体效应，而对外直接投资对产业新旧动能转换的推动作用又强于外商直接投资对产业新旧动能转换的推动作用。二是控制变量加入前后，中国—马来西亚双向直接投资联动效应、外商直接投资个体效应与对外直接投资个体效应驱动产业新旧动能转换的回归结果显著性并未发生变化，说明中国—马来西亚双向直接投资联动有效地驱动了我国产业新旧动能转换。三是经济增长质量、人力资本水平、高新技术产业占比、政府"产业新旧动能转换"政策以及城镇化水平等控制变量均有效地推动了我国产业新旧动能转换，控制变量的作用程度按照由强到弱的顺序依次为人力资本水平、经济增长质量、高新技术产业占比、政府"产业新旧动能转换"政策以及城镇化水平。

究其原因，中国—马来西亚双向直接投资互动较为频繁，截至2022年，中国连续14年成为马来西亚第一大贸易合作伙伴和第二大投资伙伴，双边投资贸易总额超过2000亿美元，同比增长36.3%，2021年12月，中国与马来西亚就打造经贸创新发展示范园区和"一带一路"沿线国家产能合作高质量示范区达成共识。中国是马来西亚制造业的重要外资来源地，中国—马来西亚对外直接投资主要分布于采矿业、制造业、电力、热力、燃气、重纺织、纸张印刷及水的生产和供应业，并且逐渐开拓至可再生能源、医疗设备、物联网等新兴领域，对马来西亚的价值链加速重塑发挥着积极的促进作用；马来西亚对中国直接投资的产业包括交通运输、仓储和邮政业，批发和零售业，信息传输、计算机服务和软件业，租赁和商务服务业，科学研究、技术服务和地质勘查业等，从投资地域看，马来西亚对中国的投资大部分集中在北京、上海、广东、福建、江苏等地。中国—马来西亚双向直接投资有效互动、协同共生。因此，中国—马来西亚双向直接投资联动效应、外商直接投资与对外直接投资个体效应有效地推动了我国产业新旧动能转换。

（二）双向直接投资对产业新旧动能转换分类指数的影响研究

中国—马来西亚外商直接投资个体效应、对外直接投资个体效应以及双向直接投资联动效应对我国产业新旧动能转换分类指数的影响程度如表8-43所示。

表8-43　中国—马来西亚双向直接投资联动驱动产业新旧动能转换分类指数影响回归结果

变量	知识能力 KE	经济活力 KE	创新驱动 KE	网络经济 KE	转型升级 KE
FDI	0.153 (0.48)	0.253*** (6.47)	0.108*** (6.75)	0.177*** (6.85)	0.221*** (6.83)
OFDI	0.137*** (6.32)	0.273*** (6.75)	0.127 (0.83)	0.196*** (6.27)	0.227*** (6.40)
FDI×OFDI	0.239*** (6.74)	0.384*** (6.73)	0.212*** (6.68)	0.285*** (7.16)	0.312*** (6.31)
TFP	0.248*** (6.48)	0.262*** (6.62)	0.229*** (6.16)	0.217*** (6.48)	0.263*** (6.63)
HLC	0.327*** (6.18)	0.347*** (6.48)	0.323*** (6.52)	0.359*** (6.16)	0.362*** (6.24)
HTI	0.179*** (6.75)	0.162*** (6.71)	0.170*** (5.26)	0.185*** (5.74)	0.191*** (5.37)
GPK	0.121*** (6.59)	0.119*** (6.52)	0.130*** (6.27)	0.127*** (6.44)	0.131*** (6.64)
URL	0.059*** (6.26)	0.054*** (6.21)	0.072*** (6.19)	0.049*** (6.31)	0.072*** (6.29)
常数项	0.164*** (6.47)	0.129*** (5.31)	0.218*** (6.85)	0.253*** (6.25)	0.184*** (6.63)
年份	控制	控制	控制	控制	控制

续表

变量	知识能力	经济活力	创新驱动	网络经济	转型升级
	KE	KE	KE	KE	KE
地区	控制	控制	控制	控制	控制
观测值（个）	23	23	23	23	23
R^2	0.326	0.538	0.492	0.528	0.523
系数差异检验	0.015*** (5.21)	0.022*** (6.64)	0.031*** (6.38)	0.046*** (6.27)	0.028*** (6.62)

通过上述回归结果，中国—马来西亚双向直接投资联动以及外商直接投资与对外直接投资驱动产业新旧动能转换，与前文所述的中国—越南、老挝、泰国、缅甸、柬埔寨存在一定的差异，中国—马来西亚双向直接投资联动效应显著地推动了我国产业新旧动能转换五个维度指数的提升，并且作用强度按照由强到弱的顺序依次为经济活力、转型升级、网络经济、知识能力和创新驱动。外商直接投资个体效应并未显著地推动产业新旧动能转换知识能力指数提升，有效推动了我国产业新旧动能转换其余四个维度指数的提升，作用强度按照由强到弱的顺序依次为经济活力、转型升级、网络经济和创新驱动。对外直接投资个体效应并未显著地推动产业新旧动能转换创新驱动指数提升，有效推动了我国产业新旧动能转换其余四个维度指数的提升，作用强度按照由强到弱的顺序依次为经济活力、转型升级、网络经济和知识能力。由此可见，中国—马来西亚双向直接投资联动效应、外商直接投资个体效应与对外直接投资个体效应推动我国产业新旧动能转换经济活力指数提升作用最强，同时，中国—马来西亚双向直接投资联动效应、外商直接投资个体效应推动我国产业新旧动能转换创新驱动指数的作用强度最弱，而对外直接投资个体效应并未显著推动创新驱动指数提升。此外，经济增长质量、人力资本水平、高新技术产业占比、政府"产业新旧动能转换"政策以及城镇化水平等控制变量有效地推动了五个维度指数提升，作用强度按照由高到低的顺序依次为人力资本水平、经济增长质量、高新技术产业占比、政府"产业新旧动能转换"政策以及城镇化水平。同时，通过知识能力、经济活力、创新驱动、网络经济以及转型升级五个维度指数似无相关 Suest 组间系数差异检验，发现双向直接投资联动、对外直接投

资和外商直接投资对我国产业新旧动能转换影响的回归系数存在显著差异。

究其原因，中国—马来西亚之间的投资以长远的目光实现双赢，以创新的投资方式，带动了双边直接投资的可持续发展，随着马来西亚的基础设施不断完善，政府对公路、铁路、口岸、机场、通信网络和电力等基础设施投资和建设的重视程度越来越高，有效推动了当地经济实力与技术水平快速发展。同时，随着世界经济一体化进程的不断加深，各国经济之间的影响与联系越发紧密，马来西亚也不断扩大了对外开放的程度，营造了良好、宽松的投资环境，对人才、技术、资金等的吸引力都在全方位增强，再加上《区域全面经济伙伴关系协定》（RCEP）的签订，使其投资环境变得更加自由和宽松，马来西亚以其丰富的自然资源、优越的亲商环境等优势成为极具吸引力的投资地点。中国"一带一路"倡议的提出与前者相辅相成，致使中国对马来西亚的直接投资增长十分迅猛。为使两国之间形成更为优良的投资环境、促进两国之间的经济交流合作以及各自的经济增长与技术进步，中国与马来西亚之间的双向直接投资取得了长足的发展。同时，中国—马来西亚双向直接投资有效地推动了我国产业新旧动能转换各个维度指数提升。

（三）时段异质性分析

五个时段中国—马来西亚双向直接投资联动效应、外商直接投资个体效应和对外直接投资个体效应对我国产业新旧动能转换的影响结果如表 8-44 所示。

表 8-44　　中国—马来西亚双向直接投资联动驱动产业
新旧动能转换时段异质性回归结果

时段	变量	KE	KE	KE	KE	KE	KE	KE	KE
2000—2004 年	FDI	0.143 (0.38)	—	—	0.124 (0.58)	0.153 (0.73)	—	—	0.130 (0.63)
	OFDI	—	0.217*** (6.75)	—	0.203*** (6.66)	—	0.254*** (6.05)	—	0.242*** (6.42)
	FDI×OFDI	—	—	0.337*** (6.73)	—	0.303*** (6.55)	—	0.341*** (6.53)	0.338*** (6.73)

续表

时段	变量	KE	KE	KE	KE	KE	KE	KE	KE
2005—2009年	FDI	0.175 (0.29)	—	—	0.147 (0.82)	0.163 (0.74)	—	—	0.125 (0.20)
	OFDI	—	0.208*** (5.79)	—	0.197*** (6.28)	—	0.221*** (6.47)	—	0.207*** (6.48)
	FDI× OFDI	—	—	0.253*** (6.27)	0.218*** (6.48)	—	—	0.228*** (6.55)	0.247*** (6.38)
2010—2014年	FDI	0.254*** (6.83)	—	—	0.231*** (6.38)	0.275*** (6.22)	—	—	0.351*** (7.25)
	OFDI	—	0.174*** (6.48)	—	0.155*** (6.74)	—	0.207*** (6.38)	—	0.189*** (6.36)
	FDI× OFDI	—	—	0.286*** (6.39)	0.218*** (6.74)	—	—	0.299*** (6.58)	0.285*** (6.65)
2015—2019年	FDI	0.219*** (6.84)	—	—	0.196*** (6.37)	0.225*** (6.23)	—	—	0.202*** (6.53)
	OFDI	—	0.275*** (6.07)	—	0.248*** (6.68)	—	0.257*** (6.73)	—	0.239*** (6.86)
	FDI× OFDI	—	—	0.352*** (6.46)	0.326*** (6.77)	—	—	0.311*** (6.84)	0.308*** (6.73)
2020—2022年	FDI	0.227*** (6.94)	—	—	0.110*** (6.31)	0.236*** (6.84)	—	—	0.205*** (6.64)
	OFDI	—	0.263*** (6.17)	—	0.141*** (6.90)	—	0.277*** (6.79)	—	0.254*** (6.75)
	FDI× OFDI	—	—	0.327*** (6.35)	0.271*** (6.62)	—	—	0.339*** (6.94)	0.328*** (6.79)
控制变量	年份	控制	控制	控制	控制	控制	控制	控制	控制
	地区	控制	控制	控制	控制	控制	控制	控制	控制
	观测值(个)	23	23	23	23	23	23	23	23
	R^2	0.628	0.582	0.538	0.531	0.742	0.629	0.593	0.831

通过上述回归结果，可以得出以下三个方面的结论：一是2000—2004年、2005—2009年两个时段，中国—马来西亚双向直接投资、对外

直接投资对我国产业新旧动能转换起到显著的推动作用,而中国—马来西亚外商直接投资对我国产业动能转换作用并不显著。二是 2010—2014 年时段,中国—马来西亚双向直接投资联动效应、外商直接投资与对外直接投资个体效应均显著地推动了我国产业新旧动能转换,作用强度由强到弱依次为双向直接投资联动效应、外商直接投资个体效应与对外直接投资个体效应。三是 2015—2019 年、2020—2022 年两个时段,中国—马来西亚双向直接投资联动效应、外商直接投资与对外直接投资个体效应均显著地推动了我国产业新旧动能转换,作用强度由强到弱依次为双向直接投资联动效应、对外直接投资个体效应和外商直接投资个体效应,固定效应模型回归和 Heckman 两步法方式回归得到了一致的结论。2015—2022 年两个时段与 2010—2014 年时段,外商直接投资与对外直接投资个体效应推动我国产业新旧动能转换呈现反向差异关系。

究其原因,本书认为,中国—马来西亚双向直接投资在 2010 年后取得了长足的发展,2010 年马来西亚推行经济转型计划,投资、贸易与金融均取得了飞速的进步,加之"一带一路"倡议有序推进,同时,马来西亚有丰富的石油资源、矿产资源(铁、金、煤等),由此中国—马来西亚在制造业交流广泛。中国—马来西亚双向直接投资取得了结构突变式的发展,推动中国—马来西亚双边关系不断推进,有效地推动了我国产业新旧动能转换,并呈现出上述的时段异质性。

(四)行业异质性分析

分析中国—马来西亚双向直接投资联动效应对我国专用设备,仪器仪表,通信设备、计算机和其他电子设备,电器机械和器材,金属制品、机械和设备修理服务以及交通运输设备六个行业新旧动能转换的影响程度(见表 8-45)。

表 8-45　中国—马来西亚双向直接投资联动驱动产业
新旧动能转换行业异质性回归结果

变量	专用设备	仪器仪表	通信设备、计算机和其他电子设备	电器机械和器材	金属制品、机械和设备修理服务	交通运输设备
	KE	KE	KE	KE	KE	KE
FDI	0.143 (0.84)	0.153*** (6.38)	0.163 (0.59)	0.179*** (6.28)	0.216*** (6.73)	0.120 (0.37)

续表

变量	专用设备	仪器仪表	通信设备、计算机和其他电子设备	电器机械和器材	金属制品、机械和设备修理服务	交通运输设备
	KE	KE	KE	KE	KE	KE
OFDI	0.202*** (6.39)	0.196*** (6.46)	0.163 (0.65)	0.303*** (6.48)	0.275*** (6.22)	0.217*** (6.83)
FDI×OFDI	0.219*** (6.59)	0.258*** (6.83)	0.207*** (6.46)	0.316*** (6.73)	0.295*** (6.28)	0.276*** (6.16)
TFP	0.283*** (6.26)	0.248*** (6.83)	0.221*** (6.48)	0.250*** (6.75)	0.246*** (6.48)	0.289*** (6.26)
HLC	0.317*** (6.64)	0.365*** (6.74)	0.322*** (6.15)	0.393*** (6.27)	0.347*** (6.85)	0.325*** (6.46)
HTI	0.137*** (5.83)	0.164*** (6.22)	0.173*** (5.75)	0.137*** (5.58)	0.147*** (5.63)	0.152*** (5.85)
GPK	0.112*** (6.47)	0.126*** (6.73)	0.135*** (6.25)	0.118*** (6.36)	0.112*** (6.41)	0.121*** (6.33)
URL	0.073*** (6.37)	0.069*** (6.75)	0.037*** (6.44)	0.079*** (6.57)	0.062*** (6.17)	0.050*** (6.53)
常数项	0.185*** (6.73)	0.157*** (5.47)	0.201*** (6.42)	0.233*** (6.84)	0.157*** (6.21)	0.122*** (6.37)
年份	控制	控制	控制	控制	控制	控制
地区	控制	控制	控制	控制	控制	控制
观测值（个）	23	23	23	23	23	23
R^2	0.372	0.481	0.375	0.485	0.439	0.514
系数差异检验	0.038*** (5.64)	0.041*** (6.74)	0.045*** (6.17)	0.052*** (6.24)	0.044*** (6.53)	0.061*** (6.77)

通过上述回归结果，可以得出中国—马来西亚双向直接投资联动驱动不同行业产业新旧动能转换存在显著差异，外商直接投资对专用设备，交通运输设备，通信设备、计算机和其他电子设备并未起到显著的促进作用，对外直接投资对通信设备、计算机和其他电子设备行业并未起到显著的促进作用。具体可以得出以下三个方面的结论：一是中国—马来西亚双向直接投资联动有效地推动了专用设备，仪器仪表，通信设备、

计算机和其他电子设备，电器机械和器材，金属制品、机械和设备修理服务以及交通运输设备六个行业的产业新旧动能转换，同时，中国—马来西亚双向直接投资联动驱动产业新旧动能转换的作用强度高于外商直接投资个体效应和对外直接投资个体效应，而对外直接投资个体效应推动产业新旧动能转换的作用强度又高于外商直接投资个体效应。二是通过似无相关 Suest 组间系数差异检验，发现中国—马来西亚外商直接投资个体效应推动不同行业产业新旧动能转换作用强度按照由强到弱的顺序依次为金属制品、机械和设备修理服务，电器机械和器材，仪器仪表行业；对外直接投资个体效应推动不同行业产业新旧动能转换作用强度按照由强到弱的顺序依次为电器机械和器材，金属制品、机械和设备修理服务，交通运输设备，专用设备，仪器仪表行业；双向直接投资联动效应推动不同行业产业新旧动能转换作用强度按照由强到弱的顺序依次为电器机械和器材，金属制品、机械和设备修理服务，交通运输设备，仪器仪表，专用设备，通信设备、计算机和其他电子设备行业；双向直接投资联动效应、外商直接投资个体效应与对外直接投资个体效应推动我国产业新旧动能转换作用最强的行业均为电器机械和器材业，而最弱行业则存在一定的差异。三是经济增长质量、人力资本水平、高新技术产业占比、政府"产业新旧动能转换"政策以及城镇化水平等控制变量均有效地推动了我国不同行业产业新旧动能转换，并且作用强度与基准回归结果相似。

究其原因，我国对马来西亚的直接投资重点集中在工业、批发和零售业、电能/热力/煤气和水的制造与供应业、建筑业、采矿业等行业，马来西亚在中国的直接投资集中在橡胶、食品、饲料加工和机械制造等领域。近年来，中国—马来西亚投资更加多元化，马来西亚支持中国企业在清洁能源、数字经济、电子商务、5G 等未来双边贸易重要领域的投资，中国同马来西亚的直接投资更趋于多点多极化水平发展。因此，中国—马来西亚双向直接投资有效地推动了我国各行业产业新旧动能转换。

（五）区域异质性分析

将我国划分为东部沿海、北部沿海、南部沿海、长江中游、黄河中游、西南地区、东北地区和西北地区八个区域，具体分析中国—马来西亚双向直接投资联动驱动我国产业新旧动能转换的影响，回归结果如表 8-46 所示。

表 8-46　中国—马来西亚双向直接投资联动驱动产业新旧动能转换区域异质性回归结果

变量	东部沿海 KE	北部沿海 KE	南部沿海 KE	长江中游 KE	黄河中游 KE	西南地区 KE	东北地区 KE	西北地区 KE
FDI	0.306*** (6.72)	0.269*** (6.71)	0.315*** (6.26)	0.205*** (6.75)	0.194*** (6.89)	0.237*** (6.37)	0.110 (0.84)	0.116 (0.55)
OFDI	0.219*** (6.84)	0.202*** (6.09)	0.269*** (6.73)	0.168*** (6.58)	0.103*** (6.38)	0.197*** (6.26)	0.127 (0.84)	0.120 (0.69)
FDI×OFDI	0.317*** (6.37)	0.305*** (6.48)	0.366*** (5.36)	0.239*** (6.53)	0.207*** (6.37)	0.289*** (6.63)	0.169 (0.48)	0.125 (0.93)
TFP	0.247*** (6.84)	0.275*** (6.47)	0.227*** (6.27)	0.216*** (6.54)	0.283*** (6.82)	0.219*** (6.59)	0.230*** (6.44)	0.220*** (6.74)
HLC	0.364*** (6.85)	0.350*** (6.46)	0.339*** (6.28)	0.359*** (6.46)	0.371*** (6.29)	0.339*** (5.08)	0.316*** (6.29)	0.329*** (6.71)
HTI	0.197*** (5.84)	0.189*** (6.58)	0.175*** (5.79)	0.180*** (5.69)	0.168*** (5.61)	0.186*** (5.88)	0.177*** (6.19)	0.169*** (5.48)
GPK	0.121*** (6.73)	0.124*** (6.25)	0.137*** (6.16)	0.129*** (6.74)	0.114*** (6.24)	0.127*** (6.77)	0.109*** (6.38)	0.120*** (6.64)
URL	0.059*** (6.64)	0.025*** (6.28)	0.037*** (6.47)	0.056*** (6.83)	0.038*** (6.27)	0.063*** (6.51)	0.046*** (6.26)	0.051*** (6.15)
常数项	0.158*** (6.83)	0.162*** (6.47)	0.147*** (6.72)	0.161*** (6.59)	0.158*** (6.27)	0.184*** (5.47)	0.159*** (6.84)	0.155*** (5.28)
年份	控制	控制	控制	控制	控制	控制	控制	控制
地区	控制	控制	控制	控制	控制	控制	控制	控制
观测值（个）	23	23	23	23	23	23	23	23
R^2	0.524	0.428	0.482	0.582	0.418	0.538	0.427	0.538
系数差异检验	0.138*** (5.47)	0.531*** (6.72)	0.545*** (6.43)	0.311*** (6.19)	0.448*** (5.28)	0.443*** (6.42)	0.131*** (6.35)	0.142*** (6.84)

通过上述回归结果，中国—马来西亚双向直接投资联动驱动产业新旧动能转换强度存在一定的区域层面差异，中国—马来西亚双向直接投

资联动效应推动我国产业新旧动能转换强度高于对外直接投资个体效应和外商直接投资个体效应，而对外直接投资个体效应对我国产业新旧动能转换的强度又显著高于外商直接投资个体效应。具体可以得出以下三个方面的结论：一是中国—马来西亚双向直接投资联动效应、外商直接投资个体效应与对外直接投资个体效应均有效地推动了我国东部沿海、南部沿海、北部沿海、长江中游、黄河中游和西南地区产业新旧动能转换，而东北地区和西北地区推动作用并不显著，因此，中国—马来西亚双向直接投资联动效应、外商直接投资与对外直接投资个体效应驱动我国产业新旧动能转换存在区域异质性。同时，中国—马来西亚双向直接投资联动效应推动产业新旧动能转换的强度高于对外直接投资、外商直接投资个体效应。二是通过似无相关 Suest 组间系数差异检验，发现中国—马来西亚双向直接投资联动效应、外商直接投资和对外直接投资个体效应推动不同区域产业新旧动能转换强度存在显著差异，强度由高到低依次为南部沿海、东部沿海、北部沿海、西南地区、长江中游、黄河中游地区，其余两个地区不显著，包括东北地区和西北地区。三是经济增长质量、人力资本水平、高新技术产业占比、政府"产业新旧动能转换"政策以及城镇化水平等控制变量有效地推动了我国不同行业产业新旧动能转换。

究其原因，中国—马来西亚双向直接投资联动驱动我国产业新旧动能转换区域异质性，源于马来西亚与我国南部沿海、东部沿海以及北部沿海的广西、海南、广东、浙江、福建、上海、北京等省份联系紧密，此外，马来西亚亦与西南地区云南、西藏产业联动广泛，故而，中国—马来西亚双向直接投资有效地驱动了我国不同区域产业新旧动能转换，中国—马来西亚与中国—越南、老挝、泰国、缅甸、柬埔寨等国家不同，中国—马来西亚双向直接投资联动对我国南部沿海、东部沿海与北部沿海地区驱动作用较强，源于马来西亚在中国投资较多分布于沿海区域。

（六）门槛效应分析

为了进一步分析中国—马来西亚双向直接投资联动对我国产业新旧动能转换可能存在的"门槛"，本章分别从双向直接投资"本身门槛"和人力资本水平设置的"吸收门槛"角度分析门槛效应，回归结果如表 8-47 所示。

表 8-47　中国—马来西亚双向直接投资联动驱动产业新旧动能转换门槛效应回归结果

变量	模型1 FE KE	模型1 Heckman KE	模型2 FE KE	模型2 Heckman KE	模型3 FE KE	模型3 Heckman KE	模型4 FE KE	模型4 Heckman KE
FDI	0.228*** (6.73)	0.241*** (6.47)	—	—	—	—	0.216*** (6.74)	0.221*** (6.27)
OFDI	—	—	0.249*** (6.22)	0.264*** (6.15)	—	—	0.209*** (6.37)	0.217*** (6.72)
FDI×OFDI	—	—	—	—	0.357*** (6.27)	0.348*** (6.47)	0.328*** (6.27)	0.352*** (6.11)
FDI^2	-0.106*** (6.36)	-0.110*** (6.65)	—	—	—	—	-0.102*** (6.37)	-0.109*** (7.05)
$OFDI^2$	—	—	-0.109*** (6.39)	-0.115*** (6.26)	—	—	-0.103*** (6.84)	-0.121*** (6.55)
$FDI^2 \times OFDI^2$	—	—	—	—	-0.175*** (6.72)	-0.183*** (6.62)	-0.163*** (6.83)	-0.165*** (6.37)
TFP	0.227*** (6.49)	0.241*** (6.74)	0.229*** (6.40)	0.237*** (6.51)	0.224*** (6.47)	0.274*** (6.28)	0.225*** (6.67)	0.218*** (6.99)
HLC	0.318*** (6.37)	0.359*** (6.85)	0.382*** (6.29)	0.326*** (6.62)	0.347*** (6.35)	0.372*** (5.73)	0.334*** (6.66)	0.359*** (6.81)
HTI	0.158*** (5.59)	0.167*** (6.39)	0.150*** (5.58)	0.169*** (5.35)	0.182*** (5.65)	0.169*** (5.16)	0.173*** (6.59)	0.181*** (5.64)
GPK	0.125*** (6.31)	0.131*** (6.64)	0.112*** (6.52)	0.128*** (6.55)	0.149*** (6.72)	0.152*** (6.75)	0.120*** (6.48)	0.144*** (6.42)
URL	0.047*** (6.36)	0.064*** (7.46)	0.047*** (6.27)	0.056*** (6.42)	0.051*** (5.45)	0.075*** (6.17)	0.037*** (6.29)	0.046*** (6.42)
常数项	0.174*** (6.72)	0.148*** (6.47)	0.165*** (5.15)	0.127*** (6.22)	0.158*** (7.54)	0.149*** (5.48)	0.217*** (6.57)	0.185*** (6.77)
年份	控制	控制	控制	控制	控制	控制	控制	控制
地区	控制	控制	控制	控制	控制	控制	控制	控制
观测值(个)	23	23	23	23	23	23	23	23
R^2	0.625	0.473	0.428	0.532	0.472	0.411	0.521	0.483

通过上述回归结果,可以得出以下三个方面的结论:一是中国—马来西亚双向直接投资联动效应、外商直接投资与对外直接投资个体效应推动我国产业新旧动能转换存在"门槛效应",并且该门槛为"高门槛",即随着外商直接投资、对外直接投资以及双向直接投资联动程度提升,我国产业新旧动能转换程度不断提升,超过"门槛值"后,随着外商直接投资、对外直接投资以及双向直接投资联动程度提升,我国产业新旧动能转换程度反而下降。二是采用固定效应模型和 Heckman 两步法回归得到的中国—马来西亚双向直接投资联动驱动产业新旧动能转换的门槛值分别为 1.02 和 0.95,外商直接投资驱动产业新旧动能转换的门槛值分别为 1.08 和 1.10,对外直接投资驱动产业新旧动能转换的门槛值分别为 1.14 和 1.15。同时,将外商直接投资、对外直接投资个体效应和双向直接投资联动效应以及三者的平方项引入固定效应模型进行回归,得到外商直接投资、对外直接投资、双向直接投资联动驱动产业新旧动能转换的门槛值分别为 1.06、1.01 和 1.01。Heckman 两步法计算的门槛值计算同理,外商直接投资、对外直接投资、双向直接投资联动驱动产业新旧动能转换的门槛值分别为 1.01、0.90 和 1.07。三是采用固定效应模型和 Heckman 两步法均能够得到,中国—马来西亚双向直接投资联动效应、外商直接投资与对外直接投资个体效应有效地推动了我国产业新旧动能转换。

此外,从人力资本水平设置的"吸收门槛"角度分析中国—马来西亚双向直接投资联动效应、外商直接投资与对外直接投资个体效应对我国产业新旧动能转换的影响,回归结果如表 8-48 所示。

表 8-48　中国—马来西亚双向直接投资联动驱动产业新旧动能转换
——基于人力资本水平与双向直接投资交互门槛效应

变量	模型 1 FE KE	模型 1 Heckman KE	模型 2 FE KE	模型 2 Heckman KE	模型 3 FE KE	模型 3 Heckman KE	模型 4 FE KE	模型 4 Heckman KE
FDI	-0.328*** (6.27)	-0.351*** (6.21)	—	—	—	—	-0.312*** (6.28)	-0.315*** (4.16)
OFDI	—	—	-0.383*** (6.64)	-0.396*** (6.27)	—	—	-0.330*** (7.19)	-0.338*** (6.73)

续表

变量	模型1 FE KE	模型1 Heckman KE	模型2 FE KE	模型2 Heckman KE	模型3 FE KE	模型3 Heckman KE	模型4 FE KE	模型4 Heckman KE
FDI× OFDI	—	—	—	—	-0.462*** (6.27)	-0.494*** (6.38)	-0.436*** (6.47)	-0.445*** (6.87)
FDI× HLC	0.216*** (6.78)	0.208*** (6.44)	—	—	—	—	0.193*** (6.93)	0.216*** (6.37)
OFDI× HLC	—	—	0.225*** (6.21)	0.218*** (6.23)	—	—	0.201*** (6.38)	0.212*** (6.65)
FDI× OFDI× HLC	—	—	—	—	0.283*** (6.29)	0.275*** (6.73)	0.276*** (7.88)	0.271*** (6.37)
TFP	0.258*** (6.59)	0.293*** (6.53)	0.238*** (6.29)	0.256*** (6.36)	0.272*** (6.33)	0.265*** (6.47)	0.237*** (6.29)	0.258*** (6.37)
HLC	0.358*** (6.24)	0.321*** (6.36)	0.339*** (6.52)	0.329*** (6.25)	0.365*** (6.14)	0.350*** (5.37)	0.362*** (6.16)	0.327*** (6.73)
HTI	0.169*** (5.47)	0.164*** (6.15)	0.172*** (5.25)	0.171*** (5.83)	0.156*** (5.47)	0.148*** (5.32)	0.163*** (6.81)	0.172*** (5.25)
GPK	0.126*** (6.12)	0.117*** (6.27)	0.123*** (6.47)	0.159*** (6.28)	0.128*** (6.16)	0.131*** (6.27)	0.136*** (6.20)	0.155*** (6.88)
URL	0.058*** (6.37)	0.049*** (7.16)	0.048*** (6.83)	0.062*** (6.46)	0.046*** (5.32)	0.069*** (6.59)	0.097*** (6.51)	0.078*** (6.39)
常数项	0.264*** (6.63)	0.231*** (6.23)	0.236*** (5.92)	0.216*** (6.25)	0.173*** (6.73)	0.193*** (5.42)	0.216*** (6.18)	0.286*** (6.74)
年份	控制	控制	控制	控制	控制	控制	控制	控制
地区	控制	控制	控制	控制	控制	控制	控制	控制
观测值（个）	23	23	23	23	23	23	23	23
R^2	0.523	0.592	0.621	0.493	0.384	0.528	0.472	0.477

通过上述回归结果，可以得出以下三个方面的结论：一是中国—马来西亚双向直接投资联动效应、外商直接投资与对外直接投资个体效应

推动我国产业新旧动能转换受到人力资本水平设置的"门槛效应",并且该门槛为"低门槛",即随着外商直接投资、对外直接投资以及双向直接投资联动程度提升,我国产业新旧动能转换程度不断提升,超过"门槛值"后,随着外商直接投资、对外直接投资以及双向直接投资联动程度提升,我国产业新旧动能转换程度反而下降。二是采用固定效应模型和Heckman两步法回归,中国—马来西亚双向直接投资联动驱动产业新旧动能转换时母国人力资本水平设置的门槛值分别为1.63和1.80,外商直接投资驱动产业新旧动能转换时人力资本水平设置的门槛值分别为1.52和1.69,对外直接投资驱动产业新旧动能转换时人力资本水平设置的门槛值分别为1.70和1.82。同时,将外商直接投资、对外直接投资个体效应和双向直接投资联动效应以及三者的平方项引入固定效应模型进行回归,得到外商直接投资驱动产业新旧动能转换时人力资本水平设置的门槛值为1.62,对外直接投资驱动产业新旧动能转换时人力资本水平设置的门槛值为1.64,双向直接投资联动驱动产业新旧动能转换时人力资本水平设置的门槛值为1.58。Heckman两步法计算的门槛值计算同理,外商直接投资驱动产业新旧动能转换时人力资本水平设置的门槛值为1.46,对外直接投资驱动产业新旧动能转换时人力资本水平设置的门槛值为1.59,双向直接投资联动驱动产业新旧动能转换时人力资本水平设置的门槛值为1.64。三是采用固定效应模型和Heckman两步法均能够得到中国—马来西亚双向直接投资联动效应、外商直接投资与对外直接投资个体效应有效地推动了我国产业新旧动能转换。

究其原因,中国—马来西亚双向直接投资联动效应、外商直接投资与对外直接投资个体效应自身的"高门槛"及人力资本水平吸收设置的"低门槛"同中国与越南、老挝、泰国、缅甸、柬埔寨相似,规模效应和吸收效应致使门槛效应存在,仅在门槛数值方面存在一定差异。

三 小结

本节基于中国—马来西亚双向直接投资动态演变与产业分布,实证分析中国—马来西亚双向直接投资联动效应、外商直接投资与对外直接投资个体效应对我国产业新旧动能转换的影响。基准回归研究发现,双向直接投资联动效应、外商直接投资与对外直接投资个体效应有效地推动了我国产业新旧动能转换。从知识能力、经济活力、创新驱动、网络经济与转型升级的产业新旧动能分类指数回归角度,双向直接投资联动驱动产业新旧动能转换程度由强到弱依次为经济活力、转型升级、网络经济和创新驱动。同时，中国—马来西亚双向直接投资联动推动我国产业新旧动能转换存在时段差异、行业差异与区域差异。此外，研究发现双向直接投资联动效应、外商直接投资与对外资金投资个体效应自身设置的门槛为"高门槛"，而人力资本水平设置的"吸收门槛"为"低门槛"，采用固定效应模型回归和 Heckman 两步法回归得到了相似的门槛值。

第七节 中国—新加坡双向直接投资联动驱动产业新旧动能转换研究

一 中国—新加坡双向直接投资动态演变

中国—新加坡双向直接投资指数（TDI）具体如表 8-49 所示。

表 8-49　　　　　　　　　中国—新加坡 TDI

年份	1997	1998	1999	2000	2001	2002	2003	2004	2005
TID	0.8766	0.7459	0.6016	0.6341	0.9226	0.6938	0.3711	0.7410	0.8285
年份	2006	2007	2008	2009	2010	2011	2012	2013	2014
TID	0.6973	0.9793	0.8055	0.7329	0.7625	0.8887	0.5083	0.8883	0.8345
年份	2015	2016	2017	2018	2019	2020	2021	2022	—
TID	0.8620	0.7348	0.7374	0.5436	0.5310	1.0000	0.7518	0.5982	—

由表 8-49 可以看出，1997 年中国—新加坡 TDI 为 0.8766，之后的两年开始匀速下降，2001 年，涨至高值 0.9226，之后两年开始急剧下降，2003 年降至近 25 年的最小值 0.3711，2004—2011 年，TDI 在较小范围内波动，2012 年又降至 0.5083，2013—2019 年的中国—新加坡 TDI 总体呈现下降态势，2020 年，中国—新加坡 TDI 为 1，两国的双向直接投资愿望强烈，之后两年开始下降。

由图 8-7 可以看出，总体而言波动幅度较大，大致而言可以分为三个阶段：第一阶段，1997—2004 年呈现大幅度波动，1997 年中国—新加坡 TDI 为 0.8766，随后开始下降，分析原因：1997 年亚洲金融危机爆发之后，由于新加坡国土面积狭小，资源和市场较为有限，再加之出口导向的经济模式，经济基础相对脆弱，经济发展深受影响，2001年中国—新加坡TDI上升至0.9926，2003年，中国—新加坡双向直接投资达到最低点，TDI为0.3711，下降幅度达到59.76%，分析原因：2003年上半年，受美伊战争和SARS爆发以及世界欧、美、日等市场需求不振的影响，新加坡经济呈现出疲软态势，该年的中新双向直接投资低迷，2004年，双向直接投资指数上升至0.7410，涨幅约为49.92%。第二阶段，2004—2011年，中国—新加坡TDI呈现小幅波动的态势，该六年的中国—新加坡双向直接投资意愿较强且平稳，波动幅度最高不超过15.84%，并在2007年出现26年来的双向直接投资指数次高点，TDI为0.9793。第三阶段，2011—2022年，中国—新加坡双向直接投资波动幅度较大，TDI由2011年的0.8887下降至2012年的0.5083，后又恢复至2013年的0.8883，波动幅度约为42%，之后的六年，TDI在波动中下降，2019年TDI降至0.5310，2020年上涨至1，说明2020年中国—新加坡两国的双向直接投资意向强烈，之后两年受新冠疫情的蔓延和影响，中国—新加坡双向直接投资水平开始下降。

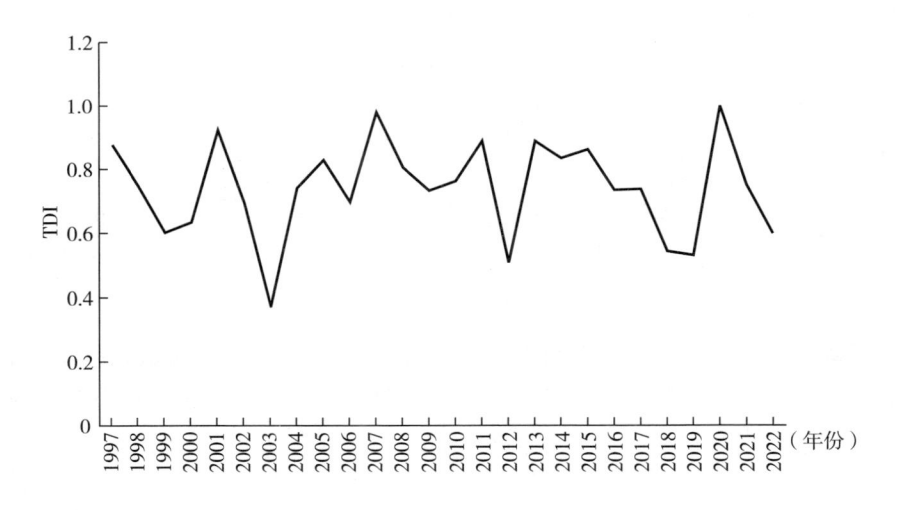

图8-7 中国—新加坡TDI

二 中国—新加坡双向直接投资联动驱动产业新旧动能转换实证研究

（一）基准回归结果

中国—新加坡双向直接投资联动驱动产业新旧动能转换的回归结果，

如表 8-50 所示。

表 8-50　中国—新加坡双向直接投资联动
驱动产业新旧动能转换基准回归结果

变量	KE	KE	KE	KE	KE
FDI	0.142*** (6.57)	—	—	0.107*** (6.48)	0.115*** (6.73)
OFDI	—	0.316*** (6.63)	—	0.301*** (6.64)	0.289*** (6.74)
FDI×OFDI	—	—	0.426*** (6.42)	0.415*** (6.73)	0.467*** (5.38)
TFP	0.247*** (7.27)	0.228*** (7.17)	0.253*** (7.55)	—	0.237*** (6.27)
HLC	0.337*** (6.16)	0.382*** (6.43)	0.325*** (6.70)	—	0.352*** (6.61)
HTI	0.184*** (5.78)	0.169*** (5.62)	0.178*** (5.59)	—	0.192*** (5.77)
GPK	0.127*** (6.17)	0.118*** (5.73)	0.125*** (5.41)	—	0.136*** (5.86)
URL	0.059*** (6.62)	0.073*** (7.48)	0.050*** (6.41)	—	0.073*** (5.90)
常数项	0.238*** (5.28)	0.419*** (5.64)	0.373*** (6.16)	—	0.266*** (6.44)
年份	控制	控制	控制	控制	控制
地区	控制	控制	控制	控制	控制
观测值（个）	23	23	23	23	23
R^2	0.437	0.527	0.395	0.485	0.570

通过上述回归结果，可以得出以下三个方面的结论：一是中国—新加坡外商直接投资个体效应、对外直接投资个体效应与双向直接投资联动效应均有效地推动了我国产业新旧动能转换，其中，双向直接投资联动效应对产业新旧动能转换的影响程度高于外商直接投资个体效应与对外直接投资个体效应，而对外直接投资对产业新旧动能转换的推动作用又强于外商直接投资对产业新旧动能转换的推动作用。二是控制变量加

第八章 双向直接投资联动驱动产业新旧动能转换国别异质性研究 / 277

入前后，中国—新加坡双向直接投资联动效应、外商直接投资与对外直接投资个体效应驱动产业新旧动能转换的回归结果显著性未发生明显变化，说明中国—新加坡双向直接投资联动有效地驱动了我国产业新旧动能转换。三是经济增长质量、人力资本水平、高新技术产业占比、政府"产业新旧动能转换"政策以及城镇化水平等控制变量均有效地推动了我国产业新旧动能转换。其中，人力资本水平对我国产业新旧动能转换提升作用程度最高，而城镇化水平对我国产业新旧动能转换提升作用程度最低，其余控制变量对我国产业新旧动能转换提升作用程度介于其间，作用程度由强到弱依次为人力资本水平、经济增长质量、高新技术产业占比、政府"产业新旧动能转换"政策以及城镇化水平。

通过基准回归结果，得到中国—新加坡双向直接投资联动驱动产业新旧动能转换上述三个方面的结论。究其原因，新加坡拥有得天独厚的地理环境与宽松的自由贸易港政策，是转口贸易与投资的"天堂"，对我国企业"走出去"具有强大的吸引能力，我国企业对新加坡的直接投资能够享受到较多的政策优惠，能够以更低的成本获得较多的逆向技术溢出，因此我国对新加坡的直接投资能够显著地推动我国产业新旧动能转换。同时，我国吸引新加坡外商直接投资的数量规模相对有限，虽然中国—新加坡外商直接投资能够显著地推动我国产业新旧动能转换，但是外商直接投资对我国产业新旧动能转换的推动作用较为有限，显著地弱于对外直接投资的推动作用。与外商直接投资个体效应和对外直接投资个体效应相比，双向直接投资联动对我国产业新旧动能转换的推动作用最强，说明高质量的"引进来"与高效率的"走出去"是实现产业内外联动，协同推进产业新旧动能转换的一条重要实践路径。

因此，基于上述回归结果分析以及对应原因分析，我国应当有选择、有目标地吸收外商直接投资和利用对外直接投资，靶向吸引外商直接投资，同时积极鼓励对外直接投资，促进"引进来"与"走出去"联动驱动我国产业新旧动能转换，进一步推动我国产业新旧动能实质转换，实现产业链关键环节安全稳定与自主可控。

（二）双向直接投资对产业新旧动能转换分类指数的影响研究

中国—新加坡双向直接投资联动驱动产业新旧动能转换的实证回归结果如表8-51所示。

表 8-51　中国—新加坡双向直接投资联动驱动产业新旧动能转换分类指数影响回归结果

变量	知识能力 KE	经济活力 KE	创新驱动 KE	网络经济 KE	转型升级 KE
FDI	0.312*** (6.38)	0.329*** (6.73)	0.266*** (6.73)	0.172*** (6.75)	0.136*** (6.75)
OFDI	0.367*** (6.73)	0.351*** (6.79)	0.297*** (6.48)	0.269*** (6.59)	0.218*** (6.83)
FDI×OFDI	0.372*** (6.64)	0.427*** (6.74)	0.359*** (6.63)	0.318*** (6.48)	0.307*** (6.47)
TFP	0.273*** (6.63)	0.258*** (6.75)	0.216*** (7.28)	0.248*** (6.44)	0.281*** (6.93)
HLC	0.358*** (6.48)	0.348*** (6.21)	0.327*** (6.66)	0.339*** (6.83)	0.372*** (6.18)
HTI	0.158*** (5.69)	0.183*** (5.85)	0.169*** (5.38)	0.173*** (5.53)	0.188*** (5.85)
GPK	0.116*** (6.74)	0.126*** (5.69)	0.118*** (5.19)	0.115*** (5.33)	0.125*** (5.75)
URL	0.069*** (6.38)	0.053*** (7.75)	0.080*** (6.21)	0.053*** (6.80)	0.049*** (5.74)
常数项	0.153*** (5.63)	0.264*** (5.94)	0.321*** (6.29)	0.370*** (6.47)	0.170*** (6.42)
年份	控制	控制	控制	控制	控制
地区	控制	控制	控制	控制	控制
观测值（个）	23	23	23	23	23
R^2	0.472	0.428	0.514	0.505	0.493
系数差异检验	0.028*** (5.73)	0.016*** (6.74)	0.035*** (6.11)	0.044*** (6.94)	0.013*** (6.39)

通过上述回归结果，中国—新加坡双向直接投资联动以及外商直接投资与对外直接投资驱动产业新旧动能转换与前文所述的中国—越南、老挝、泰国、缅甸、柬埔寨、马来西亚存在一定的差异，中国—新加坡

第八章　双向直接投资联动驱动产业新旧动能转换国别异质性研究 / 279

双向直接投资联动效应显著地推动了我国产业新旧动能转换五个维度指数的提升，作用强度按照由强到弱的顺序依次为经济活力、知识能力、创新驱动、网络经济和转型升级，外商直接投资个体效应对我国产业新旧动能转换的推动作用与双向直接投资联动效应相似，作用强度弱于双向直接投资联动效应，但对五个维度指数的提升强弱顺序一致，对外直接投资个体效应有效推动了我国产业新旧动能转换五个维度指数提升，作用强度按照由强到弱的顺序依次为知识能力、经济活力、创新驱动、网络经济和转型升级。由此可见，中国—新加坡双向直接投资联动效应、外商直接投资个体效应与对外直接投资个体效应均能有效地推动我国产业新旧动能转换。此外，经济增长质量、人力资本水平、高新技术产业占比、政府"产业新旧动能转换"政策以及城镇化水平等控制变量有效地推动了五个维度指数提升，作用强度由高到低依次为人力资本水平、经济增长质量、高新技术产业占比、政府"产业新旧动能转换"政策以及城镇化水平。同时，通过知识能力、经济活力、创新驱动、网络经济以及转型升级五个维度指数似无相关 Suest 组间系数差异检验，发现双向直接投资联动、对外直接投资和外商直接投资对我国产业新旧动能转换影响的回归系数存在显著差异。

究其原因，中国—新加坡双向直接投资有效互动、耦合联动，共同推动了我国产业新旧动能转换，中国—新加坡外商直接投资主要集中于制造业、交通运输、物流产业、房地产等领域，近年来，外商直接投资产业逐步转向节能环保、智能制造、通信工程等产业，而中国—新加坡对外直接投资主要集中于区块链、元宇宙等新兴产业，中国—新加坡借助地理位置优势，产业之间联动发展，进一步推动了我国产业新旧动能逐步转换。截至 2022 年 3 月，中国资本在海外投资时间数量排名，新加坡位于第 3 位，仅次于美国和印度。因此，中国—新加坡双向直接投资在中国"走出去"过程中具有举足轻重的地位，我国应加强与新加坡之间的互动，进一步推动我国产业新旧动能实质转换，实现产业链关键环节自主可控。

（三）时段异质性分析

五个时段中国—新加坡双向直接投资联动效应、外商直接投资个体效应和对外直接投资个体效应对我国产业新旧动能转换的影响如表 8-52 所示。

表 8-52　中国—新加坡双向直接投资联动驱动产业新旧动能转换时段异质性回归结果

时段	变量	KE	KE	KE	KE	KE	KE	KE	KE
2000—2004 年	FDI	0.316*** (6.47)	—	—	0.303*** (6.18)	0.329*** (6.33)	—	—	0.311*** (6.35)
	OFDI	—	0.228*** (6.73)	—	0.202*** (6.74)	—	0.231*** (6.37)	—	0.216*** (6.37)
	FDI×OFDI	—	—	0.378*** (6.73)	0.325*** (6.84)	—	—	0.369*** (6.79)	0.331*** (6.35)
2005—2009 年	FDI	0.328*** (6.37)	—	—	0.312*** (6.75)	0.334*** (6.63)	—	—	0.322*** (6.28)
	OFDI	—	0.289*** (6.48)	—	0.247*** (6.38)	—	0.297*** (6.49)	—	0.304*** (6.38)
	FDI×OFDI	—	—	0.389*** (6.73)	0.317*** (6.79)	—	—	0.392*** (6.74)	0.321*** (6.58)
2010—2014 年	FDI	0.273*** (6.72)	—	—	0.258*** (6.25)	0.288*** (6.48)	—	—	0.257*** (6.35)
	OFDI	—	0.344*** (6.73)	—	0.327*** (6.23)	—	0.351*** (6.64)	—	0.335*** (6.37)
	FDI×OFDI	—	—	0.397*** (6.38)	0.368*** (6.83)	—	—	0.411*** (6.62)	0.389*** (6.38)
2015—2019 年	FDI	0.286*** (6.37)	—	—	0.276*** (6.81)	0.299*** (6.53)	—	—	0.279*** (6.28)
	OFDI	—	0.356*** (6.83)	—	0.341*** (6.73)	—	0.367*** (6.49)	—	0.345*** (6.84)
	FDI×OFDI	—	—	0.403*** (6.88)	0.369*** (7.09)	—	—	0.418*** (6.49)	0.387*** (6.83)
2020—2022 年	FDI	0.326*** (6.42)	—	—	0.311*** (6.36)	0.336*** (6.99)	—	—	0.320*** (6.27)
	OFDI	—	0.389*** (6.10)	—	0.352*** (6.74)	—	0.413*** (6.74)	—	0.368*** (6.84)
	FDI×OFDI	—	—	0.433*** (6.51)	0.392*** (6.27)	—	—	0.451*** (6.74)	0.404*** (5.66)

续表

时段	变量	KE	KE	KE	KE	KE	KE	KE	KE
控制变量	年份	控制	控制	控制	控制	控制	控制	控制	控制
	地区	控制	控制	控制	控制	控制	控制	控制	控制
	观测值（个）	23	23	23	23	23	23	23	23
	R^2	0.372	0.482	0.529	0.429	0.513	0.525	0.618	0.574

通过上述回归结果，可以得出以下三个方面的结论：一是五个时段总体层面，中国—新加坡在2000—2022年五个时段的双向直接投资联动效应、外商直接投资与对外直接投资个体效应均有效地推动了我国产业新旧动能转换；二是2000—2004年、2005—2009年两个时段，中国—新加坡双向直接投资、外商直接投资与对外直接投资对我国产业新旧动能转换起到显著的推动作用，作用强度由强到弱依次为双向直接投资联动效应、外商直接投资个体效应和对外直接投资个体效应；三是2010—2014年、2015—2019年以及2020—2022年三个时段，中国—新加坡双向直接投资、外商直接投资与对外直接投资对我国产业新旧动能转换起到显著的推动作用，作用强度由强到弱依次为双向直接投资联动效应、对外直接投资个体效应和外商直接投资个体效应，作用强度发生了显著变化。控制变量对我国产业新旧动能转换的显著性与作用强度与基准回归结果相似，文中不再汇报。

究其原因，中国—新加坡双向直接投资在中国—中南半岛经济走廊、RCEP框架协议生效后取得了长足的发展，同时，我国对新加坡直接投资的作用强度呈现逐年增强的态势。因此，中国—新加坡外商直接投资在早期作用强于对外直接投资。随着"一带一路"倡议的推动作用不断增强，中国—新加坡对外直接投资作用强度将逐步超过外商直接投资的作用。此外，中国—新加坡双向直接投资的联动作用始终强于外商直接投资与对外直接投资个体作用，说明中国与新加坡双向直接投资借助中国—中南半岛经济走廊国际直接投资职能得到了充分的发挥，进一步推动我国产业新旧动能逐步转换。

（四）行业异质性分析

分析中国—新加坡双向直接投资对我国专用设备，仪器仪表，通信设备、计算机和其他电子设备，电器机械和器材，金属制品、机械和设备修理服务以及交通运输设备六个行业新旧动能转换的影响程度（见表8-53）。

表8-53　中国—新加坡双向直接投资联动驱动产业新旧动能转换行业异质性回归结果

变量	专用设备	仪器仪表	通信设备、计算机和其他电子设备	电器机械和器材	金属制品、机械和设备修理服务	交通运输设备
	KE	KE	KE	KE	KE	KE
FDI	0.275 *** (6.39)	0.254 *** (5.27)	0.237 *** (6.73)	0.188 *** (6.32)	0.207 *** (6.75)	0.128 *** (5.82)
OFDI	0.388 *** (6.49)	0.342 *** (6.33)	0.269 *** (6.28)	0.308 *** (6.49)	0.275 *** (5.38)	0.251 *** (6.18)
FDI×OFDI	0.473 *** (6.72)	0.421 *** (6.28)	0.395 *** (6.33)	0.315 *** (6.16)	0.289 *** (6.39)	0.277 *** (6.84)
TFP	0.247 *** (6.74)	0.256 *** (6.48)	0.238 *** (6.13)	0.271 *** (6.73)	0.227 *** (6.38)	0.281 *** (6.68)
HLC	0.384 *** (6.39)	0.337 *** (6.74)	0.352 *** (6.63)	0.339 *** (6.36)	0.320 *** (6.55)	0.313 *** (6.27)
HTI	0.179 *** (5.27)	0.185 *** (5.19)	0.182 *** (5.67)	0.176 *** (5.84)	0.199 *** (5.55)	0.178 *** (5.70)
GPK	0.121 *** (6.63)	0.118 *** (5.53)	0.120 *** (5.89)	0.117 *** (5.29)	0.127 *** (5.03)	0.133 *** (6.69)
URL	0.076 *** (6.68)	0.038 *** (6.27)	0.093 *** (6.38)	0.073 *** (6.55)	0.040 *** (5.80)	0.081 *** (6.22)
常数项	0.194 *** (5.38)	0.213 *** (5.29)	0.326 *** (6.55)	0.345 *** (6.83)	0.172 *** (6.76)	0.184 *** (5.92)
年份	控制	控制	控制	控制	控制	控制
地区	控制	控制	控制	控制	控制	控制
观测值（个）	23	23	23	23	23	23
R^2	0.526	0.483	0.582	0.269	0.492	0.552
系数差异检验	0.017 *** (6.26)	0.023 *** (6.72)	0.063 *** (6.16)	0.028 *** (6.73)	0.029 *** (6.42)	0.068 *** (7.83)

第八章 双向直接投资联动驱动产业新旧动能转换国别异质性研究 / 283

通过上述回归结果，可以得出以下三个方面的结论：一是中国—新加坡双向直接投资联动效应、外商直接投资个体效应与对外直接投资个体效应有效地推动了我国专用设备，仪器仪表，通信设备、计算机和其他电子设备等六个行业产业新旧动能转换，同时，中国—新加坡双向直接投资联动驱动产业新旧动能转换的作用强度高于外商直接投资个体效应和对外直接投资个体效应，而对外直接投资个体效应推动产业新旧动能转换的强度又高于外商直接投资个体效应。二是通过似无相关 Suest 组间系数差异检验，发现中国—新加坡双向直接投资联动效应、外商直接投资个体效应和对外直接投资个体效应推动不同行业产业新旧动能转换的作用强度存在较为显著的差异，其中，外商直接投资个体效应推动不同行业产业新旧动能转换作用强度按照由强到弱的顺序依次为专用设备，仪器仪表，通信设备、计算机和其他电子设备，金属制品、机械和设备修理服务，电器机械和器材以及交通运输设备行业；对外直接投资个体效应推动不同行业产业新旧动能转换作用强度按照由强到弱的顺序依次为专用设备，仪器仪表，电器机械和器材，通信设备、计算机和其他电子设备，金属制品、机械和设备修理服务以及交通运输设备行业；双向直接投资联动效应推动不同行业产业新旧动能转换作用强度按照由强到弱的顺序依次为专用设备，仪器仪表，通信设备、计算机和其他电子设备，电器机械和器材，金属制品、机械和设备修理服务以及交通运输设备行业。三是经济增长质量、人力资本水平、高新技术产业占比、政府"产业新旧动能转换"政策以及城镇化水平等控制变量有效地推动了我国不同行业产业新旧动能转换，其中人力资本水平的推动作用最强，城镇化水平的推动作用最弱，作用强度由强到弱依次为人力资本水平、经济增长质量、高新技术产业占比、政府"产业新旧动能转换"政策以及城镇化水平。

究其原因，中国—新加坡双向直接投资逐步转向节能环保、智能制造以及数字经济等新兴高技术行业，外商直接投资与对外直接投资通过联动效应不断推进科学知识与先进技术深度融合，推动各个行业产业新旧动能逐步转换，"引进来"联动"走出去"推动了我国专用设备行业产业动能取得了长足的发展，实现产业新旧动能逐步转换，中国—新加坡双向直接投资、外商直接投资与对外直接投资推动我国不同行业层面产业新旧动能转换的情况较为相似，回归结果显示，统计中的六个行业产业新旧动能转换均获得了有效的推动作用，说明中国—新加坡双向直接投资联动效应较强，耦合度较高，在推动我国产业新旧动能转换方面发挥了显著的作用。

（五）区域异质性分析

将我国划分为东部沿海、北部沿海、南部沿海、长江中游、黄河中游、西南地区、东北地区和西北地区八个区域，进一步具体分析中国—新加坡双向直接投资联动效应、外商直接投资和对外直接投资个体效应对我国产业新旧动能转换的影响，回归结果如表8-54所示。

表8-54　中国—新加坡双向直接投资联动驱动产业
新旧动能转换区域异质性回归结果

变量	东部沿海 KE	北部沿海 KE	南部沿海 KE	长江中游 KE	黄河中游 KE	西南地区 KE	东北地区 KE	西北地区 KE
FDI	0.327*** (6.25)	0.308*** (6.62)	0.285*** (6.47)	0.251*** (7.22)	0.215*** (6.46)	0.266*** (7.08)	0.178*** (6.38)	0.120 (0.81)
OFDI	0.477*** (6.17)	0.395*** (6.43)	0.337*** (6.58)	0.320*** (6.38)	0.268*** (6.73)	0.309*** (6.38)	0.219*** (8.63)	0.148 (0.73)
FDI× OFDI	0.502*** (6.15)	0.473*** (6.37)	0.416*** (5.73)	0.393*** (5.30)	0.308*** (5.54)	0.364*** (6.38)	0.255*** (5.64)	0.261 (0.37)
TFP	0.263*** (6.58)	0.217*** (6.53)	0.262*** (6.28)	0.239*** (6.62)	0.227*** (6.40)	0.209*** (6.84)	0.271*** (6.59)	0.226*** (6.93)
HLC	0.339*** (6.28)	0.361*** (6.62)	0.328*** (6.55)	0.340*** (6.93)	0.362*** (6.49)	0.320*** (5.66)	0.343*** (6.39)	0.320*** (6.29)
HTI	0.186*** (5.28)	0.172*** (6.74)	0.192*** (5.33)	0.179*** (5.71)	0.174** (5.27)	0.163*** (5.46)	0.170*** (6.22)	0.181*** (5.83)
GPK	0.117*** (6.28)	0.137*** (6.53)	0.131*** (6.91)	0.152*** (6.20)	0.117*** (6.37)	0.129*** (6.82)	0.184*** (6.38)	0.175*** (6.43)
URL	0.072*** (6.38)	0.051*** (6.52)	0.084*** (6.28)	0.093*** (6.15)	0.055*** (6.95)	0.084*** (6.38)	0.029*** (6.55)	0.077*** (6.39)
常数项	0.138*** (6.35)	0.142*** (6.37)	0.158*** (6.10)	0.131*** (6.62)	0.159*** (6.39)	0.141*** (5.64)	0.152*** (6.49)	0.144*** (5.77)
年份	控制	控制	控制	控制	控制	控制	控制	控制

续表

变量	东部沿海	北部沿海	南部沿海	长江中游	黄河中游	西南地区	东北地区	西北地区
	KE	KE	KE	KE	KE	KE	KE	KE
地区	控制	控制	控制	控制	控制	控制	控制	控制
观测值（个）	23	23	23	23	23	23	23	23
R^2	0.527	0.482	0.485	0.572	0.626	0.477	0.528	0.437
系数差异检验	0.121*** (5.73)	0.263*** (6.18)	0.219*** (6.90)	0.242*** (6.05)	0.243*** (5.16)	0.184*** (6.37)	0.111*** (6.27)	0.169*** (7.26)

通过上述回归结果，中国—新加坡双向直接投资联动驱动产业新旧动能转换强度存在一定的区域层面差异，中国—新加坡双向直接投资联动效应推动我国产业新旧动能转换的强度高于对外直接投资和外商直接投资的个体效应，而对外直接投资个体效应推动我国产业新旧动能转换的强度又显著高于外商直接投资的个体效应。具体可以得出以下三个方面的结论：一是中国—新加坡双向直接投资联动效应、外商直接投资与对外直接投资个体效应有效地推动了我国东部沿海、南部沿海、北部沿海、长江中游、黄河中游、西南地区和东北地区产业新旧动能转换，而西北地区推动作用并不显著。因此，中国—新加坡双向直接投资联动效应、外商直接投资与对外直接投资个体效应驱动我国产业新旧动能转换存在区域异质性。同时，中国—新加坡双向直接投资联动效应推动产业新旧动能转换的强度高于对外直接投资、外商直接投资个体效应。二是通过似无相关 Suest 组间系数差异检验，发现中国—新加坡双向直接投资联动效应、外商直接投资和对外直接投资个体效应推动不同区域产业新旧动能转换强度存在显著差异，强度由高到低依次为东部沿海、南部沿海、北部沿海、长江中游、西南地区、黄河中游和东北地区，西北地区不显著。三是经济增长质量、人力资本水平、高新技术产业占比、政府"产业新旧动能转换"政策以及城镇化水平等控制变量有效地推动了我国不同行业产业新旧动能转换。

究其原因，中国—新加坡双向直接投资集中于我国沿海区域，近年来，新加坡在中国投资逐步扩散为四川、辽宁、天津、山东、江苏、浙江和广东等省份，产业联动领域也由传统产业转向智能产业。因此，中国—新加坡双向直接投资联动有效地驱动了我国七个区域产业新旧动能转换，除了西北地区，新加坡与我国西北区域产业合作相对较少、规模不足，致使中国—新加坡双向直接投资未能有效地驱动我国西北区域产业新旧动能转换，我国应该加强各个区域之间内部联动，同时，借助中国—中南半岛经济走廊直接投资职能，支持各个区域"走出去"外部联动，使得"引进来"与"走出去"联动推动我国各个区域产业新旧动能转换。

（六）门槛效应分析

从双向直接投资"本身门槛"和人力资本水平设置的"吸收门槛"角度分析门槛效应，回归结果如表8-55所示。

表8-55　　　中国—新加坡双向直接投资联动驱动产业
新旧动能转换门槛效应回归结果

变量	模型1 FE KE	模型1 Heckman KE	模型2 FE KE	模型2 Heckman KE	模型3 FE KE	模型3 Heckman KE	模型4 FE KE	模型4 Heckman KE
FDI	0.274*** (6.64)	0.287*** (6.49)	—	—	—	—	0.229*** (6.88)	0.293*** (6.79)
OFDI	—	—	0.378*** (6.94)	0.396*** (6.92)	—	—	0.337*** (6.99)	0.357*** (5.75)
FDI×OFDI	—	—	—	—	0.455*** (6.94)	0.478*** (6.51)	0.451*** (6.48)	0.462*** (7.02)
FDI^2	−0.125*** (6.58)	−0.123*** (6.77)	—	—	—	—	−0.117*** (7.24)	−0.121*** (6.09)
$OFDI^2$	—	—	−0.147*** (7.09)	−0.165*** (6.28)	—	—	−0.136*** (6.39)	−0.137*** (6.72)
$FDI^2×OFDI^2$	—	—	—	—	−0.182*** (6.79)	−0.177*** (6.38)	−0.169*** (7.07)	−0.175*** (6.93)
TFP	0.238*** (6.38)	0.285*** (6.51)	0.229*** (6.47)	0.272*** (6.55)	0.247*** (6.85)	0.216*** (6.53)	0.235*** (6.22)	0.266*** (6.50)
HLC	0.373*** (6.36)	0.338*** (6.84)	0.321*** (6.17)	0.382*** (6.44)	0.349*** (6.62)	0.347*** (5.58)	0.317*** (6.40)	0.330*** (6.42)
HTI	0.185*** (5.38)	0.192*** (6.59)	0.181*** (5.73)	0.158*** (5.50)	0.171*** (5.78)	0.166*** (5.92)	0.182*** (6.33)	0.169*** (5.99)
GPK	0.117*** (6.38)	0.138*** (6.42)	0.132*** (6.72)	0.120*** (6.39)	0.119*** (6.65)	0.126*** (6.17)	0.116*** (6.28)	0.146*** (6.52)

续表

变量	模型1 FE KE	模型1 Heckman KE	模型2 FE KE	模型2 Heckman KE	模型3 FE KE	模型3 Heckman KE	模型4 FE KE	模型4 Heckman KE
URL	0.029*** (6.37)	0.037*** (6.11)	0.073*** (6.59)	0.078*** (6.72)	0.040*** (6.50)	0.053*** (6.89)	0.038*** (6.36)	0.047*** (6.76)
常数项	0.261*** (6.63)	0.239*** (6.79)	0.423*** (6.27)	0.173*** (6.35)	0.159*** (6.76)	0.124*** (5.51)	0.173*** (6.86)	0.169*** (5.91)
年份	控制	控制	控制	控制	控制	控制	控制	控制
地区	控制	控制	控制	控制	控制	控制	控制	控制
观测值（个）	23	23	23	23	23	23	23	23
R^2	0.372	0.472	0.389	0.472	0.421	0.539	0.384	0.449

通过上述回归结果分析，可以得出以下三个方面的结论：一是中国—新加坡双向直接投资联动效应、外商直接投资与对外直接投资个体效应推动我国产业新旧动能转换存在"门槛效应"，并且该门槛为"高门槛"，即随着外商直接投资、对外直接投资以及双向直接投资联动程度的提升，我国产业新旧动能转换程度不断提升，超过"门槛值"后，随着外商直接投资、对外直接投资以及双向直接投资联动程度继续提升，我国产业新旧动能转换程度反而下降。二是采用固定效应模型和 Heckman 两步法回归得到，中国—新加坡双向直接投资联动驱动产业新旧动能转换的门槛值分别为 1.25 和 1.35，外商直接投资驱动产业新旧动能转换的门槛值分别为 1.10 和 1.17，对外直接投资驱动产业新旧动能转换的门槛值分别为 1.29 和 1.20。同时，将外商直接投资、对外直接投资个体效应和双向直接投资联动效应以及三者的平方项引入固定效应模型进行回归，得到外商直接投资驱动产业新旧动能转换的门槛值为 0.99，对外直接投资驱动产业新旧动能转换的门槛值为 1.24，双向直接投资联动驱动产业新旧动能转换的门槛值为 1.33。Heckman 两步法计算的门槛值计算同理，外商直接投资驱动产业新旧动能转换的门槛值为 1.21，对外直接投资驱动产业新旧动能转换的门槛值为 1.21，双向直接投资联动驱动产业新旧动能转换的门槛值为 1.32。三是采用固定效应模型和 Heckman 两步法均能够得到中国—新加坡双向直接投资联动效应、外商直接投资与对外直

接投资个体效应有效地推动了我国产业新旧动能转换。

此外，本章从人力资本水平设置的"吸收门槛"角度分析中国—新加坡双向直接投资联动效应、外商直接投资与对外直接投资个体效应对我国产业新旧动能转换的影响，回归结果如表8-56所示。

表8-56　中国—新加坡双向直接投资联动驱动产业新旧动能转换
　　　　——基于人力资本水平与双向直接投资交互门槛效应

变量	模型1 FE KE	模型1 Heckman KE	模型2 FE KE	模型2 Heckman KE	模型3 FE KE	模型3 Heckman KE	模型4 FE KE	模型4 Heckman KE
FDI	−0.312*** (6.73)	−0.347*** (6.33)	—	—	—	—	−0.307*** (6.38)	−0.325*** (7.15)
OFDI	—	—	−0.405*** (6.18)	−0.411*** (7.12)	—	—	−0.379*** (6.45)	−0.404*** (6.98)
FDI× OFDI	—	—	—	—	−0.448*** (6.95)	−0.487*** (5.68)	−0.430*** (6.96)	−0.455*** (6.48)
FDI× HLC	0.209*** (6.37)	0.221*** (6.91)	—	—	—	—	0.202*** (6.30)	0.217*** (6.49)
OFDI× HLC	—	—	0.172*** (6.70)	0.186*** (6.93)	—	—	0.158*** (6.54)	0.173*** (5.79)
FDI× OFDI× HLC	—	—	—	—	0.210*** (6.83)	0.247*** (6.79)	0.197*** (6.93)	0.204*** (6.87)
TFP	0.269*** (6.73)	0.218*** (6.11)	0.241*** (6.73)	0.219*** (6.28)	0.249*** (6.42)	0.237*** (6.89)	0.265*** (6.39)	0.282*** (6.48)
HLC	0.348*** (6.74)	0.375*** (6.89)	0.349*** (6.17)	0.317*** (6.77)	0.355*** (6.31)	0.347*** (6.73)	0.373*** (6.31)	0.328*** (6.12)
HTI	0.188*** (5.73)	0.175** (6.39)	0.169*** (5.18)	0.187*** (5.37)	0.160*** (5.28)	0.171*** (5.42)	0.183*** (6.64)	0.191*** (5.19)
GPK	0.119*** (6.37)	0.122*** (6.49)	0.130*** (6.63)	0.141*** (6.22)	0.127*** (6.85)	0.125*** (6.90)	0.136*** (6.19)	0.147*** (6.02)
URL	0.048*** (6.02)	0.052*** (6.21)	0.077*** (6.01)	0.087*** (6.13)	0.090*** (6.20)	0.023*** (6.19)	0.047*** (6.13)	0.053*** (6.27)

续表

变量	模型1 FE KE	模型1 Heckman KE	模型2 FE KE	模型2 Heckman KE	模型3 FE KE	模型3 Heckman KE	模型4 FE KE	模型4 Heckman KE
常数项	0.168*** (6.48)	0.132*** (6.26)	0.172*** (6.49)	0.148*** (6.63)	0.183*** (6.59)	0.152*** (5.37)	0.138*** (6.42)	0.153*** (5.74)
年份	控制	控制	控制	控制	控制	控制	控制	控制
地区	控制	控制	控制	控制	控制	控制	控制	控制
观测值（个）	23	23	23	23	23	23	23	23
R^2	0.475	0.484	0.528	0.428	0.494	0.511	0.380	0.538

通过上述回归结果，可以得出以下三个方面的结论：一是中国—新加坡双向直接投资联动效应、外商直接投资与对外直接投资个体效应推动我国产业新旧动能转换受到人力资本水平设置的"门槛效应"，并且该门槛为"低门槛"，即随着外商直接投资、对外直接投资以及双向直接投资联动程度提升，我国产业新旧动能转换程度不断提升，超过"门槛值"后，随着外商直接投资、对外直接投资以及双向直接投资联动程度提升，我国产业新旧动能转换程度反而下降。二是采用固定效应模型和Heckman两步法回归得到，中国—新加坡双向直接投资联动驱动产业新旧动能转换时母国人力资本水平设置的门槛值分别为2.13和1.97，外商直接投资驱动产业新旧动能转换时人力资本水平设置的门槛值分别为1.49和1.57，对外直接投资驱动产业新旧动能转换时人力资本水平设置的门槛值分别为2.35和2.21。同时，将外商直接投资、对外直接投资个体效应和双向直接投资联动效应以及三者的平方项引入固定效应模型进行回归，得到外商直接投资驱动产业新旧动能转换时人力资本水平设置的门槛值为1.52，对外直接投资驱动产业新旧动能转换时人力资本水平设置的门槛值为2.40，双向直接投资联动驱动产业新旧动能转换时人力资本水平设置的门槛值为2.18。Heckman两步法计算的门槛值计算同理，外商直接投资驱动产业新旧动能转换时人力资本水平设置的门槛值为1.50，对外直接投资驱动产业新旧动能转换时人力资本水平设置的门槛值为2.34，双向直接投资联动驱动产业新旧动能转换时人力资本水平设置的门槛值

为 2.23。三是采用固定效应模型和 Heckman 两步法均能够得到中国—新加坡双向直接投资联动效应、外商直接投资与对外直接投资个体效应有效地推动了我国产业新旧动能转换。

究其原因，中国—新加坡双向直接投资联动效应、外商直接投资与对外直接投资个体效应自身的"高门槛"及人力资本水平吸收设置的"低门槛"同中国与越南、老挝、泰国、缅甸、柬埔寨、马来西亚相似，规模效应和吸收效应致使门槛效应存在，仅在门槛数值方面存在一定差异。

三 小结

本节基于中国—新加坡双向直接投资动态演变与产业分布，实证分析中国—新加坡双向直接投资联动效应、外商直接投资与对外直接投资个体效应对我国产业新旧动能转换的影响。基准回归研究发现，双向直接投资联动效应、外商直接投资与对外直接投资个体效应有效地推动了我国产业新旧动能转换。从知识能力、经济活力、创新驱动、网络经济与转型升级的产业新旧动能分类指数回归角度研究，双向直接投资联动驱动产业新旧动能转换程度由强到弱依次为经济活力、知识能力、创新驱动、网络经济和转型升级。同时，中国—新加坡双向直接投资联动推动我国产业新旧动能转换存在时段差异、行业差异与区域差异。此外，研究发现双向直接投资联动效应、外商直接投资与对外直接投资个体效应自身设置的门槛为"高门槛"，而人力资本水平设置的"吸收门槛"为"低门槛"，采用固定效应模型回归和 Heckman 两步法回归得到了相似的门槛值。

第八节 本章小结

本章基于中国—中南半岛双向直接投资动态演变情况，对中国与越南、老挝、缅甸、泰国、缅甸、柬埔寨、马来西亚和新加坡七个国家双向直接投资联动驱动产业新旧动能转换程度进行国别异质性研究，得出中国与中南半岛国家双向直接投资推动我国产业新旧动能转换程度存在一定的差异。

中国—中南半岛国家双向直接投资驱动我国产业新旧动能转换具体

分为六个方面：一是基准回归结果，该结果报告了中国—中南半岛各国双向直接投资联动驱动产业新旧动能转换的显著性，其中，双向直接投资又细分为外商直接投资和对外直接投资分别报告。二是中国—中南半岛双向直接投资对产业新旧动能转换分类指数的影响研究，文中将产业新旧动能转换指数细分为知识能力、经济活力、创新驱动、网络经济与转型升级五个方面，实证测度双向直接投资对产业新旧动能分类指数的影响程度。三是中国—中南半岛双向直接投资联动驱动产业新旧动能转换的时段异质性，本章将 2000—2022 年时间划分为五个时段，具体为 2000—2004 年、2005—2009 年、2010—2014 年、2015—2019 年、2020—2022 年，通过对时段划分，对比研究中国—中南半岛双向直接投资联动驱动产业新旧动能转换的不同时段差异。四是中国—中南半岛双向直接投资联动驱动产业新旧动能转换的行业异质性，本章将行业细分为专用设备，仪器仪表，通信设备、计算机和其他电子设备，电器机械和器材，金属制品、机械和设备修理服务以及交通运输设备六个行业，对比研究中国—中南半岛双向直接投资联动驱动产业新旧动能转换的不同行业差异。五是中国—中南半岛双向直接投资联动驱动产业新旧动能转换的区域异质性，本章将区域细分为东部沿海、北部沿海、南部沿海、长江中游、黄河中游、西南地区、东北地区和西北地区八个区域，对比研究中国—中南半岛双向直接投资联动驱动产业新旧动能转换的不同区域差异。六是中国—中南半岛双向直接投资联动驱动产业新旧动能转换的"门槛效应"分析，本章从双向直接投资"本身门槛"和人力资本水平设置的"吸收门槛"角度具体分析中国—中南半岛双向直接投资联动驱动产业新旧动能转换的"门槛效应"。

基于上述六个方面的研究，本章对中国—中南半岛各国双向直接投资联动驱动我国产业新旧动能转换的差异程度进行了对比研究，得出了差异性的结论。

第九章 双向直接投资提升"卡脖子"产业链"核链"地位的机制

第一节 问题提出

党的二十大报告指出，我国吸引外资和对外投资居于世界前列，形成更大范围、更宽领域、更深层次对外开放格局；"十四五"规划和2035年远景目标提出提高双向投资水平，引进外资和对外投资协调发展目标，坚持"引进来""走出去"并重，通过高水平双向投资，高效利用全球资源要素拓展空间、深化合作，完善产业链保障机制，推动产业竞争力提升。由此可见，"十四五"时期高质量的中国—中南半岛双向直接投资对于我国产业链"核链"地位提升具有举足轻重的作用。现有研究侧重将中国—中南半岛双向直接投资的整体规模作为研究对象，分别从理论和实证角度研究中国—中南半岛双向直接投资的内在动因（Helpman et al.，2004；张幼文，2017）、外在规模（Dunning，1981；马霞、李荣林，2015）、投资绩效（Dimelis and Louris，2002；黄远浙等，2021；梁兆殷等，2022）、投资责任（谢红军、吕雪，2022）、区位选择（赵欣娜、丁月，2020；李光勤、李潇格，2023）、技术溢出（Nigel，2003；李宏兵等，2019；李惠茹、陈兆伟，2022）与全球价值链嵌入（Acemoglu and Azar，2020；丁秀飞等，2021）等问题，注重中国—中南半岛双向直接投资"数量"而非"质量"。然而，现有研究缺乏细致划分、对比，未关注中国—中南半岛双向直接投资具体的"卡脖子"产业领域。因此，本章基于靶向投资的视角，研究中国—中南半岛双向直接投资如何提升"卡脖子"产业链的"核链"地位问题，旨在从微观层面测算产业链"核链"地位，弥合宏观产业结构优化升级、中观产业新旧动能转换理论层面研究的不足。同时，聚焦研究"卡脖子"产业"靶向"目标设计，引导中国—中南半岛双向直接投资流向具体的关键核心技术领域，提升我国"卡脖子"产业链"核链"地位，实现产业链核心支点多点并举，核点成链、以链带面，同频驱动产业链关键环节核心技术自主可控，建立关键设备、核心元件与终端制造核心链条，为高质量的"引进来""走出去"提供一定的指导方向。

本章将产业链"核链"地位从理论层面定性分析转变为实践层面定量测度。同时，建立中国—中南半岛双向直接投资指数，聚焦中国—中南半岛双向直接投资"卡脖子"产业领域，研究高质量"引进来"和强目标"走出去"互动解决关键核心技术封锁问题，重塑产业链关键环节的支配地位。

第二节 理论回顾

高质量"引进来"、强目标"走出去"和产业链安全稳定、自主可控问题逐步上升为国家战略，成为"十四五"时期攻坚克难的主要任务（仲伟俊等，2022），学者围绕中国—中南半岛双向直接投资与我国产业链安全稳定、自主可控问题开展了多维度的研究，具体包括以下三个方面：

一是中国—中南半岛双向直接投资与产业结构优化升级问题研究（产业链宏观层面）。传统研究从经济效益角度出发，关注于双向直接投资如何提升产业附加值，推动产业结构合理化（王曼怡、郭珺妍，2021）、高级化（姚战琪、夏杰长，2021）等问题。同时，通过对中国—中南半岛双向直接投资推动产业结构优化的理论逻辑（马相东、王跃生，2014）、机制设计（张人中等，2022）、实践路径（汪克亮等，2022）以及战略目标选择（蓝庆新等，2022）等问题研究，分别从理论和实际层面分析测度中国—中南半岛双向直接投资对我国产业结构优化升级的影响程度（叶初升等，2020），进一步阐释中国—中南半岛双向直接投资对我国产业结构优化升级的推动作用，实现高水平开放与高质量发展。

二是中国—中南半岛双向直接投资与产业新旧动能转换问题研究（产业链中观层面）。现有研究从理论机制与实证分析角度，研究了中国—中南半岛双向直接投资与产业新旧动能转换问题，结论发现中国—中南半岛双向直接投资有效地推进了我国产业新旧动能转换（庞磊，2022）。同时，学者试图从双向技术溢出机制的角度阐释中国—中南半岛双向直接投资对产业新旧动能转换的影响（李惠茹、陈兆伟，2022），具体包括外商直接投资技术溢出机制（韩博然，2022）与对外直接投资逆向技术溢出（朱洁西、李俊江，2022）机制，研究均表明中国—中南半岛双向直接投资推动了我国产业新旧动能转换。此外，学者对产业新旧动能转换的发展逻辑、实践路径（姚毓春、李冰，2022）、指数测度（朱美峰等，2022）、进展评估（郑江淮等，2018）、政策导向（白柠瑞等，2021）等方面进行了详细的中观层面研究。

三是中国—中南半岛双向直接投资与产业链安全稳定、自主可控问题研究（产业链微观层面）。现有研究聚焦于中国—中南半岛双向直接投资上述诸多方面，同时从理论层面提出产业链理论内涵（中国社会科学院工业经济研究所课题组，2022）、构建逻辑（肖兴志、李少林，2022）、韧性提升（陈晓东等，2022；孟祺，2023）、实践路径（白雪洁等，2022）以及发展战略（盛朝迅，2022）问题，旨在实现产业链安全稳定（王静，2021；李天健、赵学军，2022）与自主可控（陈晓东、杨晓霞，2022）。然而，现有研究缺乏定量测度产业链"核链"自主可控程度大小，以及双向直接投资与产业链问题有机结合等问题的分析，聚焦双向直接投资耦合互动推进产业链"核链"地位提升问题研究尚属少见。

基于既有文献梳理，从"靶向"投资的视角，聚焦"卡脖子"产业，将中国—中南半岛双向直接投资提升我国产业链"核链"地位从定性分析转变为定量测度，补充已有理论与实证研究，链接"中国—中南半岛双向直接投资"与产业链"核链"地位问题，旨在突破产业链关键环节核心技术"瓶颈"问题。

第三节 理论机制与研究假说

现有研究表明，中国—中南半岛双向直接投资技术溢出能够推进技术创新，实现产业迭代升级，然而，我国产业现状却存在诸多关键技术"卡脖子"问题。本章基于既有研究梳理，从"靶向"投资的视角进一步阐释中国—中南半岛双向直接投资推进"卡脖子"产业链地位提升的内在"黑箱"，具体包括中国—中南半岛双向直接投资内外联动机制和"靶向"直接投资技术溢出机制。

一 中国—中南半岛双向直接投资内外联动机制

我国外商直接投资集中于中低端制造业，"引进来"使得我国变为制造业大国而非强国，成为世界的"加工厂"，而对外直接投资行业分散，"走出去"缺乏精准目标（诸竹君等，2020；符磊、周李清，2023）。外商直接投资作为"外力"，推进产业链不断完善，提升产业链长度，对外直接投资作为"内力"，驱动产业链优化升级，提升产业链深度。故而，聚焦"卡脖子"产业关键核心技术开展具有同行业异质性的外商直接投资与对外直接投资，可使"引进来""走出去"内外联动"靶向"引进、吸收与转移关键核心技术，强化产业链关键环节的链主地位，实现产业链长度延伸（横向）与深度拓展（纵向）。同时，通过中国—中南半岛双向直接投资驱动产业精准布局，实现"卡脖子"产业链"核链"地位提升，而同行业异质性的中国—中南半岛双向直接投资联动能够有效地推进"卡脖子"产业链关键核心技术突破，实现产业链"核链"地位提升。因此，外商直接投资与对外直接投资不能割裂分解，高质量"引进来"与强目标"走出去"有机结合、内外联动、同频共振能够有效提升"卡脖子"产业链"核链"地位。

研究假说1：中国—中南半岛双向直接投资内外联动能够有效地提升我国"卡脖子"产业链的"核链"地位。

二 中国—中南半岛"靶向"直接投资技术溢出机制

（一）"靶向"外商直接投资技术溢出机制

传统外商直接投资的技术溢出效应有效推动了我国中低端制造业实现产业迭代、优化升级（邹志明，陈迅，2022），却并未解决"卡脖子"关键核心技术问题。外商直接投资企业选择中国作为东道国，源于自然资源、劳动力与原材料等生产要素成本低廉的优势（姜巍，2012）。依据利润最大化原则，我国可以通过"卡脖子"产业"靶向"政策制定，加大关键核心技术领域外商直接投资的支持力度，有目的、有选择并且高质量地引导外商直接投资走进关键核心技术领域，逐步突破"卡脖子"产业技术"瓶颈"，提升产业链"核链"地位，实现关键环节自主可控。同时，中国具有完善的产业链基础和中端应用技术，结合"靶向"外商直接投资技术溢出，吸收转化应用于产业链关键环节，从而引领外商直接投资与国内"卡脖子"产业链实现前向关联、后向关联或深度融合，渐进厘清产业体系，刻画"卡脖子"产业链条，汇集关键技术，推动光刻机、芯片、触觉传感器、真空蒸镀机等35项关键技术逐步突破，实现"卡脖子"技术由简到繁、由易到难、由相对低端到绝对高端的一一破解。

研究假说2："靶向"外商直接投资技术溢出能够有效地提升我国"卡脖子"产业链的"核链"地位。

（二）"靶向"对外直接投资逆向技术溢出机制

传统对外直接投资研究并未突破纯经济利益框架考虑，仍以利润最大化为目标，推动企业"走出去"开展跨国并购或绿地投资，获得自然资源、人力资源、市场资源或技术资源（吴建祖、郑秋虾，2020；王琳君等，2023）。同时，对外直接投资企业没有精准对标"卡脖子"产业链关键核心技术领域。依据产业链安全稳定、自主可控的原则，对外直接投资应突破经济利益考量，重塑"卡脖子"产业链的长度与深度，我国可以增加对外直接投资的支持力度与事后补贴，引导企业跨境并购走进"卡脖子"关键核心技术领域，推动母国产业链关键环节核心技术突破，赋能产业链关键环节获得内在动力。通过"靶向"对外直接投资获得"卡脖子"产业链关键环节相匹配的逆向技术溢出，嵌入"卡脖子"产业链的各个生产环节，实现现有产业链基础与"卡脖子"产业链技术深度融合，形成"靶向"对外直接投资、匹配的逆向技术溢出、产业链关键核心技术逐步破解的循环共生体系，循序渐进突破"卡脖子"产业链关键核心技术，进一步提升产业链的"核链"地位。

研究假说3："靶向"对外直接投资、逆向技术溢出能够有效地提升我国"卡脖子"产业链的"核链"地位。

第四节 研究设计

一 变量定义

借鉴王周伟等（2018）的产业空间网络构造方法，构建"卡脖子"产业链节点中心度（ICC）指标，衡量"卡脖子"产业链"核链"地位，其中产业链节点中心度为该产业前向关联与后向关联产业数量的算术平均数。

$$ICC = \frac{\sum_{i=1}^{n} Industry_{ij} + \sum_{j=1}^{n} Industry_{ji}}{2} \tag{9-1}$$

其中，$Industry_{ij}$ 和 $Industry_{ji}$ 分别表示产业链前向关联和后向关联产业数量，即产业链关键环节的节点入度和节点出度。

同时，构建产业链中介度（ICM）指标，进一步阐释产业链"核链"地位，产业链中介度为该产业前向关联与后向关联产业数量占"卡脖子"产业关联路径总数量的比例。

$$ICM = \frac{Industry_{ik}(i)}{Industry_{ik}} \tag{9-2}$$

其中，$Industry_{ik}$ 表示产业链之间关联路径条数，而 $Industry_{ik}(i)$ 表示经过该产业链节点的路径条数。

产业链中心度和中介度分别从"关联能力""嵌入能力"层面阐释"卡脖子"产业链"核链"地位。针对我国35项"卡脖子"技术，匹配投入产出表42个部门，选定专用设备，仪器仪表，通信设备、计算机和其他电子设备，电器机械和器材，金属制品、机械和设备修理服务，交通运输设备6个产业作为"卡脖子"产业。同时，对我国各省、直辖市以及自治区"卡脖子"产业链节点中心度和中介度指数进行测定，具体衡量"卡脖子"产业链"核链"地位。

借鉴双向贸易指数，构建中国—中南半岛双向直接投资联动指数，见式（9-3）。同时，借鉴徐乙尹等（2022）、Javorcik（2004）测算"靶向"外商直接投资技术溢出，行业层面采用行业外商直接投资占行业增加值比重与研发资本存量之积测算，而地区层面采用外商直接投资占GDP比重与研发资本存量之积衡量。具体计算公式如下所示：

中国—中南半岛双向直接投资联动指数：

$$SDI_{it} = 1 - \left| \frac{FDI - OFDI}{FDI + OFDI} \right| \tag{9-3}$$

行业层面：$SFDI_{it} = \dfrac{FDI_{it}}{Value_{it}} \cdot R\&D_{it}$ \hfill (9-4)

地区层面：$SFDI_{nt} = \dfrac{FDI_{nt}}{GDP_{nt}} \cdot R\&D_{nt}$ \hfill (9-5)

其中，FDI_{it} 为行业层面外商直接投资利用额，$Value_{it}$ 为行业增加值，$R\&D_{it}$ 为行业研发资本存量，$SFDI_{it}$ 为行业层面外商直接投资技术溢出。FDI_{nt} 为地区层面外商直接投资利用额，GDP_{nt} 为地区层面生产总值，$R\&D_{nt}$ 为地区研发资本存量，$SFDI_{nt}$ 为地区层面外商直接投资技术溢出。

同时，本章参照方叶祥、卢一斌（2022）的做法，测算"靶向"对外直接投资技术溢出，采用对外直接投资行业（地区）占 GDP 比重与东道国研发资本存量之积衡量。具体计算公式如下：

$$SOFDI_{it} = \frac{OFDI_{it}}{\sum OFDI_{it}} \cdot \sum \frac{OFDI_{jt}}{GDP_{jt}} \cdot R\&D_{jt} \tag{9-6}$$

其中，$OFDI_{it}$ 为我国对外直接投资行业（地区）数额，$\sum OFDI_{it}$ 为我国对外直接投资行业（地区）总额，$OFDI_{jt}$ 为我国在 t 年对东道国 j 的对外直接投资额，GDP_{jt} 为东道国的国内生产总值，$R\&D_{jt}$ 为东道国研发资本存量。$R\&D_{jt}$ 采用永续盘存法测算，折旧率采用通用标准 5%。

此外，本章选取工业基础（$Industry$）、政府干预（$Goverment$）、人力资本（$Education$）、贸易开放度（$Trade$）以及全要素生产率（Tfp）作为控制变量，研究中国—中南半岛双向直接投资提升"卡脖子"产业链"核链"地位问题。其中，工业基础采用工业增加值占 GDP 比重衡量，政府干预采用政府总支出占 GDP 比重衡量，人力资本采用高等教育入学率衡量，贸易开放度采用进出口总额占 GDP 比重衡量，全要素生产率采用 DEA-Malmquist 指数测度的全要素生产率衡量。

二　数据来源

本章中"卡脖子"产业链中心度与中介度原始数据来源于历年投入产出表，缺省数据采用线性插值方式补全，中国—中南半岛外商直接投资、对外直接投资来源于中经网统计数据库（中国—中南半岛数据库）以及 Unctad 数据库，研发资本存量来源于各省份统计年鉴和国泰安数据库。工业基础、政府干预、人力资本、贸易开放度以及全要素生产率数据来源于中经网统计数据库和国泰安数据库。

三　变量描述性统计

为了进一步研究中国—中南半岛双向直接投资如何提升"卡脖子"产业链"核链"地位，本章给出实证分析所需变量的描述性统计（见表9-1）。

表 9-1　　　　　　　　　　变量描述性统计

变量名	观测值（个）	平均值	中位数	标准差	最小值	最大值
ICC_{it}	161	30.6618	26.4742	12.4353	18.2514	42.6537
ICM_{it}	161	0.3651	0.2626	0.3430	0.0262	0.6736
SDI_{it}	161	0.4316	0.4157	0.2613	0	1
$SFDI_{it}$	161	5.7253	5.7185	2.3369	0.6745	9.9157
$SOFDI_{it}$	161	6.1625	6.0379	2.5737	0.4516	11.2674
$Industry_{it}$	161	0.2973	0.2562	0.1738	0.0990	0.6819
$Goverment_{it}$	161	0.1854	0.1684	0.4452	0.0832	0.3002
$Education_{it}$	161	0.3989	0.3372	0.4493	0.1033	0.7275
$Trade_{it}$	161	0.4226	0.3827	0.6374	0.0542	0.7027
Tfp_{it}	161	5.7342	5.2526	1.7326	-2.6347	16.3514

基于上述变量的描述性统计，本章对中国—中南半岛双向直接投资提升"卡脖子"产业链"核链"地位问题进行实证分析。

四　模型设定

基于上述理论机制分析、研究假说以及实证研究设计，给出实证分析所需计量模型，如下所示：

$$ICC_{it}=\alpha_1+\alpha_2 SDI_{it}+\alpha_3 Industry_{it}+\alpha_4 Goverment_{it}+\alpha_5 Education_{it}+\alpha_6 Trade_{it}+\alpha_7 Tfp_{it}+\mu_i+\lambda_t+\varepsilon_{it} \tag{9-7}$$

$$ICC_{it}=\alpha_1+\alpha_2 SFDI_{it}+\alpha_3 SOFDI_{it}+\alpha_4 Industry_{it}+\alpha_5 Goverment_{it}+\alpha_6 Education_{it}+\alpha_7 Trade_{it}+\alpha_8 Tfp_{it}+\mu_i+\lambda_t+\varepsilon_{it} \tag{9-8}$$

同时，将外商直接投资技术溢出和对外直接投资技术溢出交互项引入模型中，测度双向溢出效应对产业链"核链"地位的影响程度，如下所示：

$$ICC_{it}=\alpha_1+\alpha_2 SFDI_{it}+\alpha_3 SOFDI_{it}+\alpha_4\ SFDI_{it}\cdot SOFDI_{it}+\alpha_5 Industry_{it}+\alpha_6 Goverment_{it}+\alpha_7 Education_{it}+\alpha_8 Trade_{it}+\alpha_9 Tfp_{it}+\mu_i+\lambda_t+\varepsilon_{it} \tag{9-9}$$

此外，将产业链中介度（ICM_{it}）代替产业链中心度（ICC_{it}）作为被解释变量参与回归，进一步检验中国—中南半岛双向直接投资对"卡脖子"产业链"核链"地位提升程度问题。具体计量模型如下所示：

$$ICM_{it}=\alpha_1+\alpha_2 SFDI_{it}+\alpha_3 SOFDI_{it}+\alpha_4 Industry_{it}+\alpha_5 Goverment_{it}+$$

$$\alpha_6 Education_{it} + \alpha_7 Trade_{it} + \alpha_8 Tfp_{it} + \mu_i + \lambda_t + \varepsilon_{it} \qquad (9-10)$$

$$ICM_{it} = \alpha_1 + \alpha_2 SFDI_{it} + \alpha_3 SOFDI_{it} + \alpha_4 SFDI_{it} \cdot SOFDI_{it} + \alpha_5 Industry_{it} +$$
$$\alpha_6 Goverment_{it} + \alpha_7 Education_{it} + \alpha_8 Trade_{it} + \alpha_9 Tfp_{it} + \mu_i + \lambda_t + \varepsilon_{it} \qquad (9-11)$$

同时，参照屠年松、龚凯翔（2022）研究，将外商直接投资（FDI）、对外直接投资（OFDI）作为解释变量，产业链中心度和中介度作为被解释变量，进一步对模型实证检验。

第五节　实证分析

基于既有文献梳理与理论机制分析，提出中国—中南半岛双向直接投资通过内外联动、技术溢出推进"卡脖子"产业链的"核链"地位提升。从行业、时段与区域异质性层面，测度中国—中南半岛双向直接投资对产业链中心度与中介度的影响。

一　基准回归结果

本章将"卡脖子"产业链中心度与中介度作为被解释变量，衡量产业链"核链"地位。同时，将中国—中南半岛双向直接投资联动指数作为解释变量，控制工业基础、政府干预、人力资本、贸易开放度以及全要素生产率的影响。通过 Hausman 检验，采用固定效应模型实证研究中国—中南半岛双向直接投资提升"卡脖子"产业链的"核链"地位问题。此外，将未经算术平均的产业链中心度计数变量作为被解释变量（方差与期望差异显著），报告负二项回归与固定效应模型（FE）基准回归结果（见表9-2）。

表9-2　中国—中南半岛双向直接投资驱动"卡脖子"产业链"核链"地位提升基准回归结果

变量	固定效应回归	固定效应回归	负二项回归	负二项回归	固定效应回归	固定效应回归	负二项回归	负二项回归
	ICC_{it}	ICC_{it}	ICC_{it}	ICC_{it}	ICM_{it}	ICM_{it}	ICM_{it}	ICM_{it}
SDI	0.257*** (7.38)	0.203*** (6.37)	0.287*** (9.57)	0.283*** (8.38)	0.153*** (7.71)	0.188*** (7.82)	0.179*** (6.89)	0.178*** (6.57)

续表

变量	固定效应回归 ICC$_{it}$	固定效应回归 ICC$_{it}$	负二项回归 ICC$_{it}$	负二项回归 ICC$_{it}$	固定效应回归 ICM$_{it}$	固定效应回归 ICM$_{it}$	负二项回归 ICM$_{it}$	负二项回归 ICM$_{it}$
FDI	0.038*** (5.83)	0.034*** (5.27)	0.030*** (5.83)	0.031*** (6.11)	0.032*** (7.31)	0.039*** (7.69)	0.038*** (7.53)	0.029*** (7.28)
OFDI	0.108*** (6.52)	0.133*** (6.21)	0.162*** (5.95)	0.126*** (7.48)	0.122*** (7.27)	0.159*** (7.48)	0.152*** (7.36)	0.139*** (7.73)
Industry	—	0.040*** (5.23)	—	0.041*** (5.48)	—	0.042*** (5.50)	—	0.041*** (5.73)
Goverment	—	0.036*** (4.86)	—	0.031*** (5.73)	—	0.037*** (4.84)	—	0.038*** (5.38)
Education	—	0.046*** (6.38)	—	0.048*** (7.26)	—	0.047*** (7.49)	—	0.043*** (7.45)
Trade	—	0.017*** (7.49)	—	0.013*** (7.58)	—	0.010*** (7.71)	—	0.012*** (7.38)
TFP	—	0.028*** (8.27)	—	0.026*** (6.28)	—	0.027*** (8.38)	—	0.023*** (6.30)
常数项	0.374*** (6.38)	0.328*** (7.33)	0.378*** (5.82)	0.315*** (6.27)	0.372*** (4.88)	0.283*** (6.38)	0.145*** (6.28)	0.228*** (6.82)
年份	控制	控制	控制	控制	控制	控制	控制	控制
地区	控制	控制	控制	控制	控制	控制	控制	控制
观测值（个）	161	161	161	161	161	161	161	161
R^2	0.447	0.736	0.464	0.693	0.533	0.834	0.475	0.793

注：括号内为 t 值，*、**、***分别表示在10%、5%和1%的显著性水平下显著。下同。

从总体上来看，采用双向固定效应和负二项回归均能得出，中国—中南半岛双向直接投资能够提升"卡脖子"产业链的"核链"地位，其中，中国—中南半岛双向直接投资提升产业链中心度的强度高于产业链中介度，控制变量加入前后提升作用并未发生显著变化。具体来看，外商直接投资与对外直接投资均能够提升"卡脖子"产业链"核链"地位，并且对外直接投资驱动"卡脖子"产业链"核链"地位提升的能力高于外商直接投资。同时，工业基础（*Industry*）、政府干预（*Goverment*）、人力资本（Education）、贸易开放度（Trade）以及全要素生产率（Tfp）等控制变量对"卡脖子"产业链的"核链"地位提升具有促进作用，强度由大到小依次为人力资本、工业基础、政府干预、全要素生产率和贸易开放度。由此可见，人力资本水平是突破"卡脖子"产业链关键核心技术的首要条件，提升人力资本水平能够有效地推动"卡脖子"产业链"核链"地位重构。因此，我国应加强人才强国战略。国内人力资本方面，注重高等教育自主培养，提供优惠政策，挖掘高素质人才，吸引国内各地人才向"卡脖子"核心产业集聚；国外人力资本方面，注重人才甄别，通过税收、保险、住房等优惠政策，引进国外高端人才来华，基于"靶向"直接投资提升人力资本水平，进一步推进"卡脖子"产业链"核链"地位构建。

二 理论机制检验

进一步对中国—中南半岛双向直接投资内外联动机制、"靶向"外商直接投资技术溢出机制、"靶向"对外直接投资技术溢出机制进行检验，理论机制检验回归结果如表 9-3 所示。

表 9-3　中国—中南半岛双向直接投资驱动"卡脖子"产业链"核链"地位提升理论机制检验

变量	内外联动机制 ICC_{it}	内外联动机制 ICC_{it}	FDI 技术溢出机制 ICC_{it}	FDI 技术溢出机制 ICC_{it}	OFDI 技术溢出机制 ICC_{it}	OFDI 技术溢出机制 ICC_{it}	机制比对 ICC_{it}	机制比对 ICC_{it}
SDI	0.252*** (6.42)	0.237*** (6.28)	—	—	—	—	0.193*** (5.37)	0.174*** (5.14)
SFDI	—	—	0.136*** (6.43)	0.124*** (6.77)	—	—	0.066*** (4.57)	0.062*** (4.84)
SOFDI	—	—	—	—	0.222*** (8.26)	0.209*** (8.59)	0.104*** (6.72)	0.138*** (6.76)
SFDI× SOFDI	—	—	—	—	—	—	0.172*** (5.83)	0.169*** (5.24)
Industry	—	0.047*** (6.72)	—	0.042*** (6.38)	—	0.043*** (6.26)	—	0.046*** (6.84)
Goverment	—	0.038*** (4.94)	—	0.035*** (5.01)	—	0.036*** (4.49)	—	0.036*** (5.72)
Education	—	0.048*** (5.84)	—	0.043*** (5.83)	—	0.042*** (5.94)	—	0.047*** (5.98)

续表

变量	内外联动机制		FDI 技术溢出机制		OFDI 技术溢出机制		机制比对	
	ICC_{it}	ICC_{it}	ICC_{it}	ICC_{it}	ICC_{it}	ICC_{it}	ICC_{it}	ICC_{it}
Trade	—	0.010*** (7.66)	—	0.015*** (7.45)	—	0.011*** (6.38)	—	0.013*** (7.28)
TFP	—	0.022*** (6.93)	—	0.025*** (7.12)	—	0.024*** (6.59)	—	0.021*** (6.72)
常数项	0.583*** (9.84)	0.232*** (8.55)	0.327*** (8.54)	0.421*** (8.38)	0.328*** (8.26)	0.249*** (8.39)	0.247*** (8.85)	0.318*** (8.27)
年份	控制	控制	控制	控制	控制	控制	控制	控制
地区	控制	控制	控制	控制	控制	控制	控制	控制
观测值（个）	161	161	161	161	161	161	161	161
R^2	0.447	0.736	0.464	0.693	0.533	0.834	0.475	0.793

通过回归结果分析得出，中国—中南半岛双向直接投资联动在1%显著性水平下提升了"卡脖子"产业链的"核链"地位，控制变量加入前后提升作用并未发生显著变化，说明"引进来"与"走出去"内外联动能够有效推动产业链"核链"地位提升，验证了中国—中南半岛双向直接投资内外联动机制。同时，将"卡脖子"产业外商直接投资和对外直接投资技术溢出和逆向技术溢出纳入回归，研究发现"靶向"外商直接投资技术溢出与对外直接投资逆向技术溢出均在1%显著性水平下提升了"卡脖子"产业链的"核链"地位，并且对外直接投资逆向技术溢出对"卡脖子"产业链"核链"地位的提升作用稍强于外商直接投资技术溢出效应，验证了"靶向"外商直接投资技术溢出机制。此外，引入外商直接投资技术溢出和对外直接投资逆向技术溢出的交互项，回归发现双向溢出对产业链"核链"地位提升亦具有促进作用。通过机制比对和回归系数差异分析，发现中国—中南半岛双向直接投资内外联动对"卡脖子"产业链"核链"地位提升的作用强于双向溢出效应。同时，将产业链中介度（ICM_{it}）代替产业链中心度（ICC_{it}）作为被解释变量参与回归，得到相似结论。限于篇幅，文中仅报告了产业链中心度的回归结果。

三 行业异质性

本章针对专用设备，仪器仪表，通信设备、计算机和其他电子设备，电器机械和器材，金属制品、机械和设备修理服务，交通运输设备六个"卡脖子"产业对比研究，实证分析中国—中南半岛双向直接投资提升"卡脖子"产业链"核链"地位问题，回归结果如表 9-4 所示。

表 9-4　　中国—中南半岛双向直接投资驱动"卡脖子"产业链"核链"地位提升行业异质性检验

变量	专用设备 ICC$_{it}$	仪器仪表 ICC$_{it}$	通信设备、计算机和其他电子设备 ICC$_{it}$	电器机械和器材 ICC$_{it}$	金属制品、机械和设备修理服务 ICC$_{it}$	交通运输设备 ICC$_{it}$
SDI	0.376*** (7.35)	0.332*** (5.84)	0.253*** (5.64)	0.193*** (6.84)	0.127*** (6.65)	0.081*** (4.97)
SFDI	0.228*** (6.77)	0.211*** (6.28)	0.163*** (6.37)	0.128*** (7.32)	0.105*** (7.96)	0.090*** (6.65)
SOFDI	0.306*** (8.59)	0.301*** (7.48)	0.205*** (6.77)	0.214*** (6.35)	0.162*** (5.46)	0.118*** (8.84)
Industry	0.041*** (6.37)	0.039*** (5.53)	0.040*** (5.63)	0.042*** (5.27)	0.041*** (5.83)	0.045*** (5.51)
Goverment	0.032*** (6.84)	0.029*** (6.47)	0.037*** (5.84)	0.030*** (6.58)	0.033*** (6.47)	0.039*** (5.21)
Education	0.049*** (7.46)	0.040*** (7.48)	0.044*** (7.85)	0.057*** (6.49)	0.048*** (6.16)	0.046*** (7.73)
Trade	0.010*** (5.66)	0.016*** (5.46)	0.011*** (5.43)	0.018*** (6.19)	0.017*** (5.95)	0.013*** (5.41)
Tfp	0.022*** (9.23)	0.021*** (8.85)	0.026*** (8.04)	0.020*** (8.26)	0.024*** (8.83)	0.027*** (9.07)
常数项	0.325*** (6.72)	0.340*** (5.77)	0.295*** (6.42)	0.258*** (5.53)	0.384*** (6.03)	0.472*** (5.58)
年份	控制	控制	控制	控制	控制	控制
地区	控制	控制	控制	控制	控制	控制
观测值（个）	161	161	161	161	161	161
R^2	0.842	0.753	0.747	0.578	0.694	0.795
系数差异检验	0.064*** (5.89)	0.042*** (8.11)	0.047*** (6.85)	0.038*** (6.26)	0.036*** (6.48)	0.027*** (7.33)

本章对上述六类"卡脖子"相邻产业之间进行似无相关 Suest 组间系数差异检验，发现系数存在显著差异。由此可以得出以下三个方面结论：一是中国—中南半岛双向直接投资内外联动和技术溢出显著地提升了"卡脖子"产业链的"核链"地位，提升作用由强到弱依次为双向直接投资内外联动效应、对外直接投资逆向技术溢出效应和外商直接投资技术溢出效应。二是中国—中南半岛双向直接投资对专用设备产业链"核链"地位提升作用最强，而对交通运输设备产业链"核链"地位提升作用最弱，仪器仪表，通信设备、计算机和其他电子设备，电器机械和器材，金属制品、机械和设备修理服务产业介于其间，作用强度依次减弱。三是工业基础、政府干预、人力资本、贸易开放度以及全要素生产率等控制变量对上述六类"卡脖子"产业链的"核链"地位提升具有促进作用，强度由大到小依次为人力资本、工业基础、政府干预、全要素生产率和贸易开放度。此外，本章产业链中介度（ICM_{it}）替换产业链中心度（ICC_{it}）作为被解释变量参与回归，得到相似的结论。

四 国别异质性

本章借鉴已有中南半岛相关问题研究，将越南、老挝、泰国、缅甸、柬埔寨、马来西亚和新加坡七个国家纳入分析，实证测度中国—中南半岛双向直接投资提升"卡脖子"产业链的"核链"地位问题，回归结果如表 9-5 所示。

表 9-5　　　中国—中南半岛双向直接投资驱动"卡脖子"产业链"核链"地位提升国别异质性检验

变量	新加坡 ICC_{it}	越南 ICC_{it}	老挝 ICC_{it}	泰国 ICC_{it}	马来西亚 ICC_{it}	柬埔寨 ICC_{it}	缅甸 ICC_{it}
SDI	0.437*** (8.58)	0.404*** (8.58)	0.358*** (7.58)	0.335*** (7.26)	0.274*** (8.48)	0.217*** (8.25)	0.134*** (7.74)
SFDI	0.237*** (7.69)	0.216*** (7.37)	0.189*** (7.39)	0.156*** (6.33)	0.142*** (7.40)	0.129*** (6.47)	0.108*** (8.25)
SOFDI	0.353*** (6.58)	0.338*** (6.93)	0.216*** (5.61)	0.203*** (4.67)	0.188*** (5.74)	0.171*** (6.43)	0.137*** (5.82)
Industry	0.038*** (5.78)	0.042*** (6.28)	0.040*** (5.65)	0.043*** (5.57)	0.045*** (5.32)	0.039*** (5.24)	0.044*** (5.78)

续表

变量	新加坡 ICC$_{it}$	越南 ICC$_{it}$	老挝 ICC$_{it}$	泰国 ICC$_{it}$	马来西亚 ICC$_{it}$	柬埔寨 ICC$_{it}$	缅甸 ICC$_{it}$
Goverment	0.030*** (6.46)	0.029*** (6.37)	0.031*** (5.73)	0.031*** (6.52)	0.034*** (6.18)	0.036*** (5.84)	0.033*** (6.27)
Education	0.051*** (7.82)	0.048*** (7.37)	0.046*** (7.24)	0.062*** (5.48)	0.045*** (6.28)	0.040*** (7.91)	0.047*** (6.46)
Trade	0.011*** (5.27)	0.017*** (5.82)	0.013*** (5.59)	0.017*** (6.49)	0.014*** (5.38)	0.018*** (5.29)	0.015*** (5.43)
Tfp	0.023*** (8.83)	0.025*** (8.32)	0.021*** (7.48)	0.026*** (8.35)	0.022*** (8.48)	0.029*** (8.03)	0.023*** (8.42)
常数项	0.263*** (5.47)	0.143*** (6.47)	0.348*** (7.58)	0.223*** (6.57)	0.215*** (7.73)	0.107*** (4.79)	0.159*** (6.38)
年份	控制	控制	控制	控制	控制	控制	控制
地区	控制	控制	控制	控制	控制	控制	控制
观测值（个）	161	161	161	161	161	161	161
R^2	0.457	0.842	0.358	0.653	0.835	0.638	0.645
系数差异检验	0.148*** (5.75)	0.527*** (6.43)	0.575*** (6.42)	0.376*** (6.31)	0.431*** (5.66)	0.472** (2.20)	0.022*** (6.83)

通过对中国与中南半岛七个国家"卡脖子"产业相邻区域之间进行似无相关 Suest 组间系数差异检验，发现系数存在显著差异。由此可以得出以下三个方面结论：一是中国—中南半岛双向直接投资内外联动效应、对外直接投资逆向技术溢出效应以及外商直接投资技术溢出效应提升了我国"卡脖子"产业链的"核链"地位，作用强度依次减弱。二是中国—新加坡双向直接投资对我国产业链"核链"地位提升作用最强，而中国—缅甸产业链"核链"地位提升作用最弱，越南、老挝、泰国、马来西亚和柬埔寨介于之间，作用强度依次减弱。三是工业基础、政府干预、人力资本、贸易开放度以及全要素生产率这些控制变量对我国产业链的"核链"地位提升具有促进作用，强度由大到小依次为人力资本、工业基础、政府干预、全要素生产率和贸易开放度。此外，本章产业链中介度（ICM_{it}）替换产业链中心度（ICC_{it}）作为被解释变量参与回归，得到相似的结论。

五 时段异质性

本章针对不同时段中国—中南半岛双向直接投资提升"卡脖子"产

业链的"核链"地位问题进行实证分析,其中,2001年我国加入WTO组织,2015年对外直接投资首次超过外商直接投资额。故而,本章以5年为一个时段,具体分为2000—2004年、2005—2009年、2010—2014年、2015—2019年、2020—2022年五个时段,回归结果如表9-6所示。

表9-6　中国—中南半岛双向直接投资驱动"卡脖子"产业链"核链"地位提升时段异质性检验

时段	变量	固定效应回归 ICC_{it}	固定效应回归 ICC_{it}	负二项回归 ICC_{it}	负二项回归 ICC_{it}	固定效应回归 ICM_{it}	固定效应回归 ICM_{it}	负二项回归 ICM_{it}	负二项回归 ICM_{it}
2000—2004年	SDI	0.253 (0.51)	0.352 (0.17)	0.146 (0.13)	0.113 (0.73)	0.261 (0.36)	0.285 (0.41)	0.143 (0.54)	0.184 (0.35)
	SFDI	0.353*** (6.83)	0.358*** (7.02)	0.350*** (6.27)	0.351*** (7.25)	0.362*** (6.42)	0.366*** (7.72)	0.357*** (6.55)	0.352*** (8.42)
	SOFDI	0.154 (0.38)	0.216 (0.37)	0.239 (0.57)	0.275 (0.38)	0.147 (0.71)	0.132 (0.82)	0.138 (0.89)	0.132 (0.57)
2005—2009年	SDI	0.313 (0.43)	0.372 (0.72)	0.421 (0.58)	0.362 (0.23)	0.421 (0.55)	0.361 (0.25)	0.312 (0.37)	0.136 (0.38)
	SFDI	0.362*** (6.83)	0.363*** (6.53)	0.358*** (6.36)	0.360*** (6.11)	0.360*** (7.37)	0.339*** (7.27)	0.348*** (7.69)	0.359*** (7.25)
	SOFDI	0.216 (0.52)	0.362 (0.83)	0.315 (0.52)	0.216 (0.47)	0.283 (0.82)	0.148 (0.53)	0.274 (0.48)	0.263 (0.52)
2010—2014年	SDI	0.214 (0.83)	0.263 (0.47)	0.421 (0.59)	0.372 (0.64)	0.274 (0.28)	0.247 (0.35)	0.253 (0.15)	0.374 (0.28)
	SFDI	0.312*** (6.43)	0.325*** (6.48)	0.330*** (7.37)	0.336*** (6.72)	0.302*** (7.58)	0.316*** (7.64)	0.342*** (7.51)	0.382*** (7.25)
	SOFDI	0.103*** (7.43)	0.127*** (7.72)	0.116*** (6.98)	0.172*** (7.27)	0.148*** (7.33)	0.109*** (7.25)	0.126*** (7.42)	0.114*** (6.27)
2015—2019年	SDI	0.037*** (6.37)	0.033*** (6.48)	0.023*** (6.36)	0.022*** (7.42)	0.024*** (6.83)	0.018*** (7.12)	0.010*** (6.43)	0.023*** (6.73)
	SFDI	0.327*** (5.72)	0.331*** (5.38)	0.326*** (5.56)	0.382*** (6.44)	0.335*** (7.24)	0.339*** (7.63)	0.317*** (7.42)	0.324*** (7.26)
	SOFDI	0.425*** (6.27)	0.403*** (6.48)	0.463*** (6.25)	0.422*** (6.42)	0.425*** (6.62)	0.450*** (6.52)	0.436*** (6.58)	0.444*** (6.65)

续表

时段	变量	固定效应回归 ICC_{it}	固定效应回归 ICC_{it}	负二项回归 ICC_{it}	负二项回归 ICC_{it}	固定效应回归 ICM_{it}	固定效应回归 ICM_{it}	负二项回归 ICM_{it}	负二项回归 ICM_{it}
2020—2022年	SDI	0.523*** (6.28)	0.531*** (6.35)	0.541*** (6.66)	0.537*** (6.38)	0.523*** (6.77)	0.544*** (6.36)	0.575*** (6.55)	0.578*** (6.82)
	SFDI	0.238*** (5.83)	0.234*** (5.27)	0.230*** (5.83)	0.231*** (6.11)	0.232*** (7.31)	0.239*** (7.69)	0.238*** (7.53)	0.229*** (7.28)
	SOFDI	0.406*** (6.71)	0.411*** (6.26)	0.463*** (6.38)	0.417*** (6.83)	0.472*** (6.49)	0.436*** (6.42)	0.421*** (6.36)	0.437*** (6.88)
控制变量	年份	控制	控制	控制	控制	控制	控制	控制	控制
	地区	控制	控制	控制	控制	控制	控制	控制	控制
	观测值（个）	161	161	161	161	161	161	161	161
	R^2	0.628	0.582	0.538	0.531	0.742	0.629	0.593	0.831

通过上述不同时段回归结果分析可知，中国—中南半岛双向直接投资内外联动、外商直接投资技术溢出与对外直接投资逆向技术溢出效应提升"卡脖子"产业链的"核链"地位存在时段异质性。具体来看，一是2000—2004年、2005—2009年两个时段外商直接投资技术溢出显著地提升了"卡脖子"产业链的"核链"地位，而中国—中南半岛双向直接投资内外联动、对外直接投资逆向技术溢出对"卡脖子"产业链"核链"地位提升作用不显著。二是2010—2014年外商直接投资技术溢出与对外直接投资逆向技术溢出显著地提升了"卡脖子"产业链的"核链"地位，而中国—中南半岛双向直接投资内外联动对"卡脖子"产业链"核链"地位提升作用不显著，同时，外商直接投资技术溢出对"卡脖子"产业链"核链"地位提升作用强于对外直接投资逆向技术溢出效应。三是2015—2019年、2020—2022年两个时段中国—中南半岛双向直接投资内外联动、外商直接投资技术溢出与对外直接投资逆向技术溢出均显著地提升了"卡脖子"产业链的"核链"地位，并且对外直接投资逆向技术溢出对"卡脖子"产业链"核链"地位提升作用强于外商直接投资逆向技术溢出效应。两个时段的区别在于2015—2019年中国—中南半岛双向直接投资内外联动对"卡脖子"产业链"核链"地位提升作用弱于外商

直接投资技术溢出和对外直接投资逆向技术溢出效应，而 2020—2022 年时段与此相反。

究其原因，中国—中南半岛国家之间外商直接投资和对外直接投资在不同发展阶段呈现差异性的发展态势。2000—2009 年，外商直接投资对产业链"核链"地位影响较大，对外直接投资尚处于发展初级阶段，并未显著影响我国产业链"核链"地位。2010—2014 年外商直接投资和对外直接投资均取得了长足的发展，二者对产业链"核链"地位均有正向影响，外商直接投资对产业链"核链"地位影响仍然强于对外直接投资，然而，中国—中南半岛双向直接投资的内外联动作用尚未显现。2015—2022 年对外直接投资对产业链"核链"地位的影响超越外商直接投资，中国—中南半岛双向直接投资内外联动效应显现，并呈现逐步增强的态势，同时，中国—中南半岛双向直接投资内外联动对"卡脖子"产业链"核链"地位的影响超越了技术溢出效应和逆向技术溢出效应。因此，我国应注重"引进来"联动"走出去"推动"卡脖子"产业链的"核链"地位逐步提升。

六　稳健性检验

采用改变统计口径、剔除异常值和倾向得分匹配等方法对实证结果进行稳健性检验，具体如表 9-7 所示。

表 9-7　　中国—中南半岛双向直接投资驱动"卡脖子"产业链"核链"地位提升稳健性检验

控制变量	变量	主实验	改变统计口径	剔除异常值检验	PSM
加入前	SDI	0.257*** (7.38)	0.293*** (6.95)	0.381*** (7.58)	0.418*** (8.37)
	SFDI	0.038*** (5.83)	0.046*** (5.26)	0.062*** (7.82)	0.059*** (6.39)
	SOFDI	0.108*** (6.52)	0.148*** (6.88)	0.183*** (6.93)	0.160*** (6.28)
	年份	是	是	是	是
	地区	是	是	是	是
	观测值	713	684	638	516
	R^2	0.538	0.625	0.742	0.833

续表

控制变量	变量	主实验	改变统计口径	剔除异常值检验	PSM
加入后	SDI	0.203*** (6.37)	0.217*** (6.83)	0.248*** (7.25)	0.331*** (7.84)
	SFDI	0.034*** (5.27)	0.029*** (5.48)	0.031*** (5.37)	0.032*** (5.84)
	SOFDI	0.133*** (6.21)	0.151*** (5.84)	0.166*** (6.35)	0.201*** (6.73)
	控制变量	是	是	是	是
	年份	是	是	是	是
	地区	是	是	是	是
	观测值（个）	161	63	156	126
	R^2	0.627	0.685	0.833	0.902

通过上述稳健性检验结果可知，中国—中南半岛双向直接投资内外联动、外商直接投资技术溢出与对外直接投资逆向技术溢出提升"卡脖子"产业链"核链"地位的回归结果具备稳健性。采用加入控制变量前后比对的方式，发现中国—中南半岛双向直接投资内外联动、外商直接投资技术溢出与对外直接投资逆向技术溢出显著地提升了"卡脖子"产业链的"核链"地位。同时，本章改变统计口径，选取"一带一路"倡议提出后数据（2014—2022年），以及剔除异常值（参照大于1的样本值）方法，实证研究中国—中南半岛双向直接投资提升"卡脖子"产业链"核链"地位问题，回归结果具备稳健性。此外，为了防止选择性偏倚和混杂偏倚，采用倾向得分匹配（PSM）方式对中国—中南半岛双向直接投资提升"卡脖子"产业链"核链"地位问题进行检验，发现实证结果依然稳健。因此，中国—中南半岛双向直接投资内外联动、外商直接投资技术溢出与对外直接投资逆向技术溢出有效地提升了我国"卡脖子"产业链的"核链"地位。

第六节 结论与政策启示

基于既有文献梳理、理论机制分析、研究假说提出以及实证回归研究，本章得出中国—中南半岛双向直接投资内外联动、对外直接投资逆向技术溢出与外商直接投资技术溢出显著地提升了我国"卡脖子"产业链的"核链"地位，作用强度依次减弱。一是行业异质性层面，中国—中南半岛双向直接投资提升专用设备（交通运输设备）"卡脖子"产业链的"核链"地位作用最强（弱），其余行业介于之间；二是区域异质性层面，中国—中南半岛双向直接投资提升东部沿海（西北地区）"卡脖子"产业链的"核链"地位作用最强（弱），其余地区介于其间；三是时段异质性层面，中国—中南半岛双向直接投资内外联动、外商直接投资技术溢出与对外直接投资逆向技术溢出提升"卡脖子"产业链"核链"地位不同时段存在显著的差异。此外，本章采用改变统计口径、剔除异常值和倾向得分匹配等方法进行稳健性检验，发现实证结果具有稳健性。

据此，我国应加大对中国—中南半岛双向直接投资的扶持，加强"引进来""走出去"的协调发展，通过外商直接投资与对外直接投资靶向目标设定，清晰定位不同行业、不同地区双向直接投资的发展战略与目标，提升自主研发与创新能力，进一步推动产业链关键环节自主可控，构建畅通国内循环的生产网络，实现"卡脖子"产业链"核链"地位提升，推进我国产业新旧动能实质转变，推动经济高质量发展。

第十章　实践路径与政策启示

党的二十大报告明确提出，坚定不移推进高水平对外开放，以国内大循环吸引全球资源要素，增强国内国际两个市场、两种资源联动效应，高质量吸引外资和对外投资，提升贸易投资合作质量和水平。在世界各国联系日益紧密和国内国际双循环新发展格局的背景下，双向直接投资为我国产业新旧动能转换及协同发展带来了新的发展机遇。同时，"十四五"时期，产业新旧动能转换成为经济实现高质量发展、经济结构转型的内在要求，探析中国—中南半岛双向直接投资通过何种路径影响我国产业新旧动能转换具有十分重要的理论意义与现实意义。

第一节　双向直接投资联动驱动产业新旧动能转换的实践路径

一　新型举国体制的实践路径

党的二十大报告中指出，完善党中央对科技工作统一领导的体制，健全新型举国体制。面对复杂的国际形势和国内繁重的发展任务，在新型举国体制的引导下，双向直接投资能更好地驱动产业新旧动能转换，具体实践路径如下。

新型举国体制能够促进国家发展、保障国家安全，为双向直接投资创造良好的投资环境，进而促进新旧动能的高效转换；新型举国体制可以集中国家力量、统筹国内资源，促进产业联动，增强资源型、技术密集型等类型行业的协作关系，寻找新的经济增长点，以此促进新旧动能的转换，步入内涵式发展道路；新型举国体制以创新工程为重要抓手，通过异质性、高技术企业集聚推动关键技术自主创新，各个区域联动发展赋能高新技术企业加速集聚，聚焦发展核心技术重点领域，以创新之力促进产业新旧动能的转换；在新型举国体制的引导之下，双向直接投资把投资落脚在重点高新技术领域，加大高新技术企业的政策与经费支持，针对"卡脖子"产业增加研发经费投入，逐步突破"卡脖子"产业"瓶颈"，攻破关键核心技术改善产业链中的"木桶效应"，引领和支撑高新技术产业跨越式发展，制定创新催化、创新分工、创新扩散、一体化协作的产业链"瓶颈"突破实践路径，以技术"进链"、企业"进群"、产业"进带"、园区"进圈"为主线，实现产业链关键环节自主可控，进而驱动产业新旧动能转换。

二 人才集聚效应的实践路径

我国以产业新旧动能转换为导向，优化双向直接投资对人才汇聚的效应。人才集聚效应作用于产业结构的调整，驱动产业新旧动能转换的具体路径如下。

外资企业在中国国内对中国员工进行技能培训、技术支持和关键人才培养，为国内专业技术人才储备提供了有利条件。当员工技术能力等达不到投资企业要求的情况下，外企采取措施，对员工进行知识技能培训与技术指导。中国企业员工和外资企业公司派出的专家学者进行交流学习，参与对国外企业的生产管理等技术培训，通过学习外国企业人员所传授的经营管理策略，提升企业经营水平，并且跨国公司在投资当地聘用高素质、高水平的技术或管理人才，通过交流学习能够最终在公司内部形成竞争机制，从而带动和激发员工的积极性与潜力，全体员工的综合素质逐渐得以提升。工作人员通过不断学习，会把自身所学习到的专业知识和所熟悉的商业技术进行消化吸收，未来用于我国企业的经营管理及创新研发中，进而提高国内产业的管理及技术。这一过程中，国外的先进技术、管理制度以及优秀的人才进入中国，促进国内技术创新能力的提高。中国对外直接投资企业通过聘用当地高素质人才或采用当地先进的人员管理制度，将先进知识、经验传递到国内，通过新建或者并购当地科研机构、技术研发中心，扩充自身高水平科技人才队伍，通过加强与国内企业的交流，进而一定程度上提高国内研发水平。

人力资本的水平和结构与产业结构发展要求相适应的程度，决定着产业结构高级化的程度。中国—中南半岛的双向直接投资过程中，高素质人力资源的加入，能够提升生产效率，提高创新能力，完善产业体系。人才会聚带来的知识溢出效应，带动整个国家的进步，驱动产业新旧动能转换。

三 科技进步的实践路径

双向直接投资通过技术进步效应，具体通过模仿示范效应、竞争效应、联系效应推动我国的技术进步，驱动产业新旧动能转换，其具体实践路径如下。

一方面，外商直接投资中，企业为获得短期高利润，凭借先进的生产技术及管理经验，在技术含量相对较高的领域投资建厂，生产出来的产品在中国国内及周边国家（地区）销售，在这一过程中，国内企业可以通过与外商企业的交流合作，积极模仿学习对方的先进技术。另外，也可以通过对外商生产的先进产品进行改造研究，实现模仿示范效应下技术创新能力的提高。且外资企业的不断涌入，给国内企业带来巨大的竞争压力与生存危机，导致一些国产品牌的衰落，在此情境下，国内企业为取得市场，会主动增加自主研发的资金、人员投入，确保自身不会被市场所淘汰，从而使国内企业的科技能力得到一定程度的提高。对于外企来说，想保持自身技术领先的优势，也需增加研发投入或引进先进技术。这两种情况下，竞争效应带来新一轮技术溢出将提高国内科技水平。

另一方面，中国对外直接投资也为我国科技进步和产业结构升级提供了支持。本土企业通过对外直接投资可为本国经济发展寻求资源支撑和技术保障，母国通过对海外高技术企业投资或兼并，短时间内可提高本土企业创新能力，以资本换技术，同时实现产业扩张与技术提升。同时，母国通过对外直接投资，会带动国内其他生产部门技术的提升，进一步刺激创造活动，并且上游产业的规模扩张和技术创新会导致下游产业增加投资、催化技术研发和升级，与上游产业形成配套体系，从而形成更新迭代，协同发展，这种联系效应进一步推动母国国内产业技术升级、优化母国国内产业结构。因此，对外直接投资是本土企业获取先进技术、优化产业结构、提升价值链位置的重要途径。

因此，双向直接投资的互动协调发展，可促进中国技术进步、科技创新，技术的创新变革又会推动我国产业结构优化与重塑，促使我国价值链摆脱"低端锁定"状态，促进产业动能持续转换。

四 扩大产业规模驱动的路径

双向直接投资能够通过扩大产业规模影响产业新旧动能转换的潜力

以及转换后的经济韧劲,具体实践路径如下。

在世界各国联系日益紧密和国内国际双循环新发展格局的背景下,一部分国内企业以开拓市场为导向选择到国外进行投资,以获取当地成本低廉、供应稳定的材料来源,较好地解决母国企业生产经营资源供应不足的问题,从而降低生产成本,提高企业利润,有利于母国企业规模的扩大。且每当外资公司进入某国市场后,势必会与该国本土品牌产生竞争。为取得竞争优势,就必须主动增加产品自主研发方面的投资,同时提高企业管理水平,进而促进生产质量的提高、制造技术的迭代更新和制造技术水平的整体提升,并以此增强企业与外国公司竞争的实力,促进企业规模持续扩大。此外,在以上情况出现的同时,外国投资企业要想拥有科技领先地位,就要引入更先进的科技并开发更优秀的产品,于是新的技术外溢将推动东道国制造业企业科技的新一轮变革,增强在国际贸易中的实力。企业之间相互竞争、研发合作、并购重组等行为使各个产业之间存在密切的竞争效应、关联效应与集群效应,因此,在单个产业规模扩大的同时,其他产业受其影响也会在一定程度上提高技术水平、扩大产业规模,最终优化整个产业结构、促进产业新旧动能转换。企业以其产品的主要市场国家为对外直接投资目标,通过贴近市场、及时了解用户需求、提高供应链的反应速度、降低物流成本、实现商品生产销售属地化,从而扩大产品的销售规模,带动对国内产业链其他环节投入品需求的扩张,通过需求侧层面的消费升级推动产业新旧动能转换。

五 传统产业外移的实践路径

在双向直接投资的背景下,国家经济快速发展、各类行业持续迭代,传统产业转移到具有比较优势的海外市场可以获得新的市场活力,从而促进新旧动能的转换,具体实践路径如下。

近年来,我国制造业综合成本快速上升,一是由于人口红利丧失、劳动力成本优势丧失所导致。从 2022 年各国数据来看,我国制造业月均基本工资为 1112 美元,是马来西亚的 1.43 倍、泰国的 2.61 倍、缅甸的 3.04 倍。二是我国税费、融资、物流、土地、原材料等成本居高不下,使得制造业利润空间越挤越薄,很多企业特别是劳动密集型企业已经难以为继,不得不向外转移。越南等东南亚国家具备要素价格低廉、投资回报率高的比较优势以及优惠政策等有利因素。在双向直接投资的背景下,中国中低端低附加值、高排放行业转移至生产成本更低的国家进行经营，可提升企业生产效率，促进我国产业链优化重组，通过传统产业外移的路径驱动产业新旧动能转换。

六 战略性新兴产业重塑的实践路径

随着"引进来""走出去"战略的实施，我国利用外资额逐年递增，FDI在新兴产业领域弥补了国内资金的不足。

从"引进来"角度分析，一方面，国内新兴产业发展不完善，尚处于幼稚产业地位。战略性新兴产业属于高风险产业，需要巨额资金投入，而国内资金融通困难，导致新兴产业资金缺口大。在这种状况下，利用外资将会大大弥补新兴产业资金缺口，促进我国新兴企业自主研发的顺利进行。另一方面，FDI可以增强国内企业的配套生产能力。外资企业进入东道国必然需要本地企业供应配套产品和服务，通过对外资企业技术溢出的吸收，可以直接刺激本地企业生产配套能力的提高，形成一批新兴产业的相关配套企业，从而促使国内新兴行业企业竞争力的提高。此外，本国企业和外资企业之间存在较大的技术差距，本国企业从引进的外资企业中学习新产品、新技术和先进的管理经验，提高自己的技术水平，通过模仿将新技术、新经验运用到本国产业，从本质上提高创新能力，实现新兴产业的技术升级。且外资企业拥有强大的资金支持、营销渠道和技术，进入东道国必然会改变当地市场结构和竞争格局，新兴产业会面临更多的压力，从而促进新兴产业技术研发水平和创新能力的提升。

从"走出去"角度分析，在比较自由、开放的国际经贸环境中，对外直接投资是企业在全球范围内优化资源配置、提高市场竞争力的重要方式，对于母国来说，也能够通过利用国际资源和市场，发挥本国比较优势、弥补资源短板、开拓国际市场，从而带动本国产业更好发展。对外直接投资将外部市场内部化，从而最大限度降低了交易成本和风险，使国内相关产业的技术、专利等知识型中间品得以快速发展，带动母国新兴产业成长，从而驱动产业新旧动能转换。

七 现代化产业体系构建的实践途径

统筹协调双向直接投资与产业链现代化的关系，充分利用全球范围内的资源、技术和市场，发挥本国比较优势、弥补资源和能力短板，对于一个国家形成具有国际竞争力的现代化产业体系意义重大。

双向直接投资通过资源开发、技术进步、市场拓展等方面构建现代化产业体系，驱动产业新旧动能转换。我国企业在自然资源丰富的国家进行投资，可保障国内产业链原材料供应稳定和价格平稳。且企业可以在发达国家设立研究机构、融入发达国家科技组织，充分利用其创新要素和资源，快速提高中国企业的研发设计水平，并通过生产技术的回流提高国内技术水平，带动产业链关键环节的技术升级。且劳动密集型产业向国外转移后，一些工业用地能够腾出来，为高技术产业、新兴产业的研发设计释放出土地空间。同时，高技术产业能源利用效率提升，也利于中国"碳达峰、碳中和"目标的实现，从而推动中国制造业向全球产业链价值链中高端攀升，形成具有高附加值、创新性、再生性、规模性、稳定性的现代化产业体系，加快转型升级步伐，驱动产业新旧动能转换。

八　绿色产业发展的实践路径

双向直接投资提升绿色清洁技术，是提升我国绿色发展效率、推动绿色产业发展、驱动产业新旧动能转换的一大途径，其具体实践路径如下：

一方面，外商直接投资中，以高端服务业和高新技术产业为代表的外资企业进入我国，促进了本国产业结构升级，带动上游本土企业改进生产技术，使其更能适应外资企业的标准和需求，并给下游本土企业带来清洁绿色管理理念和生产技术服务，从而提升绿色发展效率，推动绿色产业发展，绿色低碳发展效率得以提高。

另一方面，对外直接投资中，我国获得中南半岛发达国家的先进技术，通过逆向技术溢出效应助推中国经济绿色发展。此外，大部分发展中国家的双向直接投资协调发展的水平较低，大多是由于人才和技术水平不足。与中南半岛大部分国家相比，我国在双向直接投资中处于优势地位。

因此，双向直接投资协调发展对绿色发展效率产生正向影响，绿色发展将进一步驱动了我国产业新旧动能转换。

综上，中国—中南半岛双向直接投资通过新型举国体制、人才会聚、科技创新、产业外迁等途径驱动产业新旧动能转换，我国应继续坚持"走出去""引进来"并举，培育新动能、改造旧动能，夯实经济高质量发展的根基。

第二节 双向直接投资联动驱动产业新旧动能转换的政策启示

为了进一步阐释双向直接投资联动驱动产业新旧动能转换问题，通过双向直接投资与产业新旧动能转换指数测度、双向直接投资联动驱动产业新旧动能转换理论机制设计、双向直接投资联动驱动产业新旧动能转换总体层面和国别层面实证检验，结合党的二十大报告以及"十四五"规划和2035年远景目标，本书从企业层面、行业层面和政府层面提出产业新旧动能转换的政策启示。

一 企业层面

企业是推动产业新旧动能转换的主体对象，应通过双向直接投资联动，进而从加快补齐短板、扩大规模，提质增效、协同并进以及分类治理、有效清理等方面推动我国产业新旧动能转换。

（一）补齐短板、扩大规模

高新技术和战略性新兴企业是支撑我国产业新旧动能转换的主要推动力，我国应加强高新技术企业和战略性新兴企业的支持力度，然而，我国大部分高新技术企业和战略性新兴企业面临企业生命周期短、存活能力弱的问题。当经济环境周期性波动时，经常因缺乏创新要素、品牌影响力等因素面临退出市场的困境。高新技术企业和战略性新兴企业应通过"引进来""走出去"互动，补足企业短板，增强抗风险能力，通过高质量外商直接投资与高水平对外直接投资扩大经营规模形成集聚效应，以低成本、高效能的生产方式树立良好品牌形象，并将所得利润进行创新研发，促进企业的可持续发展，助推我国产业新旧动能的转换。因此，我国应加强高新技术企业和战略性新兴企业的支持力度，推动企业双向直接投资互动，进一步推动我国产业新旧动能转换。

（二）提质增效、协同并进

随着我国开放水平不断提高，国有企业和民营企业"引进来""走出去"的力度不断增强，助力我国双向直接投资取得了长足的发展。我国应加强企业层面外商直接投资与对外直接投资的内引外联作用，逐步推进我国产业新旧动能实质转换。同时，自改革开放以来，国有企业对经济的发展起到了稳定作用。进入新时代，将进一步激发民营企业活力，更好地促进经济发展。同时给予优质企业更好的生存空间，增强企业经营的效能，有助于"国有企业稳定器""民营企业推进器"有机地结合起来，更好地促进新旧动能的转换。因此，我国应注重国有企业和民营企业协作共生，推动企业"引进来""走出去"联动发展，进一步实现产业新旧动能实质转换。

（三）分类治理、有效清理

绿水青山就是金山银山。新旧动能的转换绝不能以牺牲环境为代价。我国应通过双向直接投资联动机制，优化我国产业分布区域与结构，通过内引外联实现产业新旧动能转换。同时，我国要对高耗能、高污染的企业分类治理、有的放矢，才能更好地促进企业升级转型，也要制定严格的退出机制，做到审核有标准、执行有依据。同时，很多"僵尸企业"依靠政府的资助或贷款续命，不能从根源上解决效能转换问题，反而拖累社会发展。对于这类问题，政府需做好详细统计，采取企业跨境并购、绿地投资、并购重组、破产清算等有效措施进行处理，将负面效应降到最低。因此，我国通过国际直接投资方式对企业进行分类治理，进一步实现落后产能淘汰，构建新兴产业格局，推动我国产业新旧动能实质转换。

二　行业层面

我国产业新旧动能转换核心在于关键行业发展，重塑经济高质量发展的新动能。因此，我国应加大对新兴行业的支持力度，构建现代化产业体系，推动产业新旧动能实质转换，进一步推进产业链关键环节的韧性提升，实现产业链关键环节安全稳定与自主可控。与此同时，我国应改善重化型行业，促进行业间联动，助力产业新旧动能转换。

（一）支持新兴行业

新旧动能的转换离不开新兴行业的发展。我国应通过"引进来"联动"走出去"支持新兴行业发展，降低新兴行业对外直接投资和吸引外商直接投资的融资门槛，给予相关优惠政策，实现新兴行业的集聚效应和合力效应。当新兴行业壮大到一定规模后，技术革新的培育力度也会得到提升，产能将得到进一步的提高。新兴行业外商直接投资的技术溢出效应和对外直接投资的逆向技术溢出效应将促进行业实现可持续发展，经济出现新的增长点，有助于构建现代经济运行体系的新动能，促进国民经济会实现更高质量的发展，推动新旧动能将实现更高效的转换。因此，我国应加强对新兴行业的支持力度，推动新兴行业更好地"走出去""引进来"，通过"内引外联"的相互推动作用，进一步驱动我国产业新旧动能实质转换。

（二）改善重化型行业

双向直接投资通过推进新兴行业做"加法"，进一步推动我国产业新旧动能转换，而重化型行业在新旧动能的转换中应采取"减法"原则。我国应借助"中国—中南半岛"经济走廊的国际直接投资重要职能，通过双向直接投资的方式推动我国产业格局重塑，减少重化工行业，实现重化工行业外迁至中南半岛国家，实现合作共赢的局面，推动中南半岛国家工业化发展以及我国现代产业格局构建，实现产业新旧动能转换。自改革开放以来，我国经济发展迅速，从以重工业为主的发展模式逐渐转变为以科技创新为主的环境友好型发展模式。"美丽中国2035"规划是可持续发展的一个重要里程碑。这一过程减少的是重化型行业的环境负面效应，增加的是新旧动能的转换效能，使得传统行业获得"老树发新芽"的良好局面。因此，我国应加强重化型行业产业格局重塑和产业动能重构，推动新旧动能实质转换。

（三）促进行业间联动

双向直接投资通过"内引外联"的推动作用，可实现行业间的联动，助力新旧动能的转换。在国家重点发展领域，我国应加强高质量的"引进来"，加强行业核心型企业的引领作用，增强资源型、技术密集型等类型行业的协作关系，寻找新的经济增长点，以此促进新旧动能的转换，步入内涵式发展道路。在行业发展不均衡领域，我国应加强高水平的"走出去"，实现产业结构走向合理化与高级化，进一步推动产业分布优化，实现产业新旧动能逐步转换。同时，我国应通过区域内多行业协同发展、统筹协调，形成价值链联动效应，打出多行业组合拳，实现行业创新性的改革。因此，我国应提高开放水平，支持中国—中南半岛国家行业之间联动发展，进一步加快我国走向南亚、东南亚，实现产业迁移、重组与并购，行业之间形成有效的联动机制，进一步实现产业新旧动能转换，产业链安全稳定与自主可控。

三　政府层面

政府是产业新旧动能转换的"助推器""催化剂"，政府政策能够有效地加速产业新旧动能转换的进程，使产业新旧动能转换获得"加速度"，实现产业新旧动能转换进程缩短、步伐加快，产业链关键环节控制能力持续提升。因此，我国政府应进一步从深化改革、发展规划、宏观调控等诸多方面出台政策，加大扶持力度，实现产业新旧动能实质转换。

（一）深化改革

改革方案不是一劳永逸、一成不变的，而是要随着社会的发展、时代的变迁不断调整的。产业新旧动能转换的重要动力是创新，双向直接投资的技术溢出效应与逆向产业技术溢出效应能够持续推动我国提升技术创新能力，进而推动我国产业新旧动能转换。因此，我国应加大对中国—中南半岛国家的开放程度，通过高水平开放推动高质量创新，进而推动我国产业新旧动能转换。同时，我国拥有着丰富的高技能人才资源、创新型人才与创新团队，如果改革创新不能与研发创新协同并进，那将对产业新旧动能的转换产生巨大的阻碍作用。因此，我国应对先进技术与现有技术取长补短，对现有的制度深化改革，才能为产业新旧动能的转换创造更好的制度环境。因此，我国应深化改革，通过高水平开放、高质量创新、高技能人才推动我国产业新旧动能实质转换。

（二）发展规划

我国2016年政府工作报告明确"产业新旧动能转换"的重要目标，我国产业格局不断调整优化，产业结构逐步走向合理化与高级化，现代产业体系建立的进程逐步加快。同时，我国"走出去""引进来"的力度逐步加大，我国"负面清单+准入国民待遇"政策实施对外商直接投资企业进入中国提供了十足的便利。通过负面清单的规划，实现"引进来"外商直接投资企业质量逐步提高，推动我国产业新旧动能逐步转换。"没有规矩不成方圆"，新旧动能的转换同样离不开系统的、完整的规划。国家可通过宏观引导，借助双向直接投资对产业结构优化、产业格局重塑的作用，一方面通过"补短板"的方式促进传统产业转型升级，激发新旧动能转换潜力；另一方面通过政策倾斜的方式将资源配置重心逐渐转向产业新旧动能转换。通过完整的、详细的规划方案以及高效的统筹管理模式，使产业新旧动能转换之路稳步前行。

（三）改善调控

我国政府层面合理调控可以为产业新旧动能转换提供良好的资源保障。政府可以将供给侧结构性改革作为调控主线，通过税收政策、优惠政策等实现定向调控。市场这只"无形的手"与政府这只"有形的手"相结合，不仅可以增强市场的竞争活力，促进企业的升级转型进而带动新旧动能的转换，还可以确保转换过程在合理的调控下更加健康、有序地前行。因此，政府应通过宏观调控政策思路逐步推动我国产业新旧动能实质转换。

第三节 研究不足与未来研究展望

本书存在以下三个方面不足：一是本书聚焦于产业新旧动能转换中观层面，缺乏对产业链关键环节控制能力微观层面系统性研究。因此，在双向直接投资联动驱动产业新旧动能转换研究的基础上，将进一步对我国"卡脖子"产业链关键环节控制能力提升问题进行系统研究，为我国产业链关键环节安全稳定与自主可控建言献策。二是中南半岛国家产业层面缺乏微观企业数据库。在现有研究基础上，将进一步收集整理中南半岛国家企业层面数据，聚焦深入研究双向直接投资与产业新旧动能转换、产业链安全稳定与自主可控问题。三是实地调研缺乏深度，对中南半岛国家企业层面数据获得有限。未来，将对越南、老挝、泰国、缅甸、柬埔寨、马来西亚和新加坡中南半岛国家进行深度调研，收集整理企业层面数据，进一步聚焦研究中国—中南半岛双向直接投资联动驱动产业新旧动能转换，以及提升产业链弹性、韧性、鲁棒性、反身性与前摄柔性等问题，从而推动我国产业新旧动能实质转换，产业链关键环节安全稳定。

附录一 发达经济体和发展中经济体双向直接投资指数测度结果

表1 发达经济体 TDI

	2003年	2004年	2005年	2006年	2007年	2008年	2009年	2010年	2011年	2012年	2013年	2014年	2015年	2016年	2017年	2018年	2019年	2020年	2021年	2022年
美洲	0.57	0.57	0.50	0.95	0.84	0.97	0.67	0.84	0.75	0.79	0.86	0.80	0.79	0.83	0.90	-1.40	0.56	0.76	0.93	0.98
亚洲和大洋洲	0.56	0.87	-0.83	0.65	0.83	0.68	0.69	0.63	0.70	0.68	0.67	0.65	0.46	0.64	0.61	0.73	0.46	0.61	0.61	1.00
欧洲	0.98	0.73	0.86	0.91	0.83	0.66	0.98	0.87	0.93	0.95	0.91	0.99	0.95	0.90	0.97	0.92	0.92	-0.68	0.57	0.48

表2 发展中经济体 TDI

	2003年	2004年	2005年	2006年	2007年	2008年	2009年	2010年	2011年	2012年	2013年	2014年	2015年	2016年	2017年	2018年	2019年	2020年	2021年	2022年
非洲	0.14	0.32	0.14	0.39	0.35	0.29	0.20	0.36	0.20	0.31	0.36	0.32	0.28	0.31	0.45	0.31	0.19	-0.03	0.06	0.09
美洲	0.26	0.42	0.39	0.72	0.34	0.42	0.29	0.51	0.42	0.33	0.31	0.23	0.20	0.15	0.38	0.09	0.46	-0.11	0.47	0.65
亚洲和大洋洲	0.35	0.67	0.55	0.64	0.77	0.70	0.78	0.78	0.82	0.81	0.89	0.91	0.81	0.87	0.89	0.84	0.79	0.84	0.78	0.73

资料来源：UNCTAD 数据库。

附录二 世界各洲国家层面双向直接投资指数测度结果

表3 亚洲发达国家和地区 TDI

	2003年	2004年	2005年	2006年	2007年	2008年	2009年	2010年	2011年	2012年	2013年	2014年	2015年	2016年	2017年	2018年	2019年	2020年	2021年	2022年
以色列	0.78	0.79	0.76	0.96	0.99	0.82	0.56	0.93	0.92	0.40	0.49	0.86	0.98	0.90	0.62	0.44	0.67	0.42	0.49	0.54
日本	0.36	0.40	0.11	-0.30	0.47	0.32	0.28	-0.05	-0.03	0.03	0.03	0.17	0.04	0.22	0.11	0.13	0.11	0.20	0.29	0.33
韩国	0.83	0.70	0.76	0.84	0.58	0.73	0.68	0.50	0.50	0.47	0.62	0.50	0.30	0.58	0.69	0.48	0.43	0.40	0.43	0.45

表4 亚洲发展中国家和地区 TDI

	2003年	2004年	2005年	2006年	2007年	2008年	2009年	2010年	2011年	2012年	2013年	2014年	2015年	2016年	2017年	2018年	2019年	2020年	2021年	2022年
阿富汗	0.03	-0.01	0.01	0.00	-0.01	-0.09	0.00	-0.03	0.04	-0.57	0.02	0.00	0.03	0.26	0.36	0.49	0.94	0.52	0.80	0.93
亚美尼亚	0.01	0.00	0.04	0.09	0.03	0.06	0.13	0.10	0.50	0.09	0.16	0.13	0.27	0.35	0.21	0.05	-6.30	-2.74	0.12	0.19
阿塞拜疆	0.44	0.51	0.84	-9.61	-0.13	0.05	0.82	0.58	0.53	0.75	0.72	0.84	0.89	0.73	0.94	0.89	0.76	0.76	-0.09	0.29

附录二　世界各洲国家层面双向直接投资指数测度结果 / 325

续表

	2003年	2004年	2005年	2006年	2007年	2008年	2009年	2010年	2011年	2012年	2013年	2014年	2015年	2016年	2017年	2018年	2019年	2020年	2021年	2022年
巴林	0.82	0.91	0.96	0.50	0.71	0.76	−0.34	0.64	−0.24	0.50	0.25	−0.70	0.04	−0.76	0.28	0.13	−0.30	−0.50	0.07	0.23
孟加拉国	0.03	0.02	0.01	0.01	0.06	0.02	0.08	0.03	0.02	0.06	0.04	0.06	0.04	0.03	0.12	0.01	0.02	0.01	0.06	0.10
柬埔寨	0.21	0.14	0.03	0.03	0.00	0.05	0.04	0.03	0.04	0.04	0.06	0.08	0.09	0.06	0.08	0.07	0.05	0.07	0.05	0.03
中国	0.10	0.17	0.29	0.39	0.48	0.68	0.75	0.75	0.75	0.84	0.93	0.98	0.96	0.81	0.93	0.98	0.98	0.99	0.89	0.78
中国香港	0.81	0.80	0.88	0.97	0.95	0.91	0.97	0.90	1.00	0.91	0.96	0.95	0.58	0.67	0.88	0.88	0.84	0.86	0.77	0.67
中国澳门	−0.02	−0.47	0.09	0.54	0.02	−0.07	−0.03	−0.37	0.28	0.22	0.53	0.33	−12.4	−2.13	0.73	0.11	0.23	−0.64	−0.48	0.34
中国台湾	0.15	0.42	0.42	1.00	0.82	0.69	0.65	0.35	−0.36	0.39	0.40	0.36	0.28	0.70	0.46	0.57	0.82	0.69	0.70	0.71
格鲁吉亚	0.02	0.04	−0.49	−0.02	0.08	0.17	−0.06	0.28	0.23	0.45	0.21	0.36	0.30	0.40	0.24	0.41	0.35	0.08	0.44	0.53
印度	0.61	0.55	0.56	0.83	0.81	0.62	0.62	0.74	0.51	0.52	0.52	0.51	0.29	0.20	0.44	0.43	0.41	0.30	0.52	0.88
印尼	−0.38	0.71	0.54	0.71	0.81	0.78	0.63	0.32	0.57	0.44	0.52	0.49	0.53	−0.95	0.18	0.56	0.25	0.39	0.30	0.23
伊朗	−0.26	0.07	0.25	0.12	0.30	0.19	0.06	0.12	0.11	0.45	0.12	0.00	0.11	0.06	0.03	0.06	0.11	0.11	0.11	0.11
伊拉克	−1.05	−1.48	0.29	0.89	0.02	0.04	0.09	0.16	0.33	0.25	−0.22	−0.05	−0.04	−0.10	−0.03	−0.08	−0.12	−0.11	−0.11	−0.11
约旦	−0.01	0.04	0.15	−0.08	0.04	0.01	0.06	0.03	0.04	0.01	0.02	0.07	0.00	0.00	0.01	−0.02	0.11	0.07	0.05	0.02
哈萨克斯坦	−0.12	−0.89	−0.16	−0.14	0.43	0.16	0.39	0.81	0.56	0.20	0.36	0.62	0.33	−3.19	0.32	−0.78	−7.89	−2.84	0.63	0.69

续表

	2003年	2004年	2005年	2006年	2007年	2008年	2009年	2010年	2011年	2012年	2013年	2014年	2015年	2016年	2017年	2018年	2019年	2020年	2021年	2022年
科威特	0.03	0.02	0.09	0.03	0.02	0.00	0.23	0.36	0.46	0.60	0.16	-0.20	0.11	0.17	0.07	0.10	-0.30	-0.04	0.10	-5.71
吉尔吉斯斯坦	0.88	0.40	0.82	0.16	0.01	0.00	0.00	0.00	0.00	0.00	0.00	0.00	0.00	0.00	0.43	0.07	0.02	-0.01	0.03	0.01
老挝	0.00	0.12	-0.01	0.00	0.12	-0.16	0.03	0.21	0.00	-0.06	-0.09	0.02	0.07	0.03	0.01	0.00	0.40	0.02	0.00	0.00
黎巴嫩	0.35	0.50	0.35	0.44	0.40	0.40	0.41	0.23	0.46	0.50	0.85	0.60	0.47	0.56	0.69	0.38	0.89	0.87	0.39	-0.38
马来西亚	0.71	0.62	0.86	1.00	0.86	0.65	0.31	0.81	0.89	0.70	0.92	0.80	0.98	0.83	0.75	0.80	0.89	0.87	0.58	0.52
蒙古国	-6.88	-2.31	0.02	0.36	0.07	0.01	0.16	0.07	0.04	0.03	0.04	0.48	0.22	-0.01	0.06	0.03	0.10	0.03	0.10	0.15
阿曼	0.44	0.55	0.26	0.29	-0.02	0.33	0.14	0.91	0.82	0.79	0.73	0.97	-0.37	0.27	0.91	0.21	0.25	0.32	0.28	0.25
巴基斯坦	0.07	0.10	0.04	0.05	0.03	0.02	0.06	0.05	0.06	0.17	0.27	0.12	0.03	0.04	0.04	-0.02	-0.08	-0.04	0.21	0.40
菲律宾	0.76	0.91	0.69	0.61	0.70	0.83	0.96	0.57	0.92	0.87	0.99	0.92	0.99	0.45	0.49	0.59	0.56	0.69	0.37	0.16
卡塔尔	0.25	0.54	0.25	0.07	0.95	0.98	0.57	0.57	0.17	0.35	-0.23	0.27	0.42	0.18	0.74	-3.27	-3.43	-16.5	-0.34	-0.23
沙特	0.76	0.08	-0.06	0.00	-0.01	0.16	0.11	0.24	0.35	0.53	0.72	0.80	0.80	0.91	0.33	0.36	0.50	0.95	0.89	0.87
新加坡	0.37	0.74	0.83	0.70	0.98	0.81	0.73	0.76	0.89	0.51	0.89	0.83	0.86	0.71	0.86	0.46	0.69	0.59	0.65	0.68
斯里兰卡	0.24	0.05	0.25	0.11	0.17	0.15	0.09	0.16	0.12	0.13	0.13	0.14	0.14	0.42	0.10	0.08	0.19	0.06	0.06	0.05
巴勒斯坦	-1.18	0.31	-20.9	-0.34	-3.64	0.15	-0.60	-1.39	0.54	-1.98	0.43	-11.5	-4.95	0.26	0.03	0.22	0.60	0.85	-0.87	-1.98
泰国	0.21	0.02	0.08	0.21	0.30	0.43	0.97	0.71	0.51	0.95	0.86	0.93	0.72	0.41	0.74	0.86	0.63	-0.69	0.80	0.72

附录二 世界各洲国家层面双向直接投资指数测度结果 / 327

续表

	2003年	2004年	2005年	2006年	2007年	2008年	2009年	2010年	2011年	2012年	2013年	2014年	2015年	2016年	2017年	2018年	2019年	2020年	2021年	2022年
图尔基耶	0.44	0.44	0.19	0.09	0.17	0.23	0.31	0.28	0.25	0.46	0.42	0.68	0.40	0.36	0.38	0.45	0.47	0.58	0.57	0.56
沙特阿拉伯	0.38	0.36	0.51	0.92	0.99	0.48	0.59	0.37	0.47	0.42	0.95	0.97	0.68	0.76	0.85	0.82	0.91	0.98	0.96	0.90
越南	0.03	0.05	0.06	0.07	0.05	0.06	0.17	0.20	0.22	0.25	0.36	0.22	0.17	0.15	0.07	0.07	0.06	0.05	0.04	0.03
也门	-2.43	0.26	-0.17	0.02	0.08	0.26	0.71	0.55	-0.25	-0.03	-0.08	-0.10	-0.80	0.00	-0.04	-0.03	-0.02	-0.01	-0.01	-0.01

表5 美洲发达国家和地区TDI

	2003年	2004年	2005年	2006年	2007年	2008年	2009年	2010年	2011年	2012年	2013年	2014年	2015年	2016年	2017年	2018年	2019年	2020年	2021年	2022年
百慕大群岛	0.66	0.07	0.83	0.62	0.29	0.39	-0.87	-0.10	0.92	0.33	0.70	-0.06	0.74	-6.62	0.25	-1.47	-0.30	-0.22	-0.08	0.52
加拿大	0.49	-0.02	0.97	0.87	0.71	0.87	0.73	0.90	0.86	0.87	0.91	0.99	0.79	0.68	0.47	0.88	0.77	0.66	0.80	0.84
美国	0.58	0.63	0.26	0.97	0.71	1.00	0.67	0.83	0.73	0.77	0.80	0.75	0.72	0.76	0.96	-0.68	0.23	0.78	0.95	0.99

表6 美洲发展中国家和地区TDI

	2003年	2004年	2005年	2006年	2007年	2008年	2009年	2010年	2011年	2012年	2013年	2014年	2015年	2016年	2017年	2018年	2019年	2020年	2021年	2022年
阿根廷	0.64	0.28	0.40	0.61	0.38	0.25	0.30	0.16	0.24	0.13	0.17	0.55	0.14	0.71	0.18	0.27	0.38	0.49	0.35	0.27
阿鲁巴岛	-0.04	0.14	0.08	-0.12	-0.18	0.23	-0.31	0.05	0.01	-0.02	0.04	-0.41	-1.25	-0.03	0.68	0.33	0.02	0.02	-0.03	-0.08

续表

	2003年	2004年	2005年	2006年	2007年	2008年	2009年	2010年	2011年	2012年	2013年	2014年	2015年	2016年	2017年	2018年	2019年	2020年	2021年	2022年
巴哈马群岛	0.18	0.35	0.24	0.36	0.44	0.43	0.50	0.24	0.54	0.27	0.30	0.84	0.33	0.44	0.22	0.22	0.39	0.30	0.87	-1.58
巴巴多斯岛	0.24	0.38	0.57	0.23	0.29	0.21	0.19	0.87	0.90	0.14	0.82	-1.23	0.66	-0.10	-0.21	0.30	0.23	0.06	0.14	0.23
伯利兹	-0.07	0.00	0.02	0.01	0.01	0.03	0.01	0.02	0.01	0.01	0.01	0.04	0.01	0.08	0.03	0.01	0.04	0.11	0.02	-0.02
玻利维亚	0.03	0.06	-0.03	0.02	0.02	0.02	-0.01	-0.09	-0.07	-0.06	-0.04	-0.11	-0.01	0.42	0.20	-1.06	-0.57	0.18	0.30	0.24
巴西	0.05	0.70	0.29	0.80	0.34	0.62	-1.27	0.44	0.20	-0.23	-0.02	-0.11	-0.37	-0.25	0.40	-0.54	0.45	-1.68	0.63	0.90
英属维京群岛	0.79	0.56	-1.28	0.57	0.86	0.94	0.94	0.96	0.97	0.81	0.96	0.79	0.48	0.81	0.97	0.88	0.94	0.97	0.95	0.94
开曼群岛	0.59	0.91	0.74	0.37	0.36	0.67	0.39	0.99	0.62	0.33	0.45	0.64	0.91	0.50	0.93	0.83	0.94	0.63	0.90	0.94
智利	0.57	0.46	0.46	0.46	0.56	0.74	0.69	0.72	0.91	0.80	0.63	0.70	0.85	0.73	0.95	0.59	0.79	0.39	0.98	0.83
哥伦比亚	0.71	0.12	0.64	0.32	0.25	0.45	0.61	0.92	0.73	-0.08	0.64	0.39	0.53	0.49	0.42	0.63	0.37	0.36	0.53	0.62
哥斯达黎加	0.18	0.18	-0.02	0.13	0.23	0.07	0.13	0.11	0.10	0.34	0.22	0.07	0.14	0.07	0.11	0.05	0.08	0.13	0.05	0.02
萨尔瓦多	-0.30	0.01	-0.57	0.20	-0.13	-0.19	-0.26	0.04	0.00	0.00	0.00	0.00	0.00	0.00	0.00	0.00	0.00	-0.01	0.01	0.01
危地马拉	0.30	0.24	0.14	0.03	0.04	0.04	0.30	0.14	0.21	0.09	0.13	-0.22	0.11	0.17	0.02	0.36	0.31	0.28	0.09	0.06

附录二 世界各洲国家层面双向直接投资指数测度结果 / 329

续表

	2003年	2004年	2005年	2006年	2007年	2008年	2009年	2010年	2011年	2012年	2013年	2014年	2015年	2016年	2017年	2018年	2019年	2020年	2021年	2022年
洪都拉斯	0.06	-0.02	0.00	0.00	0.00	0.00	0.01	0.00	0.00	0.33	0.12	0.14	0.35	0.35	0.26	0.12	0.01	0.21	0.68	0.81
牙买加	0.28	0.18	0.26	0.18	0.23	0.10	0.20	0.41	0.51	0.01	-0.37	-0.01	0.01	0.37	0.09	0.03	0.80	0.05	0.30	0.44
墨西哥	0.13	0.30	0.40	0.43	0.46	0.03	0.70	0.69	0.69	0.98	0.47	0.30	0.46	0.05	0.23	0.36	0.47	0.18	-0.05	-0.27
尼加拉瓜	0.32	0.23	0.20	0.14	0.08	0.06	-0.14	0.06	0.02	0.15	0.31	0.19	0.09	0.14	0.15	0.35	0.21	0.10	0.02	-0.01
秘鲁	0.09	0.07	0.05	0.04	0.02	0.19	0.12	0.06	0.04	0.01	0.03	0.31	0.04	0.29	0.14	0.01	0.27	-0.07	0.06	0.05
特立尼达和多巴哥	0.44	0.05	0.53	0.59	0.00	0.40	0.82	0.67	0.76	-0.22	-0.12	-0.06	0.84	-0.80	-0.52	-1.10	0.77	-248	0.20	-0.08
乌拉圭	0.07	0.10	0.08	0.00	0.13	-0.01	0.02	-0.05	-0.01	0.06	0.32	-0.17	0.18	0.10	-4.76	-1.55	0.45	-2.29	0.32	0.53
委内瑞拉	0.78	0.59	0.62	-1.00	-0.35	0.67	-1.19	0.77	-0.14	0.84	0.44	-1.53	0.68	0.99	-0.06	0.73	0.22	-7.31	-76.1	-15.5

表7　大洋洲发达国家和地区 TDI

	2003年	2004年	2005年	2006年	2007年	2008年	2009年	2010年	2011年	2012年	2013年	2014年	2015年	2016年	2017年	2018年	2019年	2020年	2021年	2022年
澳大利亚	0.59	0.31	0.88	0.86	0.45	0.79	0.68	0.70	0.06	0.23	0.05	0.47	-1.13	0.01	0.15	0.11	0.40	0.75	0.54	0.41
新西兰	-0.94	-0.07	-17.9	0.22	0.95	0.52	-4.68	-0.19	0.78	-0.28	0.44	0.32	0.31	0.00	-0.19	0.45	-0.08	0.24	-2.34	-5.63

表 8 大洋洲发展中国家和地区 TDI

	2003年	2004年	2005年	2006年	2007年	2008年	2009年	2010年	2011年	2012年	2013年	2014年	2015年	2016年	2017年	2018年	2019年	2020年	2021年	2022年
斐济	0.17	0.03	0.11	0.00	-0.03	-0.02	0.02	0.06	0.01	0.01	0.04	0.18	-0.38	-0.09	-0.01	-0.02	-0.25	0.11	0.16	0.18
法属玻利尼西亚	0.18	0.82	0.66	0.50	0.38	0.63	0.53	0.74	0.35	0.44	0.79	0.66	0.93	0.57	0.33	0.55	0.48	-0.34	0.09	0.29
基里巴斯	0.32	0.14	0.11	0.03	0.01	-0.04	0.02	-0.02	-0.48	-0.06	0.32	0.11	-0.35	0.13	0.27	0.34	-0.56	0.08	0.20	-0.51
新喀里多尼亚（岛）	0.22	0.57	-0.56	0.08	0.03	0.07	0.09	0.10	0.05	0.07	0.06	0.06	0.09	0.27	0.22	0.17	-0.29	-0.39	-0.41	-0.43
巴布亚新几内亚	-0.06	0.00	0.32	-0.33	0.15	-0.50	0.02	0.03	-0.01	0.44	0.13	0.52	-0.38	0.00	0.00	-89.0	-1.19	-0.28	-0.94	0.29
萨摩亚群岛	-2.35	-0.20	-0.33	-0.03	-0.05	0.00	0.04	1.00	0.08	0.70	0.01	0.32	0.25	0.29	0.02	0.00	-1.99	0.54	0.15	-0.02
所罗门群岛	-0.03	0.00	0.16	0.19	0.25	0.10	0.12	0.03	0.06	0.19	0.11	0.06	0.27	0.07	0.28	0.87	0.22	0.54	-0.56	-0.77
汤加	0.89	0.45	0.52	0.18	0.17	0.14	0.40	0.22	0.53	0.39	0.25	0.34	0.60	0.23	0.19	0.11	0.91	0.25	0.20	0.45
瓦努阿图	0.08	0.07	0.07	0.03	0.04	0.05	0.07	0.04	0.03	0.01	-0.05	-0.06	0.10	0.08	0.08	0.06	0.01	0.14	0.14	0.13

附录二 世界各洲国家层面双向直接投资指数测度结果 / 331

表9 欧洲发达国家和地区 TDI

	2003年	2004年	2005年	2006年	2007年	2008年	2009年	2010年	2011年	2012年	2013年	2014年	2015年	2016年	2017年	2018年	2019年	2020年	2021年	2022年
阿尔巴尼亚	0.23	0.08	0.03	0.06	0.07	0.15	0.08	0.01	0.07	0.05	0.06	0.06	0.08	0.11	0.04	0.12	0.18	0.15	0.10	0.06
奥地利	0.95	0.57	0.98	0.57	0.83	0.40	0.91	0.42	0.65	0.47	0.54	-0.38	0.35	0.39	0.81	0.98	0.39	0.28	0.70	0.95
白俄罗斯	0.02	0.02	0.02	0.02	0.02	0.03	0.10	0.07	0.06	0.16	0.20	0.04	0.14	0.17	0.10	0.07	0.02	0.11	-0.15	-0.62
比利时	0.93	0.88	0.97	0.93	0.92	-8.08	0.51	0.02	0.74	0.44	0.74	-1.07	0.68	0.76	-0.05	0.93	-2.16	0.94	0.72	0.65
波斯尼亚和黑塞哥维那	0.01	0.01	0.00	0.01	0.03	0.03	0.04	0.20	0.07	0.27	0.28	0.06	0.34	0.20	0.28	0.01	0.16	0.25	0.14	0.06
保加利亚	0.02	-0.13	0.15	0.04	0.04	0.14	-0.06	0.34	0.33	0.32	0.18	0.73	0.12	0.56	0.31	0.36	0.39	0.13	0.18	-0.31
克罗地亚	0.15	0.48	0.26	0.19	0.15	0.44	0.57	0.16	0.31	-0.08	-0.18	0.81	-2.97	-0.33	-5.81	0.29	-0.83	0.40	0.35	0.35
塞浦路斯	0.78	1.00	1.00	1.00	0.99	0.92	0.98	0.99	0.91	0.96	0.92	0.87	0.76	0.89	0.97	0.11	1.00	0.10	-0.32	0.70
捷克	0.18	0.34	0.00	0.42	0.27	0.80	0.49	0.32	-0.33	0.37	0.95	0.46	0.32	0.36	0.89	0.88	0.58	0.48	0.98	0.42
丹麦	0.61	0.98	0.73	0.81	0.68	-0.10	0.40	-0.36	0.98	0.19	0.23	0.72	0.55	0.05	0.54	-0.09	0.59	0.46	0.40	0.38
爱沙尼亚	0.29	0.44	0.38	0.86	0.84	0.77	0.86	0.20	-4.47	0.80	0.80	0.12	0.33	0.63	0.63	0.06	0.76	0.12	0.78	-1.94
芬兰	-4.39	-1.24	0.94	0.77	0.73	-0.28	0.22	0.84	0.67	0.71	0.09	0.17	-0.30	0.52	-0.50	-0.47	0.53	-0.64	0.61	0.21

续表

	2003年	2004年	2005年	2006年	2007年	2008年	2009年	2010年	2011年	2012年	2013年	2014年	2015年	2016年	2017年	2018年	2019年	2020年	2021年	2022年
法国	0.60	-0.25	0.66	0.50	0.73	0.53	0.47	0.45	0.76	0.62	0.75	0.10	0.92	0.52	0.82	0.58	0.91	0.19	-0.50	-1.67
德国	0.29	-2.01	0.78	0.65	0.64	0.20	0.52	0.69	0.93	0.62	0.49	-0.08	0.47	0.39	0.72	0.85	0.55	0.97	0.34	-0.02
希腊	0.49	0.66	0.60	0.86	0.57	0.70	0.92	0.35	0.78	0.56	-0.77	0.94	0.89	-3.04	0.09	0.21	0.23	0.29	0.28	0.27
匈牙利	1.00	0.49	0.45	0.79	0.94	0.59	0.93	0.69	0.85	0.89	0.70	0.65	0.95	0.79	0.52	0.68	0.85	0.77	0.69	0.54
冰岛	0.94	0.44	0.61	0.83	0.81	-0.55	0.07	-0.23	0.03	-0.94	0.93	-2.70	-0.09	0.54	0.33	-0.50	-1.77	0.59	0.20	0.50
爱尔兰	0.39	-2.84	-1.65	-1.13	0.92	-13.2	0.98	0.69	-0.10	0.63	0.73	0.92	0.87	0.87	-0.08	-1.50	0.35	-2.51	0.40	-0.83
意大利	0.20	0.83	0.74	0.99	0.63	-0.39	0.97	0.44	0.78	0.02	0.98	0.94	0.95	0.72	0.99	0.91	0.96	0.15	0.84	0.77
拉脱维亚	0.28	0.29	0.31	0.19	0.27	0.32	0.52	0.18	0.08	0.30	0.63	0.75	0.18	0.77	0.33	0.35	-0.26	0.42	0.77	0.80
立陶宛	0.35	0.47	0.51	0.26	0.39	0.51	-8.39	0.08	0.59	0.81	0.37	-1.59	0.53	0.25	0.15	0.84	0.73	0.90	0.49	-1.31
卢森堡公国	0.33	0.87	0.72	0.47	-1.43	0.76	0.47	0.75	0.90	-0.53	0.67	0.63	0.83	-0.15	-2.43	0.99	-0.50	1.00	-1.11	0.60
土耳其	0.72	0.82	0.72	0.60	0.64	0.95	-3.77	-0.16	0.61	0.31	0.36	0.34	0.98	0.88	0.64	0.70	0.70	0.71	0.71	0.71
摩尔多瓦共和国	0.00	-0.02	0.00	-0.01	0.06	0.04	0.04	0.02	0.12	0.13	0.17	0.19	0.15	0.20	0.16	0.22	0.15	-0.03	0.17	0.24
黑山共和国	-0.58	-0.75	-1.32	-5.85	0.60	0.20	0.06	0.07	0.06	0.08	0.07	0.10	0.03	-8.90	0.04	0.36	0.31	-0.02	0.03	0.07
荷兰	0.74	0.47	0.49	0.32	0.66	-0.22	0.81	-0.23	0.82	0.84	0.85	0.86	0.82	0.46	0.70	-2.37	-13.0	0.71	-1.11	-0.59

附录二 世界各洲国家层面双向直接投资指数测度结果 / 333

续表

	2003年	2004年	2005年	2006年	2007年	2008年	2009年	2010年	2011年	2012年	2013年	2014年	2015年	2016年	2017年	2018年	2019年	2020年	2021年	2022年
北马其顿	0.01	0.01	0.06	0.00	0.00	−0.05	0.11	0.04	0.00	−0.44	0.17	0.07	0.12	0.12	0.02	0.03	0.16	0.38	0.26	0.23
挪威	0.81	0.46	−0.30	0.69	0.39	0.58	0.98	0.84	0.77	0.83	0.36	0.45	−0.18	−7.65	0.55	0.04	0.86	−0.42	−11.2	0.56
波兰	−0.16	0.03	0.28	0.42	0.16	0.26	0.30	0.65	0.12	0.38	−0.28	0.34	0.49	0.85	0.38	0.11	0.24	0.17	0.01	−0.05
葡萄牙	0.92	0.39	0.85	0.74	0.56	0.53	−0.45	−0.89	0.71	−41.0	−0.03	−6.36	0.81	0.29	−0.21	0.20	0.45	0.46	−0.44	−3.40
罗马尼亚	0.10	0.05	−0.01	0.07	0.06	0.04	−0.04	−0.03	−0.02	−0.07	−0.17	−0.26	0.26	0.00	−0.04	0.11	0.12	0.03	−0.01	−0.02
俄罗斯	0.90	0.94	0.92	0.89	0.89	0.86	0.89	0.87	0.86	0.97	0.86	0.62	0.61	0.84	0.86	0.54	0.81	0.79	0.75	0.71
塞尔维亚	0.32	0.31	0.29	0.26	0.22	0.15	0.02	0.19	0.11	0.36	0.26	0.30	0.25	0.21	0.12	0.17	0.15	0.09	0.14	0.18
斯洛伐克	0.20	−0.01	0.12	0.20	0.29	0.20	−0.01	0.70	0.34	0.01	0.68	−0.18	0.11	0.21	0.50	0.32	0.03	−0.28	0.26	0.42
斯洛文尼亚	0.73	0.89	0.94	0.91	0.65	0.93	−1.63	−0.41	0.31	−6.43	0.83	0.42	0.28	0.38	0.55	0.34	0.59	0.58	0.76	0.64
西班牙	0.95	0.58	0.75	0.46	0.64	0.99	0.89	0.97	0.82	−0.37	0.67	0.76	0.34	0.84	0.86	0.79	0.82	0.39	−0.40	−2.14
瑞典	0.40	0.69	0.57	0.99	0.85	0.91	0.54	0.01	0.60	0.71	0.23	0.61	0.79	0.39	0.63	0.35	0.72	0.89	0.86	0.65
瑞士	0.94	0.13	−0.01	0.74	0.79	0.53	0.93	0.51	0.70	0.80	0.06	−0.01	0.96	0.95	0.33	−2.20	0.69	0.36	−0.11	−0.03
乌克兰	0.02	0.00	0.07	−0.05	0.13	0.17	0.07	0.20	0.05	0.25	0.17	0.43	0.45	0.05	0.14	−0.06	0.25	−3.14	−0.06	−0.07
英国	0.41	0.74	0.65	0.71	0.69	0.63	0.49	0.90	0.61	0.54	0.88	−0.39	−2.84	−0.34	0.81	0.97	−0.31	−0.77	0.41	0.23

表 10 非洲发展中国家和地区 TDI

	2003年	2004年	2005年	2006年	2007年	2008年	2009年	2010年	2011年	2012年	2013年	2014年	2015年	2016年	2017年	2018年	2019年	2020年	2021年	2022年
阿尔及利亚	0.09	0.45	-0.04	0.04	0.16	0.22	0.14	0.17	0.34	-0.06	-0.38	-0.02	-0.43	0.06	-0.01	0.74	0.04	0.03	-0.13	-0.50
安哥拉	0.05	0.53	-0.40	-0.49	-96.9	0.79	0.01	-1.42	-4.49	-3.07	-0.30	0.39	-0.17	-3.84	-0.45	0.00	0.73	-0.10	0.41	0.51
贝宁湾	0.01	-0.04	-0.01	-0.07	-0.05	-0.05	0.38	-0.23	0.54	0.25	0.28	0.08	0.36	0.23	0.27	0.21	0.22	0.22	0.20	0.20
博茨瓦纳	0.65	-0.23	0.23	0.19	0.12	-0.43	0.05	0.01	-0.07	0.10	0.90	0.34	0.65	0.56	0.69	0.71	-0.54	-1.78	-53.0	-1.90
布基纳法索	0.12	-3.31	-0.01	0.06	0.00	0.00	0.16	-0.23	0.83	0.36	0.21	0.33	0.11	0.23	0.40	0.25	0.18	0.13	0.32	0.27
布隆迪	0.37	-0.06	-2.47	-0.13	0.13	0.26	0.82	0.69	0.18	0.58	0.04	0.00	0.04	0.79	0.06	0.00	0.83	0.38	0.25	0.08
佛得角	-0.15	-0.05	-0.03	-0.01	0.00	0.00	0.01	0.00	-0.02	-0.13	-0.50	-0.09	-0.07	-0.15	-0.28	-0.50	-0.20	-0.37	-0.13	-0.04
喀麦隆	0.05	0.20	-0.22	-1.04	-0.07	0.68	-0.53	0.03	-0.90	-0.21	-0.64	-0.03	-0.04	-0.12	0.05	-0.03	0.22	0.22	0.22	0.22
刚果	-0.02	0.71	-0.01	-0.01	0.00	0.00	0.00	0.01	0.12	0.05	-0.05	-0.03	-0.01	0.01	0.02	0.01	0.01	0.01	0.01	0.01
科特迪瓦	0.25	-0.20	-0.15	-0.13	-0.08	-0.06	-0.05	0.14	0.10	0.08	-0.03	0.07	0.06	0.09	0.82	0.52	0.23	0.00	0.52	0.65
刚果金共和国	0.11	0.04	0.10	0.13	0.02	0.06	0.10	0.00	0.10	0.23	0.32	0.31	0.47	0.37	0.36	0.25	0.17	0.17	0.19	0.20
埃及	0.16	0.14	0.03	0.03	0.11	0.34	0.16	0.31	0.10	0.07	0.13	0.10	0.05	0.05	0.05	0.09	0.12	0.11	0.14	0.17
埃斯瓦蒂尼	-0.69	-0.04	0.65	-0.01	0.76	-0.16	0.19	-0.14	0.04	-0.63	-0.11	0.04	-0.04	-0.69	-11.8	-1.65	0.29	-1.04	0.64	0.77
加蓬	-0.77	-0.30	0.47	0.01	0.28	-0.18	0.58	0.84	-0.69	-0.12	-0.83	-0.32	-0.36	0.07	-0.12	-0.16	-0.04	-0.01	0.03	0.07

附录二 世界各洲国家层面双向直接投资指数测度结果 / 335

续表

	2003年	2004年	2005年	2006年	2007年	2008年	2009年	2010年	2011年	2012年	2013年	2014年	2015年	2016年	2017年	2018年	2019年	2020年	2021年	2022年
冈比亚	-0.05	-0.33	-0.37	-0.76	-0.88	-1.06	-0.69	-1.07	-3.27	-0.64	-2.16	-2.03	-2.43	0.10	0.59	-0.47	-0.05	-0.04	-0.03	-0.02
加纳	0.18	-0.01	0.02	0.01	0.01	0.01	0.00	0.01	0.02	0.00	0.01	0.01	0.13	0.01	0.01	0.05	0.34	0.45	0.14	-0.10
几内亚	0.40	0.50	0.59	0.75	0.61	0.66	0.75	0.60	0.00	0.01	0.02	0.05	0.14	-0.01	0.00	0.00	0.04	0.03	-0.05	-0.13
几内亚比绍共和国	0.26	-8.94	0.16	0.05	-0.03	-0.38	-0.01	0.28	0.07	-0.05	0.00	0.17	0.22	0.04	0.04	0.12	0.01	0.03	0.02	0.01
肯尼亚	0.05	0.18	0.63	0.64	0.18	0.35	0.05	0.13	0.11	0.29	0.30	0.17	0.56	0.38	0.33	0.18	0.02	-0.02	-0.17	-1.06
利比里亚	0.63	0.40	0.32	0.47	0.53	0.85	0.75	0.46	-0.79	0.83	0.47	-0.29	0.09	0.54	0.36	0.82	0.92	0.96	0.67	0.08
马达加斯加岛	0.22	0.14	0.06	-0.02	0.00	0.00	0.00	0.00	0.00	0.00	0.02	-0.02	0.01	0.00	0.00	0.00	0.35	0.50	0.56	0.63
马拉维	0.04	0.04	0.03	0.04	0.29	0.20	0.17	-0.06	-1.55	-1.25	-1.25	0.02	0.02	0.07	0.11	0.11	-1.48	-1.41	-1.45	-1.48
马里	0.02	0.02	-0.01	0.03	0.18	0.01	0.00	0.04	0.02	0.08	0.03	0.01	0.46	0.43	0.05	0.26	0.00	0.00	0.11	0.18
毛利塔尼亚	-0.02	0.02	0.00	0.00	-0.02	0.02	-0.90	0.23	0.00	0.00	0.03	0.10	0.00	0.01	0.03	0.10	0.01	0.01	0.39	-0.01
毛里求斯	-0.19	0.52	0.93	0.18	0.29	0.24	0.26	0.46	0.53	0.47	0.73	0.47	0.63	0.14	0.32	0.37	0.23	0.13	0.51	0.71
摩洛哥	0.01	0.06	0.09	0.31	0.36	0.33	0.39	0.54	0.13	0.26	0.18	0.22	0.33	0.42	0.55	0.31	0.68	0.49	0.38	0.32
莫桑比克	-4.46	-0.59	0.24	0.90	0.08	0.16	0.07	0.17	0.05	0.00	0.16	0.04	0.00	0.02	0.02	-0.01	-0.03	0.10	0.07	0.06

续表

	2003年	2004年	2005年	2006年	2007年	2008年	2009年	2010年	2011年	2012年	2013年	2014年	2015年	2016年	2017年	2018年	2019年	2020年	2021年	2022年
纳米比亚	0.13	0.18	0.06	0.06	-0.01	-0.01	0.16	0.01	0.09	0.01	0.04	0.07	0.17	0.02	-0.29	0.56	-0.11	-1.00	0.08	-0.04
尼日尔	0.00	0.52	-0.34	-0.04	0.12	0.13	0.14	-0.14	0.02	0.01	0.25	0.19	0.12	0.24	0.16	0.17	0.09	0.08	0.14	0.16
尼日利亚	0.14	0.22	0.01	0.12	0.25	0.23	0.30	0.26	0.17	0.36	0.36	0.51	0.64	0.45	0.54	0.82	0.22	-0.33	0.41	0.56
卢旺达	0.54	0.76	0.77	0.59	0.27	0.23	0.20	0.10	0.20	0.10	0.10	0.01	0.03	0.06	0.08	0.09	0.03	-0.05	-0.20	-0.55
圣多美和普林西比	0.17	0.24	0.96	0.15	0.16	0.00		0.00	0.02	0.03	0.14	0.25	0.17	0.09	0.01	0.22	0.08	0.04	0.00	-0.03
塞内加尔	0.10	0.29	-0.42	0.09	0.15	0.48	0.39	0.02	0.25	0.34	0.19	0.13	0.14	0.64	0.25	0.21	0.13	0.10	0.18	0.23
塞舌尔	0.24	0.34	0.56	0.10	0.18	0.13	0.06	0.06	0.07	0.11	0.17	0.13	0.10	0.12	0.06	0.09	-0.03	0.15	-0.04	-0.19
南非	0.87	0.74	0.25	0.10	0.62	-1.03	0.27	-0.04	-0.13	0.79	0.89	0.86	0.46	0.67	0.43	0.92	0.76	-3.51	0.00	0.05
多哥	-0.46	-0.54	-0.48	-0.46	-0.03	-4.01	0.87	0.60	0.80	0.45	-0.25	0.26	0.85	-0.44	-1.16	0.56	0.22	0.69	0.73	0.72
突尼斯	0.02	0.01	0.03	0.02	0.02	0.03	0.09	0.09	0.04	0.02	0.04	0.04	0.06	0.43	0.12	0.06	0.05	0.12	0.13	0.14
乌干达	-0.24	-0.09	-0.02	0.01	0.03	0.05	0.07	0.13	-0.03	0.07	-0.09	0.05	0.00	0.00	0.00	0.00	0.00	0.00	0.00	0.00
赞比亚	-0.16	-0.21	-0.27	-0.77	-45.5	-2.91	0.56	0.78	0.00	-1.36	0.33	-13.7	0.17	0.42	-0.14	0.11	0.89	-0.52	1.00	0.88
津巴布韦	0.10	0.00	0.02	0.00	0.09	0.27	0.39	0.41	0.20	0.22	0.13	0.23	0.10	0.14	0.22	0.07	0.20	0.37	0.50	0.65

主要参考文献

一 中文文献

安礼伟、张二震：《中国经济新旧动能转换的原因、基础和路径》，《现代经济探讨》2021年第1期。

安孟、张诚、朱冠平：《环境规制强度提升了中国经济增长质量吗》，《统计与信息论坛》2021年第7期。

白俊红、刘宇英：《对外直接投资能否改善中国的资源错配》，《中国工业经济》2018年第1期。

白柠瑞等：《新旧动能转换的内在逻辑和政策导向》，《宏观经济管理》2021年第10期。

白雪洁等：《中国构建自主可控现代产业体系的理论逻辑与实践路径》，《经济学家》2022年第6期。

白雪洁、孙献贞：《互联网发展影响全要素碳生产率：成本、创新还是需求引致》，《中国人口·资源与环境》2021年第10期。

边伟军、李杰、罗公利：《制造业新旧动能转换的测度方法与应用研究》，《济南大学学报》（社会科学版）2021年第2期。

曹冬英：《"一带一路"战略中广西的SWOT分析及发展途径研究》，《学术论坛》2015年第3期。

曹俊文、申婧怡：《双循环格局下中国出口绿色贸易水平测度及影响因素分析》，《当代财经》2022年第4期。

柴士改、李金昌：《中国经济发展新旧动能转换的监测研究》，《财经论丛》2020年第12期。

常玉春：《我国对外直接投资的逆向技术外溢——以国有大型企业为例的实证》，《经济管理》2011年第1期。

陈保林、齐亚伟：《对外直接投资逆向技术溢出效应对企业创新的影响——基于省级面板数据的实证分析》，《江西社会科学》2021年第

12 期。

陈飞翔：《外商直接投资与我国产业结构转换》，《国际贸易问题》1999 年第 6 期。

陈欢、庄尚文、殷晶晶：《市场化改革、企业家精神与经济高质量发展》，《统计与决策》2022 年第 7 期。

陈培如、冼国明：《中国对外直接投资的逆向技术溢出效应——基于二元边际的视角》，《科研管理》2020 年第 4 期。

陈诗一、武英涛：《环保税制改革与雾霾协同治理——基于治理边际成本的视角》，《学术月刊》2018 年第 10 期。

陈晓东、刘洋、周柯：《数字经济提升我国产业链韧性的路径研究》，《经济体制改革》2022 年第 1 期。

陈晓东、杨晓霞：《数字化转型是否提升了产业链自主可控能力》，《经济管理》2022 年第 8 期。

陈永胜、龚征旗、王艳苹：《数字金融对外商直接投资的影响》，《金融发展研究》2023 年第 1 期。

程晨、张素各、刘贯春：《家族企业形成方式、风险偏好与对外直接投资》，《经济问题》2023 年第 3 期。

程开明、吴西梦、庄燕杰：《我国省域新经济新动能：统计测度、空间格局与关联网络》，《统计研究》2023 年第 3 期。

崔昊、龙立军：《日本跨国公司海外优势寻求投资研究及对中国启示》，《未来与发展》2011 年第 6 期。

崔日明、俞佳根：《基于空间视角的中国对外直接投资与产业结构升级水平研究》，《福建论坛》（人文社会科学版）2015 年第 2 期。

戴姣、曹梅英、曹秋菊：《中国对外直接投资化解产能过剩的实证研究》，《云南财经大学学报》2022 年第 9 期。

戴翔、王如雪：《"一带一路"倡议与对外直接投资："五通"作用机制分析》，《财经研究》2022 年第 4 期。

邓荣荣、张翱祥：《FDI 技术溢出、行业吸收能力与工业碳排放强度——基于面板门槛模型的实证》，《国际商务研究》2023 年第 2 期。

邸玉娜、由林青：《中国对一带一路国家的投资动因、距离因素与区位选择》，《中国软科学》2018 年第 2 期。

丁杰：《"一带一路"倡议下对外直接投资效应分析》，《西安财经大学学报》2022 年第 6 期。

丁文珺、伍玥：《湖北省加快新旧动能转换的路径研究》，《湖北社会科学》2018 年第 12 期。

丁秀飞、毕蕾、仲鑫：《中国对外直接投资与制造业全球价值链升级的双向影响关系研究》，《宏观经济研究》2021 年第 12 期。

丁志帆、孙根紧：《"一带一路"背景下中国对外直接投资空间格局重塑》，《四川师范大学学报》（社会科学版）2016 年第 2 期。

杜传忠、管海锋：《数字经济与我国制造业出口技术复杂度——基于中介效应与门槛效应的检验》，《南方经济》2021 年第 12 期。

范欢欢、王相宁：《我国对外直接投资对国内产业结构的影响》，《科技管理研究》2006 年第 11 期。

方大春、裴梦迪：《安徽省新旧动能转换水平测度与提升研究》，《湖南财政经济学院学报》2021 年第 2 期。

方燕、高静：《外商直接投资对产业结构的影响分析——基于向量误差修正模型的实证研究》，《北京工商大学学报》（社会科学版）2010 年第 1 期。

方叶祥、卢一斌：《逆向技术溢出、自主技术创新与中国碳排放强度》，《科学学研究》2023 年第 5 期。

方志斌：《中国—中南半岛经济走廊建设的发展现状、挑战与路径选择》，《亚太经济》2019 年第 6 期。

房裕：《中国对外直接投资对国内产业升级的影响及对策建议》，《甘肃社会科学》2015 年第 3 期。

封永刚、蒋雨彤、彭珏：《中国经济增长动力分解：有偏技术进步与要素投入增长》，《数量经济技术经济研究》2017 年第 9 期。

冯德连、沈石哲：《共生环境与中国对外直接投资效率关系研究——基于"一带一路"五通视角的经验证据》，《经济问题》2023 年第 4 期。

冯伟：《"筑巢"与"引凤"：政商关系对 FDI 的作用特征与机制分析》，《财贸研究》2021 年第 7 期。

符磊、周李清：《新发展格局下东道国市场需求、经济复杂性与我国对外直接投资》，《南方经济》2023 年第 2 期。

傅春、赵晓霞：《双循环发展战略促进新旧动能转换路径研究——对十九届五中全会构建新发展格局的解读》，《理论探讨》2021 年第 1 期。

傅元海、史言信：《制度政策与外商直接投资质量——基于中国 1985~2007 年数据的计量检验》，《经济经纬》2011 年第 6 期。

盖美、秦冰、郑秀霞：《经济增长动能转换与绿色发展耦合协调的时空格局演化分析》，《地理研究》2021 年第 9 期。

高敏雪、李颖俊：《对外直接投资发展阶段的实证分析——国际经验与中国现状的探讨》，《管理世界》2004 年第 1 期。

高鹏飞、胡瑞法、孙文莉：《"双循环"背景下中国双向直接投资与国内技术创新的互动关系》，《兰州学刊》2022 年第 10 期。

龚梦琪、刘海云：《中国双向 FDI 协调发展、产业结构演进与环境污染》，《国际贸易问题》2020 年第 2 期。

苟利民：《中国产业结构转型升级的速度测度、时空演变与影响因素》，《工业技术经济》2022 年第 7 期。

郭吉涛、梁爽：《共享经济如何作用于新旧动能转换：驱动机制和影响机理》，《深圳大学学报》（人文社会科学版）2020 年第 6 期。

郭克莎：《外商直接投资对我国产业结构的影响研究》，《管理世界》2000 年第 2 期。

郭卫军、黄繁华：《东道国外商投资壁垒与中国对外直接投资》，《世界经济研究》2020 年第 5 期。

韩博然：《FDI 与高技术产业效率——技术创新和市场竞争的中介效应》，《社会科学家》2022 年第 2 期。

郝晓、王林彬、孙慧：《国际经济政策不确定性、双向 FDI 与全球价值链分工地位》，《统计与决策》2021 年第 17 期。

何国华、童晶：《国家治理体系完善有助于促进金融稳定吗？——基于全球 214 个国家的数据检验》，《经济管理》2018 年第 12 期。

何俊勇、万粲、张顺明：《东道国金融开放度、制度质量与中国对外直接投资："一带一路"沿线国家的证据》，《国际金融研究》2021 年第 10 期。

胡晓燕、蒋冠：《对外直接投资对中国全球价值链生产规模和结构的影响》，《西部论坛》2019 年第 2 期。

黄汉权：《推进产业新旧动能转换的成效、问题与对策》，《经济纵横》2018 年第 8 期。

黄纪强、祁毓：《环境税能否倒逼产业结构优化与升级？——基于环境"费改税"的准自然实验》,《产业经济研究》2022 年第 2 期。

黄少安:《新旧动能转换与山东经济发展》,《山东社会科学》2017 年第 9 期。

黄远浙等:《跨国投资与创新绩效——基于对外投资广度和深度视角的分析》,《经济研究》2021 年第 1 期。

霍忻:《中国对外直接投资逆向技术溢出对国内技术进步影响研究——基于 1985—2013 年数据的实证检验》,《商业研究》2016 年第 2 期。

江小涓:《我国出口商品结构的决定因素和变化趋势》,《经济研究》2007 年第 5 期。

姜长云等:《产业形势和培育产业发展新动能研究——对浙江省宁波市的调查与思考》,《社会科学战线》2017 年第 2 期。

姜江:《加快实施创新驱动发展战略的思路和举措》,《经济纵横》2018 年第 4 期。

姜巍:《FDI 与宏观经济关联:内在动因抑或长期效应》,《改革》2012 年第 10 期。

蒋殿春、张宇:《行业特征与外商直接投资的技术溢出效应:基于高新技术产业的经验分析》,《世界经济》2006 年第 10 期。

蒋冠宏、蒋殿春:《中国工业企业对外直接投资与企业生产率进步》,《世界经济》2014 年第 9 期。

蒋宏飞等:《"一带一路"背景下我国林产品加工业产业转移研究》,《林产工业》2022 年第 12 期。

蒋莉莉:《中国经济高质量发展新动能的动态评价及机制路径研究》,《贵州社会科学》2022 年第 11 期。

焦勇、公雪梅:《技术范式变迁视角下制造业新旧动能转换研究——兼论持续创新的制造业企业失败的原因》,《云南社会科学》2019 年第 5 期。

金芳、苏倩、梁益琳:《山东省制造业细分产业竞争力分析——基于新旧动能转换视角》,《经济与管理评论》2020 年第 3 期。

金靖宸:《基于比较优势动机的中国制造业对"一带一路"沿线国家直接投资区位选择研究》,《商业研究》2023 年第 1 期。

蓝庆新、段云鹏、赵永超:《"一带一路"直接投资能够促进中国产业结构升级吗?》,《财经问题研究》2022 年第 9 期。

冷艳丽、杜思正:《双向直接投资的经济增长效应分析——来自中国数据的实证检验》,《国际商务(对外经济贸易大学学报)》2017 年第 1 期。

黎鹏、李英华:《"一带一路"倡议下中国对中南半岛经济走廊国家直接投资的引力分析》,《广西经济》2021 年第 1 期。

李长英、周荣云、余淼杰:《中国新旧动能转换的历史演进及区域特征》,《数量经济技术经济研究》2021 年第 2 期。

李繁荣、尚云舟、薛紫玥:《外商直接投资对我国绿色发展的影响——基于中国 260 个地级市的数据验证》,《经济问题》2022 年第 4 期。

李凤亮、古珍晶:《"双碳"视野下中国文化产业高质量发展的机遇、路径与价值》,《上海师范大学学报》(哲学社会科学版)2021 年第 6 期。

李光勤、李潇格:《政府数字化与中国对外直接投资的区位选择》,《国际商务(对外经济贸易大学学报)》2023 年第 1 期。

李宏兵、刘早云、陈岩:《双向投资、双向技术溢出与中国企业创新》,《中国科技论坛》2019 年第 2 期。

李惠茹、陈兆伟:《双向技术溢出推动我国制造业动力变革的共生效应研究》,《当代经济研究》2022 年第 5 期。

李磊、冼国明、包群:《"引进来"是否促进了"走出去"?——外商投资对中国企业对外直接投资的影响》,《经济研究》2018 年第 3 期。

李蕾、刘荣增:《产业融合与制造业高质量发展:基于协同创新的中介效应》,《经济经纬》2022 年第 2 期。

李梅:《对外直接投资的技术进步效应——基于 1985~2008 年的经验研究》,《经济管理》2010 年第 12 期。

李梅:《国际 R&D 溢出与中国技术进步——基于 FDI 和 OFDI 传导机制的实证研究》,《科研管理》2012 年第 4 期。

李平、史亚茹:《知识产权保对 OFDI 逆向技术溢出的影响》,《世界经济研究》2019 年第 2 期。

李天健、赵学军:《新中国保障产业链供应链安全的探索》,《管理世界》2022 年第 9 期。

李晓华:《数字经济新特征与数字经济新动能的形成机制》,《改革》2019 年第 11 期。

李晓静、蒋灵多:《数字化与企业创新》,《国际商务(对外经济贸易大学学报）》2023 年第 1 期。

李晓磊：《共享经济背景下"互联网+小微企业"融合测度及竞争力提升研究》，《山东社会科学》2019 年第 1 期。

李雪：《外商直接投资的产业结构效应》，《经济与管理研究》2005 年第 1 期。

李樱灿：《基于中国—中南半岛贸易特征的中老铁路货运增量目标市场评价》，《铁道运输与经济》2022 年第 11 期。

梁双陆、申涛：《中国对中南半岛国家直接投资效率及影响因素分析》，《印度洋经济体研究》2019 年第 2 期。

梁颖、卢潇潇：《打造中国—东盟自由贸易区升级版旗舰项目加快中国—中南半岛经济走廊建设》，《广西民族研究》2017 年第 5 期。

梁兆殷、徐嫄、马弘：《对外直接投资影响上市公司股价和绩效吗？——基于上市公司匹配数据的实证研究》，《经济学报》2022 年第 1 期。

林峰、林淑佳、李宏兵：《互联网+、城市智能化与中国企业技术创新——来自腾讯研究院大数据与专利微观数据的分析》，《南方经济》2022 年第 9 期。

林攀等：《中国新旧动能转换的空间分异及影响因素研究》，《经济地理》2021 年第 11 期。

刘斌、王杰、魏倩：《对外直接投资与价值链参与：分工地位与升级模式》，《数量经济技术经济研究》2015 年第 12 期。

刘凤良、章潇萌：《中国经济增长进程中的动能切换与结构转型》，《中国人民大学学报》2016 年第 5 期。

刘宏笪、张济建、张茜：《中国钢铁产业新旧动能转换定量测度与进展评估》，《统计与决策》2020 年第 15 期。

刘姝雯、杨胜刚、阳旸：《中国农村经济发展新旧动能转换测度与评价》，《统计与决策》2021 年第 8 期。

刘涛、周白雨：《基于供给侧结构性改革视角的新旧动能转换路径分析》，《齐鲁学刊》2020 年第 5 期。

刘元春、陈金至：《土地制度、融资模式与中国特色工业化》，《中国工业经济》2020 年第 3 期。

龙小宁、林志帆：《中国制造业企业的研发创新：基本事实、常见误区与合适计量方法讨论》，《中国经济问题》2018 年第 2 期。

隆国强：《新旧动能转换的意义、机遇和路径》，《中国发展观察》2017 年第 21 期。

娄峰、段梦：《对外投资合作对中国经济发展的影响分析》，《宏观经济研究》2022 年第 8 期。

卢光盛、段涛：《"一带一路"视阈下的战略对接研究——以中国—中南半岛经济走廊为例》，《思想战线》2017 年第 6 期。

陆长平、周云峰：《对外投资模式、国别与中国产业结构优化》，《国际贸易》2016 年第 7 期。

吕越、罗伟、包群：《企业上游度、贸易危机与价值链传导的长鞭效应》，《经济学（季刊）》2020 年第 3 期。

罗玉辉：《中国特色社会主义经济模式的"三重逻辑"》，《江西社会科学》2021 年第 4 期。

马光明：《中国外向型劳动密集制造业对外直接投资区位选择研究》，《中央财经大学学报》2019 年第 9 期。

马海良、张格琳：《对外贸易对中国新旧动能转换的影响研究》，《软科学》2023 年第 8 期。

马霞、李荣林：《中国与发展中国家（地区）双向投资：趋势及战略选择》，《国际经济合作》2015 年第 4 期。

马相东、王跃生：《对外直接投资的双重效应与中国双向投资均衡发展》，《中共中央党校学报》2014 年第 6 期。

马兴瑞：《聚焦科技产业发展　加快新旧动能转换　努力建设创新驱动发展先行省》，《宏观经济管理》2018 年第 10 期。

毛其淋：《对外开放、基础设施规模与经济增长》，《产经评论》2012 年第 1 期。

毛其淋、王澍：《外资并购对中国企业产能利用率的影响》，《国际贸易问题》2022 年第 1 期。

毛其淋、许家云：《中国企业对外直接投资是否促进了企业创新》，《世界经济》2014 年第 8 期。

孟祺：《链长制与产业链韧性：基于多期 DID 的实证检验》，《新疆社会科学》2023 年第 1 期。

孟望生、张扬：《自然资源禀赋、技术进步方式与绿色经济增长——

基于中国省级面板数据的经验研究》,《资源科学》2020 年第 12 期。

孟醒:《企业对外投资如何响应"一带一路"倡议:闻风而动还是谋定而后动?》,《世界经济研究》2021 年第 5 期。

庞德良、刘刚:《中国汽车企业对外直接投资的区位选择》,《当代经济研究》2018 年第 8 期。

庞兰心、官建成、高峰:《国际技术知识溢出效应及其影响因素研究》,《管理评论》2019 年第 1 期。

庞磊:《双向直接投资联动促进了产业新旧动能转换吗——来自中国数据的实证》,《中国经济问题》2022 年第 3 期。

庞磊、朱彤、张盼盼:《双向直接投资驱动产业动能转换机制研究——基于技术创新的中介效应》,《亚太经济》2023 年第 1 期。

庞明川、郭长林:《中国特色结构性调控范式的实践模式及其理论贡献》,《财经问题研究》2015 年第 12 期。

裴长洪、倪江飞:《习近平新旧动能转换重要论述的若干经济学分析》,《经济学动态》2020 年第 5 期。

朴英爱、于鸿:《对外直接投资逆向技术溢出对中国产业结构升级的影响》,《税务与经济》2023 年第 1 期。

朴英爱、于鸿:《对外直接投资逆向技术溢出对中国技术创新能力的影响——基于门槛效应的实证研究》,《山西大学学报》(哲学社会科学版)2022 年第 4 期。

戚聿东、朱正浩:《逆全球化背景下全球生产性服务业 FDI 新趋势及动力机制分析》,《经济管理》2020 年第 7 期。

齐俊妍、任奕达:《东道国数字经济发展水平与中国对外直接投资——基于"一带一路"沿线 43 国的考察》,《国际经贸探索》2020 年第 9 期。

邱立成、刘灿雷、杨德彬:《中国对外投资企业具有更高的成本加成率吗——来自制造业企业的经验证据》,《国际贸易问题》2016 年第 12 期。

曲顺兰:《知识产权推动新旧动能转换的路径与对策——来自山东的实践经验》,《山东师范大学学报》(社会科学版)2020 年第 4 期。

任志成:《习近平关于产业新旧动能转换科学论述的战略性与实践路径》,《南京社会科学》2020 年第 5 期。

桑百川：《我国外商直接投资的变迁与前景展望》，《中国流通经济》2021年第11期。

桑百川、张彩云：《利用外商直接投资推动中国经济高质量发展》，《新视野》2018年第4期。

沈坤荣、金刚、方娴：《环境规制引起了污染就近转移吗?》，《经济研究》2017年第5期。

盛朝迅：《"十四五"时期推进新旧动能转换的思路与策略》，《改革》2020年第2期。

盛朝迅：《从产业政策到产业链政策："链时代"产业发展的战略选择》，《改革》2022年第2期。

盛朝迅：《新发展格局下推动产业链供应链安全稳定发展的思路与策略》，《改革》2021年第2期。

盛玉雪、王玉主：《中国—中南半岛经济走廊推进机制：需求、供给及选择》，《学术探索》2018年第3期。

史恩义、张瀚文：《OFDI动机、金融发展差异与出口贸易》，《世界经济研究》2018年第8期。

宋瑛、杨露、王亚飞：《东道国禀赋、本地创新与OFDI逆向技术溢出效应》，《西部论坛》2023年第1期。

随洪光、余李、段鹏飞：《外商直接投资、汇率甄别与经济增长质量——基于中国省级样本的经验分析》，《经济科学》2017年第2期。

孙安琪：《我国对外直接投资对"一带一路"沿线国家贸易价值链重构的影响——基于"双循环"视域》，《商业经济研究》2023年第1期。

孙楚、曾剑秋：《共享经济时代商业模式创新的动因与路径——价值共创的视角》，《江海学刊》2019年第2期。

孙黎、李俊江：《全球价值链视角下中国企业对外直接投资的驱动力研究》，《社会科学战线》2015年第12期。

孙立行：《探讨金融市场发展对提升外商直接投资质量的作用》，《世界经济研究》2012年第9期。

孙文浩：《科研人才集聚与地区新旧动能转换》，《中国人力资源开发》2021年第1期。

谭云清、翟森竞：《关系嵌入、资源获取与中国OFDI企业国际化绩效》，《管理评论》2020年第2期。

汤永川等：《"一带一路"沿线六大经济走廊优势产业及制造业国际合作现状分析》，《中国工程科学》2019 年第 4 期。

唐雪梅、黎德福：《新双层锦标赛：重塑经济高质量发展的新动能》，《探索与争鸣》2018 年第 10 期。

唐宇等：《晋陕蒙地区市域新旧动能转换过程与分异机制》，《地理科学进展》2023 年第 2 期。

田巍、余淼杰：《企业生产率和企业"走出去"对外直接投资：基于企业层面数据的实证研究》，《经济学（季刊）》2012 年第 2 期。

屠年松、龚凯翔：《"引进来""走出去"的技术溢出对制造业价值链的效应研究——基于研发能力和产业集聚的门限回归检验》，《暨南学报》（哲学社会科学版）2022 年第 7 期。

汪克亮、薛梦璐、赵斌：《双向 FDI 协调发展与绿色全要素生产率提升——基于产业结构升级视角的分析与检验》，《商业研究》2022 年第 5 期。

汪炜、乔桂明、胡骋来：《"一带一路"沿线国家直接投资对中国经济的拉动效应——基于东道国国家风险视角》，《财经问题研究》2022 年第 11 期。

汪洋、吴顺利：《服务业集聚、互联网发展与居民消费率变化——来自我国现代流通业的经验证据》，《中国流通经济》2022 年第 5 期。

王碧珺、宋子威：《母国政府支持与企业对外直接投资绩效》，《国际经贸探索》2023 年第 3 期。

王碧珺等：《融资约束是否抑制了中国民营企业对外直接投资》，《世界经济》2015 年第 12 期。

王灏、孙谦：《后金融危机时期中国对外直接投资基本动因的变迁》，《中国流通经济》2018 年第 7 期。

王佳、刘美玲、谢子远：《FDI 能促进创新型创业活动吗?》，《科研管理》2021 年第 11 期。

王家庭等：《中国制造业劳动生产率增长动能转换：资本驱动还是技术驱动》，《中国工业经济》2019 年第 5 期。

王晶晶、周婕、岳中刚：《开发区设立能否助力企业"走出去"——来自微观数据的准自然实验》，《国际商务（对外经济贸易大学学报）》2022 年第 6 期。

王静：《新发展格局下中国产业链供应链安全稳定战略的逻辑转换》，《经济学家》2021 年第 11 期。

王珏等：《经验学习与企业对外直接投资连续性》，《中国工业经济》2023 年第 1 期。

王军、李萍：《新常态下中国经济增长动力新解——基于"创新、协调、绿色、开放、共享"的测算与对比》，《经济与管理研究》2017 年第 7 期。

王媜、高天惠、胡峰：《中国企业海外并购动因和影响分析——与美国企业海外并购的比较》，《亚太经济》2022 年第 1 期。

王琳君等：《海外并购研究的知识结构与热点演化——基于 1995—2019 年中文核心期刊数据库的文献计量分析》，《管理评论》2023 年第 9 期。

王曼怡、郭珺妍：《中国双向 FDI 的产业结构优化效应研究——基于地区金融发展水平的视角》，《经济与管理研究》2021 年第 5 期。

王铭槿、李永友：《高质量发展中的新旧动能转换进程：趋势特征与省际差异》，《经济学家》2022 年第 9 期。

王世豪、袁潇杰：《广东企业对东盟国家直接投资的产业区位选择》，《国际经贸探索》2011 年第 10 期。

王晓天：《中国新旧动能转换的综合指数测度与区域特征分析》，《统计与决策》2021 年第 21 期。

王永中、赵奇锋：《风险偏好、投资动机与中国对外直接投资：基于面板数据的分析》，《金融评论》2016 年第 4 期。

王雨飞、张睿嘉、王光辉：《营商环境、"五通"合作与亚欧国家经济增长》，《中国行政管理》2020 年第 9 期。

王周伟、崔百胜、张元庆：《空间计量经济学：现代模型与方法》，北京大学出版社 2018 年版。

韦东明、顾乃华、徐扬：《"一带一路"倡议与中国企业海外并购：来自准自然实验的证据》，《世界经济研究》2021 年第 12 期。

韦纪安等：《基于"海丝"沿线国家产业转移关系的海运影响潜力研究》，《中国航海》2022 年第 4 期。

魏兰叶、陈晓：《中国在中亚直接投资对双边贸易的影响——基于丝绸之路经济带的研究视角》，《现代经济探讨》2017 年第 12 期。

文淑惠、胡琼：《制度距离、相邻效应与中国对中南半岛国家的直接投资》，《国际商务（对外经济贸易大学学报）》2019 年第 3 期。

文余源、杨钰倩：《投资动机、制度质量与中国对外直接投资区位选择》，《经济学家》2021 年第 1 期。

吴冰、阎海峰、叶明珠：《国际化动因、经验与进入模式的关系研究》，《科研管理》2016 年第 12 期。

吴德进、张旭华：《加快福建经济发展新旧动能转换研究——辩证关系、总体思路与对策建议》，《福建论坛》（人文社会科学版）2018 年第 6 期。

吴迪、徐政：《新动能引领制造业高质量发展》，《中南财经政法大学学报》2021 年第 5 期。

吴菲菲等：《跨产业技术溢出识别与效应测度研究——以无人机技术为例》，《科学学与科学技术管理》2018 年第 6 期。

吴建祖、郑秋虾：《东道国环境规制与中国对外直接投资动因——来自"一带一路"沿线国家的经验证据》，《兰州大学学报》（社会科学版）2020 年第 4 期。

吴金龙、陈启斐、傅康生：《服务业对外直接投资的出口效应——基于我国微观企业的研究》，《南方经济》2021 年第 10 期。

吴净：《新时代经济发展新旧动能转换评价——以青岛市为例》，《地域研究与开发》2019 年第 5 期。

吴先明、黄春桃：《中国企业对外直接投资的动因：逆向投资与顺向投资的比较研究》，《中国工业经济》2016 年第 1 期。

吴育辉、刘晓玲、吴世农：《"一带一路"倡议与企业跨区域并购》，《管理学学报》2023 年第 1 期。

武献华、胡志文：《基于企业家精神的新旧动能转换机制研究》，《求是学刊》2021 年第 4 期。

席小瑾、梁劲锐、杨建飞：《地方财政竞争是否提高了公共基础设施投资效率？》，《华东经济管理》2017 年第 12 期。

夏杰长、姚战琪：《服务业外商投资与经济结构调整：基于中国的实证研究》，《南京大学学报》（哲学·人文科学·社会科学版）2013 年第 3 期。

肖琬君、冼国明、杨芸：《外资进入与产业结构升级：来自中国城市层面的经验证据》,《世界经济研究》2020 年第 3 期。

肖德、侯佳宁:《中国制造业升级动能转换的路径研究》,《理论探讨》2019 年第 1 期。

肖光恩:《外商在华直接投资与中国对外直接投资能否相互促进?——基于 UNCTAD 1982—2007 年中国数据的实证分析》,《珞珈管理评论》2010 年第 1 期。

肖卫东、杜志雄:《以提升涉农企业科技创新能力推进农业新旧动能转换》,《理论学刊》2021 年第 6 期。

肖兴志、李少林:《大变局下的产业链韧性:生成逻辑、实践关切与政策取向》,《改革》2022 年第 11 期。

谢红军、吕雪:《负责任的国际投资:ESG 与中国 OFDI》,《经济研究》2022 年第 3 期。

谢众、卢文玲:《对外直接投资是否抑制了制造业企业"脱实向虚"?——母国知识产权保护的调节作用》,《投资研究》2022 年第 10 期。

徐建伟:《中部地区产业转型升级和新旧动能转换研究》,《宏观经济管理》2018 年第 3 期。

徐晓虹:《外商直接投资与浙江产业经济发展的实证分析》,《浙江大学学报》(人文社会科学版) 2007 年第 4 期。

徐乙尹、王博、何俊:《行业关联、外资进入与出口质量——来自中国企业的微观证据》,《南方经济》2022 年第 11 期。

许立伟、王跃生:《中国对外直接投资促进地区产业结构升级的门限效应研究》,《河南大学学报》(社会科学版) 2019 年第 2 期。

薛军、郑毓铭:《中国制造业对外直接投资的去工业化效应研究》,《云南财经大学学报》2023 年第 3 期。

阎大颖、洪俊杰、任兵:《中国企业对外直接投资的决定因素:基于制度视角的经验分析》,《南开管理评论》2009 年第 6 期。

杨栋旭、周菲:《对外直接投资与中国产业结构升级——基于产能转移与技术进步双重视角的研究》,《经济问题探索》2020 年第 10 期。

杨蕙馨、焦勇:《新旧动能转换的理论探索与实践研判》,《经济与管理研究》2018 年第 7 期。

杨蕙馨等:《创新驱动及其动能转换的策略选择与政策设计——基于

构建现代产业发展新体系的视角》,《山东社会科学》2019年第2期。

杨世迪、韩先锋:《贸易自由化的绿色生产率增长效应及其约束机制——基于中国省际面板数据的门槛回归分析》,《经济科学》2016年第4期。

杨先明、赵果庆:《基于技术创新能力的国际直接投资阶段论及对中国的验证》,《世界经济研究》2007年第3期。

杨亚平、吴祝红:《中国制造业企业OFDI带来"去制造业"吗——基于微观数据和投资动机的实证研究》,《国际贸易问题》2016年第8期。

姚毓春、李冰:《新发展阶段我国经济增长动能转换:逻辑、方向与路径》,《华东师范大学学报》(哲学社会科学版)2022年第3期。

姚战琪、夏杰长:《中国OFDI对不同类型国家产业结构优化的影响研究》,《社会科学辑刊》2021年第3期。

叶初升、舒义文、罗连发:《双向FDI影响产业结构变迁的实证研究——高水平开放促进高质量发展的路径探索》,《东南学术》2020年第2期。

尹音频、高瑜:《中国对外直接投资宏观政策效应的实证分析与思考》,《山东经济》2009年第5期。

于超、葛和平:《对外直接投资的母国就业效应研究》,《统计与决策》2011年第20期。

于津平:《"一带一路"沿线各国投资便利化:事实与对策》,《对外经贸实务》2020年第9期。

余东华:《以"创"促"转":新常态下如何推动新旧动能转换》,《天津社会科学》2018年第1期。

余官胜、田菊芳、曹灿:《税收优惠与企业对外直接投资:基于上市公司微观样本的实证研究》,《世界经济研究》2023年第1期。

余海燕、沈桂龙:《对外直接投资对母国全球价值链地位影响的实证研究》,《世界经济研究》2020年第3期。

余菊:《外商直接投资对我国产业结构的影响——基于1997—2011年面板数据的变系数模型》,《科技管理研究》2013年第18期。

余泳泽:《新S型曲线:经济增长目标约束与中国经济动能重塑》,《探索与争鸣》2018年第7期。

袁辰等：《人口老龄化对中国制造业国际竞争力的影响研究——基于贸易增加值的视角》，《上海经济研究》2021年第11期。

曾倩、刘津汝：《我国"一带一路"顺梯度对外直接投资、产业转移与产业结构升级》，《投资研究》2021年第12期。

张海伟、郑林雨、陈胜发：《东道国制度质量与中国对外直接投资——基于"一带一路"视角》，《华东经济管理》2022年第1期。

张红凤、李晓婷：《高质量发展视域下中国经济增长动能转换的供需耦合效应：理论、测度与比较研究》，《宏观质量研究》2022年第5期。

张杰：《中国经济新旧动能转换中的新问题和新对策》，《河北学刊》2019年第5期。

张杰、宋志刚：《创新和产业融合发展是开启中国经济"新周期"的关键所在》，《河北学刊》2017年第6期。

张人中、马威、马欣怡：《促进产业结构优化的双向投资机制设计研究》，《世界经济研究》2022年第6期。

张文、张念明：《供给侧结构性改革导向下我国新旧动能转换的路径选择》，《东岳论丛》2017年第12期。

张先锋、杨栋旭、张杰：《对外直接投资能缓解企业融资约束吗——基于中国工业企业的经验证据》，《国际贸易问题》2017年第8期。

张幼文：《开放型发展新时代：双向投资布局中的战略协同》，《探索与争鸣》2017年第7期。

张宇、蒋殿春：《双向跨境投资协调下的"收入漏出"与制造业技术结构升级》，《财贸经济》2021年第4期。

张岳然、费瑾：《双边投资协定、东道国制度环境与中国对外直接投资区位选择》，《世界经济与政治论坛》2020年第6期。

张志元、李维邦：《金融新动能助推新旧动能转换的逻辑及路径》，《经济与管理评论》2018年第5期。

张志元、齐天成、马永凡：《政府干预、金融发展与新旧动能转换》，《经济问题》2020年第5期。

赵宸宇、李雪松：《对外直接投资与企业技术创新——基于中国上市公司微观数据的实证研究》，《国际贸易问题》2017年第6期。

赵红、张茜：《外商直接投资对中国产业结构影响的实证研究》，《国际贸易问题》2006年第8期。

赵立斌等：《生产网络视角下河北与京津协同对接"一带一路"研究》，《国际经济合作》2022年第3期。

赵丽娜：《产业转型升级与新旧动能有序转换研究——以山东省为例》，《理论学刊》2017年第2期。

赵文涛、盛斌：《全球价值链与城市产业结构升级：影响与机制》，《国际贸易问题》2022年第2期。

赵欣娜、丁月：《FDI全要素生产率区域分布差异与投资区位选择》，《科研管理》2020年第3期。

赵云辉等：《中国企业对外直接投资区位选择——基于QCA方法的联动效应研究》，《中国工业经济》2020年第11期。

赵云鹏、叶娇：《对外直接投资对中国产业结构影响研究》，《数量经济技术经济研究》2018年第3期。

郑丹青、于津平：《中国制造业增加值贸易成本测度与影响研究——基于价值链分工地位视角》，《产业经济研究》2019年第2期。

郑江淮等：《中国经济增长新旧动能转换的进展评估》，《中国工业经济》2018年第6期。

郑丽楠、马子红、李昂：《OFDI与制造业价值链地位提升——基于"一带一路"沿线国家面板数据的研究》，《科学决策》2020年第5期。

郑明贵、郑雯芳、尤碧莹：《OFDI对企业绿色创新的影响研究》，《管理现代化》2022年第6期。

中国社会科学院工业经济研究所课题组：《产业链链长的理论内涵及其功能实现》，《中国工业经济》2022年第7期。

中国社会科学院工业经济研究所课题组：《提升产业链供应链现代化水平路径研究》，《中国工业经济》2021年第2期。

钟祖昌、张燕玲、孟凡超：《一国对外直接投资网络构建对其全球价值链分工位置的影响研究——基于社会网络分析的视角》，《国际贸易问题》2021年第3期。

仲伟俊、梅姝娥、浦正宁：《关键核心技术及其攻关策略研究——基于产业链供应链安全稳定视角》，《系统管理学报》2022年第6期。

周兵：《外国直接投资与自主创新能力——基于我国西部地区企业面板数据实证分析》，《中国流通经济》2010年第3期。

周芮帆、洪祥骏：《双循环背景下"一带一路"沿线国家投资的协同效应》,《财经科学》2021 年第 7 期。

周忠宝等:《外商直接投资对中国经济高质量发展的影响——基于 Index DEA 和面板分位回归的分析》,《中国管理科学》2022 年第 5 期。

朱华:《关于"引进来"与"走出去"相互关系的理论思考》,《大连海事大学学报》(社会科学版) 2010 年第 1 期。

朱洁西、李俊江:《中国金融发展、OFDI 逆向技术溢出与产业结构升级》,《河南大学学报》(社会科学版) 2022 年第 5 期。

朱美峰、吴青龙、张超:《省域新旧动能转换水平的统计测度》,《统计与决策》2022 年第 11 期。

朱益超:《中国劳动生产率增长动能转换与机制创新研究》,《数量经济技术经济研究》2016 年第 9 期。

朱子云:《中国经济增长质量的变动趋势与提升动能分析》,《数量经济技术经济研究》2019 年第 5 期。

诸竹君、黄先海、王毅:《外资进入与中国式创新双低困境破解》,《经济研究》2020 年第 5 期。

邹磊:《中国国际进口博览会:溢出效应与长效机制》,《太平洋学报》2021 年第 7 期。

邹志明、陈迅:《环境规制约束下 FDI 对中国技术创新与经济高质量发展的影响——基于中介效应与门槛效应的机制检验》,《科技进步与对策》2022 年第 13 期。

二 英文文献

Acemoglu, D. and Azar, P. D., "Endogenous Production Networks", *Econometrica*, Vol. 88, No. 1, 2020, pp. 33-82.

Akbar, Y. H., McBride, J. B., "Multinational Enterprise Strategy, Foreign Direct Investment and Economic Development: The Case of the Hungarian Banking Industry", *Journal of World Business*, Vol. 39, No. 1, 2004, pp. 89-105.

Asongu, S. A, Odhiambo, N. M., "Foreign Direct Investment, Information Technology and Economic Growth Dynamics in Sub-Saharan Africa", *Telecommunications Policy*, Vol. 44, No. 1, 2020, pp. 101838.

Bosetti, V., Cattaneo, C. and Verdolini, E., "Migration of Skilled Workers and Innovation: A European Perspective", *Journal of International*

Economics, Vol. 96, No. 2, 2015, pp. 311–322.

Boudier - Bensebaa, F., "Investissement Direct Étranger, Intégration Européenne et Trajectoires de Développement des PECO", *Les Incertitudes du Grand Élargissement. L' Europe centrale et balte dans l' intégration européenne*, L'Hamattan, Paris, 2004, pp. 87–100.

Brady, D., Denniston, R., "Economic Globalization, Industrialization and Deindustrialization in Affluent Democracies", *Social Forces*, Vol. 85, No. 1, 2006, pp. 297–329.

Buckley, P. J., Casson, M. C., *The Future of the Multinational Enterprise*, London: Macmillan, 1977.

Buckley, P. J., Castro, F. B., "The Investment Development Path: The Case of Portugal", *Transnational Corporations*, Vol. 7, No. 1, 1998, pp. 1–16.

Buckley, P. J., Clegg, J., Cross, A. R., Liu, X., Voss, H. and Zheng, P., "The Determinants of Chinese Outward Foreign Direct Investment", *Journal of International Business Studies*, Vol. 38, No. 4, 2007, pp. 499–518.

Cavusgil, S. T, Knight, G., "The Born Global Firm: An Entrepreneurial and Capabilities Perspective on Early and Rapid Internationalization", *Journal of International Business Studies*, Vol. 46, No. 1, 2015, pp. 3–16.

Chenery, H. B. and Strout, A. M., "Foreign Assistance and Economic Development", *American Economic Review*, Vol. 56, pp. 679–733, 1966.

Cheng, L. K., Kwan, Y. K., "What are the Determinants of the Location of Foreign Direct Investment? The Chinese Experience", *Journal of International Economics*, Vol. 51, No. 2, 2000, pp. 379–400.

Choi, C., Yi, M. H., "The Effect of the Internet on Economic Growth: Evidence from Cross - country Panel Data", *Economics Letters*, Vol. 105, No. 1, 2009, pp. 39–41.

Chor, D., K. Manova and Yu Z., *The Global Production Line Position of Chinese Firms*, Mimeo, Standford University, 2014.

Cohen, W., Levine, R., "Empirical Studies of Innovation and Market Structure", *Handbook of Industrial Organization*, Vol. 2, No. 8, 1989, pp. 1069-1109.

Darin, M., Hellmann, T., "Banks as Catalysts for Industrialization", *Journal of Financial Intermediation*, Vol. 11, No. 4, 2002, pp. 366-397.

Deng, P., "Outward Investment by Chinese MNCs: Motivations and Implications", *Business Horizons*, Vol. 47, No. 3, 2004, pp. 8-16.

Dimelis, S. and Louris, H., "Foreign Ownership and Production Efficiency: A Quantile Regression Analysis", *Oxford Economic Paper*, Vol. 54, No. 3, 2002, pp. 449-469.

Dunning, J. H., Narula, R., "The Investment Development Path Revisited", in *Foreign Direct Investment and Governments: Catalysts for Economic Restructuring*, 1995, pp. 1-41.

Dunning, J. H., *Studies in International Investment*, Taylor & Francis, 1970.

Dunning, J. H., Zhang, F., "Foreign Direct Investment and the Locational Competitiveness of Countries", *Transnational Corporations*, Vol. 17, No. 3, 2008, pp. 1-30.

Dunning, J. H., "Explaining the International Direct Investment Position of Countries: Towards a Dynamic or Developmental Approach", *Weltwirtschaftliches Archiv*, Vol. 117, No. 1, 1981, pp. 30-64.

Duran, J. J., Ubeda, F., "The Efficiency of Government Promotion for Outward FDI: The Intention to Invest abroad", *Multinational Business Review*, Vol. 9, No. 2, 2001, pp. 24-32.

Foley, C. F., Manova, K., "International Trade, Multinational Activity, and Corporate Finance", *Economics*, Vol. 7, No. 1, 2015, pp. 119-146.

Gammeltoft, P., Pradhan, J. P., Goldstein, A., "Emerging Multinationals: Home and Host Country Determinants and Outcomes", *International Journal of Emerging Markets*, Vol. 5, No. 3, 2010, pp. 254-265.

Girma, S., Wakelin, K., "Are There Regional Spillovers from FDI in the UK?", *Trade, Investment, Migration and Labour Market Adjustment*, Vol. 135, No. 9, 2002, pp. 172-186.

Giuliani, E., "Cluster Absorptive Capacity: Why do Some Clusters Forge ahead and Others Lag behind?", *European Urban and Regional Studies*, Vol. 12, No. 3, 2005, pp. 269-288.

Gnangnon, S. K., "Effect of Multilateral Trade Liberalization on Foreign Direct Investment Outflows Amid Structural Economic Vulnerability in Developing Countries", *Research in International Business and Finance*, Vol. 45, 2018, pp. 15-29.

Gordon, R. H, Wilson, I. D., *Expenditure Competition*, Cambridge: National Bureau of Economic Research, 2001, pp. 81-89.

Grubaugh, S. G., "Determinants of Direct Foreign Investment", *The Review of Economics and Statistics*, Vol. 69, No. 1, 1987, pp. 149-152.

Hall, B. H., Lerner, J., "The Financing of R&D and Innovation", *Handbook of the Economics of Innovation*, Vol. 1, 2010, pp. 609-639.

Hamida, L. B., "Outward R&D Spillovers in the Home Country: The Role of Reverse Knowledge Transfer", *Breaking up the Global Value Chain*, Vol. 30, 2017, pp. 293-310.

Han, L., "Labor Market Changes During Transformation and Upgrading of China's Three Major Special Economic Zones", *Asian Agricultural Research*, Vol. 10, No. 10, 2018, pp. 1-6.

Harrzing, A. W., "Acquisitions Versus Greenfield Investments: International Strategy and Management of Entry Models", *Strategic Management Journal*, Vol. 23, No. 3, 2002, pp. 211-227.

Hayakawa, K., Kimura, F., Lee, H. H., "How does Country Risk Matter for Foreign Direct Investment?", *The Developing Economies*, Vol. 51, No. 1, 2013, pp. 60-78.

Helpman, E., Melitz, M. J., Yeaple, S. R., "Exports versus FDI", NBER Working Paper, 2003, p. 9439.

Helpman, E., Melitz, M. J. and Yeaple, S. R., "Export Versus FDI with Heterogeneous Firms", *American Economic Review*, Vol. 94, No. 1, 2004, pp. 300-316.

Humphrey, J., Schmitz, H., "How does Insertion in Global Value Chains Affect Upgrading in Industrial Clusters", *Regional Studies*, Vol. 36, No. 9, 2002, pp. 1017-1027.

Hymer, S., "The International Operations of International Firms: A Study of Direct Foreign Investment", Ph. D dissertation, Massachusetts Institute of Technology, 1960.

Javorcik, B. S., "Does Foreign Direct Investment Increase the Productivity of Domestic Firms? In Search of Spillovers Through Backward Linkages", *American Economic Review*, Vol. 94, No. 3, 2004, pp. 605–627.

Jude, C., "Technology Spillovers from FDI: Evidence on the Intensity of Different Spillover Channels", *World Economy*, Vol. 39, No. 12, 2016, pp. 1947–1973.

Kindleberger, C. P., "The Pros and Cons of an International Capital Market", *Zeitschrift für die gesamte Staatswissenschaft/Journal of Institutional and Theoretical Economics*, Vol. 123, No. 4, 1967, pp. 600–617.

Kleynhans, E. P. J., "Factors Determining Industrial Competitiveness and the Role of Spillovers", *Journal of Applied Business Research*, Vol. 32, No. 2, 2016, pp. 527–540.

Kojima, K., Ozawa, T., "Micro-and Macro-economic Models of Direct Foreign Investment: Toward a Synthesis", *Hitotsubashi Journal of Economics*, Vol. 25, No. 1, 1984, pp. 1–20.

Kojima, K., "Direct Foreign Investment to Developing Countries: The Issue of Over-Presence", *Hitotsubashi Journal of Economics*, Vol. 19, No. 1/2, 1978, pp. 1–15.

Kokko, A., Zejan, M., "Local Technological Capability and Spillovers from FDI in the Uruguayan Manufacturing Sector", *Journal of Development Studies*, Vol. 34, No. 10, 1996, pp. 602–611.

Kokko, A., "Technology, Market Characteristics, and Spillovers", *Journal of Development Economics*, Vol. 43, No. 2, 1994, pp. 279–293.

Kolstad, I., Wiig, A., "What Determines Chinese Outward FDI?", *Journal of World Business*, Vol. 47, No. 1, 2012, pp. 26–34.

Konings, J., "The Effects of Foreign Direct Investment on Domestic Firms", *Economics of Transition*, Vol. 9, No. 3, 2001, pp. 619–633.

Krishnankutty, R., "Testing the Relationship between FDI Inflow and Outflow in India: A Critical Analysis", MPRA Paper, 2010.

Kyriacou, A. P., Muinelogallo, L., Rocasagalés, O., "Regional Inequalities, Fiscal Decentralization and Government Quality", *Regional Studies*, Vol. 54, No. 4, 2016, pp. 1-13.

Lall, S., "Strengthening Small and Medium Enterprises for International Competitiveness", *Globalization and Firm Competitiveness*, No. 5, 2002, p. 157.

Lucas, R. E., "On the Mechanics of Economic Development", *Journal of Monetary Economics*, Vol. 22, No. 1, 1988, pp. 3-42.

Luo, Y., Xue, Q., Han, B., "How Emerging Market Governments Promote Outward FDI: Experience from China", *Journal of World Business*, Vol. 45, No. 1, 2010, pp. 68-79.

Macdougall, G. D. A., "The Benefits and Costs of Private Investment from Abroad: A Theoretical Approach", *The Economic Record*, Vol. 29, No. 3, 1960, pp. 13-35.

Markusen, J. R., Venables, A. J., Multinational Firms and the New Trade Theory", *Journal of International Economics*, Vol. 46, No. 2, 1998, pp. 183-203.

McMillan, M., Rodrik, D., "Globalization, Structural Change and Productivity Growth", NBER Working Paper, 2011.

McMillan, M., Rodrik, D. and Verduzco-Gallo, I., "Globalization, Structural Change, and Productivity Growth, with an Update on Africa", *World Development*, Vol. 63, 2014, pp. 11-32.

Mody, A., Srinivasan, K., "Japanese and US Firms as Foreign Investors: Do They March to the Same Tune?", *Canadian Journal of Economics*, Vol. 31, No. 4, 1998, pp. 778-799.

Mundell, R. A., "International Trade and Factor Mobility", *The American Economic Review*, Vol. 47, No. 3, 1957, pp. 321-335.

Méon, P. G., Weill, L., "Does Financial Intermediation Matter for Macroeconomic Performance?", *Economic Modelling*, Vol. 27, No. 1, 2010, pp. 296-303.

Nigel Driffield and James H. Love, "Foreign Direct Investment, Technology Sourcing and Reverse Spillovers", *The Manchester School*, Vol. 71, No. 6, 2003, pp. 659-672.

Ozawa, T., "The Macro-IDP, Meso-IDPs and the Technology Development Path (TDP)", *Foreign Direct Investment and Governments*, London: Routledge, 1996, pp. 142-173.

Posner, M. V., "International Trade and Technical Change", *Oxford Economic Papers*, Vol. 13, No. 3, 1961, pp. 323-341.

Raymond Vernon, "International Investment and International Trade in the Product Cycle", *The Quarterly Journal of Economics*, Vol. 80, No. 2, 1966, pp. 190-207

Reddaway, W. B., "Effects of UK Direct Investment Overseas", Cambridge, UK, 1968.

Romer, P. M., "Increasing Returns and Long-run Growth", *Journal of Political Economy*, Vol. 94, No. 5, 1986, pp. 1002-1037.

Ruan, A., Liu, S, Fang, Z., et al., "Study on Development Kinetic Energy of Chinese Industry and Measure Model of Energy", IEEE, 2006, pp. 18-22.

Rugman, Alan M., "The International Operations of National Firms: A Study of Direct Foreign Investment", *Journal of Development Economics*, Vol. 4, No. 2, 1978, pp. 103-104.

Schor, J. B, Fitzmaurice, C. J., "Collaborating and Connecting: The Emergence of the Sharing Economy", *Handbook of Research on Sustainable Consumption*, No. 26, 2014, pp. 410-425.

Sjoholm, Frederic, "International Transfer of Knowledge: The Role of International Trade and Geographic Proximity", *Review of World Economics*, Vol. 132, No. 1, 1996, pp. 97-115.

Twomey, M. J., *A Century of Foreign Investment in the Third World*, Psychology Press, 2000.

Urbano, D., Aparicio, S., Audretsch, D., "Twenty-five Years of Research on Institutions, Entrepreneurship, and Economic Growth: What Has Been Learned?", *Small Business Economics*, Vol. 53, No1, 2019, pp. 21-49.

Walter, I., Ugelow, J. L., "Environmental Policies in Developing Countries", *Ambio*, 1979, Vol. 8, No. 2/3, pp. 102-109.

后　记

　　在国内国际双循环新发展格局的背景下，双向直接投资为我国产业新旧动能转换带来了新的机遇。双向直接投资"内引外联"和技术溢出不仅有助于重塑产业动能、重构生产网络，而且能够打破价值链中低端"锁定陷阱"，进一步推动产业新旧动能实质转变。与此同时，中国和中南半岛国家交往日益紧密，成为不可或缺的合作伙伴。相比于发达经济体，本书基于中国—中南半岛经济走廊建设，聚焦分析中国和中南半岛国家双向直接投资动态演变情况，将目光转向"后发经济体"，具体包括中国和越南、老挝、泰国、缅甸、柬埔寨、马来西亚、新加坡等中南半岛国家，深入分析双向直接投资联动驱动我国产业新旧动能转换问题。在此基础上，本书分别从企业层面、行业层面和政府层面提出产业新旧动能转换的政策建议，通过补齐短板、提质增效、促进产业之间联动等系列措施，推动中国和中南半岛国家更深层次、更宽领域、更高水平的开放合作。

　　本书付梓之际，不禁感叹本书的完成得益于许多专家的点拨。感谢杨永华教授对本书框架的指导。同时，感谢我的恩师朱彤教授、丁世青教授和殷晓红教授，对书稿各个章节思路的修改建议。还要感谢我的研究生胡宇宸、赵莹月、刘炜玮、张钟、刘天宇、赵书慧在本书创作中的重要贡献。此外，特别感谢国家社会科学基金项目的资助，为书稿完成提供了完备的条件，对此深表感谢。

　　囿于学术水平和篇幅限制，本书仅从宏观和中观层面探讨了双向直接投资联动驱动产业新旧动能转换的实现机制与实践路径，而对于产业链关键环节自主可控的微观层面研究并不深入。同时，中南半岛国家的实地调研也尚不完善，现有研究成果有待进一步修订。此外，书中难免存在疏忽与不妥之处，敬请各位专家、学者和读者批评指正。

庞磊
2024 年 2 月